能源经济制高点系列丛书

新石油金权
欧佩克式微与后石油时代

张龙星 张旭 著

New Financial Power of Petroleum

一部全景展示国际石油市场金融权力演变和价值创造的经典作品

来自东方蓝宝石的思考
对全球石油市场的前瞻性预判
对复杂的石油市场进行了专业而不带偏见的分析
更是惠及大众的石油市场入门级科普与投资策略指南

石油工业出版社

内容提要

本书从多个维度梳理了石油工业在主要产油国的发展。从历史及现实角度分析了欧佩克成立、发展及困境;全球三大原油生产国——美国、俄罗斯及沙特阿拉伯的能源战略。从大国博弈角度切入介绍了需求侧如何构建,分析了石油需求峰值以及天然气在后石油时代占据的重要地位,阐述了天然气产业发展史及三大原油生产国的天然气产业实力。并对全球炼油格局、国际石油贸易格局和石油价格成价机制进行了较为全面的论述。作者通过对全球油气行业上中下游整体的分析与研判,提出了中国新石油发展模式的构建之道。本书为政府、行业、企业以及研究机构了解石油天然气经济焦点及热点问题提供了极具价值的借鉴和参考。

图书在版编目(CIP)数据

新石油金权:欧佩克式微与后石油时代/张龙星,张旭著.
北京:石油工业出版社,2020.10
(能源经济制高点系列丛书)
ISBN 978-7-5183-4268-6

Ⅰ.①新… Ⅱ.①张…②张… Ⅲ.①石油经济—研究—中国 Ⅳ.①F426.22

中国版本图书馆CIP数据核字(2020)第193924号

新石油金权:欧佩克式微与后石油时代

张龙星 张 旭 著

出版发行:石油工业出版社
    (北京市朝阳区安华里二区1号楼 100011)
网　　址:www.petropub.com
编 辑 部:(010) 64255933　图书营销中心:(010) 64523633
经　　销:全国新华书店
印　　刷:北京中石油彩色印刷有限责任公司

2020年10月第1版　2020年10月第1次印刷
710×1000毫米　开本:1/16　印张:27
字数:430千字

定　价:59.00元
(如发现印装质量问题,我社图书营销中心负责调换)
版权所有,翻印必究

序　言

能源是经济社会发展的物质基础，是影响世界格局的重要力量，以石油为代表的化石能源在过去的半个多世纪深刻影响了全球政治经济走势。在人类科技进步及环保的推动下，后石油时代到来，天然气作为过渡化石能源重要性上升，新能源发展进入黄金时期，未来中国的核心竞争力与中国在后石油时代能源格局中的竞争力息息相关。

2014年6月13日，习近平总书记在中央财经领导小组第六次会议上明确提出了"四个革命、一个合作"的重大能源战略思想。当下，中国已成为全球第一大能源消费国和原油进口国，巨大的能源消费力和消费市场使中国拥有了对能源价格的影响力。近年来，中国积极参与和引领全球能源治理，从石油供给侧、需求侧、贸易、炼化及定价权等几个维度来看，中国参与国际能源合作的程度越深，中国资本创造与石油供应的杠杆效应就越明显，国际能源话语权与影响力越显著。面对当前充满复杂性与不确定性的国际环境，中国要更加坚定地开展国际合作，推进全球能源的可持续发展，构建人类命运共同体。这也是本书立意与精华之所在。

全书从世界石油及天然气产业发展史、供给侧与需求侧国别及国际竞合入手，兼具历史厚重感与时代气息；既有石油化工行业的专业解读，又有国际政治的深入分析，还有金融财经和贸易航运的理性研判，数据翔实，深入浅出，鞭辟入里，兼具了深度、知识性与趣味性。

张龙星毕业于上海海事大学航海专业，是年轻一辈中少有的既有航运外企及石油央企海内外贸易、营销一线工作经历，又有在交易中心及研究领域从事研究经历的后起之秀；张旭耕耘国际金融市场报道多年。张龙星与张旭多年海外工作背景使得本书具有上中下游的全方位视角，具有全球视野，中国立场，提出了中国的新石油发展模式构建之道及新冠肺炎疫情下的应对之道。

近年来，关于石油及能源的著作不少，《新石油金权：欧佩克式微与后石油时代》是少有的全面解析后石油时代格局、同时又提出中国方案的著作，可以给相关从业者和决策者提供参考与借鉴。

黄　震

上海交通大学讲席教授

能源研究院院长

2020年9月30日

前　言

2018年全球原油产量46亿吨，美国为6.7亿吨，俄罗斯为5.6亿吨，沙特阿拉伯为5.2亿吨，三国原油产量达到全球原油产量的38%。2020年3月6日，以沙特阿拉伯为首的欧佩克国家和以俄罗斯为首的非欧佩克国家组成的欧佩克+在维也纳谈判破裂，次日，沙特阿拉伯直降官价销售贴水，发动原油价格战。2020年4月12日，在美国的大力撮合下，仅仅持续了37天的原油价格战草草收场。

新冠肺炎疫情冲击下，全球原油市场全面进入沙特阿拉伯、美国、俄罗斯三国杀时代，过去呼风唤雨的欧佩克日渐式微。

欧佩克于20世纪60年代成立，初衷是为了通过以配额制手段实现原油定价的主动权，从而避免西方石油消费国对石油资源的掠夺式获取，最大限度地保障产油国收益。欧佩克在1973年第一次石油危机时让世界认识了石油权力，且在随后不断影响并塑造着我们今天熟知的石油格局。

半个多世纪以来，欧佩克在稳定石油市场供应与维持全球石油行业持续发展方面发挥了不可替代的作用。但是欧佩克内部并非铁板一块，各国之间因为意识形态、国家利益与发展趋势不同，本身就矛盾重重。

2014年10月国际油价暴跌以来，欧佩克成员国经历了连续六年财政赤字，各国都纷纷寻求减少对石油经济依赖的良方。

与此同时，中东各国纷纷进入政权新老交替关键时间段，沙特阿拉伯王储穆罕默德·本·萨勒曼作为石油权力最大的80后，其决策以及行动将深刻影响未来石油格局。成功实现了金融化改革的阿拉伯联合酋长国，转型天然气取得巨大成功的卡塔尔，无一不在削弱沙特阿拉伯作为逊尼派老大的地位。沙特阿拉伯也面临着伊朗主导的什叶派之弧包围。

普京成功推动了俄罗斯私有石油公司的国有化。俄罗斯石油公司、俄罗斯天

新石油金权
欧佩克式微与后石油时代

然气工业股份公司作为俄罗斯国有能源巨擘，标志着俄罗斯国家意志在全球石油格局中影响力节节攀升。

20世纪70年代石油危机，1973年美国石油峰值如期出现，超级大国美国积极探索非常规油气资源开发。美国在新世纪凭借页岩气革命开始在油气生产上发力，原油产量在2008年跌至石油危机后历史最低值，此后一路反弹，伴随着能源独立，美国石油战略开始调整，伊朗、委内瑞拉等欧佩克成员国面临制裁不断加码的极限施压。

2020年前，沙特阿拉伯曾发起三次原油价格战，前两次取得了预期效果，但2014年起事情开始发生变化，沙特阿拉伯最终与俄罗斯组成欧佩克+推行减产。过去大家都关注的是石油权力，供给侧即原油生产国始终是关注焦点。但是原油需要通过炼油化工的加工程序、贸易运输仓储零售的分配程序才能升值，体现价值。因此，需求侧其实一直在深刻影响石油价值，炼油、贸易及衍生品市场都是新石油金权的构成。需求侧，美国、中国、印度三国是三极，中国和印度贡献了全球石油新增需求量，印度是文明古国，也是当下仅次于中国的世界第二大人口大国，年龄结构轻，对提升全球影响力高度重视，是新石油金权争夺中的强大势力。

随着国际社会对清洁能源的趋势化选择，未来二十年，天然气有望取代煤炭成为仅次于石油的第二大能源，天然气的崛起是后石油时代的重要标志。坐拥全球最大气藏的中东，除了卡塔尔以外，并没有做好相关准备。天然气传统强国俄罗斯、新崛起的页岩气新贵美国显然比欧佩克带头大哥沙特阿拉伯更有底气。

绿色低碳发展是趋势，新能源是未来，但新能源取代化石能源之路具有长期性、艰巨性与复杂性，新能源最终能否破局取决于自身竞争力。新石油金权不是单纯的供给侧上游资源权，新石油金权是天然气崛起大背景下，上游勘探开发、中游贸易、炼化、下游销售及金融等综合竞争力的体现。

世界炼油格局正在发生深刻变化，亚太与中东崛起，欧洲萎缩，拉美及非洲成为核心需求地，中国炼油能力近年来快速发展并成为全球最大原油进口国，特别是中国大炼化项目相继上马，中国在需求侧中成为举足轻重的一极与变量。国际石油贸易随着世界炼油发展呈现出明显东移态势，中国从新中国成立之初的外贸服务于外交，到现在的全球最大原油进口国，中国贸易、海运能力都有了长足进步，国际石油贸易是复杂的系统性贸易，运行逻辑和市场结构都是基于国际石油价格体系形成并不断发展的。

中国石油期货市场近年不断突破，上海原油期货和低硫燃料油期货相继上市并运行平稳，对中国提升国际石油价格体系的话语权具有重大意义；中国应积极学习日本经验，利用需求侧影响力提升话语权；中国在战略石油储备和国家管网独立上持续投入，整体提升了中国在国际市场影响力；积极借鉴欧美国家天然气市场化改革及交易中心发展经验，中国天然气管网模式及市场枢纽发展空间巨大，国际能源交易中心建设意义重大；新石油金权下，中国作为全球第一大原油进口国，影响力不可小觑，但中国目前没有形成多层次的现货、中远期交易市场，为了更好配合中国能源期货的金融属性服务国家战略，中国应用好国家队——上海石油天然气交易中心，积极推进现货市场及中远期市场体系建设与形成，建设完备、公开、自由的能源贸易体系与环境，扶持上海石油天然气交易中心承担相关重任。舟山锐意进取，积极谋划新石油发展模式的做法值得学习与借鉴。

2020年，沙特阿拉伯的原油价格战草草收场，这其中新冠肺炎疫情在全球的冲击力与破坏性成为最大变量。新冠肺炎疫情下，人类活动受限，全球油气需求萎缩，世界经济进入新周期，国际环境日趋复杂，不稳定性和不确定性较大，油气行业作为资金密集型行业，上中下游都将受到冲击，要从持久战角度认识中国新石油发展模式构建之路，风险控制不可松懈，同时危中择机，把握好底线思维，转危为机。

能源是国民经济和社会发展的重要基础，是习近平总书记一直关心、关注的重要领域。党的十八大后，面对能源供需格局新变化、国际能源发展新趋势，习近平总书记从保障国家能源安全的全局高度，提出"四个革命、一个合作"的能源安全新战略，这是习近平新时代中国特色社会主义思想的重要组成部分。

"四个革命、一个合作"高度凝练，是本书逻辑与方法论的重要源泉，笔者希望通过自己的理解与语言诠释新变化、新机遇、新布局，感知、领悟新思想新观点，献礼中国共产党建党一百周年。

目　录

第一部分
供给侧剧变：从欧佩克雄霸天下到"三国"演义

今天我们所处的时代，有着大航海时代深刻的烙印，"近东""中东"和"远东"这些耳熟能详的称呼提醒着我们西欧曾是世界中心，"葡语系国家""西语系国家""新西兰（西兰是荷兰的一个省）"及"英联邦国家"这些称谓则记录了葡萄牙、西班牙、荷兰和英国这些海权国家先后称霸世界的历史。

第一章　　欧佩克历史及地位评述　　/ 3

欧佩克的崛起与国家石油公司的兴起是密不可分的，英国在第二次世界大战以后迅速衰落，美国与苏联两大新巨头出于各种目的鼓励民族自治与政治觉醒，风起云涌的民族与国家独立运动后，资源国有化往往是第一行动目标，以石油"七姐妹"为代表的跨国石油巨头向国家石油公司让出了资源权。

石油铁骑突进　　/ 5
中东石油开发简史　　/ 9
石油"七姐妹"　　/ 15
欧佩克崛起　　/ 21
国家石油公司兴起　　/ 31

第二章　　欧佩克式微　　/ 37

欧佩克成员国相识于微时，都要对抗西方霸权，都要为国家争夺石油金权，兄弟阋于墙，外御其侮。能共患难，未必能共富贵。

欧佩克困境　　/ 39

石油诅咒与产业链　　　/ 43
委内瑞拉与伊朗被制裁　　　/ 49
卡塔尔退出欧佩克　　　/ 56
阿拉伯联合酋长国的雄心　　　/ 61
原油三国策　　　/ 65

第三章　　沙特阿拉伯的荣光与困境　　　/ 71

沙特阿拉伯是全球石油资源禀赋最好的国家，虽然石油储量不是全世界最高，但是综合作业成本在全球最有竞争力，因此沙特阿拉伯常年稳居全球三大原油产油国以及原油出口国第一的宝座。

沙特阿拉伯石油金权的奠基　　　/ 73
三次原油价格战的历史回顾　　　/ 77
能源格局异动　沙特阿拉伯谋变求存　　　/ 81
巨头发力破局　行稳致远图强　　　/ 85
沙特阿美 IPO 达阵　　　/ 91

第四章　　重振俄罗斯的能源战略　　　/ 95

从世界范围内来看，俄罗斯绝对是世界资源宝库，拥有丰富的石油、天然气、铁矿、煤矿、森林等资源，资源总价值位居世界第一。

国家意志　　　/ 97
中东战略　　　/ 102
双头鹰　　　/ 106

目录

跛脚的经济　　/ 109
美元霸凌下的战略防御　　/ 113

第五章　超级大国，也是油气超级大国　　/ 117

美国的优势是全方位全领域的，诚如现代德国之父、铁血宰相俾斯麦所说："上帝最喜欢三种人，白痴、酒鬼和美国人。"美国通过两次世界大战确立了超级大国的地位。第二次世界大战以来，美国在军事上重创了苏联的挑战，在经济上挫败了日本的崛起，在科技上遏制了欧洲的攻势，成为现在唯一的超级大国。

石油美元的铸币权　　/ 120
对能源独立孜孜以求　　/ 125
石油出口撼动全球能源格局　　/ 130

第二部分
需求侧变局：大国博弈与后石油时代

当前世界石油消费三极是美国、中国和印度。这也符合当前及未来一段时间内全球主要经济体的排位。美国、中国和印度三国的石油消费合计接近世界消费总额的40%，对世界石油消费格局和市场形势拥有举足轻重的影响。

第六章　原油需求侧去向何方　　/ 137

日本经验对中国具有重大借鉴和指导意义，中国地处东北亚这一高度依赖石油进口的区域，需要深入思索如何合纵连横，同时中国也要从西欧炼油悲歌中学习经验，为石油需求峰值做好准备。中国石油公司应把握技术发展方向，在核心领域形成技术优势。

石油消费三巨头——美国、中国、印度　/ 139

日本经验　/ 144

东北亚原油依赖进口　/ 147

西欧炼油哀歌　/ 149

石油需求峰值　/ 155

第七章　后石油时代——天然气崛起与绿色低碳发展　/ 161

当前世界能源发展由化石燃料向新能源转化，天然气作为过渡化石能源，发展进入鼎盛期；新能源进入黄金期。俄罗斯、美国和沙特阿拉伯作为全球三大原油生产国，在天然气产业发展上差异巨大，将成为后石油时代一大特色。新能源自身竞争力是能源转型不可回避的硬核话题，发展是解决一切问题的基础和关键，石油金权的争夺将在未来转化为新能源金权的争夺，中国应在新能源发展上扩大朋友圈，形成全球合作共赢的发展模式。

世界天然气产业发展　/ 163

传统天然气强国——俄罗斯　/ 181

美国页岩气革命冲击世界能源格局　/ 192

沙特阿拉伯天然气出口空白　/ 199

绿色低碳发展蕴新机　/ 203

新能源百花齐放　/ 206

新能源何时破局　/ 207

第三部分
回归市场本身：炼油、贸易与定价权

中国油气资源禀赋并不高，但是胜在生产端的效率与执行力，优势在于中国改革开放以来充分参与全球分工合作建立起来的产业链集群有着强大的油品及化工消化能力，因此国外企业纷纷抢滩中国，通过与外资油气巨头合作共赢，有助于中国用市场换空间，在当前复杂的国际格局中稳外贸，促国际信心，强开放决心。

第八章　　世界炼油格局　　／213

当前中国炼油能力结构性矛盾不断加剧，可以考虑放开成品油出口，积极参与国际市场竞争，做大做强国际石油贸易，通过建设人民币计价的成品油衍生品市场，助力人民币国际化，在油品供应与金融两个维度良好发展。

点石成金的炼油　　／215
全球炼油能力一览　　／218
全球五大成品油市场　　／221
中国炼油发展历程　　／223

第九章　　国际石油贸易格局　　／227

世界原油分布极不均衡，储量主要集中在波斯湾、墨西哥湾、南美、西非等地，而需求主要在东亚、南亚、东南亚、欧洲和美国。国际成品油区域市场特征明显，近年来跨区贸易增多。石油贸易东移是近年国际石油贸易的特点，这背后折射的是全球炼油格局及世界经济版图的变迁。

国际石油贸易简史　　/ 229

中国国际石油贸易发展历程　　/ 231

石油贸易的主要环节　　/ 235

石油贸易的市场结构　　/ 238

国际石油贸易的主要玩家　　/ 240

国际石油贸易资金风险控制　　/ 244

美元霸权下的美国长臂管辖　　/ 246

第十章　石油价格成价历史及现行机制回顾　　/ 253

在国际原油市场150多年的发展历程中，原油定价主要可分为三种模式：跨国石油公司定价（1900—1973年）、欧佩克定价（1973—1986年）和期货定价（1986年至今）。现行国际原油定价机制随着1986年原油期货交易的成熟而逐步进入期货定价时代。期货交易所和第三方评估机构从功能定位上是不同的，一个是场内市场，一个是场外市场。他们共同构成了复杂的石油定价体系，高度标准化的金融衍生品市场是当今石油市场一大特点。

国际原油定价机制的历史演变　　/ 257

全球两大交易所与石油价格评估机构　　/ 262

全球石油现货定价基石——布伦特　　/ 268

解析全球四大原油期货，试析穆尔班原油期货未来之路　　/ 274

第四部分
中国策：新石油发展模式的构建与疫情变局

面对严峻复杂的国际疫情和世界政治经济形势，我们要充分估计中国石油行业在本轮石油危机中面临的困难、风险和不确定性，善于化危为机，下好先手棋、把握主动权，有效化解风险挑战。

第十一章　中国新石油发展模式构建之道　/285

作为全球最大原油进口国，中国将受到各资源出口国的追捧，中国油气产业链聚集地将迎来历史性机遇。站在新的起点，中国新石油发展模式未来可期。新石油发展模式的构建需要中国在石油期货、采购合作、战略储备、国家管网建设以及国际能源交易中心建设多层次全方位发力，新石油发展模式的构建不是一蹴而就的，必须从持久战的角度加以认识。不产一滴油的舟山从物流仓储行业出发到三个一亿吨，体现的是新石油发展模式博弈之道，择高处立，就平处坐，向宽处行。

中国石油期货的实践　/288

提升需求侧话语权　/296

中国战略石油储备与国家管网独立　/298

未来中国天然气管网模式及市场枢纽的布局建议　/303

未来中国天然气枢纽的布局建议　/305

建设国际能源交易中心的积极意义　/315

欧美国家天然气市场化改革及交易中心发展经验　/319

重点扶持上海石油天然气交易中心，加快建设国际能源交易中心　/335

舟山何以"无中生油"　/343

第十二章　新冠肺炎疫情冲击下的全球石油格局　　/ 351

新冠肺炎疫情在全球的蔓延使得本轮石油周期出现了新的变化，那就是石油需求峰值平台期可能缩短，同时疫情抑制下国际油价难以有效复苏，全球石油投资被抑制，可能导致国际油价最早在2022年高位运行。政治属性、金融属性与商品属性相交织的石油及相关行业在疫情冲击以来走过的路更值得我们复盘、探究与思索，知来路，明去处。我们要善于在危机中育新机、于变局中开新局，抓住机遇，应对挑战，趋利避害，整体性推进新石油发展模式的构建。

欧佩克+会议缘何不欢而散？　　/ 355

美国原油困局　　/ 360

石油价格战为何偃旗息鼓？　　/ 369

史诗级油轮运费行情的背后　　/ 376

疫情危机下能源运输企业的变与不变　　/ 382

提速成品油价格完全市场化改革　　/ 388

新冠肺炎疫情冲击，中国石油行业应对建言　　/ 393

后记　　/ 404
缩写与简称　　/ 405
参考文献　　/ 412

第一部分

供给侧剧变

从欧佩克雄霸天下到"三国"演义

今天我们所处的时代,有着大航海时代深刻的烙印,"近东""中东"和"远东"这些耳熟能详的称呼提醒着我们西欧曾是世界中心,"葡语系国家""西语系国家""新西兰(西兰是荷兰的一个省)"及"英联邦国家"这些称谓则记录了葡萄牙、西班牙、荷兰和英国这些海权国家先后称霸世界的历史。

第一章

欧佩克历史及地位评述

欧佩克的崛起与国家石油公司的兴起是密不可分的，英国在第二次世界大战以后迅速衰落，美国与苏联两大新巨头出于各种目的鼓励民族自治与政治觉醒，风起云涌的民族与国家独立运动后，资源国有化往往是第一行动目标，以石油"七姐妹"为代表的跨国石油巨头向国家石油公司让出了资源权。

石油铁骑突进

凡是过往,皆为序章。语出莎翁《暴风雨》。

今天我们所处的时代,有着大航海时代深刻的烙印,"近东""中东"和"远东"这些耳熟能详的称呼提醒着我们西欧曾是世界中心,"葡语系国家""西语系国家""新西兰(西兰是荷兰的一个省)"及"英联邦国家"这些称谓则记录了葡萄牙、西班牙、荷兰和英国这些海权国家先后称霸世界的历史。

1492年哥伦布发现美洲新大陆,欧洲人开启的大航海时代将过去地理割裂的大陆联系起来,巨大财富与资源从新大陆及亚非向当时"世界中心"欧洲涌入,欧洲又不断向全球殖民并形成今天世界政治经济版图的雏形。

大航海时代首先重塑了欧洲政治经济版图。

地中海是欧洲文明发源地,商业高度发达,历史资料表明,航海贸易活动最早出现在古希腊时期(约公元前20世纪)的地中海一带。到了公元前9世纪,地处地中海之东的罗德岛成为当时航海贸易的中心,许多海上纠纷都在那里解决,并在此基础上逐步形成了一部有关共同海损和海上保险的海上习惯法——《罗德海法》,该法被视为现代海商法的雏形。1453年,以伊斯兰教为国教的奥斯曼帝国攻陷君士坦丁堡,存在千年的东罗马帝国正式灭亡,环地中海的欧洲文明被挤压,只能向大西洋转移,地中海文明开始衰落。

西北欧因为靠近大西洋,港口和海运贸易优势突出,率先崛起,与传统的欧洲大陆强国法国和德国分庭抗礼,最后完成反超。西北欧在海运地位的崇高,从海商法历史变迁中即可看到,以荷兰海牙命名的《海牙规则》成为现代海商法的

新石油金权
欧佩克式微与后石油时代

基石。

　　大航海时代加速了欧洲文明进程。航海与贸易新贵快速崛起，新大陆的黄金、白银大量涌入带来通货膨胀，沉重打击了传统的欧洲贵族，商业与资本主义快速发展。在物质极大丰富与资本主义大发展下，西欧近代三大思想解放运动的文艺复兴、宗教改革与启蒙运动让欧洲走出了中世纪阴影，如马克思所说"资产阶级在它的不到一百年的阶级统治中所创造的全部生产力，比过去一切时代创造的生产力还要多，还要大"。

　　工业革命是这一生产力大爆发的集中体现。工业革命的标志是蒸汽机，蒸汽机的发明是人类利用能源的新里程碑，它直接导致了钻木取火后的第二次能源革命，人类的主要能源由柴薪向煤炭、石油、天然气等化石能源转化。如果热力学没有进步，内燃机没有出现，蒸汽机会越做越大，进入蒸汽朋克时代。

　　但是内燃机的出现改变了世界能源、科技与政治格局。从蒸汽机到内燃机，不只是燃料和材料的改变，蒸汽机是火烧炉子加热，最大的能量浪费在炉底，内燃机避免了这个最大的消耗。瓦特改进蒸汽机后，整个19世纪，蒸汽机一直在改进，更安全，效率更高，但依靠蒸汽机，人类永远也无法推动飞机上天，直到内燃机这个革命性的能量转换器出现，才有可能造出飞机。在内燃机出现后，一系列的技术改进，最终导致了火箭的出现。

　　技术上的质变，往往指的是技术革命，只有开辟一条全新的技术道路，才能真正地促进技术大进步。

　　民用方面，19世纪末，蒸汽机、电动机与内燃机三足鼎立，都具有成为汽车发动机的潜力，内燃机续航里程高于电动机，操作相对蒸汽机简单，具有错位优势。但是内燃机车面临两大问题：首先，最早出现的内燃机没有装备启动器，需要人工转动摇柄，像启动20世纪末中国农村普遍使用的手扶拖拉机一样，用户体验差，安全隐患高，自然不受欢迎。其次，内燃机的最大动力输出区间和最优效率区间都比较狭窄，是三者之中唯一需要装备变速箱的。当时的变速箱不但操作十分困难，顿挫也非常严重。因此当时能使用内燃机车的要么能请得起专职司机，要么本人勇气与技术俱佳，敢于尝鲜。

　　19世纪末，电启动器问世；20世纪初，电启动机开始装备内燃机车，电机同时也作为一个发电机，给车载电池充电，电力系统开始融合成为内燃机车的一部分，而不再为电动汽车所独有。电力系统融合后，内燃机车的舒适性配置大幅提高。

福特T型车的横空问世彻底奠定了内燃机汽车独步天下一百多年的历史地位。流水线被引入汽车工业，每一位工人固定在一个位置，负责一件工作，能使一项工序转到另一项工序，卓别林经典作品之一《摩登时代》对此有生动的影音呈现。如此高效的组装流程让福特T型车产量迅速提升，成本大幅下降，内燃机汽车售价一降再降。

1908年，T型车上市时850美元，同期汽车价格动辄4000美元，当时美国民众的工资一年也就800美元左右，产能增加成本降低就意味着售价也会相对下降，1910年福特T型车售价降为780美元，1911年下降到690美元，1914年则大幅降到了360美元。T型车长达20年的销售周期中，销量已超过了1500万辆。以中国改革开放以来的神车桑塔纳作对比，从1983年上市到2018年的35个年头，桑塔纳市场累计销量为560万辆。美国第一款国民车福特T型车"恐怖"的销量，助力美国成为"车轮上的国家"，亨利·福特也因此被称为"为世界装上轮子的人"。

汽车工业成为20世纪最大的制造业。后来内燃机又被用于火车、舰船上；依靠蒸汽机，人类永远也无法推动飞机上天，内燃机作为革命性的能量转换器出现，使得飞机商业化成为可能。交通工具上内燃机普及使用大大提高了石油的需求量，加上石油化工业的兴起和发展，使石油成为人类赖以生存的一种基本物质。

石油以其使用方便、高效等特点被广泛应用于诸多领域，石油已成为社会生产力发展的主要促进因素，石油工业在国民经济中的战略地位和促进经济可持续发展中发挥着重要作用。

1965年世界能源消费中，石油消费占比39.4%，大于占比39%的煤炭，成为世界第一能源。石油不但是重要的燃料，而且可制成合成纤维、合成树脂（塑料）、合成橡胶、农药、化肥、医药等，成为人类社会生活的必需品，极大地改善了人们的生活，推动人类社会的物质文明。

军事方面，19世纪的鼎盛时期，占世界人口2.5%的英国创造了世界20%的收入，控制了全球40%以上的出口。"日不落"帝国在第一次世界大战（以下简称一战）之前控制了世界上20%的土地和25%的人口。伦敦成为全球金融中心，英

新石油金权
欧佩克式微与后石油时代

镑成为全球主要储备货币。英国以海权推动国家崛起，通过击败西班牙海军、荷兰海军，英国海军奠定了全球海上霸主地位，英国已然在数个世纪都坐拥全球最强大的海军。

19世纪末20世纪初，依托鲁尔煤与强大的工业体系支持，欧洲大陆的劲敌德国海军正在强势崛起，并伺机挑战英国。

与煤炭相比，石油能量密度高，物流组织便捷，装填快速高效，可以提高军舰航速，能节省军舰宝贵的空间资源与人力资源，充分发挥军舰的军事攻击属性。在海军未来上，相对以煤炭为燃料的蒸汽机，以石油为燃料的汽轮机显然是降维攻击。

十年陆军，百年海军。彼时，英国海军历史深厚，传统优良，装备先进，纵横全球，20世纪初的英国拥有丰富的优质煤炭，英国煤炭供应商与军方有着根深蒂固的联系，院外游说集团势力强劲。

彼时的欧洲，罗马尼亚与俄罗斯是为数不多的石油生产国。德国在地缘上更容易获得石油，英国可以依靠的美国隔着大西洋。当战争爆发时，英国的石油供应会变得十分不稳定。延续蒸汽机时代的荣光似乎是英国海军最稳妥的选择。

英国历任海军大臣都敏锐地意识到了燃料革命大势。海军大臣费舍尔勋爵在1901年写道："石油燃料将使海军战略发生一场根本的革命，它将是一个唤醒英国的事件！"

1910年，年仅37岁的温斯顿·丘吉尔成为英国历史上最年轻的海军大臣，走马上任的他立即开始思考并推动海军燃料更新。得益于英国历任海军大臣的高瞻远瞩，丘吉尔成为海军大臣时，英国已经在驱逐舰和潜艇上实现了完全的燃料石油化，其他的战舰则都采用了油煤混烧技术。尽管已经迈出了第一步，但是丘吉尔面对三只拦路虎：本土油料物流储备设施建设难题、议会经费审批支持与本土煤炭生产体系和供应商们的阻力。

1912年，丘吉尔开始规划著名的"伊丽莎白女王"级战列舰，该型舰艇使用燃油锅炉，输出功率大幅增加，航速由之前的22节猛增到25节。

1913年，丘吉尔在议会上进行了燃料革新的演说时立即遭到了强烈的质疑，是否能够得到稳定的石油供应和增加海军预算成为争论的焦点。

就在丘吉尔因为这些问题头疼时，日不落帝国在中东获得了追赶美国、俄罗斯石油工业开发步伐的机遇。

近代石油工业肇始于美国，1859年8月27日，在美国宾夕法尼亚州靠近梯土斯维尔城的石油溪旁，艾德温·德雷克钻探的一口找油井涌出了油流。美国和国际上把这件事看作近代石油工业的发端。

19世纪中下叶，石油工业主要集中在美国，从勘探、开采、炼制加工、储运到销售已经形成了完整的产业链，由于提炼的石油主要是用来作为油灯的燃料，当时石油工业发展十分缓慢，内燃机车发展对石油工业的赋能是20世纪的事了。

在欧洲，俄罗斯也一直力证近代石油工业诞生于环里海的巴库，其佐证即为1846年，在位于巴库附近的阿布歇隆半岛钻出世界第一口油井。

俄国政府在19世纪70年代初期废除了国家垄断，大量私营资本及外国资本竞相涌入巴库，俄国石油工业飞速发展。20世纪初，巴库油田成为世界上产量最高的油田，成为南高加索工业中心和俄国石油基地。

19世纪中期到20世纪初，美国和俄国的石油产量占世界石油产量的90%以上。

中东石油开发简史

20世纪初，变局出现，全球最大油气资源区域中东开始进入世界视野。中东地处欧、亚、非三大洲交汇处，被里海、黑海、地中海、红海和阿拉伯海所环绕，被称为"三洲五海之地"，扼守博斯普鲁斯海峡、达达尼尔海峡、曼德海峡、霍尔木兹海峡和苏伊士运河等多条国际航道咽喉要津，地理位置十分重要。中东也是基督教文明、伊斯兰文明和犹太文明的共同发源地，阿拉伯、波斯、土耳其、犹太和库尔德等多个民族在此聚居，东西方文明在此交会碰撞。

大航海时代之前的伊斯兰黄金时代，地处欧亚大陆枢纽位置的中东曾经大放异彩，相比处于中世纪漫漫黑夜的欧洲，中东此时可谓学神级存在。

但哈里发初期后（10世纪后）中东行政不善，外部势力纷至沓来，11世纪十字军东征、13世纪蒙古帝国西征、15世纪西班牙收复失地运动，中东城头变幻大王旗。此后中东迎来了长达500年的奥斯曼帝国统治时期。奥斯曼帝国发轫于13

新石油金权
欧佩克式微与后石油时代

世纪，于16世纪日趋鼎盛，成为世界强国。奥斯曼帝国领土在17世纪达最高峰，海军掌控地中海，帝国如风，旋即趋于衰落。奥斯曼帝国在与俄国、奥地利、英国等西方强国作战中败下阵来，沦为"欧洲病夫"，失去了其广大的领土，并在19世纪加速衰落。权力真空下，19世纪西方殖民势力侵蚀中东，俄国人、英国人纷纷踏足中东。

石油地质理论、勘探技术的进步加速了四方探险家在全球寻找石油资源的步伐。20世纪初，中东大国伊朗率先发力，一跃成为拥有巨大石油潜力的国家。一部伊朗石油发展史就是全球大石油公司百年来争夺中东石油资源历史的缩影。

伊朗石油开发始于1901年英国人与伊朗政府签订石油勘探开发租让协议。1901年5月，伊朗恺伽王朝迫于财政压力与英国人威廉·诺克斯·达西签订租让协议，达西获得除北部五省以外伊朗全境的石油、天然气开采和经营权，期限为60年。

租让协议是国际石油合作初期（集中出现在20世纪60年代之前），一些基础比较薄弱的产油国对外国投资者（石油公司）采取的"优惠"合同。"租让"，指外国石油公司向产油国政府"交租子"。除了定期"收租"，产油国对本应国有的油气资源基本没有掌控力和话语权，石油资产属于外国投资者所有。同时，此类合同的租期（合同期）很长，一般是60年。第二次世界大战（以下简称二战）后，随着产油国的发展和石油资产国有化的盛行，租让制合同基本绝迹。目前，仅中东极个别国家依然采用租让制石油合同，但合同条款对资源国而言已经大为改善。

1905年，在英国政府的帮助下，达西在伊朗筹建"辛迪加石油租让公司"。1908年5月，公司在马斯吉德·苏莱曼地区成功开采出石油，该地区成为中东地区石油工业滥觞之地。

1909年，公司发展壮大为"盎格鲁波斯石油公司"，即"英波石油公司"，后更名为"英国—伊朗石油公司"（BP的前身）。达西成为BP的创始人，并跻身全球石油工业风云人物。不久，英国人在阿巴丹建造伊朗第一个炼油厂，修建输油管线、储油、运输和码头等一系列石油设施，并于1913年实现石油出口。

英波石油公司在伊朗获得了为期60年的石油、天然气等资源的开采和销售权后，英波石油公司很快陷入了严重的财务危机。丘吉尔看准机会，派遣前海军情报局局长埃德蒙·斯莱德海军少将,带领一个专家委员会,前往伊朗地区考察当地的油田开发情况,同时还向内阁提交了一份关于"向皇家海军提供燃料油"的备忘录。在备忘录中,丘吉尔要求政府对英波石油公司投资,这样不但能够为海军提供稳定的燃料来源,同时也有助于英国打破美国和俄罗斯正在形成的全球石油垄断。

经过进一步的考察和论证之后,丘吉尔在1914年6月17日向英国下院提交了《英波石油公司筹资法案》。在该法案中,英国政府将向英波石油公司投资220万英镑以获得公司51%的股权,这样英国实际上就取得了该公司的控制权。按照合同,英波石油公司将在之后20年时间里为英国海军提供燃料油,而作为最大的股东,英国海军可以每年从公司的利润中分得红利。合同签订后,英国海军不但获得了燃料而且还缓解了经费问题,可谓一举两得。通过对英波石油公司的投资,丘吉尔解决了燃料和经费这两个主要问题,海军燃料革新也全面展开。

1912年、1913年和1914年英国海军的军舰建造计划全部使用石油作为动力,全面淘汰煤炭,一战结束时,英国海军40%舰艇使用石油作为燃料。

相较于英国在海军燃料上的激进,以稳健严谨著称的德国人选择了保守方案,考虑到石油供应方面的风险,除了1911年6月建造的"国王"级战列舰部分使用石油作为燃料,德国海军之前之后的主力军舰均使用煤炭作为燃料。

在1916年5月31日爆发的日德兰海战中,使用燃油锅炉高速前进的4艘"伊丽莎白女王"级战列舰与德国舰队展开决战时,石油燃料的优势展露无遗。正是丘吉尔等人的不懈努力,英国海军终于在一战爆发时完成了燃料革命并最终保持了对德国的海军优势。

一战,英国虽然打赢,但是付出了沉重代价。英镑的全球主要储备货币地位开始动摇,伦敦开始让出全球金融中心的地位给纽约。

美国作为新大陆,此时得以崛起。美元开始跻身全球储备货币。美国开始对全球资源进行渗透、掠夺和控制,对于新兴战略资源——石油,美国以垄断资本开路,争夺石油资源。欧洲列强最初在中东主要通过租让制这种最典型的半殖民地方式进行石油勘探开发。美国凭借自身经济实力,对英、法等国在中东的传统势力范围发起挑战,要求实行"门户开放"和"机会均等"原则,积极推动本国石油公司抢占新的石油产地。1928年7月31日,美国与英国、法国、荷兰三国签署

新石油金权
欧佩克式微与后石油时代

了《红线协定》，取代英法主导签署的《圣雷莫协定》，在中东石油资源开发中由一个旁观者变成为与英国、法国、荷兰三国具有平等地位的游戏规则制订者。

20世纪初开始，石油在全球的战略地位飞速上升，一战（1914—1918年）以前，工业中煤和钢铁起了主导作用，是列强疯狂争夺的对象。一战后，石油在经济上、军事上的重要地位日益明显，特别是在战争中。二战（1939—1945年）石油消耗量占作战物资的50%，朝鲜战争（1950—1953年）石油消耗占60%，越南战争（1964—1973年）石油消耗量占70%。

美国石油资源禀赋好且技术与资本力量遥遥领先，美国本土石油工业于19世纪中期从宾夕法尼亚州时期出发，20世纪初进入俄克拉荷马州时期，20世纪30年代又进入了得克萨斯州时期，每一个时期，美国本土生产的石油除自给自足以外，都足以撬动世界格局的变化。

1870年1月10日，约翰·戴维森·洛克菲勒在俄亥俄州创建了股份制的标准石油公司，标准石油公司瞄准上中下游一体化通吃概念全力打造托拉斯，20年的时间，标准石油公司成了美国最大的原油生产商，垄断了美国95%的炼油能力、90%的输油能力、25%的原油产量，并将对美国石油工业的垄断持续到1911年。洛克菲勒也因其在石油领域让人不可企及的地位被誉为"世界石油大王"。

1911年5月15日，美国最高法院判决，依据1890年的《谢尔曼反托拉斯法》，标准石油公司是一个垄断机构，应予拆散。根据这一判决，"标准石油帝国"被拆分为约37家地区性石油公司。

标准石油公司的分拆具有里程碑意义，聚是一团火，散做满天星，标准石油公司的分拆为国际石油公司的蓬勃兴起注入了原动力，并在日后为中东石油的国际势力版图奠定了基础，为驰骋中东的石油"七姐妹"拉开了序幕。

标准石油公司被拆分后，原俄亥俄标准石油成了现在英国石油公司的一部分；原印第安纳标准石油改名为阿莫科石油，后来成为现在英国石油公司的一部分；原纽约标准石油改名为美孚石油，现在是埃克森美孚公司的一部分；原新泽西标准石油改名为埃克森石油，现在是埃克森美孚公司的一部分；原加利福尼亚标准石油改名为雪佛龙石油，现在是雪佛龙公司的一部分；原肯塔基标准石油被加利福尼亚标准石油并购，现在是雪佛龙公司的一部分。

美国信奉市场经济，因此政府对石油巨头一直保有戒心，在政治与经济上诸多节制。但是二战的爆发改变了这一切，美国政府对石油业取消此前诸多的限制，助力美国石油巨头席卷全球。

二战爆发后，石油资源的保障与争夺对德国及日本的战略目标实现至关重要。二战转折点斯大林格勒战役，背后原因是德国争夺巴库石油控制权；偷袭珍珠港后，日军入侵英国人和荷兰人的传统领地东南亚，也是日本在中国东北寻找石油资源无望后，寄望于马来西亚石油资源。

中东，这一油气资源最丰富的区块开始兑现天赋。从1928年起，自伊拉克北部的基尔库克发现大型油田以来，环波斯湾的阿拉伯国家陆续发现了储量惊人的油田。1932年，巴林成为阿拉伯半岛第一个进行商业性石油开采的国家。

美国石油公司作为该区域先锋，通过与当地政府签订排他性的"特许经营"合同，在产油国找油、采油、输油、炼油和买油，实现一条龙全产业链、封闭式经营，此时的阿拉伯产油国还处在游牧时期，无法驾驭如此巨量的工业财富，因此在经济上与美国石油巨头全面合作，在政治上与美国结盟成为历史角度最佳选择。

1933年，建国不久的沙特阿拉伯就将90多万平方千米国土的石油开采权，以66年的期限租让给美国美孚石油公司，该公司于1938年在达曼地区发现了大量石油。1942年，沙特阿拉伯国王阿卜杜勒·阿齐兹·伊本·沙特主动将自己的两位儿子——费萨尔和哈立德，送往美国拜会富兰克林·德拉诺·罗斯福（Franklin Delano Roosevelt）总统。费萨尔更是在1964年位登大宝，对石油财富进行了分配，对沙特阿拉伯政体进行了有效规制，外交亲美，被尊称为现代沙特阿拉伯的"总设计师"。

二战中，高度的机械化作战使得石油成为决定战争进程和胜负的关键因素。美国把掌控世界石油资源确定为国家安全利益的核心内容。美国认为必须控制和开发国外新的石油资源，以减少对国内石油资源的损耗，从而保证未来美国石油供应的安全。为了制定一项综合性的对外石油政策，1944年4月11日美国国务院公布了《美国对外石油政策》报告，将石油利益确定为美国国家安全利益的核心，其主要内容是：在中东地区将大西洋宪章的"机会均等"原则运用于战后美国对外石油资源的争夺中；提出了美国对外石油供应的"半球"石油政策，即"东半球"的石油主要由中东地区供应，"西半球"的石油由美洲地区供应。美

新石油金权
欧佩克式微与后石油时代

国对外石油政策的目标是攫取和控制中东地区的石油资源，保护美国国内的石油资源储备。美国因为石油第一次注意到了沙特阿拉伯的战略价值，罗斯福总统认为："保护沙特阿拉伯是美国的切身利益之一。"

伊朗宝贵的石油资源对交战各方都具有战略意义，此时伊朗的选边站队对二战战局走向愈发重要，苏军和西方盟军的第一次合作就是出兵伊朗。

伊朗和德国以雅利安血统作为纽带，德国人希望能够在伊朗获得稳定的石油供给，而伊朗想摆脱英国人的控制。1936年，德国派遣了大量的军事专家进驻伊朗，帮助伊朗人训练军队，同时伊朗大量的火炮以及军事装备都几乎来自德国，而且当时伊朗的高校等，也交付德国人管理，这种亲近德国的举动，令英国十分不安。英国和苏联在二战中施压伊朗，伊朗政府态度模棱两可，1941年8月，英国从伊拉克出兵，苏联从高加索出兵，联合占领了伊朗。伊朗国王礼萨汗被赶下了台，巴列维国王上台，并开启了长达38年的统治。二战中著名的"德黑兰会议"也在伊朗首都德黑兰举行。

在德国鼓动下，1941年4月1日，伊拉克军官发动"金方阵政变"，要成立驱逐英国势力的新政府。但此时，德国陷于欧洲战场泥潭，完全无力从高加索地区南下进入伊拉克。1942年5月底，英国赢得对新政府的战争。1943年年初，伊拉克重新回归盟国阵营。

1945年2月，罗斯福、丘吉尔和斯大林"三巨头"在黑海北部的克里木半岛举行了著名的"雅尔塔会议"，在雅尔塔会议上，三国商定了利益分配和战后的世界新秩序，二战后的全球治理及格局被划定。

会议结束后，罗斯福总统乘坐美国海军战舰"昆西"号从黑海返回美国。此时，罗斯福总统已连任四届美国总统，并将取得二战胜利，尽管罗斯福总统身体欠佳，状态十分不好，军舰仍在埃及苏伊士运河的大苦湖锚泊数天。罗斯福总统在那里进行了三场会晤，私人会见了埃及国王法鲁克、埃塞俄比亚皇帝海尔·塞拉西和沙特阿拉伯国王伊本·沙特。

伊本·沙特作为现代沙特阿拉伯的开国之君，此行之前除了短暂到访过伊拉克巴士拉，从未离开过阿拉伯半岛。

尽管因为会议的议题涉及巴勒斯坦未来，双方难以在此议题上形成共识，罗斯福总统力挺犹太复国运动，伊本·沙特则抗议犹太建国，但罗斯福总统与沙特阿拉伯国王伊本·沙特进行了友好的会谈，罗斯福总统尊重伊本·沙特的伊斯兰传统，主动撤掉了雪茄和鸡尾酒，双方都给彼此留下了美好的印象。

两个月后，罗斯福因病去世。临终前的这场具有神秘色彩的会晤受到广泛关注，在大英帝国因为二战日薄西山的关键时间节点上，罗斯福主动出击，在中东牢牢锁定沙特阿拉伯，维护美国在沙特阿拉伯的石油利益，为二战后美国全面崛起奠定了坚实基础。美国和沙特阿拉伯达成了默契，美国承诺确保沙特阿拉伯王室的安全和稳定，而沙特阿拉伯则保证美国在沙特阿拉伯开发和获得石油的特权。后来的事实表明，沙特阿拉伯与美国的战略结盟是双赢的，沙特阿拉伯从游牧时代直接进入工业文明，美国收获中东铁杆盟友，石油成为美国全球战略武器之一。

石油"七姐妹"

二战以后，雅尔塔体系对当今的世界政治经济版图形成影响深远。苏联及东欧形成欧洲经济互助委员会（以下简称经互会）。在经互会体系中，物资调拨和分配只是记账，不需要货币交换，也完全不纳入GDP计算方式，更没有金融化，按照内循环进行运转，石油来自苏联和罗马尼亚，罗马尼亚石油是二战后苏联补充石油短缺的最好外部资源，20世纪70年代罗马尼亚石油产量衰减并转为进口国，苏联石油在大规模重建后逐渐成为换取外汇的战略产品；美国马歇尔计划下，西方形成了经济合作与发展组织（以下简称经合组织），也是当今单一美元霸权主导的全球体系的原始版本，经合组织对中东石油依赖程度与日俱增。

一直在布局中东石油的国际石油公司在二战以后迎来了大发展，代表英美石油工业全球化布局的石油"七姐妹"进入视野。

"七姐妹"源自希腊神话中擎天巨神阿特拉斯的七位女儿，对应的是"七姐妹星团"，又名"昴宿星团"或"昴星团"，这个星团在汉族的占星学中只被用来匹配二十八宿中的昴宿，属于比较次级的天体，但是该星团是北半球冬季、南半球夏季夜空中很突出的天体，很多古老的民族都用这个星团来修正自己的历法。

新石油金权
欧佩克式微与后石油时代

1951年，伊朗对此前由英国—伊朗石油公司（由此前的英波石油公司演变而来）控制的本国石油工业进行国有化处置，伊朗石油遭到国际禁运。为了将伊朗石油产量带回国际市场，美国国务院倡议组建大石油公司联营体共同运营伊朗石油。此后，七家英美背景的大石油公司共同组成了伊朗石油联营体，包括：

①英国—伊朗石油公司，英国企业，该公司后来改组成为英国石油公司，英国石油公司相继接收阿莫科石油公司（此前的印第安纳标准石油公司）、美国的大西洋富田石油公司（Atlantic Richfield Company）后，2000年该公司借集团兼并整合之机进行了全球品牌更新并明确为BP，由绿、黄、白三色组成的太阳花伴随着"BP，不仅贡献石油"（Beyond Petroleum）的品牌主张，准确地传达出BP致力于发展多种能源的战略，以及关注环境保护和人类进步的终极使命。

②海湾石油公司，美国企业，1984年，加利福尼亚标准石油公司收购了海湾石油公司大部，壮大后的加利福尼亚标准石油成为雪佛龙公司，海湾石油公司小部被BP和美国连锁便利店巨头坎伯兰农场公司收购。目前，美国东北部还有不少继续挂着海湾石油品牌经营的加油站。

③荷兰皇家壳牌集团，荷兰英国合资企业，荷兰皇家石油公司于1890年创立，并获得荷兰女王特别授权，因此而得名。为了与当时最大的石油公司美国标准石油公司竞争，1907年荷兰皇家石油公司与英国壳牌运输和贸易公司合并成立荷兰皇家壳牌集团。

④加利福尼亚标准石油公司，美国企业，在1984年收购海湾石油公司后成为雪佛龙石油公司。

⑤新泽西标准石油公司，美国企业，之后改名为埃克森石油公司，1999年收购了美孚石油公司，品牌更新成为埃克森美孚。

⑥纽约标准石油公司，美国企业，之后并入美孚石油公司，该公司于1999年被埃克森收购组建成为埃克森美孚。

⑦德士古石油公司，美国企业，于2001年被雪佛龙石油公司收购。

这七家大石油公司均为英美背景石油公司，欧洲其他列强如法国、意大利均无法染指伊朗石油。

20世纪50年代，时任意大利国家石油公司埃尼集团董事长的恩里克·马太伊试图寻求进入伊朗石油经营联合体，结果无功而返。出于对英美石油公司在二战后掌控中东石油局面的不满,恩里克戏称英美石油公司主导的伊朗石油经营联合体为"七姐妹"。

1975年,英国作家安东尼·桑普森推出畅销书《七姐妹》将"七姐妹"概念昭示天下。

1981年,热卖电影《疯狂的麦克斯2》对石油枯竭后的末世进行了大胆想象,片中"七姐妹"作为一个朋克文化符号深入人心。

1973年第一次石油危机之前,石油"七姐妹"达到了影响力的巅峰,控制了全球85%的石油储备。石油"七姐妹"在中东石油的垄断,与他们自20世纪20年代以来的积极布局密不可分。

石油"七姐妹"在世界各主要产油国(尤其是中东)互相"联姻",结成了广泛的、多层次的关系网,结成了共存共荣的利益共同体——垄断资本主义石油市场的卡特尔。

这个卡特尔的"奠基式"是1928年由壳牌领导人发起的阿克纳卡里会谈。在这次会谈中,壳牌、英波石油、新泽西标准石油三家石油公司达成了瓜分世界石油市场的"阿克纳卡里协定",并且就世界市场的原油价格商定了一个"法则"——以美国得克萨斯墨西哥湾出口原油的价格加运费为基准。这是一个有利于七大石油公司在世界各地尤其是在中东找油的规则,它在任何时候都将保证成本高的美国原油生产商有利可图,并使拉美、中东各公司由于其原油生产成本低而获利更多。随后,石油"七姐妹"中其他四家都参加了"阿克纳卡里协定"。

同在1928年,在美国政府"门户开放"政策的推动下,英国政府被迫"开放"美索不达米亚的石油资源,改组土耳其石油公司为伊拉克石油公司,由新泽西标准石油与美孚(最初还有海湾等公司)组成的近东开发公司、法国石油公司、英国石油公司和壳牌各持有23.75%的权益,其余5%权益留给土耳其石油公司的创始人古尔本基安。这是英美石油公司首次在一个产油国家联手投资,共享资源。竞争者在这里成了合伙人。根据它们的秘密协定("红线协定"),在原土耳其奥斯曼帝国范围内,各公司不得独自开发其石油资源。后来,伊拉克石油公司取得了在卡塔尔、阿拉伯联合酋长国(主要是阿布扎比酋长国)的独家经营权,从而使这五家石油公司共享卡塔尔、阿拉伯联合酋长国的石油资源。

1933年,加利福尼亚标准石油公司获得了沙特阿拉伯国王颁发的"特许

新石油金权
欧佩克式微与后石油时代

权",可以勘探沙特阿拉伯的东部地区,为此该公司特地注册成立了加利福尼亚阿拉伯标准石油公司。1936年,美国得克萨斯石油公司(即后来的德士古石油公司)获得了加利福尼亚阿拉伯标准石油公司50%的所有权。1938年,在今天沙特阿拉伯东部省达兰附近的达曼圆顶上发现了石油,拉开了沙特阿拉伯石油工业大发展的序幕。至今,达曼依然是全球最著名的石油城市之一,堪比休斯敦。1944年,加利福尼亚阿拉伯标准石油公司的名称更改为阿拉伯美国石油公司,简称阿美石油,是今天沙特阿拉伯国家石油公司沙特阿美的前身。

1934年,美国海湾石油公司与英波石油公司联手,取得覆盖科威特全境的石油租借地,组成对半合营的科威特石油公司。

1953年8月,英美情报机关联手策动政变,推翻了主张国有化的伊朗摩萨台政府,次年9月"伊朗石油参股者财团"同伊朗达成了协定,实际上废除了伊朗石油国有化法案,伊朗石油开采权重新为英美石油垄断资本所控制。取代英国石油公司在伊朗"一统天下"的伊朗石油参股者财团是英美石油公司集团。英国石油公司保留40%股权和作业者的地位,壳牌获14%的股权,五大美国公司——新泽西标准石油公司、加利福尼亚标准石油公司、德士古石油公司、美孚石油公司及海湾石油公司各得7%的股权,另外9家美国小公司共享5%的股权。伊朗保留了"国家所有"的空壳。

除在上述中东地区互相"联姻"之外,1933年,壳牌与新泽西标准石油公司达成协议,按50∶50比例合资,组成壳牌—埃索(Shell-Esso)公司,在欧洲开展上游活动。1938年,加利福尼亚标准石油公司同德士古石油公司把苏伊士运河以东地区的石油资产合并,组成加德士公司。新泽西标准石油公司与美孚石油公司联手,把在印度尼西亚的资产合并,组成美孚真空石油公司。为了共同开发尼日利亚资源,壳牌石油公司与英国石油公司组成Shell-BP公司。在拉美的委内瑞拉,海湾石油公司把它的子公司梅因格兰德公司的一半股权让给了主要对手新泽西标准石油公司和壳牌石油公司。

这样,到20世纪50年代,这七大石油公司就已经编织起了盘根错节的关系网,结成了"联姻"式、共为母公司的亲缘网,形成了你中有我、我中有你,一荣皆荣、一损皆损、共存共荣的利益共同体,一个实实在在的卡特尔。

二战前,石油"七姐妹"在中东发现了几个大油田,但是大规模开发被搁置，中东石油工业大发展始于二战后。

伊朗于1928—1938年相继发现了加奇萨兰和阿贾加里两个特大油田，并在二战后正式投入开发。1958年和1963年又先后发现阿瓦士和马荣两个特大油田。由此，伊朗石油产量不断攀升，1943年为1009万吨，1950年达到3226万吨，1963年达到5349万吨，1970年达到1.0545亿吨，1974年超过3亿吨。

伊拉克发现的第一个大油田是基尔库克油田，二战后才全面开发。1953年和1961年又先后发现鲁迈拉和北鲁迈拉两个特大油田，以及一批亿吨级（可采储量）大型油田。伊拉克战前最高年产量约400万吨，1952年突破1000万吨，1954年跃上3000万吨，1963年突破5000万吨，1971年达到8327万吨。

阿拉伯联合酋长国1958年发现乌姆谢夫大油田，1964年发现扎库姆特大油田，另有一批亿吨级大油田。阿拉伯联合酋长国1959年开始产油，1968年产油2400万吨，1971年达到5000万吨。

沙特阿拉伯1938年到1972年相继发现可采储量亿吨以上的大油田17个，其中10亿吨以上的特大油田7个，特别是加瓦尔油田，这个"地下大油海"长241千米，宽35千米，探明可采储量近700亿桶（相当于全中国2012年可采储量的5倍左右）。穿越半个多世纪，加瓦尔油田仍然牢牢戴着全世界最大油田的桂冠，实至名归的整装油田"巨无霸"。沙特阿拉伯1945年产量只有288万吨，1950年为2665万吨，1960年达到5000万吨，1965年突破1亿吨，1970年已接近2亿吨。

整个中东地区1945年的石油产量为2565万吨，1950年达到8600万吨，1955年为1.6亿吨，1960年为2.6亿吨，1965年为4亿吨，1970年高达6.87亿吨。

20世纪50年代，石油取代煤炭成为全球第一大能源，并一直保持这一地位到今天。

由于石油、天然气等物资资源是有限的，因此，这些不可再生的能源就成为国际经济、政治、军事的焦点。

石油是现代社会必不可缺的重要物资，人们的衣食住行都离不了石油。石油在全球分布不均衡，少数油气资源国占据了世界绝大部分油气资源。全世界每年产出的石油大部分是被西方发达国家消耗的，而这些发达国家产油、气量远远不能满足本国的需求，大多数产油国是发展中国家。石油产销之间地域性差别巨大，原油和炼油产品是全球贸易额最大的商品，石油是影响地缘政治、国际关系

新石油金权
欧佩克式微与后石油时代

的敏感商品。

石油的力量在于它可以使一个产油国进入国际政治圈内，可以使其因富产石油而强大起来。进入20世纪以来，石油逐渐成为军用、民用交通工具不可缺少的能源，成为石油化工重要的原料，是各国经济、政治、军事及日常生活稳定的基础和保障，石油的战略价值由此凸显，各国对石油资源的争夺愈发激烈。石油在平时关系到一个国家的国力，在战时关系到胜败存亡，成为各大国必争之资源。

石油"七姐妹"发现中东石油资源太丰富，为了控制这片地区的油气资源，在美国"门户开放"的政策下，它们相互联合、利益均沾、共同控制了这些地区。当时中东等国力量弱小、难以抗衡英美等国，所以石油"七姐妹"靠政府撑腰花很少的钱就获得了大面积的石油租借地，在租借地发现并开采出来的石油都是它们的。中东诸国只是完全享有矿区使用费和所得税，其余需要分成。

当时石油"七姐妹"和中东各国签署的协议规定石油开采出以后收益七三分，七成进了石油"七姐妹"的腰包，产油国只占三成。另外国际石油价格标准也是由它们制定。

20世纪50年代后半期，苏联石油工业进入了快速增长期，5年间产量翻了一番。到20世纪50年代末，苏联已超过委内瑞拉成为仅次于美国的世界第二大产油国。

苏联当时亟需进入欧洲市场，恩里克领衔的意大利埃尼集团抓住这一机遇，突破石油"七姐妹"依托中东原油垄断形成的包围圈，在1959年将苏联原油引入意大利，苏联原油一度占意大利全部石油需求的16%。

恩里克因苏联原油西进欧洲而名声大噪，但1962年恩里克空难逝世，与2014年命殒俄罗斯的道达尔全球CEO马哲睿之死并称为国际石油界两大悬案。巧合的是，两人都有着亲俄标签。

苏联原油借意大利埃尼集团打开欧洲市场，出口大幅增加，而且售价比市场低。被跨国石油公司们视为严重的挑战，除了由政府设法限制苏联原油的进口外，它们只能以削价来对付。但如果只减售价，削价的全部损失都由公司承担。所以它们必须要削减标价，以便把一部分削价损失转嫁给产油国。

为了与苏联争夺市场，1959年，BP率先单方面把收购价下调了10%，其他公司紧随其后。1960年，新泽西标准石油公司再一次压低价格，其他六家公司又一次跟进。石油"七姐妹"事先不同产油国商量而降低价格的行为,严重损害了产油国的利益。

欧佩克崛起

石油"七姐妹"的倨傲无礼激怒了中东诸国,当是时,阿拉伯民族主义正在兴起。

阿拉伯民族主义,是强调各个国家、地区阿拉伯人的共同属性,以建立统一的阿拉伯国家为最高目标的思潮和运动。

1938年,阿拉伯民族主义研究的开创者乔治·安东尼乌斯的重要著作《阿拉伯的觉醒》正式出版,该书是第一本全面介绍19世纪末20世纪初阿拉伯历史的著作。作者是黎巴嫩裔埃及人,他指出西方传教士在大叙利亚地区兴办教会学校,导致一场由阿拉伯基督徒主导的文化复兴运动产生,这一运动是阿拉伯民族主义的开始,并逐步由文化运动转为政治运动,其主导权也逐步转移到穆斯林手中。

《阿拉伯的觉醒》问世后,迅速成为阿拉伯世界畅销书,在唤起民族觉醒方面极具影响力,阿拉伯世界民众为阿拉伯民族在整个伊斯兰世界所取得的成就感到自豪,同时对欧洲殖民势力的不满正在不断释放。

自己守着金山,欧洲人在自己地盘上站着就轻易把钱给赚了,中东诸国意识到了团结就是力量。

被后世称为"红色谢赫"的阿卜杜拉·塔里基此时快速崛起。20世纪40年代,塔里基远赴美国接受了高等教育并曾担任见习地质师,1948年塔里基回国时是唯一接受过大学石油地质学和化学教育的沙特阿拉伯人。塔里基回国后被委以重任,出任东方省政府财政部所属石油事务监管局局长,东方省是沙特阿拉伯核心石油区块,塔里基任内,阿美石油公司发现了世界最大的油田——加瓦尔油田。

1954年,沙特阿拉伯国王派塔里基前往开罗参加阿拉伯国家联盟第一届石油专家会议。1959年诞生的阿拉伯石油大会,就是由这次石油专家会议演变过来的,塔里基是大会的首倡者之一。

新石油金权
欧佩克式微与后石油时代

1955年，塔里基成为石油矿产事务董事会的领袖。他汇集阿美石油公司的各类统计数据提供给沙特阿拉伯王室，并且成立专家小组，着手就石油租借制度谈判。

1957年沙特阿拉伯国王任命出生于1919年的塔里基为王国政府石油和矿业资源部门的总管，负责与阿美石油公司打交道。

1959年，阿拉伯第一次石油大会在开罗召开。阿拉伯各国除了伊拉克以外都有代表出席。时任委内瑞拉石油部长胡安·巴勃罗·佩雷斯·阿方索以观察员身份与会。各大石油公司也有代表出席。

阿方索和塔里基风云际会，对欧佩克成立居功至伟。

与塔里基一样，阿方索也曾在美国学习生活过。相较于塔里基拿着奖学金负笈求学，阿方索是政治流亡，在美国，阿方索系统学习了石油工业的有关知识，对美国官方的石油管理机构——得克萨斯铁路委员会实行的配额管理尤为感兴趣。1958年，阿方索回国出任委内瑞拉石油部长后，开始在两方面发力，一是增加主权国政府在石油收入中的份额，二是收回石油的生产权和销售权。在外部关系上，基于委内瑞拉原油作业成本远高于海湾产油国的事实，阿方索清醒地认识到，只有在全球范围内效法美国得克萨斯铁路委员会的生产配额管理办法，建立产油国联盟，实现生产配额制度，才能使各生产国都得到合理的收入。

BP带头石油"七姐妹"压低标价的行为受到了大家的谴责。阿方索经介绍认识了沙特阿拉伯律师艾哈迈德·扎基·亚马尼（Ahmed Zaki Yamani，欧佩克二代核心人物），来自拉美和波斯湾地区的两人共同诉求是捍卫本国资源权，发展本国石油工业，迅速达成共识后，他们分别邀请了一位伊朗人（观察员身份）、科威特人和伊拉克人（阿拉伯联盟工作人员而不是代表）一起秘密地进行讨论，最后形成了一份由这几个人签名的联名建议书，送给各产油国政府。

建议书表达的主要意见是：由各产油国政府组成一个石油咨询委员会，共同捍卫标价；各国成立自己的石油公司，建立自己的炼油厂，提高一体化程度，确保自己的市场；把现在已经争取到的同石油公司对半分成，改为六四分成，增加收益。这个小型讨论会成了欧佩克成立的筹备会。

阿拉伯第一次石油大会形成决议，要求石油"七姐妹"在以后调整油价时必须与它们商量，但石油"七姐妹"关注的是公司超额利润，无视如火如荼的阿拉伯民族觉醒。1960年，石油"七姐妹"再一次擅自调低了原油价格。

在中东阿拉伯产油国和石油"七姐妹"闹得不可开交的时候，二战后亚非拉美的民族主义思潮蓬勃发展，给予他们极大的支持。1945年结束的二战，是世界反法西斯国家共同努力的成果。在这次战争中，英法德等欧洲列强遭到严重削弱，战后他们的殖民地爆发了大规模的争取民族独立的运动。

这些亚非拉美新独立的国家，于1955年在印度尼西亚的万隆召开万隆会议，这次会议讨论实现民族独立和共同反对美国的殖民主义等内容，它的召开鼓舞了更多殖民地国家起来争取民族独立和解放。

1956年，刚成立共和国三年的埃及经过斗争收回了苏伊士运河主权。20世纪50年代，亚非拉等国民族解放运动相互影响，使得整个世界反霸权的运动此起彼伏，像非洲在1960年就有17个国家独立。这些民族解放斗争既鼓舞了中东产油国为谋取自己合法权益而斗争的信心，也在一定程度上让西方国家焦头烂额，转移了注意力。

二战后，大航海时代以来为西方创造天量财富的殖民地纷纷开始争取独立，成为日趋衰落的英国的沉重负担。

继承英国衣钵的美国面临着来自苏联的挑战，无意在殖民地上纠缠，同时风起云涌的亚非拉独立运动下，落后的殖民体制已经不符合当时的国际秩序，当时世界的两大领袖美国和苏联，顺应历史的进程，选择了同样的战略，全面支持殖民地自由。

尽管英法作为美国的盟友，殖民体系崩溃对美国盟友英法的综合实力打击巨大，但是美国的意识形态与国家利益都支持美国的战略决策。

美国曾作为英国殖民地，依托独立战争建国。美国反对殖民主义客观上是政治正确，作为自由世界的领袖，美国曾经标榜过：反对一切形式的殖民主义。

二战后，美国为了获得世界的霸权地位，需要将自己的经济触角伸展到世界的每个角落，但殖民地体制的天然封闭性与排他性显然和这种利益诉求相违背；同时，美国作为超级大国，控制世界的方式已经脱离了殖民地体制的束缚，其方式比老旧的殖民统治成本要低得多，美国统治世界依靠的是经济力量以及由其支持的庞大军事力量，自由世界对美国更有利。

二战后，美苏这对战时的盟友因为意识形态不同而闹翻。美苏对峙与冷战及

新石油金权
欧佩克式微与后石油时代

美苏共同全面支持殖民地自由为亚非拉国家的独立创造了有利的外部条件。

在这种有利形势下，为了争取在石油产量和价格上有自主权，1960年9月10日，由委内瑞拉石油部长阿方索和沙特阿拉伯石油总管塔里基发起的阿拉伯石油会议——巴格达会议如期召开，这是一次永载世界石油工业发展史册，甚至全球人类历史史册的会议，就在这次会议上，石油输出国组织（以下简称欧佩克）成立了。9月14日，会议代表签署了决议。在决议上签字的有：沙特阿拉伯首席代表塔里基、委内瑞拉首席代表阿方索、伊朗首席代表富德·鲁哈尼、伊拉克首席代表塔拉特·谢巴尼（计划部长兼代理石油部长）、科威特首席代表艾赫迈德·乌马尔。

在阿方索与塔里基等石油生产国精英的不懈努力下，与西方石油巨头"七姐妹"相抗衡的欧佩克由此正式诞生。

两人青史留名，阿方索以其深谋远虑与长袖善舞赢得世人尊重，塔里基以坚定的阿拉伯民族主义者和石油智囊身份蜚声海内外。

欧佩克成立后的一个月，第二次阿拉伯石油会议于1960年10月在黎巴嫩首都贝鲁特举行。英美石油巨头的代表应邀参加。这次会议既是一个庆功会，也是一个控诉会。塔里基在此次会议上通过列举大量事实和数据，显示美国石油公司是如何以欺骗手段获得了沙特阿拉伯石油收入的大部分的。阿方索也参加了此次会议。面对阿拉伯石油主产国和委内瑞拉等国以"抱团取暖"式的对抗，石油"七姐妹"不得不对欧佩克做出了让步。

除上述五个初始成员国外，卡塔尔（1961）、印度尼西亚（1962）、利比亚（1962）、阿拉伯联合酋长国（1967）、阿尔及利亚（1969）、尼日利亚（1971）、厄瓜多尔（1973）、安哥拉（2007）、加蓬（1975）、赤道几内亚（2017）、刚果（2018）十一国也先后加入了欧佩克组织，其中厄瓜多尔曾于1992年12月到2007年10月退出过该组织后重新加入，加蓬在1994年退出该组织，卡塔尔在2018年退出该组织。

欧佩克总部最开始设在瑞士日内瓦，5年后即1965年9月1日迁至奥地利维也纳。创建欧佩克的宗旨是：协调成员国的石油政策，采取集体行动同外国石油公司进行谈判，维护本国的石油权益。它是一个自愿结成的政府间组织，对其成员国的石油政策进行协调、统一。欧佩克旨在通过消除有害的、不必要的价格波动，确保国际石油市场上石油价格的稳定，保证各成员国在任何情况下都能获得稳定的石油收入，并为石油消费国提供充足、经济和长期的石油供应。

欧佩克条例规定："在根本利益上与各成员国相一致、确实可实现原油净出口的任何国家，在为全权成员国的三分之二多数接纳，并为所有创始成员国一致接纳后，可成为本组织的全权成员国。"该组织条例进一步区分了3类成员国的范畴：创始成员国——1960年9月出席在伊拉克首都巴格达举行的欧佩克第一次会议，并签署成立欧佩克原始协议的国家；全权成员国——包括创始成员国，以及加入欧佩克的申请已为大会所接受的所有国家；准成员国——虽未获得全权成员国的资格，但在大会规定的特殊情况下仍为大会所接纳的国家。

欧佩克大会是该组织的最高权力机构，各成员国向大会派出以石油、矿产和能源部长（大臣）为首的代表团。大会每年召开两次，如有需要还可召开特别会议。大会奉行全体成员国一致原则，每个成员国均为一票，负责制定该组织的大政方针，并决定以何种适当方式加以执行。欧佩克大会同时还决定是否接纳新的成员国，审议理事会就该组织事务提交的报告和建议。大会审议通过对来自任何一个成员国的理事的任命，并选举理事会主席。大会有权要求理事会就涉及该组织利益的任何事项提交报告或提出建议。大会还要对理事会提交的欧佩克预算报告加以审议，并决定是否进行修订。欧佩克理事会类似于普通商业机构的理事会，由各成员国提名并经大会通过的理事组成，每两年为一届。理事会负责管理欧佩克的日常事务，执行大会决议，起草年度预算报告，并提交给大会审议通过。理事会还审议由秘书长向大会提交的有关欧佩克日常事务的报告。欧佩克秘书处依据欧佩克组织条例，在理事会的领导下负责行使该组织的行政性职能。秘书处由秘书长、调研室、数据服务中心、能源形势研究部门、石油市场分析部门、行政与人事部门、信息部门、秘书长办公室以及法律室组成。

西方强国在欧佩克刚成立的时候还有着极大的优越感，他们认为欧佩克就是一个小组织，也就是喊喊口号很快就会解散。当时参加欧佩克成立大会的欧佩克首任秘书长卢哈尼回忆说，当时他发现大公司都假装"欧佩克根本不存在"。不光这些大国看不起它，连有着世界组织联合国之称的瑞士也觉得欧佩克没有希望，拒绝了欧佩克想要将总部设在瑞士的申请。

事实也确实如此，尽管几年后欧佩克发展到13个成员国，但是前10年中，欧

新石油金权
欧佩克式微与后石油时代

佩克生不逢时。一方面，跨国石油巨头仍然是大产油国的太上皇，控制着石油生产和销售；另一方面，20世纪60年代基本上石油一直是供大于求，每家公司、每个产油国都力图保持自己的市场份额，以力求自己的经济支柱不受影响，难以统一步调。

但是新时代大幕已拉开，欧佩克的成立强化了石油生产国对本国最具价值的自然资源的控制意识，欧佩克各国开始了争取自身合法利益的路程。欧佩克成立之前，各产油国石油被西方国家以租借的方式控制，欧佩克成立以后各国共同开始了收回石油主权的行动，西方公司放下了此前的傲慢，积极改善与产油国关系，不敢单方面压低标价，要压，也会同产油国商量。

欧佩克成立后不到三年，第一代创始人阿方索和塔里基相继隐退。阿方索是因为对欧佩克冀望过高，进而失去信心。塔里基则是因为浓烈的民族主义色彩以及对西方行事风格过于刚猛，被替换。

20世纪60年代是欧佩克小马过河的阶段。

1967年6月，欧佩克成立以来首次联合减产，旨在将石油作为政治武器打击发动第三次中东战争的以色列和其西方的支持者。但由于委内瑞拉、伊朗的不配合，此次减产并没有起到最初的效果，反而给沙特阿拉伯经济造成了损失。

1969年，欧佩克的新成员利比亚卡扎菲政府采取各个击破的策略，迫使西方石油公司调整收益分配，将产油国与公司的分成变成了55∶45。利比亚的成功经验被欧佩克成员国推广，最终在1971年欧佩克与西方石油公司了签订《德黑兰协议》，把开采税率从50%增加到55%，尽管税率提高不多，但是这是欧佩克各国自主定价主张得以真正实现的开始。

欧佩克在20世纪60年代内完成了一系列的组织基础架构工作，明确了组织目标，设立了秘书处，并于1965年最终定址维也纳，同时通过了相关欧佩克决议，持续开展与各大跨国石油巨头间的谈判，成员国数量也从最初的5个扩大到了10个。

20世纪70年代是欧佩克大放异彩的年代。

这一切，是与欧佩克二代核心——亚马尼的功劳分不开的，而亚马尼的背后是沙特阿拉伯国王费萨尔的强力支持。

1962年，年仅32岁的律师亚马尼被时任首相的费萨尔任命为沙特阿拉伯石油和矿产资源大臣，接替塔里基，亚马尼是当时唯一的非沙特阿拉伯王室大臣。

亲美的费萨尔看重亚马尼超人的政治手腕和平衡艺术，要求他消除塔里基同阿美石油公司的对立，并用更巧妙、更有效的办法控制阿美石油公司。同时费萨尔定下方针，在欧佩克内部，在石油问题上采取耐心和温和的态度，以换取华盛顿的支持。亚马尼拥护这个方针，而且是忠实的执行者，因此亚马尼在欧佩克内外被公认为是亲美的温和派。

费萨尔选对了人，1962—1986年间，亚马尼出任沙特阿拉伯石油和矿产资源大臣期间，出色完成了各项任务，他利用多种策略，控制了欧佩克，领导了震惊世界的1973年石油禁运，把油价短期内提高了4倍，导致了整个资本主义世界经济体系在20世纪70年代末期陷入滞涨的怪圈，成为沙特阿拉伯石油行业的代言人及欧佩克最活跃的代表。

亚马尼非常聪明，从不随意使用石油武器，而是一击即中，他有段很经典的话："如果我们不恰当地运用石油武器，我们的行动就会像一个人朝天放了一枪，子弹没有击中敌人，反而让它反弹回来击中了自己。"亚马尼善于斗争，懂得如何越挫越勇，1967年欧佩克首次禁运失败，亚马尼明白了阿拉伯产油国或欧佩克集体使用石油武器，为时尚早。

三次中东战争连续失败特别是六五战争惨败，阿拉伯国家挫败感极强。1967年8月，第四次阿拉伯国家首脑会议在苏丹首都喀土穆召开，会议决定将石油作为一种"积极的武器"，由产油国从石油收入中给予被侵略的埃及、叙利亚、伊拉克、约旦等国以经济援助。

亚马尼抓住首要矛盾，团结并组织阿拉伯产油国形成集体，支持阿拉伯事业。在亚马尼的组织下，阿拉伯石油输出国组织于1968年在黎巴嫩首都贝鲁特成立。亚马尼宣布，阿拉伯石油输出国组织的宗旨是：协调成员国的石油政策，维护成员国利益，决定成员国之间在石油方面合作的方式和方法。

队伍拉好了，就等恰当时机了，1973年爆发的赎罪日战争显然是正确时间。作为以色列盟友的美国为了维护自己在中东的利益积极援助以色列。沙特阿拉伯等阿拉伯国家强烈反对美国的干预，但是外交抗议不管用。

由于费萨尔国王的亲美路线，沙特阿拉伯在阿拉伯世界被孤立的危险在放大，费萨尔国王明确表示："就美国在中东的利益而言，结束的时刻快要到了，

新石油金权
欧佩克式微与后石油时代

你们将要丧失一切。"

1973年10月17日，阿拉伯石油输出国组织在科威特城举行会议。亚马尼和科威特石油大臣率先提出，立即对美国实行石油禁运。亚马尼建议阿拉伯各产油国政府实行石油禁运。会议同意亚马尼提出的意见，区别对待，分化瓦解，并且决定立即减产5%。会后，亚马尼代表政府命令阿美石油加紧向埃及等国供应石油。到10月26日，阿拉伯产油国的石油日产量比9月减少400万桶，减幅达20%，相当于世界石油市场上减少了12%的供应。11月4日和5日，阿拉伯石油输出国组织在亚马尼主持下，再次开会，立即把石油产量的减幅扩大到25%。

石油禁运给美国的冲击很大。11月8日，时任美国国务卿基辛格飞到利雅得，要求费萨尔国王停止石油禁运，遭到了拒绝。12月5日，他又把亚马尼请到华盛顿去，要沙特阿拉伯带头结束禁运。亚马尼给了他一个软钉子。在强大的压力面前，美国被迫做出妥协，对以色列施压，迫使其做出让步。1977年1月17日，亚马尼表示，既然禁运这一政治行动已经成功，沙特阿拉伯没有必要采取进一步行动了。1月24日，亚马尼宣布，沙特阿拉伯的政策发生了改变，愿意采取必要措施降低油价，以防止对世界经济产生严重伤害。

从1973年10月至1974年3月，油价在短短5个月里由每桶3美元涨到每桶11.65美元。阿拉伯石油输出国组织实行的石油禁运与涨价，严重打击了欧美各国经济，西方国家损失惨重。

欧佩克从机构阿拉伯石油输出国组织以一己之力，引发了资本主义国家二战后最严重的经济危机，威力巨大，欧佩克作为主机构自然名声大噪。这个一开始不被重视的小组织，突然就成了对世界经济乃至政治局势具有重大影响力的组织。

20世纪70年代的最后一年，欧佩克再次让世界看到了它在石油市场上的影响力。1979年2月，伊朗爆发了伊斯兰教革命，以霍梅尼为代表的伊斯兰教什叶派革命取得成功，成功后的伊朗政府将美国在伊朗的势力连根拔起，使得美国损失惨重。

经历了先知穆罕默德的创业维艰后，伊斯兰教由于对哈里发即继承者的正统性产生了重大分歧，伊斯兰教内部分化成了什叶派和逊尼派，两派相互斗争了一千多年。伊朗革命成功后，其邻国伊拉克国内什叶派教徒也蠢蠢欲动，这让掌权的逊尼派很不安，先下手为强，伊拉克萨达姆政权企图趁伊朗霍梅尼政权立足未稳之际扼杀它，1980年两伊战争爆发。

战争导致双方的油田遭到破坏，产量锐减，国际油价由1979年最高的每桶15美元迅速爬升到1981年的每桶39美元。油价的提升对其他国家来说是个灾难，全球再次陷入石油危机。

20世纪80年代，经历了两次石油危机后，物极必反，欧佩克开始显示颓势，风云人物亚马尼黯然下台。

第二次石油危机期间，国际油价迅速上涨了2倍，欧佩克会议再次聚集了全世界的目光。当时全球第一大产油国是苏联，沙特阿拉伯次之，亚马尼趁机宣布，沙特阿拉伯将担当石油"生产调节者"的角色，单独增、减产稳定油价，以显示沙特阿拉伯中东大国的地位。

西谚有云，人的一生不可能两次涉进同一条河流。两次石油危机在短短六年内连续发生，廉价的中东石油成为历史，二战后西方高歌猛进的经济遭受打击，高油价让欧佩克成员国享受了红利，刺激了欧佩克之外的新兴力量迅速成长，沉痛的打击让西方国家八仙过海，各显神通。此时的世界已不同于20世纪70年代初。

美国，1981年里根总统上台后签署的第一道命令，就是废除1973年尼克松总统所制定的石油限价政策。限价废除后，美国本土石油生产商积极性高涨，石油产量止跌回升，供给缺口有所弥补。

墨西哥和英国，进军成本昂贵的海上油田并取得了巨大成功，两国石油产量在1984年分别跃升到了第四、第五名的位置。

非欧佩克成员国石油产量的增长，让欧佩克成员国的市场份额从20世纪70年代的50%下滑至1985年的30%，欧佩克的石油定价权被大大削弱了。

除了石油增产之外，没有石油资源禀赋的国家，也开始寻找新的能源出路，减少石油进口。例如法国就实行了激进的核能政策，大建核电站。整个80年代，核能占法国的能源比重从10%上升至超过30%。

无可奈何花落去，沙特阿拉伯一国独木难支。尽管从1983年至1985年，沙特阿拉伯的石油产量从每天超过1000万桶缩小至每天220万桶，却依然不能阻止油价的跌势。而沙特阿拉伯的大幅减产，无疑带给该国财政极大的负担，时任沙特

新石油金权
欧佩克式微与后石油时代

阿拉伯国王法赫德开始对亚马尼表达不满。

感到压力的亚马尼，在欧佩克会议上要求其他伙伴共同参与减产，支撑油价。然而已经出现合作裂痕的欧佩克伙伴们，迟迟不能就减产达成一致意见。亚马尼一气之下丢掉了石油"生产调节者"的角色负担，并于1986年年初宣布，沙特阿拉伯将不限量生产，主动挑起一轮价格战。亚马尼的宣言引发了油价的自由下跌。短短4个月的时间里，石油价格从每桶32美元下降至每桶不到10美元。

气愤的法赫德国王认为，亚马尼过去失败的石油政策，让沙特阿拉伯白白丢掉了数年的石油利益，因此将其免了职。

虽然20世纪80年代后期国际油价开始回升，但是始终没有恢复到20世纪80年代初期的最高水平。欧佩克成员国在经历石油危机后也意识到通过协调统一的政策行动稳定国际市场油价的重要性。与此同时，环境问题也慢慢被提上国际社会议事日程。

20世纪90年代初，由于中东地区局势问题，国际石油市场引发恐慌导致油价猛涨。欧佩克成员国通过提高各自石油产量，增加对国际市场石油供给，及时稳定了石油价格，从而有效避免了第三次石油危机扩大化。根据相关统计显示，1990年1月，沙特阿拉伯、科威特、伊拉克和伊朗四国石油产量分别占欧佩克总产量的24%、9%、13%和12%。直到1998年亚洲经济危机前，国际油价在欧佩克努力下始终保持长期稳定的状态。20世纪90年代末期，世界上众多石油公司掀起了整合浪潮，全球石油工业通过各公司间的技术共享获得了长足的发展。

总体来说，我们可以用三次石油危机回顾欧佩克崛起。

1973—1974年的第一次石油危机。

1973年第四次中东战争爆发，欧佩克为了打击对手以色列及支持以色列的国家，欧佩克以子机构阿拉伯石油输出国组织宣布石油禁运，暂停出口，国际市场上的石油价格在短短的五个月内上涨到每桶11.65美元，涨幅惊人。

石油价格暴涨引起了二战后西方国家的首次经济衰退，并促成了国际能源署的诞生，西方国家开始重视中东关系与中东战略。

危机冲击了旧的国际经济秩序，石油作为政治武器开始出现，1960年成立的欧佩克从石油"七姐妹"为代表的跨国石油巨头手中夺回石油定价权，作为全球重要经济组织强势崛起。

1979—1980年的第二次石油危机。

1979年伊朗伊斯兰革命爆发,巴列维王朝谢幕,此后伊拉克与伊朗持续八年的两伊战争爆发,石油日产量锐减,每桶石油的价格从14美元涨到了35美元。

石油价格骤增引起了西方主要工业国的经济衰退,此轮危机后,战略石油储备重要性在西方得到空前重视,消费国加快发展替代能源,有意识压缩石油消费,加强本国及非欧佩克国油气生产,世界石油供需结构开始改变。

欧佩克影响力达到巅峰。

1990—1991年的第三次石油危机。

1990年,伊拉克入侵科威特,海湾战争爆发,伊拉克随后遭到了西方国家的制裁,伊拉克的原油供应完全中断。短短三个月时间,石油价格从每桶14美元迅速涨到每桶40美元。

通过前两次石油危机的应对,西方国家已经建立了充沛的战略石油储备,降低了对中东石油的依赖程度,拥有了沙特阿拉伯这一坚定盟友全力支持,本次危机影响得以最小化。

国际能源署启动紧急计划,每天将250万桶的储备原油投放市场,以沙特阿拉伯为首的欧佩克也迅速增加产量,稳定了石油价格。

欧佩克在世界石油供应侧的比重下降,欧佩克让出了定价权,NYMEX旗下的西得克萨斯轻质原油期货(以下简称WTI)和IPE旗下的布伦特原油期货崛起成为定价工具,国际油价的决定权从欧佩克转为欧佩克和国际垄断资本相互制衡。

国家石油公司兴起

欧佩克能步调一致地实行增产或减产,得益于成员国对本国石油资源的控制权,而控制权的实现来自石油资源国有化后,国家石油公司在上游的特许经营权。

欧佩克的崛起与国家石油公司的兴起是密不可分的,英国在二战以后迅速衰落,美国与苏联两大新巨头出于各种目的鼓励民族自治与政治觉醒,风起云涌的民族与国家独立运动后,资源国有化往往是第一行动目标,以石油"七姐妹"为

新石油金权
欧佩克式微与后石油时代

代表的跨国石油巨头向国家石油公司让出了资源权。

20世纪70年代，世界范围内出现了石油工业国有化的高潮。阿尔及利亚1968—1971年率先接管了外国公司在阿尔及利亚的油气资产和股权。接着，伊拉克、伊朗也先后实现了石油工业国有化。这种国有化的做法是有代价地收回全部石油资产，由国家石油公司接管，外国公司不再拥有资源和权益。

"智多星"亚马尼是国有化的积极推动者，但他并不认同一步到位的国有化，亚马尼主张和推动渐进式改革，即在外资公司中逐步提高参股比例，最后控制石油工业。亚马尼认为，当主权国实行了国有化后，变成石油生产、销售商，就会通过石油增产来增加石油收入，结果将是价格结构的崩溃，油价的下跌，还会导致政治上的不安定。他坚持认为参股方式是实现产油国目标的主要途径，而且是可以维持价格体制的方法。

1972年10月5日，亚马尼联合波斯湾五个阿拉伯产油国的石油部长共赴纽约，同在波斯湾地区的各大石油公司进行参股问题的谈判。这次谈判没有发生大的冲突。双方达成协议，各主权国政府立即在各石油公司中参股25%；1979—1983年每年再增加5%，从而使参股比例逐步上升到51%。这是一个总协议。各国分别同各石油公司就具体条款协商确定。

1976—1977年，卡塔尔收回了外国公司的全部股权。

1980年，科威特石油公司控制了整个科威特的石油工业。

1980年9月，阿美石油公司同四家美国母公司的谈判达成协议，由沙特阿拉伯赎买他们剩下的40%股权。自此到1988年，阿美石油公司转化为100%沙特阿拉伯所有的石油公司——沙特阿美石油公司。

之后，传统殖民主义性质的石油租让制被废除，跨国石油巨头的霸权被摧毁，世界上75%以上的油气资源转到了产油国国家石油公司手中。跨国石油巨头同国家石油公司的关系转变为互利的合作关系，产油国成为石油的主人。

目前欧佩克现有13个成员国是：阿尔及利亚、安哥拉、刚果、赤道几内亚、加蓬、伊朗、伊拉克、科威特、利比亚、尼日利亚、沙特阿拉伯、阿拉伯联合酋长国、委内瑞拉。

他们对应的国家石油公司分别是：

阿尔及利亚，阿尔及利亚国家石油公司成立于1963年，1962年阿尔及利亚独立，1971年阿尔及利亚石油天然气工业国有化后该公司承担起石油工业的各项任务，该公司控制了该国的油气领域，拥有大约80%的油气生产所有权。

安哥拉，安哥拉国家石油公司成立于1976年，1975年安哥拉独立，根据1978年修订的石油法，该公司是安哥拉唯一的石油勘探开发特许权所有者，可在生产经营中至少占51%的股份。该公司通过合作经营和与外国公司达成的产量分成协议进行油气勘探和生产活动，并负责石油产品的销售。此外，还管理外国石油公司的经营活动。

刚果，刚果国家石油公司成立于1998年，该公司统一管理刚果石油资源，负责全国油气业的上游活动，是刚果政府《开采许可证》的独家授予企业。

赤道几内亚，赤道几内亚国家石油公司成立于2001年，该公司负责全国区块开发，是该国碳氢化合物销售代理商。

加蓬，加蓬石油公司成立于2011年，为直属总统府的国有公司，由加蓬石油部进行技术管理监督，由经济部进行财务管理监督。加蓬石油公司负责持有和管理加蓬政府在石油勘探、开采、经营、分配、运输、仓储、销售、炼油等经营活动中的份额，其经营和销售的收入全部归国家所有。

伊朗，伊朗国家石油公司成立于1951年，该公司是伊朗石油部监管下的石油和天然气企业，代表伊朗政府主管石油工业各方面的业务活动。该公司被认为是世界上第二大石油公司。公司下设6家子公司，分别为伊朗国家海洋石油公司、钻井公司、油轮公司、石油产品公司、卡拉有限公司和国家石油工程与开发公司，还有一家附属于伊朗国家石油公司的Naftiran国际贸易公司。另外伊朗全国九大炼厂都在伊朗国家石油公司管辖之下，总炼油能力达7000多万吨/年，各炼油厂炼制能力从每年500万吨到2000万吨不等。

伊拉克，伊拉克国家石油公司曾于20世纪60年代成立，后来逐渐被南方石油公司和北方石油公司所取代，2018年11月重新组建，计划纳入伊拉克国油的9家国有油企分别是伊拉克国家石油销售组织、伊拉克石油勘探公司、伊拉克钻井公司、北方石油公司、中部石油公司、南方石油公司、济加尔石油公司、米桑石油公司以及伊拉克油轮公司。目前，伊拉克石油工业主要靠上述9家公司支撑，其中北方石油、南方石油、中部石油主要负责北部、南部和中部地区的勘探开发和区块运营，而伊拉克国家石油销售组织则主要负责石油营销业务。米桑石油和

新石油金权
欧佩克式微与后石油时代

济加尔石油公司都是从南方石油分拆出来独立运营的公司，前者于2008年开始自主运营，旨在与国际能源公司合作扩大原油储量接近300亿桶的米桑省的石油业务；后者成立于2016年前后，主要监管包括伊拉克第五大油田Garraf在内的4个油田。而成立于1987年的伊拉克石油勘探公司，其行政、财政权力相对独立，主要任务是在伊拉克境内发现和评估新的油气资源。伊拉克油轮公司成立于1972年，主要从事原油和成品油的海运运输工作。伊拉克钻井公司成立于1990年，目的是将全国钻井和修井作业集中到一起，目前由北方石油和南方石油共同担任指导和督管工作。由于伊拉克内乱不断，中央政府掌控力有限，伊拉克国家石油公司的重新组建计划进展缓慢。

科威特，科威特石油集团公司成立于1980年，该公司管理科威特国内和国外的石油投资。科威特石油公司是科威特石油集团公司的上游子公司，于1975年由科威特政府接管，管理科威特所有油气上游开发业务；科威特国家石油公司也是科威特石油集团公司子公司，控制下游业务。

利比亚，利比亚国家石油公司成立于1970年，取代根据1968年13号法令成立的利比亚国家石油公司。利比亚国家石油公司代表政府实现国家石油发展计划的目标，负责石油资产的运营和投资。

尼日利亚，尼日利亚国家石油公司成立于1977年，该公司由尼日利亚国家石油公司和尼日利亚联邦矿业和钢铁部合并而来，该公司是尼日利亚从事石油工业的石油总公司，负责管理尼日利亚境内石油勘探和生产。

沙特阿拉伯，沙特阿拉伯国家石油公司沙特阿美的前身阿美石油公司成立于1933年，1980年起归沙特阿拉伯政府所有，1988年，公司名称由阿美石油公司更名为沙特阿美石油公司，现为全球最大的综合性油气公司。沙特阿美石油公司是世界上探明储量最大的石油公司，主要从事石油勘探、开发、生产、炼制、运输和销售等业务，拥有全世界最大的陆上油田——加瓦尔油田，全世界最大的海上油田——萨法尼亚油田。当今世界石油日耗量的约10%均来源于沙特阿美石油公司。

阿拉伯联合酋长国，阿布扎比国家石油公司（Abu Dhabi National Oil Company）成立于1971年。该公司产油量占阿拉伯联合酋长国产油总量的96%以上，阿布扎比酋长国通过阿布扎比国家石油公司拥有主要石油和天然气公司60%

的股份，日本、法国、英国和其他拥有40%的股份。公司下设18家子公司，主要有阿布扎比国营石油销售公司、国营钻井公司、阿布扎比陆上石油作业公司、阿布扎比海洋作业公司、阿布扎比天然气工业有限公司和阿布扎比天然气液化有限公司等。

委内瑞拉，委内瑞拉国家石油公司成立于1975年，是委内瑞拉最大的国有企业，也是整个拉丁美洲最大的石油企业。公司在国内外从事作业和商业经营，其范围包括：油气勘探、开发、炼制、运输和配送等。公司资产558.6亿美元。该公司的石油资源量在美洲地区位居第一，已探明石油储量为780亿桶，占整个美洲地区石油资源量的一半，其探明石油储量位居世界第五。加上著名的奥里诺科石油带超重油，该公司储量达到3000亿桶，该超重油带长700千米，宽70千米，为世界超重油带第二，原油日产量390万桶。该公司天然气储量占美洲大陆资源量的30%，为148万亿立方英尺（Tcf），资源量位居世界第六，日产量为60亿立方英尺。委内瑞拉国家石油公司在世界炼油界处于领先地位，在美国、加勒比地区和欧洲分别有炼油厂，日炼油能力330万桶，居世界第四。

20世纪70年代，两次石油危机后，国际油价飙升，国家石油公司一出场就收获了高光时刻，成为国家财政收入的主要来源；国家石油公司在本国供给侧拥有绝对话语权，而不是西方市场经济下的多主体竞争，这一制度设计让欧佩克成员国的石油金权得以充分施展；国家石油公司规划全产业链布局，计划从上游往上中下游一体化发展，再配以排他的市场地位，国家石油公司的综合竞争能力颇为可期。

一切似乎都在朝着好的方向发展。

第二章

欧佩克式微

　　欧佩克成员国相识于微时，都要对抗西方霸权，都要为国家争夺石油金权，兄弟阋于墙，外御其侮。能共患难，未必能共富贵。

欧佩克困境

欧佩克成员国相识于微时,都要对抗西方霸权,都要为国家争夺石油金权,兄弟阋于墙,外御其侮。

能共患难,未必能共富贵。

内部,日趋撕裂!国有化浪潮下,欧佩克成员国拥有了石油金权,财富加速积累,国家收益日趋增多,国家间政治分歧逐渐暴露出来。1980年两伊战争爆发,欧佩克成员国内部宗教与政治矛盾激化。欧佩克成员国资源禀赋差距悬殊,产业政策难以与欧佩克行动方针一致。

过去欧佩克是价格卡特尔和产量卡特尔,20世纪80年代起,国际原油期货发轫并形成气候,欧佩克官方定价时代一去不复返。欧佩克作为单纯的产量卡特尔可以托底油价,可以短期影响油价,但是不能影响油价趋势,是国际油价的跟随者,而非引导者。产量卡特尔让欧佩克成员国囚徒困境愈发突出。

外部,挑战重重!高油价刺激海洋石油、页岩油气等非常规油气资源勘探开发形成规模,石油峰值论在20世纪70年代盛极一时之后,如今,石油需求峰值是热门话题。

沙特阿拉伯是欧佩克当之无愧的老大,沙特阿拉伯石油和矿产资源大臣的作风往往直接影响欧佩克,但形势比人强,大臣们也是顺势而为,因势利导,与欧佩克互相成就。

从1960年到2016年,欧佩克经历了四任沙特阿拉伯石油和矿产资源大臣,四位大臣在各自任期内叱咤风云,不遑多让。

新石油金权
欧佩克式微与后石油时代

1960—1962年任期，第一代的塔里基鹰派作风，理工直男，长驱直入，反击西方，大快人心。

1962—1986年任期，第二代的亚马尼睿智犀利，善辩律师，热情洋溢，亲美不媚美，纵横捭阖，最佳代言。

1986—1995年任期，第三代的希沙姆·纳扎尔，少说多干，技术官僚，低调务实，波澜不惊，国有阿美。

1995—2016年任期，第四代的阿里·纳伊米（Ali al-Naimi），审时度势，石油大师，战略转型，死磕页岩油气，力保份额。

除沙特阿拉伯以外，20世纪60年代至90年代初，印度尼西亚在国际石油市场和欧佩克都拥有较大的影响力，欧佩克很多会议在巴厘岛举行，印度尼西亚的苏布罗托博士1978年至1988年担任印度尼西亚能源与矿物资源部部长，除自1984年10月至1985年12月担任欧佩克会议主席外，还从1988年7月1日至1994年6月30日长达6年担任欧佩克秘书长，曾一度是欧佩克的代言人，在后亚马尼时代风头强劲。

彼时，印度尼西亚一度拥有石油金权，但随后印度尼西亚两进两出欧佩克。2009年1月1日，由于国内消费石油的三分之一以上需要进口，印度尼西亚已成为欧佩克唯一石油净进口国，加之会费高达每年200万欧元，印度尼西亚正式退出欧佩克。

2016年1月，在欧佩克第168届会议上，印度尼西亚恢复了成员国的资格。但是，仅仅10个月之后，印度尼西亚又暂停了成员国资格，成为欧佩克历史上第一个两进两出的国家。

内因是事物发展的根本，欧佩克成员国拥有的石油金权有强有弱，因时而变。

全球十五大产油国中，1973年时，除了美国、苏联、加拿大及中国四国外，都是欧佩克成员国；2017年时，除了俄罗斯取代苏联以外，还有四家产油国新贵即巴西、墨西哥、挪威和哈萨克斯坦入围挤掉了欧佩克成员国。欧佩克和成立之初相比能被称为寡头的国家，目前只剩下沙特阿拉伯、阿拉伯联合酋长国和科威特，其他的寡头国家如伊拉克、伊朗和委内瑞拉或者国内形势堪忧或者被制裁。成员国不同利益诉求是导致难以合作的根本原因。

低油价来临时，由于成员国在石油储量、市场占有率、国内经济发展等方面存在着不同，石油开采成本低的国家对低油价的承受能力相对较强，不愿限产而失去原有的市场份额；而市场占有率低的国家，更趋于让其他国家减产，自己趁机加大产量抢占市场。和成员国自身的利益相比，其所在组织的规定往往不值一提，这更不利于他们采取联合行动。

欧佩克的"囚徒困境"是近年来被频频提及的话题。

囚徒困境是博弈论的经典案例：有两名罪犯被捕，如果两人都选择沉默，则每人被判刑一年；若其中一人背叛，一人沉默，则背叛的人立功释放，沉默者被判刑十年；如果两个人都背叛对方，则各被判刑八年。因为两人都不能承受被对方背叛的风险，所以尽管他们明知保持沉默是收益最大的选择，但他们宁愿选择背叛。这个案例充分说明了一个问题，即在特定情况下个人最佳策略并非是团体最佳策略。

回到欧佩克减产问题，我们现在简单假设欧佩克只有两个成员国，它们的产量原本是一样的，如果这两个成员国达成一致减产，那么油价就会提高。但是现在，其中一国只是在面上说减产，但是悄悄地维持原来的产量。这样一来，它不但不会在短期内损失，甚至会提高收益，因为总产量确实下降，油价却提高了。可是另一国就不愿意了：凭什么只有我减产你不减？这不是等于把你的幸福建立在我的痛苦上吗？行啊，那我也不减。结果是两家都不减了。

有没有发现这两种事件的相似之处？成员国之间达成一致减产相当于两个"囚徒"合作，一个国家悄悄不减产相当于其中一个"囚徒"背叛。在现实当中，欧佩克成员国数量很多，但是"囚徒困境"依然成立。只要有一国被发现没有减产到位，别的国家也就不会继续减产，最后的结果是所有国家都不按照计划减产。有人说，只要不被发现不减产不就行了？事实是，就算不被发现，每个国家都很清楚对方会采取暗地增产（"囚徒背叛"）的策略牟利，所以每个国家都会留一手暗地增产，一直到减产计划彻底泡汤。

1982—2010年的数据显示，欧佩克成员国几乎没有减产达标过，2016年也不例外，只完成了65%，其中加蓬、哈萨克斯坦和南苏丹产量甚至不降反升。当然也有例外的，欧佩克老大哥沙特阿拉伯是全球最大原油出口国，也是全球最大原油机动生产国，沙特阿拉伯一直是全球原油供应的稳定器，沙特阿拉伯往往会超

新石油金权
欧佩克式微与后石油时代

额完成减产以确保欧佩克战略目标达成。

欧佩克因自身而辉煌，也因自身而没落。

一个组织成立的目的是为了加强成员国之间的团结与合作，共同应对外界的压力，以求共同发展。欧佩克不少成员国对低油价耐受度低，但领头的几个国家往往有自身战略目标，需要各成员国协同自身战略合作。所以，尽管同处一个组织，但其内部的离心力却在逐渐加强。

首先，沙特阿拉伯和伊朗两大宿敌较量不断。伊朗石油储量全球第四，原是欧佩克内部仅次于沙特阿拉伯的原油生产国，多年来伊朗与美国交恶，一直在经营针对逊尼派老大沙特阿拉伯的什叶派之弧，两国除了在地区政治、宗教事务上缠斗，也在石油领域斗争不断。

2017年，特朗普上台以来，美国对伊朗打压日趋收紧，2018年，伊朗核协议被美国单方面撕毁，伊朗在全球市场出口量迅速萎缩；2019年5月、6月均有油轮在阿拉伯海附近遇袭，美国及其盟友从未停止指责伊朗在其中的作用；9月14日，沙特阿美的两处重要石油设施遭到无人机袭击；10月11日，伊朗一艘油轮在沙特阿拉伯港口吉达附近发生爆炸。

其次，伊拉克立场不稳定。作为欧佩克第二大产油国，伊拉克的地位和作用亦不容小觑。2020年5月1日开始执行的史上最大减产协议，6月回顾时，伊拉克减产兑现不到一半。伊拉克这种言行不一的做法在欧佩克内部屡见不鲜，也是内讧产生的主要原因之一。正因为此，成员国彼此间的信任感才如此淡薄，合作也愈发困难。

最后，欧佩克内部石油产量相对较少的国家对该组织没有归属感。面对当前国际原油市场的现状，并不是欧佩克所有成员国都提倡"不减产"，比如委内瑞拉。低油价给委内瑞拉的经济带来了沉重的负担，其政府一直在欧佩克会议中表现积极，希望促成各国达成协议，减产保价。残酷的现实是，委内瑞拉现在遭到美国强势打压，原油出口收入坍塌，遭遇困境的委内瑞拉孤立无援。

欧佩克并不想哄抬油价，欧佩克的行动目标是保持一个比较平稳的油价环境，产油国的利益得到维护，能够维持稳定的石油收入，石油的投资应该获得合理的回报或一定的超额收益，油价的上涨不能损害世界经济的增长，等等，这是欧佩克成立的初衷。

欧佩克长期以来执行"限产保价",面临非欧佩克成员国对石油金权的竞争,欧佩克现在更多的是"限产保市场份额",巨大落差下,各扫门前雪,欧佩克的凝聚力与号召力在不断下降。

石油诅咒与产业链

"石油是一种诅咒",它同黄金、煤及天然气一样滋生腐败、膨胀私欲、助长犯罪。

1958年起任委内瑞拉石油部部长的传奇人物,欧佩克创始人之一——阿方索,富有远见,早已洞见了"石油寂让诅咒"称"石油不是黑金,而是魔鬼的排泄物,再过10年或者20年,你们就会发现,石油必将害得我们破产"。

根据BP数据,探明储量方面,2018年委内瑞拉雄踞第一(图2-1)。

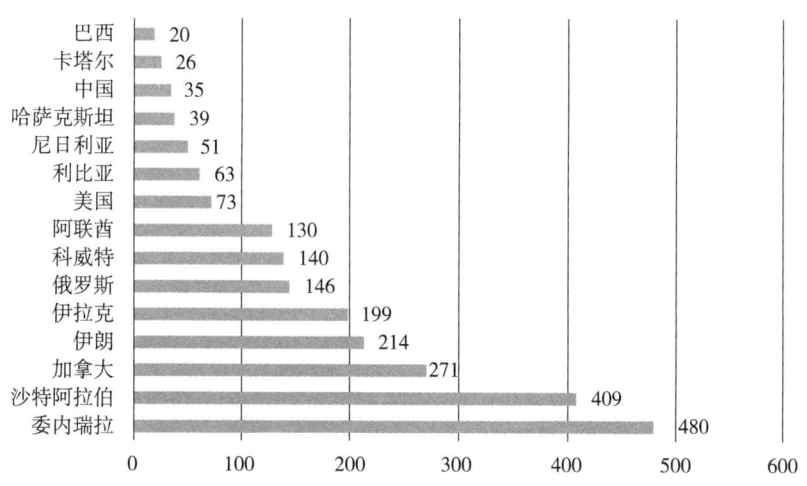

图2-1　2018年全球主要国家石油探明储量(单位:亿吨)

委内瑞拉石油资源虽然丰富,但是都是难于开采的稠油。全球范围内,稠油资源丰富,但因为开采成本高,往往并不归入经济可采储量,表现为产量与储量

新石油金权
欧佩克式微与后石油时代

严重失衡。全世界探明石油储量最多的三个国家分别是委内瑞拉、沙特阿拉伯、加拿大,其中委内瑞拉、加拿大都是以稠油油藏为主。但因为稠油开采成本过高,委内瑞拉和加拿大石油的开采远不如沙特阿拉伯活跃。

根据BP数据,产量方面,2018年委内瑞拉石油产量为每年7730万吨,在全球排名第14位,在欧佩克中位列第8位。委内瑞拉常年的石油出口量维持在每日150万桶水平,该国人口3111万,如果运转正常,这一出口水平可以让委内瑞拉在拉美地区较为体面地生活(图2-2)。

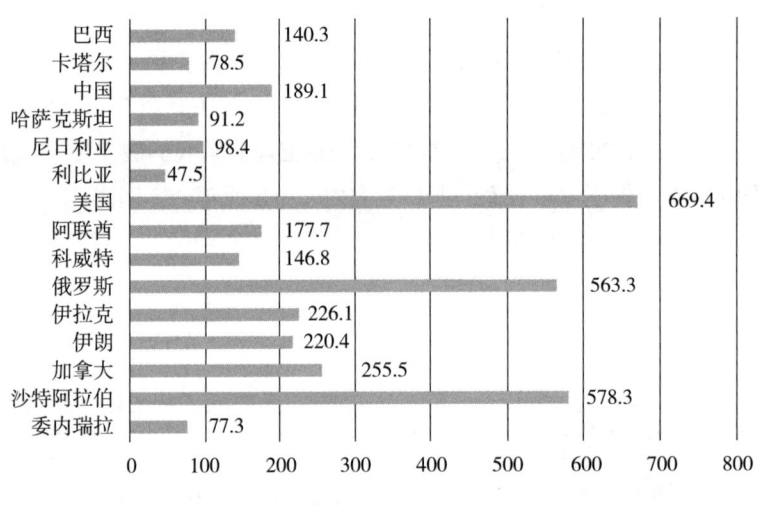

图2-2　2018年石油产量(单位:百万吨)

但是,作为昔日拉美最富有的石油大国,高度依赖石油的委内瑞拉如今经济持续萎缩,原油再生产不断下降,面临着恶性通胀、人口大规模流出、政局动荡、90%人口处于贫困线下方的窘迫局面。

委内瑞拉是资源诅咒淋漓尽致体现的石油国家。石油国家的特征包括:政府收入严重依赖石油和天然气出口;经济和政治力量高度集中在少数精英阶层手中;政治制度薄弱、不负责任,普遍存在腐败现象。

石油国家往往被认为很容易受到所谓的"荷兰病"影响。荷兰病,是指一国(特别是指中小国家)经济的某一初级产品部门异常繁荣而导致其他部门的衰落的现象。20世纪60年代，已是制成品出口主要国家的荷兰发现大量石油和天然气，荷兰政府大力发展石油、天然气业，出口剧增，国际收支出现顺差，经济显现繁荣景象。可是，蓬勃发展的天然气业却严重打击了荷兰的农业和其他工业部门，削弱了出口行业的国际竞争力，到20世纪80年代初期，荷兰遭受到通货膨胀上升、制成品出口下降、收入增长率降低、失业率增加的困扰，国际上称之为"荷兰病"。

荷兰病在石油国家的表现为，随着资源热潮吸引大量外国资本流入，导致本币升值，石油国家会放弃国内原油产出，转而通过向外国钻井勘探公司征收高额税收来获取大部分石油财富。因此，石油国家经济极易受到全球能源价格和资本外逃等不可预测的波动影响。

当然，挪威和美国证明，石油和共同繁荣其实可以相伴而行。但挪威及美国在发现石油之前就已经有了可以驾驭石油财富的政治文明：民主法制，透明度，以及响应公民诉求的高效公共机构。而大多数石油国家是从部落文明直接进入现代文明，由于缺乏成熟制度与历史积淀的免疫体系，石油诅咒会像病毒一样，轻松破坏他们的防范机制，集权、腐败，以及政府对民众的无视等病灶不断出现，最终积重难返，无力回天。就如同媒体热衷于报道的彩票中奖者，平民一夜暴富，若干年后返贫，财富如风来又如风去。

委内瑞拉走过的路让人不胜唏嘘。

1929年，石油为委内瑞拉提供了出口收入的76%和政府财政收入的一半。该国也成为皇家荷兰壳牌石油公司石油生产的一个最大的来源。1932年，委内瑞拉成为英国最大石油供应国。

1943年颁布的《碳氢化合物法》是朝石油工业国有化方向迈出的第一步，该法案要求海外公司将一半的石油利润交给委内瑞拉。短短五年内，委内瑞拉政府收入翻了六倍。

1958年，"彭托费合协议"在赋予委内瑞拉掌管经济事务的权力上起了很大的作用，委内瑞拉的石油工业国有化运动就此开始。

1960年，在阿方索运筹帷幄下，委内瑞拉作为创始国发起成立了欧佩克。

1973年第一次石油危机爆发，欧佩克为了打击对手以色列，宣布石油禁运，禁运的五个月间，国际油价价格翻了两番，委内瑞拉成为拉丁美洲人均收入最高

新石油金权
欧佩克式微与后石油时代

的国家。油价高企也造成了委内瑞拉猖獗的贪污问题，政府内部贪污腐败涉资1000亿美元。

1975年8月29日，时任委内瑞拉总统佩雷斯签署了《石油国有化法案》。1976年1月1日，佩雷斯政府将所有外国公司的租让地和全部设备收归国有，政府对外国石油资产实行赎买政策，以11.1亿美元的代价将19家外国石油公司收归国有。

然而，20世纪70年代石油价格的攀升使进口国开始竭力削减石油消费，寻找替代能源。随着油价下滑，委内瑞拉的石油收入急剧萎缩。委内瑞拉经历了一系列经济危机和社会危机，佩雷斯最终在1993年遭到弹劾而下台，委内瑞拉政局再度陷入混乱。

1998年，乌戈·查韦斯以拯救贫穷人口为口号当选总统。查韦斯上台后，将大量的石油公司收归国有，委内瑞拉的石油收入较前期翻了一番，经济实现快速增长，此外，查韦斯不断加大石油收入的分配，推行高福利制度。

虽然委内瑞拉原油储备惊人，产量也不低，但国内炼厂炼油能力不足，仅为88万桶/日，大量依靠进口，查韦斯推行的市场计划经济体制下，政府利用原油销售出口收入大量补贴境内成品油生产及境外成品油进口，委内瑞拉汽油价格全球最便宜，二十多年来委内瑞拉走私油品在邻国形成了巨大黑市，根据委内瑞拉国家石油公司的估计数据显示，非法运售至哥伦比亚的汽油达到3万桶/日。

由于政府将石油收入的再投资转向社会项目，而未再投资到石油的勘探、生产，以及炼化上，委内瑞拉石油产量持续下降。同时委内瑞拉的高福利制度是建立在石油收益的基础上的，2013年查韦斯去世时困境已开始凸显，委内瑞拉战略石油储备下降，政府债务翻倍。

2014年年中，国际油价暴跌，直接导致委内瑞拉石油危机爆发，百姓回归贫困。

石油创造财富是依托全产业链运作，以国际贸易为例，有数据显示全球贸易额中，原油炼制后的石油产品贸易金额是原油贸易金额的1.5倍。

欧佩克成员国团结一致，依靠国家石油公司从石油"七姐妹"手上拿到了资源权，但是原油需要产业链才能增值，产油国需要工业化才能摆脱石油诅咒。

欧佩克成员国资源在本国境内，搬不走，挪不动。20世纪70年代欧佩克成员国如火如荼的国有化运动虽然让石油"七姐妹"等跨国巨头利益受损，但是巨头们早已在资源国石油工业从无到有的过程中进行了深度布局，欧佩克成员国的管线、油库及码头等配套体系都有跨国石油巨头的介入。国有化运动对跨国石油巨头的具体损失体现在上游行业分润方式的变化，过去跨国石油巨头躺着就把钱给赚了，现在跨国石油巨头与国家石油公司形成上游利益共同体，风险共担，利益共享，强化了综合服务功能，赚钱需要更多硬核技术输出以及风险投资。

欧佩克成员国推动资源国有化相对容易，但是想从上游往下走，实现产业链升值，推动工业化建设参与全球竞争就困难重重了。

20世纪七八十年代，中东产油国凭借雄厚资金，曾尝试通过以购买方式来实现工业化。彼时，波斯湾国家原油主要销往欧美国家，经贸往来频繁，欧美先进技术和各类企业似乎是波斯湾国家的盘中餐，理想很美满，现实很骨感，"购买工业化"的目标落空了。

20世纪70年代石油财富猛增后，沙特阿拉伯曾出台高达1440亿美元的"五年计划"，通过引进包括工程师、经理、教师和工人在内的70万外来移民来提供劳动力，以便能够建房、铺设公路、使城镇通电，计划提高港口吞吐量近三倍，提高水泥生产近十倍，建立炼油厂和石化厂以及其他重工业设施。1974年，时任沙特阿拉伯石油和矿产资源大臣的亚马尼宣布："将来，我们不会再为挣美元而销售石油了。而且我们只会把石油卖给那些给我们提供技术和帮助我们实现工业化的国家。中东石油收入的主要部分将会用于购买资本货物，以建造庞大的工业基础设施。"

同一时期，伊朗宣布要用石油美元促进本国工业化，并投入了700亿美元。伊朗巴列维国王曾宣称："我们要把它们全部投资于本国建设。应该把石油用于石化、医疗等方面，要从中创造价值。这样我们就能够使它持续300年。"1974年，伊朗与法国公司签订合约，计划投资60亿美元在德黑兰建造一条40英里的地铁线、一个彩电网络、几家钢铁厂和汽车厂以及两家核能发电厂。伊朗国王雄心勃勃地宣布，50年内他的国家会达到1974年德国的经济水平，跃居世界第五大强国。科威特和阿拉伯联合酋长国等也相继推出了类似计划。

自工业革命以来，钢铁产量一直是一个国家工业水平的重要指标，由于战争对钢铁的惊人消耗，两次世界大战显示在双方技术层面上没有代差的情况下，钢

新石油金权
欧佩克式微与后石油时代

产量直接决定胜利的天平倾斜于哪一方。20世纪50年代,毛主席提出工业以钢为纲,农业以粮为纲,足见钢铁行业核心地位。

炼油化工行业受到汽车行业大发展以及两次世界大战的刺激,20世纪20年代从以蒸馏为主的一次加工向二次加工迭代,20世纪40年代又从热加工向催化加工进化,20世纪50年代是炼油行业催化加工全面发展的时期,也是石油化学工业全面发展的时期。炼油化工行业技术密集,产业关联度高,经济总量大,堪称支柱产业。

欧佩克成员国都是沿海国家,石油输出依赖海运。国家主席习近平在2017年4月广西北部湾港口考察时深刻指出,要想富先修路,在沿海地区要想富也要先建港。

欧佩克成员国深知钢铁、石化和海运的核心价值,因此将兴趣主要集中在一些可以在三大行业中担任产业化项目供应商或管理者等关键角色的公司和企业。但实践反复告诉我们,关键核心技术是要不来、买不来、讨不来的。产油国的这种收购举动,显然不受欧美国家欢迎。对波斯湾产油国的"购买现代化"举动,发达国家总是敷衍搪塞,设置种种壁垒和障碍。

欧美国家提出对欧佩克在美国银行的存款实行负利率、鼓励购买军火和国债、威胁对其购买的资产货物征用和国有化、鼓励其投资分散化等种种举措。在欧美国家有形无形的不断阻挠下,20世纪七八十年代中东产油国"购买工业化"的尝试最终无疾而终。

欧美国家显然不愿意中东产油国实现工业化。一方面,欧佩克成员国为加速自身农业和工业发展而投向基础设施建设的资金越多,再循环流入工业国的资本就越少。另一方面,一旦欧佩克成员国自给自足,有了产业链和工业化,就不会安于欧美国家给其安排的资源输出国地位,而是参与全球竞争,直面西方工业国家。

欧美国家更热衷于引导中东产油国形成对"金融化经济"的路径依赖,具体就是中东产油国通过出售石油,在短期内积累起巨额石油美元,建立"主权财富基金",借资本输出获取更多利润,依靠石油美元推动金融业的发展。

截至2017年10月,全球前十大主权财富基金有四只基金来自海湾阿拉伯国家合作委员会(以下简称海湾合作委员会)国家,其中阿拉伯联合酋长国的阿布扎比投资局8280亿美元，科威特的科威特投资局5240亿美元，沙特阿拉伯的沙特阿拉伯货币管理局5140亿美元，卡塔尔的卡塔尔投资局3200亿美元。

这些巨额的剩余资本大量投资欧美市场，以及中东地区的房地产、股市等利润高、又可以"快进快出"的行业，成为国际资本市场上的一支重要力量。

金融业本身并不创造财富，只是通过出借资本来获得利息，参与对现有财富的重新分配。海湾合作委员会国家通过金融资本跨国流动，剥削实体经济生产国创造出来的物质财富，但是"金融化经济"本质上只对极少数既得利益集团有利，大多数普通民众无法从中获益。

海湾合作委员会国家因为得天独厚的石油资源与紧靠南亚的地理便利，享受着南亚这一全球年龄结构最轻、人口密度最高区域的人口红利，近年来取得的发展有目共睹，迪拜、多哈及阿布扎比崛起成为航空枢纽，这三座流光溢彩的现代化都市成为阿拉伯半岛沙漠中的奇迹，但是实体企业的匮乏及后石油时代经济结构单一始终是各国头上的达摩克利斯之剑。

委内瑞拉与伊朗被制裁

随着国际贸易与金融在人类经济社会中地位不断上升，过去几十年里，相较于直接军事干预，制裁逐渐成为协助发达国家达成外交目的的重要手段。

制裁在美国国家安全战略中一直扮演很重要的角色，美国是全球第一大经济体，美元制霸全球，对全球金融系统予取予求，过去数十年以来，美国越来越依仗以美元为中心的金融手段，对美国认为不"合意"的政府、机构和个人实施精准打击，迫使其让步。

石油国家里，委内瑞拉及伊朗是美国制裁名单的常客。

委内瑞拉地处美国后花园，因此委内瑞拉一直受到美国重点"关照"。

早在2006年，小布什政府即开始对委内瑞拉实施制裁，以报复查韦斯政权反美势头，起初仅限于中止向委内瑞拉出售武器，并禁止他国将美制武器转让给委内瑞拉。

2008年，美国升级对委内瑞拉制裁，将多个被指控贩毒的委内瑞拉情报和军

新石油金权
欧佩克式微与后石油时代

方高官列入制裁名单。随着委内瑞拉国内政治对抗加剧，2014年起美国又以"侵犯人权""限制公民自由"为由颁布《保障委内瑞拉人权和公民社会法》，对委内瑞拉高层特别是军警司、司法高官实施更严厉的个人制裁，涉及查韦斯接班人——马杜罗及其配偶、国民警卫队司令、情报首长等。后来，制裁范围和强度进一步提升，逐渐从针对个人升级到封锁委内瑞拉经济命脉。

2017年8月特朗普签发行政令，禁止委内瑞拉政府及国家石油公司进入美国债券和股权交易市场。2018年3月美国禁止对委内瑞拉政府发行的数字货币"石油币"进行交易，5月禁止在美国交易委内瑞拉政府及企业债券，11月将矛头指向委内瑞拉执政核心层，规定任何与委内瑞拉政府"腐败"或"欺诈"行为有关联的个人都将被冻结在美国的资产。

2018年1月，美国财政部对委内瑞拉7名个人和23家公司实施制裁。1月28日，美国财政部更是宣布冻结委内瑞拉国家石油公司在美全资子公司希戈的70亿美元资产，并将委内瑞拉向美国出口石油款转到委内瑞拉反对派瓜伊多的账户上，这意味着委内瑞拉每天50万桶的对美国原油出口将不得不中止，直接影响其每年110亿美元的石油收入。

2018年5月，马杜罗在委内瑞拉总统选举中赢得连任，但反对派和西方认为他操纵了选举，拒绝承认他连任的合法性，这也为此后反对派谋划组建"临时政府"埋下伏笔。

2019年1月28日，特朗普政府宣布对委内瑞拉追加新一轮制裁，冻结委内瑞拉国家石油公司在美国境内及美司法管辖范围内的全部资产，禁止美国公民和公司与之进行任何交易，现有交易的款项也被要求打入美国财政部海外资产管理办公室的监管账户。

委内瑞拉拥有全球最大的原油储量，但由于美国的制裁，委内瑞拉无法获取炼油设备，因而无法生产足够汽油供应国内市场。2020年2—3月，美国先后制裁俄罗斯石油公司（以下简称俄油）下属两家企业，禁止其参与委内瑞拉石油贸易与海运，进一步加剧了委内瑞拉国内的汽油短缺。

2020年6月初，美国宣布对协助委内瑞拉石油贸易的四个航运公司及其下属的四艘油轮实施制裁。6月18日，美国财政部以涉嫌帮助委内瑞拉逃避美国对其实施的能源制裁措施为由，宣布对3名墨西哥企业家和8家墨西哥公司予以处罚。

6月底，据报道，美国考虑对涉嫌与委内瑞拉进行石油贸易的40多艘外国油轮进行新一轮制裁，进一步为委内瑞拉政府出口原油设阻。

根据路透社汇编的数据，受美国制裁影响，2020年5月，委内瑞拉日均出口原油下降至45.2万桶，为17年来的最低水平。6月数据显示，日均出口量为32.5万桶，低于5月时的17年低点45.2万桶。如果6月剩余时间的出口保持在这一水平，平均水平可能是20世纪40年代以来的最低水平。2000年以前的月度数据无法获得，但1942年至1945年的年平均值都在这个水平附近。

而远在中东的伊朗则给了美国在中东长期存在的理由。美国对伊朗的制裁，以亲美的巴列维国王为分界。

巴列维国王任上，1951年出任伊朗民选首相的穆罕默德·摩萨台推动本国石油工业国有化，在英国军情六处要求下，美国中央情报局策动了一场政变，成功在1953年8月19日推翻摩萨台，在军情六处授意下，伊朗将领法兹卢拉·扎赫迪接任首相，伊朗放弃石油国有化计划，美伊关系持续升温。巴列维曾多次公开表示："我要将伊朗建设成继美国、苏联、英国、法国之后的世界第五大强国，同时我们的军队也将发展壮大成世界第五大军事力量。"而一支强大的军队怎能没有核武器？没有核武器怎能确立伊朗中东霸主的地位？不是中东的霸主怎能当美国在中东的"宪兵"？于是，巴列维国王铁了心要让伊朗成为伊斯兰世界第一个拥有核武器的国家。正是抱着这样的信念，巴列维开始了寻求核武之旅。为了对付苏联，也为了控制巴列维，从1957年到1979年巴列维逃离伊朗，20多年里，美国就一直暗中帮助伊朗发展核计划，先后卖给伊朗8座核反应堆。法国一看，你卖我也卖，法国也卖了5座。西德一看，你卖我也卖，西德也卖了两座。他们比赛着卖，掀起了卖核反应堆给伊朗的大高潮，一共卖了15座。

1979年伊朗伊斯兰革命，巴列维国王下台，当年10月美国批准巴列维国王入境治疗癌症，11月伊朗学生围攻美国驻伊朗大使馆，举世震惊的伊朗扣留美国人质事件爆发，时任美国总统卡特签署行政命令冻结伊朗在美资产，并在随后两个行政命令中禁止向伊朗出口美国商品、实施禁运，并且禁止进口伊朗商品。

1981年伊朗正处于两伊战争困难时期，美国的制裁严重阻碍伊朗的战争补给和军需配备。迫于无奈的伊朗只能通过释放人质换取美国取消制裁。

此后，伊朗迅速调整策略，向其他买家出售石油弥补美国市场的缺失。受两

新石油金权
欧佩克式微与后石油时代

伊战争影响，国际石油价格走高，多国于是争相购入石油增加储备，日本以及西欧与伊朗的贸易量都明显增加。美国严格执行对伊朗制裁，到了1987年，伊朗对美国石油出口量只恢复到先前10%的水平，奈何盟友们都要先确保自己的石油供应，纷纷从伊朗买买买，制裁并没有达到应有的效果。

1987年两伊战争尾声阶段，美国借口伊朗支持恐怖主义，在波斯湾水域攻击悬挂美国国旗的商船和运油船及西方国家护航舰队，美国对伊朗进行了第三次制裁，时任美国总统里根签署行政命令禁止美国进口伊朗商品和服务产品。美国单边制裁行动没有收到预期效果，美国在1988年4月发起"祈祷螳螂"行动，用军事手段惩罚伊朗，军事行动持续不到一天，美国方面以绝对优势赢得胜利，唯一的人员损失来自一架因机械故障而坠毁的AH-1直升机。而伊朗方面则遭受重大损失，两座石油钻井平台被毁，一艘护卫舰沉没，一艘重伤，一艘导弹快艇沉没，三艘武装快艇沉没，多艘重伤，并有至少56名水手阵亡。

经济行动的配合当然也必不可少。1995年，克林顿签署多道行政命令，禁止所有美国公司投资伊朗石油产业，并禁止向伊朗出口和再出口美国的商品、技术。

政府的连番动作让美国国会也参与到对伊朗制裁的行动中。1996年美国国会通过《伊朗与利比亚制裁法案》，从法律上明文规定了对伊朗的制裁。美国国会希望总统为制裁争取国际支持，通过联合国机制加大对伊朗的施压力度。修正案还要求总统向国会提交年度报告说明制裁效力，并尽力说服欧盟、日韩盟友一同对伊朗采取相似措施。

美国在20世纪90年代的各种手段，产生的外交成果甚微，制裁很大程度上只是单边举动，没能起到有效迫使伊朗改变与美国作对政策的效果。

《伊朗与利比亚制裁法案》在2006年更名为《伊朗制裁法案》，并在2010年出台修正案，矛头直指伊朗的能源部门，禁止向伊朗出口精炼石油产品，限制向伊朗出口可以用于制造大规模杀伤性武器的技术和产品。

2010修正法案引入制裁执行境外原则，外国公民或公司如违反此法，将同受制裁。但对这一原则的应用显然会恶化美国与盟友的关系，因而在现实中美国确实也较少对外国公司采取惩罚。

2006年7月，联合国安理会通过第一个针对伊朗核技术和弹道导弹的决议，

1696号决议要求伊朗暂停所有与提炼浓缩铀及其相关的活动。

这份决议打破了美国在对伊朗制裁议题上的垄断，但对美国而言，这仍是一个外交胜利。对伊朗的制裁从此进入国际框架，甚至获得了安理会其他成员的认可。不过1696号决议并没有向伊朗施加更多制裁，只是警告伊朗如不遵守决议要求，安理会将会按照《联合国宪章》的具体条款采取必要措施。

伊朗拒绝遵守决议，安理会于2006年12月、2007年3月和2008年3月，三次通过新决议，不断扩展对伊朗的制裁范围，措施包括禁止所有国家向伊朗供应能被用于发展核技术和弹道导弹项目的材料；将受到行动限制的伊朗实体组织和个人名单扩大到包括伊朗革命卫队下辖的商业公司；呼吁安理会成员国限制伊朗某些实体组织和个人进入或在自己国家转机。

2010年伊朗成功生产出第一批20%的浓缩铀。作为回应，联合国安全理事会6月9日通过第1929号决议，决定向伊朗实施自2006年以来第四轮制裁。决议把40家伊朗企业和机构列入制裁名单，冻结它们的海外资产；禁止向伊朗出口坦克、战斗机、导弹等重型武器；禁止伊朗从事任何与可运载核武器弹道导弹相关的活动；禁止向伊朗提供弹道导弹技术。

美国财政部6月16日宣布单边制裁伊朗新措施，把一些伊朗个人、银行、保险企业、油气企业和与伊朗核计划或弹道导弹计划有关的航运企业列入制裁名单。

联合国出手对伊朗制裁显然为美国带来了建立一个针对伊朗的国际制裁联盟的机会。

欧盟6月17日跟进，宣布进一步单边制裁伊朗，包括禁止向伊朗石油和天然气部门投资、限制伊朗炼油能力。

7月1日，时任美国总统奥巴马签署通过了一项单边制裁伊朗法案，依据这项法律，美国制裁对象包括全球任何一家向伊朗出口汽油等石油精炼产品的企业；向伊朗能源部门投资的企业；向这一部门提供金融、保险或者运输服务的企业。美国这项新法律的制裁范围超过安理会和欧盟所定制裁范围，剑指与伊朗开展业务的美国和伊朗以外的企业和金融机构。

2010年，美国确立了三位一体的制裁伊朗体系，直接针对伊朗能源部门展开正面攻击，目标是掐断能源部门为伊朗核计划和国防项目提供的财政支持；通过

新石油金权
欧佩克式微与后石油时代

金融制裁配合展开侧翼攻击，目标是鼓励其他国家选边站队；对涉伊朗机构及个人展开精准制裁，目标是进行点到点的实用性打击。制裁措施得到了美国国会与政府的大力支持。

华盛顿确实有所斩获，2012年欧盟宣布禁止进口伊朗石油。但是欧盟的行动却没有带来决定性影响。伊朗石油的主要买家是中国、日本、印度和韩国，这些国家忽视美国的制裁而冒险与伊朗交易，因而得到了油价折扣。而伊朗也因为油价走高而获得弥补。

反而美国因为惧怕政治风险而不敢对这些国家施压，一无所得。但后来美国决定，如果主要买家们显著降低伊朗石油进口量，他们可得到制裁豁免。此决定效果明显：2012年伊朗石油出口量与前一年相比下降40%；同时美国利用其在全球金融系统的支配地位，规定与伊朗进行石油交易的银行将会被从美国财政系统中撤出；而且中东其他产油国也提升产量瓜分伊朗石油的市场份额。

最终，伊朗同意进行核协议谈判，以换取制裁放松。2015年7月14日，伊朗与安理会五常加上德国签订《关于伊朗核计划的全面协议》。协议签订后，联合国解除了绝大部分制裁，美国也撤销了对伊朗制裁最严厉的部分。

到此为止，似乎发动制裁的各国都达到了目的，伊朗关闭其核武器计划，美国也终于赢得了对伊朗数十年的制裁战。然而德黑兰其实也是赢家，虽然其放弃了核武器计划，但仍保留了和平使用核能的权利；制裁解除后伊朗重回全球能源市场，重新获得了内政外交的自主权利和被冻结的资产。随着制裁解除，美国和国际社会都失去了制约伊朗的有力筹码。制裁至少还可以让美国控制着伊朗并达成其他目标。在协议的框架下，伊朗的自主权大大提升，其实美国是个输家。

终于，在美国政治不断内向化、右倾化的大背景下，伊朗核问题的尖锐性暴露了出来。2018年美国单方面退出伊朗核协议之后，美国总统特朗普重启对伊朗的高强度制裁，希望迫使伊朗谈判一个更加严格的核协议，但直到目前依然没能如愿。伊朗则以脱离核协议义务的方式表达抗议。2019年11月4日，美国财政部宣布制裁多名与伊朗最高领袖哈梅内伊相关的个人和实体。2020年1月10日，美国白宫发布美国总统特朗普关于制裁伊朗附加措施的声明。2020年6月8日，美国宣布针对伊朗国家航运公司及其中国子公司伊航船务的制裁开始生效。

在制裁对象国行列里，伊朗已经树立了长期受制裁、并适应制裁下生活的反美斗士国家形象。

作为被美国及其盟友视为邪恶轴心的伊朗，历来因其政教合一的宗教国家体制，及被西方重重封锁制裁而颇为神秘。当前国际局势波诡云谲，我们有必要对伊朗进行更深入了解。

地理上，伊朗东西方向是陆上连接中东和中亚的必经之路，南北方向则毗邻波斯湾和里海，可谓地处波斯湾地区战略要塞；人口将近八千万，比波斯湾地区另外两个大国伊拉克和沙特阿拉伯加起来还多；种族上，波斯人占到60%以上，其他少数民族包括阿塞拜疆人、库尔德人等；宗教上，大约99%的伊朗人信奉伊斯兰教，其中90%属于什叶派，伊朗实行世俗政治和"神政"分开的二元政体，宗教的单一性使得伊朗能在西方封锁制裁下四十载依然稳固。在全球原油核心输出地海湾地区，伊朗原油产量仅次于沙特阿拉伯。

政治上，伊朗伊斯兰共和国实行政教合一的政治体制，伊斯兰教在国家的政治生活中担任非常重要的角色，最高领袖是国家的最高领导人，由伊斯兰教神职人员组成的专家会议选举产生，霍梅尼为首任最高领袖，现任最高领袖为哈梅内伊。伊朗政府实行总统内阁制，总统是继最高领袖之后的国家最高领导人，既是国家元首，又是政府首脑，由全民普选产生，现任总统为鲁哈尼。这种体系，一方面制造出一个庞大的特权阶层，滋生了腐败，并极大限制了政治家和普通人的权利；但另一方面也确保了对现行体制的一定"缓冲度"——这个社会至少表面上不缺乏世俗元素，也不缺乏民主政治，只是他们之上还有一层权力，而那层权力反正大多数"俗人"根本无法染指，因此除非出现如蒙泽塔里那样"神政内部的异己"，现行二元政体很难被直接撼动。

经济上，伊朗是亚洲和中东主要经济体之一，经济实力较强，2012年国内生产总值为5485.9亿美元，居世界第21位，人均国内生产总值7207美元，居世界第76位（国际货币基金组织数据），石油产业是伊朗的支柱，在被美国制裁前，伊朗是世界第四大石油生产国、欧佩克第二大石油输出国。伊朗的货币名称为里亚尔，主要的贸易伙伴有中国、印度、阿拉伯联合酋长国、土耳其等。

伊朗具有极为深厚的历史，历史上称波斯。波斯民族具有民族自豪感与悲情意识相互交织的双面性格。伊朗国内政治形势上往往外部势力干涉能激起伊朗人同仇敌忾，远到1979年伊斯兰革命推翻"美国傀儡"巴列维，近到2009年伊朗总

新石油金权
欧佩克式微与后石油时代

统大选风波西方国家做出强烈反应却加速了外部势力干涉认定并被有效平息。同时2017年年底伊朗骚乱被迅速平息印证了伊朗政权的强大控制力。

伊朗和委内瑞拉是欧佩克的五大创始国,但是美国日益收紧的制裁前,欧佩克避之唯恐不及,并不能提供任何实质性帮助。

美国启动制裁前,伊朗原油出口量300万桶/日,委内瑞拉则在150万桶/日;制裁后,特别是美国极限施压下,市场供应量被抽走了450万桶/日,对于面临着减产与保住市场份额双重压力的欧佩克其他国家,两国被迫退出供给侧无疑是天上掉馅饼。

美国极限施压下,伊朗主动出击,据路透社伦敦2020年6月15日报道,2020年4月以来,伊朗已向急缺燃油的委内瑞拉派出5艘油轮,总计运量约为150万桶汽油。据伊朗迈赫尔通讯社2020年6月24日消息,美国财政部外国资产管理办公室表示,将5名伊朗船长列入制裁名单。目前,该5名船长驾驶五艘悬挂伊朗国旗的油轮,向委内瑞拉运送了大约153万桶汽油以及用于炼制汽油的化工原料烷基化物等,价值至少4450万美元。当天,美国国务卿蓬佩奥表示美国将继续单方面采取行动,向伊朗和委内瑞拉施压。

虽然伊朗的这些汽油对深陷重大危机的委内瑞拉是杯水车薪,但这一战略决策无疑提升了伊朗的国际影响力。

委内瑞拉和伊朗两国都是欧佩克创始国,委内瑞拉地处拉美,远离中东;伊朗是什叶派老大,不容于逊尼派穆斯林;同时两国近年来都以反美斗士自居,因此成为美国主导的石油金权秩序中异类,近年时有报道,两国成为其他欧佩克成员国动用石油武器的对象,不知欧佩克先驱阿方索和塔里基作何感想。

国与国之间,没有永恒的朋友,只有永恒的利益。

卡塔尔退出欧佩克

2018年12月3日,卡塔尔宣布自2019年1月起退出欧佩克,结束其长达58年的成员国身份。

卡塔尔既是欧佩克成员国,又是海湾合作委员会成员国,而这两大组织的带头大哥都是沙特阿拉伯,尽管卡塔尔刻意淡化政治色彩,但是欧佩克内部的日益割裂已是不争的事实。

欧佩克既要面对错综复杂的政治博弈,又要应对日益深刻的国际能源格局变化,特别是天然气时代到来,石油金权正在向石油天然气金权演化,油气资源平衡趋势不可避免。

政治方面,2017年6月以来,卡塔尔与沙特阿拉伯、巴林、阿拉伯联合酋长国等海湾国家相继断交,危机至今没有解决。2018年9月,卡塔尔与沙特阿拉伯又因引进俄罗斯S-400防空导弹系统再度针锋相对。早在2017年的断交危机中,天然气、伊朗、俄罗斯等关键因素便已被提及。值得注意的是,即使是在之前的两伊战争和海湾战争期间,欧佩克成员国相互敌对的状态也并没有导致任何成员退群。卡塔尔在一个相对和平的时期退出欧佩克,更显示出其对欧佩克合作前景的强烈质疑。

经济方面,欧佩克月报显示,卡塔尔是欧佩克内部第十一大产油国,10月原油产量为60.9万桶/日。卡塔尔石油日产量只占欧佩克的5%不到,2018年的数据显示可能只有不到3%。一方面是欧佩克的石油产量对全球市场的影响下降,一方面欧佩克内部产量向几个国家集中。欧佩克能发挥的影响日益降低,对于一些石油产量较小的国家,更是受益有限。

卡塔尔石油资源并不占优,但却凭借丰富价廉的天然气资源及先发优势成为全球最大的液化天然气出口国。

卡塔尔北方气田占卡塔尔天然气储量的99%以上,拥有天然气探明储量25.46万亿立方米,其储量超过了世界上大部分国家的天然气储量。巨大的气田储量导致卡塔尔天然气开发成本极低,原料气开采成本平均仅为0.1205美元/百万英热单位,为世界上开采成本最低的天然气气田之一。这奠定了卡塔尔液化天然气在世界上最具价格竞争优势的地位。

除了丰富的天然气储量之外,卡塔尔发展液化天然气还有着得天独厚的地缘优势。卡塔尔地处波斯湾西岸,距离日本、英国和美国东海岸分别为10560千米、10080千米(经苏伊士运河)和13600千米,优越的地理位置使得卡塔尔可以将其液化天然气的出口目标同时指向欧、亚、美三大洲的市场。

地处中东,卡塔尔可以利用大西洋和太平洋市场的价差进行套利,寻找利润

新石油金权
欧佩克式微与后石油时代

最大化的目标市场。由于日本和韩国没有任何管道气的进口来源，天然气需求基本依赖于液化天然气，对卡塔尔而言亚太市场比欧美市场更具吸引力。卡塔尔与西方买家签订的不少合同包含有转销条款，允许买家为了获取更大利润将液化天然气转销至其他市场，因此卡塔尔的天然气长期协议中原计划销往美国和欧洲的液化天然气有一部分转销到亚太市场。

卡塔尔液化天然气项目新建液化生产线规模巨大，卡塔尔石油公司有多年大型液化生产线运作的经验，同时卡塔尔的液化天然气项目参与方包括埃克森美孚、康菲和壳牌等具有丰富液化天然气项目运作经验并掌握先进液化技术的跨国石油巨头。与这些跨国石油巨头的"强强联合"，在很大程度上保证了卡塔尔液化天然气项目的资金来源，并为项目提供了先进的液化技术和管理经验。

卡塔尔天然气运输公司从2006年开始实施一项68亿美元的融资计划，用于建造25艘Q型液化天然气运输船（包括Q-Flex和Q-Max），以帮助卡塔尔运输每年7700万吨的液化天然气。由于采用更大的船体和高效率的推进装置，Q型液化天然气运输船的运载能力比常规液化天然气船高50%~80%，而能耗降低40%左右。

除了完全拥有的这25艘液化天然气运输船以外，卡塔尔天然气运输公司还在另外29艘液化天然气运输船中拥有股份。

目前，卡塔尔天然气运输公司拥有54艘液化天然气运输船的全部或部分股份，其中有9艘常规液化天然气运输船，31艘Q-Flex型和14艘Q-Max型液化天然气运输船。卡塔尔作为资源方对运输船队的掌握有利于其更加灵活地参与国际液化天然气市场，获取利润。

液化天然气项目作为投资额巨大、生产期较长的投资项目，通常在进行最终投资决定和开工建设前要先锁定市场，与买家签署天然气购销协议。拥有特大型液化天然气生产线的卡塔尔，除签署点对点的长期合同外，也签署了部分较为灵活的包销合同。

至2013年，卡塔尔一方面与包括日本东京电力、东京瓦斯等买家签署了点对点固定期限的长期合同，合同量约每年4800万吨，约占卡塔尔液化天然气总产能的62%；另一方面，与埃克森美孚、壳牌、道达尔等参与其项目建设的国际石油公司签署了液化天然气包销合同，由这些国际石油公司购买卡塔尔生产的液化天然气并在市场上销售，合同量每年2600万吨，约占卡塔尔液化天然气总产能的34%。除了上述已签署的长期合同外，剩余约每年300万吨的液化天然气，由卡塔尔以短期或现货形式在国际市场上销售。

2009年前，卡塔尔对北美、亚太和欧洲三大市场的销售安排基本是均等的，各约占25%、42%和33%。这种将液化天然气平均销往北美、欧洲和亚洲市场以分散市场风险的做法，理论上可避免因市场过于集中而导致区域市场变化对液化天然气整体销售带来的不利影响。2009年后，受北美页岩气革命的影响，卡塔尔液化天然气的销售情况与计划大相径庭。2010年，卡塔尔共出口5719万吨液化天然气，其中销往欧洲、亚太、中东和北美的液化天然气数量分别为2705万吨、2742万吨、11万吨和261万吨，分别占总销售量的47%、48%、0%和5%。2011年，随着卡塔尔液化天然气项目的达产，卡塔尔出口7549万吨液化天然气，其中销往欧洲、亚太、中东和北美的液化天然气数量分别为3208万吨、3568万吨、190万吨和583万吨，分别占42%、47%、3%和8%，与2010年比例基本相当。在北美天然气基本自给自足的情况下，卡塔尔对欧洲和亚洲的液化天然气销售大致持平，各占卡塔尔液化天然气销售量的半壁江山。

2011年3月，日本福岛核事故发生后，日本对液化天然气的需求迅速增长，带动了亚太地区液化天然气需求的整体上升；而欧洲由于经济不景气，以及管道气供应稳定，在卡塔尔的液化天然气销售份额中不升反降，卡塔尔部分液化天然气目的地由欧洲转向亚太。2013年，卡塔尔出口7802万吨液化天然气，其中销往亚太地区5571万吨、北美275万吨、欧洲1723万吨、中东233万吨，分别占71%、4%、22%和3%。按国家分，卡塔尔向日本出口的液化天然气最多，2013年出口量为1641万吨，紧随其后的是韩国1354万吨、印度1107万吨、中国716万吨；过去曾是主要目标市场之一的美国和加拿大分别仅为16万吨和59万吨。亚太市场作为卡塔尔液化天然气最重要的消费市场，对卡塔尔液化天然气的销售至关重要。

近年来，在页岩油革命的推动以及对二叠纪盆地的巨额投资下，美国的液化天然气出口也是异军突起，并有望在未来十年显著影响全球市场。于是，趁美国各生产商还未完全打通二叠纪能源产地和出口港之间的基础设施通道，卡塔尔提前专注于天然气开发，无疑会在抢占未来天然气市场方面占据先发制人的优势。

卡塔尔的判断是：天然气将进一步替换传统化石能源。如前所述，卡塔尔虽

新石油金权
欧佩克式微与后石油时代

然原油产量不值一提，但却是全球最大的液化天然气出口商。

卡塔尔能源部长表示，卡塔尔退出欧佩克主要是希望把更多精力投入到天然气的开发上，并计划在未来几年将天然气产量从现在的7700万吨/每年增加至1.1亿吨/每年。卡塔尔全心投入天然气开发，一方面是对国际能源格局大势的判断，另一方面也显示出对其潜在竞争对手的担忧。

而沙特阿拉伯还在准备挑战卡塔尔全球液化天然气第一大出口国的地位。沙特阿美公司计划在未来十年内引入1500亿美元的投资用于增加液化天然气产量，使沙特阿拉伯成为液化天然气出口国。与此同时，普京也表示，俄罗斯打算与卡塔尔竞争，成为全球液化天然气出口大国。在如此背景下，卡塔尔需要摆脱欧佩克的条条框框，用增产来保住自己的市场份额。

当然，卡塔尔退出欧佩克的举动可能进一步扩大它与海湾其他阿拉伯国家之间业已存在的裂痕，将海湾国家之间围绕地区领导权的争夺进一步升级。由于卡塔尔最主要的一块气田是与伊朗共享，卡塔尔加大在天然气领域的投资与生产，也将进一步促进两国之间的合作，这也有可能进一步加剧卡塔尔与沙特阿拉伯之间的矛盾，对海湾地区和中东地区来说，可能也将是另一个潜在的不安定因素。

卡塔尔退出欧佩克是欧佩克成立以来首次有海湾国家宣布退出，也意味着该国结束了半个多世纪以来在原油出口事务上与海湾阿拉伯国家站在一起的历史。卡塔尔退出欧佩克的象征意义大于实际意义，该国的石油产量一直很稳定，增长前景有限。

卡塔尔"退群"对于影响力持续走弱的欧佩克带来了潜在打击。1960年成立的欧佩克在国际能源市场拥有巨大影响力，但近年来在全球能源格局的结构性变迁中其影响力不断下降，早已不复当年之勇。外部受到多方挤压，不得不与俄罗斯等非欧佩克成员国进行深度合作，打造"欧佩克+"模式；内部受到日趋严重的地缘政治与国家利益之争的影响，政策协调难度日益加大。

卡塔尔退出欧佩克反映了海湾阿拉伯国家内部矛盾的持续深化。长期以来，海湾阿拉伯君主国由于历史文化、政治制度、经济基础和外交政策等具有高度相似性而结成了紧密合作的共同体，并组成了海湾合作委员会，在政治、安全、能源等各个领域抱团取暖，构成中东地缘政治和全球能源政治格局中的重要板块。而由于沙特阿拉伯与卡塔尔的利益冲突与断交危机持续得不到解决，海湾阿拉伯国家内部矛盾日益公开化，各自为政甚至走向对立化，导致海湾合作委员会及其他合作机制名存实亡，海湾地区地缘政治格局呈现出解构与重组趋势。

沙特阿拉伯与伊朗的尖锐对立就是突出表现，而沙特阿拉伯与卡塔尔的冲突更加剧了欧佩克的内部危机。甚至曾有媒体臆测，沙特阿拉伯可能考虑解散欧佩克，这使欧佩克当前面临着前所未有的生存危机。

阿拉伯联合酋长国的雄心

1968年，英国宣布从波斯湾撤退，同年，特鲁西尔阿曼、卡塔尔及北部的岛国巴林意图建立一个统一的阿拉伯联合酋长国。后因彼此分歧太大，巴林、卡塔尔分别独立建国，其余酋长国则组建为阿拉伯联合酋长国。

阿拉伯联合酋长国成立于1971年12月2日。由阿布扎比、迪拜、沙迦、富查伊拉、乌姆盖万和阿治曼6个酋长国组成联邦国家（1972年2月10日，哈伊马角加入联邦）。据新华网消息，阿拉伯联合酋长国阿布扎比酋长国最高石油委员会2019年11月初宣布在阿拉伯联合酋长国探明新的油气资源，新增原油探明储量70亿桶，使阿拉伯联合酋长国原油总储量达到1050亿桶，新增天然气探明储量58万亿立方英尺（约合1.64万亿立方米）。

1979年，伊朗伊斯兰革命爆发，中东小巴黎德黑兰的现代化之路戛然而止，随之被葬送的还有巴列维国王将德黑兰发展为全球航空枢纽的规划。阿拉伯联合酋长国中的迪拜利用这一机会迅速崛起，成为中东区域的金融、旅游与航空中心，并在地区事务中左右逢源。

综观波斯湾地区的政治生态，以波斯自居的伊朗苦心经营什叶派之弧，与逊尼派老大沙特阿拉伯分庭抗礼。海湾合作委员会国家中，沙特阿拉伯铁杆巴林号称沙特阿拉伯后花园，紧跟沙特阿拉伯；其他国家私下都与伊朗有所联系，只是所用身份与交情浅深有所差异。阿曼与科威特历来是海湾调停者，卡塔尔与沙特阿拉伯的矛盾在2017年断交危机中彻底爆发，阿拉伯联合酋长国在地区事务中一直享受伊朗制裁所带来的通道与渠道红利，同伊朗经济往来频繁。

地理上，阿拉伯联合酋长国的迪拜与伊朗隔海相望，最近处不过几十千米，

新石油金权
欧佩克式微与后石油时代

在天气晴朗的情况下，站在迪拜的世界最高楼哈利法塔上，甚至可以看见在波斯湾里面的伊朗小岛。

历史上，伊朗与阿拉伯联合酋长国在有着几百年的经济往来和交叉移民，在漫漫的历史长河中，居住在波斯湾南北两岸的阿拉伯人和波斯人因为各种原因一直在相互迁徙。有时是从阿拉伯半岛到波斯地区，有时却又是从波斯到阿拉伯半岛，至今，在伊朗生活中很多阿拉伯人的后裔，同样，在阿拉伯半岛，也生活着很多波斯人的后裔。

如果将海湾地缘比作一个丛林，沙特阿拉伯是百兽之王，发号施令；巴林是忠心的骆驼，紧紧跟班；科威特与阿曼是两只和平鸽，环伺左右；卡塔尔是机灵猎豹，天赋异禀；阿拉伯联合酋长国是聪明野狐，懂得最大化利益。

相较于他国的独立，阿拉伯联合酋长国自1971年建国以来，在处理沙特阿拉伯关系时，会选择隐忍以行。

例如1974年，沙特阿拉伯为解决边界纷争，与阿拉伯联合酋长国签署了对沙特阿拉伯单边有利的《吉达条约》，令其割让部分油田与霍尔内海。虽说这般要求与帝国主义无异，但当年的沙特阿拉伯既有美国撑腰石油工业，更具备军事优势；反观阿拉伯联合酋长国，前殖民主英国已退出海湾，自己又刚建国，阿拉伯联合酋长国权衡利益后，选择了主动就范，并获得了沙特阿拉伯庇荫，但阿拉伯联合酋长国始终有自己的大国梦。

20世纪70年代，中东政治风暴一波未平一波又起，1971年英国势力撤出，1977年埃及与以色列和解，1979年伊朗伊斯兰革命与国王巴列维流亡，阿拉伯世界未来多级格局已现雏形，伊朗有意争夺伊斯兰话语权，海湾阿拉伯国家抱团的紧迫性与必要性空前提高。

顺此忧患意识，在沙特阿拉伯大力倡导下，海湾合作委员会于1981年成立，沙特阿拉伯冀望海湾合作委员会一来可深化自己对周边国家的影响力，二来可维系海湾整体的话语权与集体安全。阿拉伯联合酋长国等国家虽意愿不高，但是在当时环境下，响应"共同政治、文化与宗教身份"号召，成为海湾合作委员会一员是最佳选项。

海湾合作委员会定位高，愿景宏大，但是在军事、经济方面建树不高。

1990年伊拉克入侵海湾合作委员会成员国科威特，海湾战争拉开序幕。多国部队势如破竹,摧枯拉朽,将号称世界第三大军事国家,并经过了8年两伊战争洗礼的伊拉克打得溃不成军;有"海湾合作委员会小北约"之称的半岛盾牌部队贡献甚微,出师不利。

欧盟共同货币与单一市场的模式是海湾合作委员会经济愿景,但是沙特阿拉伯大力推动经济一体化,各国难以形成共识,只能无限期研究,近年基本无人提及了。

沙特阿拉伯希望进一步深化自身权威,在海湾复制北约与欧盟,对海湾合作委员会期许极高,理想很美满,现实很骨感,沙特阿拉伯是全球最大石油出口国,是石油市场的稳定器与压舱石,但是沙特阿拉伯工业能力欠缺,又不能像埃及一样挺身而出敢于牺牲,海湾合作委员会成员国自然各有算盘。

海湾战争是美国军事实力的最佳展示场,美军对伊拉克的降维攻击能力让阿拉伯联合酋长国明白美国军火的重要性。阿拉伯联合酋长国在国防政策上明显倒向西方阵营,大力采购美国军火,着力推动军事现代化进程。

阿拉伯联合酋长国军队参与过1993年的索马里行动、1999年的科索沃战争、2001年推翻塔利班的持久自由行动、2003年的伊拉克战争、2011年的多国武装干涉利比亚,以及2015年的也门内战。在这些战事中,阿拉伯联合酋长国配合北约或美军行动,并因训练精良赢得"小斯巴达"美誉。

昔日龌龊不足夸,今朝放荡思无涯。作为中东新起的军事强国,阿拉伯联合酋长国在外交策略上开始强调独立自主性。这些年来,阿拉伯联合酋长国屡屡要求与沙特阿拉伯重划边界,包括因1974年《吉达条约》而被迫割让的油田与内海。但双方最明显的龃龉,还是在也门内战上。

2015年,沙特阿拉伯带领包括卡塔尔在内的海湾诸国,发起果断风暴行动,派遣100架战机与15万大军攻入也门,阿拉伯联合酋长国也不落人后派了30架。此次的沙阿联合,恰似2017年的卡塔尔外交风暴,双方看上去合作无间,其实还是各取所需。

2017年联合驱逐卡塔尔时,沙特阿拉伯的行动主因,在于不满前者支持穆斯林兄弟会与哈马斯,又同时与土耳其及伊朗交好,挑战沙特阿拉伯身为伊斯兰传教士与海湾代表的形象;但阿拉伯联合酋长国却意不在此,毕竟其也允许穆兄会在国内活动,更暗中与伊朗有所联系,之所以会跟着打压卡塔尔,为的还是削弱

新石油金权
欧佩克式微与后石油时代

其经济规模，避免阿布扎比与迪拜的商业受卡塔尔吞噬。

时间倒转至2年前，沙特阿拉伯与阿拉伯联合酋长国之所以在2015年共同入侵也门，也是因为各有所求。沙特阿拉伯为的是稳定南方，避免伊朗支持的什叶势力不断外扩，逼近国门；但阿拉伯联合酋长国的用意，则是要借此战役树立区域威望，并打破沙特阿拉伯独大的局面，更希望能获取亚丁港在内的南也门海岸线，使其成为迪拜的延伸，而非利雅得的属地，以建立通往阿拉伯海与红海的稳定航线。故其与沙特阿拉伯虽共同参战，最后却支持了不同阵营的南方势力，甚至暗中接触北也门的胡塞武装组织。

然而也门素有"军队消耗场"之称，曾令奥斯曼与英国败兴而归，阿拉伯联合酋长国自然也未能免俗。在也门的几年投入，屡屡让阿拉伯联合酋长国创下单次战役最高阵亡记录，再加上其担心胡塞如法炮制报复沙特阿拉伯的方式，派遣无人机轰炸油田，故终在2019年10月宣布自也门撤军，独留沙特阿拉伯面对胡塞威胁。

近年来，阿拉伯联合酋长国已不再充当沙特阿拉伯马前卒，而是逐渐走出自己的外交路线。例如在叙利亚战场上，其开始同阿萨德政权接触，甚至也对伊朗释出善意。新冠肺炎疫情中阿拉伯联合酋长国的援助伊朗之举，便是上述脉络的延续，其虽仍同沙特阿拉伯交好，却开始强调自己的独立身份。

2020年8月，阿拉伯联合酋长国宣布与以色列建交，成为首个与以色列建交的阿拉伯国家。新冠肺炎疫情冲击下，阿拉伯联合酋长国主动求变，向在中东具有科技优势的以色列靠拢，显示了阿拉伯联合酋长国在区域事务中愈发自信与收放自如。

"我的祖父出门的交通工具是骆驼，我的父亲也是骑骆驼，我自己则是开着奔驰，儿子们驾驶着路虎，儿子的儿子们同样是驾驶路虎，但他们的儿子呢？或许又要骑回祖辈的骆驼了。"

这句名言出自阿拉伯联合酋长国创始人之一的前迪拜酋长拉希德·本·塞德·马克图姆，他是现任酋长穆罕默德·本·拉希德·阿勒马克图姆的父亲，他的这番话是在告诫包括阿拉伯联合酋长国在内的所有海湾国家，他们的发展不可能永远都依赖石油。

阿拉伯联合酋长国的七个酋长国之一的迪拜酋长国，20世纪70年代时石油就已开始枯竭,因此忧患意识很强,一直在布局摆脱石油依赖,并走出了成功道路。

尽管石油资源较少,但迪拜原油不设置目的港、自由交易,先是与普氏合作力推普氏迪拜原油,后迪拜又与芝加哥商业交易所联合成立了迪拜商品交易所,于2007年正式推出阿曼原油期货,普氏迪拜原油和阿曼原油期货是中东产油国官价两大基准价,迪拜既是中东金融中心,也是中东石油贸易中心。

如果说迪拜酋长国是阿拉伯联合酋长国的面子,那么阿布扎比酋长国就是阿拉伯联合酋长国的里子。阿布扎比酋长国拥有阿拉伯联合酋长国95%以上的原油资源,是名副其实的老财主。在2008年迪拜酋长国因为金融风暴陷入财务危机时,阿布扎比酋长国出手援助,入股阿联酋航空公司等一系列迪拜酋长国资产,世界最高楼迪拜塔应阿布扎比酋长国要求改名为哈里发塔。2014年以来的低油价时代,中东产油国连续六年入不敷出,阿布扎比酋长国积极思变,于2019年年底宣布,阿布扎比国家石油公司将与美国洲际交易所共建阿布扎比交易所,力推穆尔班原油期货。阿拉伯联合酋长国在金融化上的努力从未松懈。

时至今日,沙特阿拉伯尚未失去阿拉伯联合酋长国,百兽之王需要接受野狐日趋强大独立的事实,野狐左右逢源,视乎自身利益,与伊朗既有斗争,又有合作。

原油三国策

按照创始人之一阿方索的思想,欧佩克成立的理论基础是由产油国自己管理本国的石油工业,并以某种组织形式和手段维护第三世界产油国的利益。欧佩克越强势,西方国家越感受到威胁。超级大国美国就一再宣称"欧佩克控制了美国的经济生活",并一直在力推《反欧佩克法案》(《反石油生产和出口卡特尔法案》)。

20世纪90年代以来,美国国会酝酿立法制衡欧佩克的剧情就反复上演,成为各产油国的心头之患。进入21世纪,美国前任总统小布什和奥巴马以威胁动用总统否决权出面阻挠,因此相关法案一直未能推进。

新石油金权
欧佩克式微与后石油时代

　　而现在,《反欧佩克法案》又卷土重来,被提上参众两院的议程。

　　和此前美国总统不同,特朗普总统是典型的商人思维治国,极致实用主义,推特治国,对出台《反欧佩克法案》的态度充满变数。

　　特朗普在2011年出版的《是时候采取强硬措施了》一书中,用了一个章节抨击欧佩克不公平地操纵油价,并支持一项立法剥夺欧佩克成员国的主权豁免权。

　　20世纪以前,国家的一切行为和财产在外国均享有豁免,这称为"绝对豁免原则"。但是,20世纪以来特别是二战之后,国家大量地参与跨国贸易、金融、投资等商业活动,绝对豁免原则使得外国个人或法人在与国家进行交易中处于不利地位,因此诞生了"限制豁免原则"。该理论主张将国家行为分为商业行为(管理权行为)和非商业行为(统治权行为),前者不享有豁免,而后者享有豁免。

　　对于特朗普来说,是否推出影响重大的《反欧佩克法案》取决于欧佩克是否能有利于美国国内石油行业,有利于特朗普支持率。

　　如果正式成为法律条文,《反欧佩克法案》将对欧佩克及其成员、美国本身,以及全球石油投资的前景产生深远而错综复杂的影响。

　　过去数十年,沙特阿拉伯一直是供给侧的主力,长期雄踞全球最大石油出口国宝座。2016年,石油先生阿里·纳伊米退休,继任的哈立德·法利赫于2019年被替换,成为沙特阿拉伯在位时间最短的能源大臣,这一操作的背后是沙特阿拉伯王储穆罕默德·本·萨勒曼的强势崛起。

　　萨勒曼王储是全球石油金权80后一哥,沙特阿拉伯王室成员往往年轻时赴西方特别是美国留学深造,但是萨勒曼王储一直在沙特求学,在父亲萨勒曼国王身边多年陪伴。

　　沙特阿拉伯历来高度重视对美关系与交流,沙特阿拉伯四任石油和矿产资源大臣——塔里基、亚马尼、纳扎尔及纳伊米都曾在美国留学多年。沙特阿拉伯外交的第一要务是对美关系,沙特阿拉伯历任驻美大使都在沙特阿拉伯本国地位崇高,并在美国有着深厚的人脉网络,2005年卸任回国的班达尔·本·苏尔坦亲王在美国政坛就是一位大名人,班达尔亲王任沙特阿拉伯驻美大使长达23年之久,并与布什家族建立了亲如父子、兄弟的密切关系,老布什甚至声称,只有班达尔亲王和小布什才有在他家里抽烟的权利。

由于缺乏在美经历，萨勒曼王储不如其他亲王在华盛顿人脉深厚，"你有张良计，我有过墙梯"，2016年11月，特朗普刚刚确定当选美国总统，萨勒曼王储就派遣亲信到访美国，并确定了"驸马爷"库什纳为主攻方向。此后，萨勒曼王储逐渐与新一任美国政府建立起一种不为外界熟知的联系。

2017年3月，特朗普就任总统不久，当时还是副王储的萨勒曼王储就前往华盛顿拜码头，与库什纳"相见恨晚"，建立了密切的关系。特朗普投桃报李，上任后首次出访就是前往利雅得，而不是按惯例去邻国加拿大或者墨西哥，库什纳的大力推动功不可没。当然精明的商人总统特朗普收获满满，他为美国签下了合同总额达1100亿美元的军火销售大单。

2018年10月，记者卡舒吉在沙特阿拉伯驻土耳其大使馆遇害，卡舒吉事件在西方影响极大，萨勒曼王储有了被美国政客拿捏的把柄。为了平稳继位，萨勒曼王储需要更好地通过库什纳，和实用主义者特朗普互相成就彼此。

萨勒曼王储性格强势，由于沙特内部矛盾重重，为了铺平继位之路，他多次清洗反对势力。对于同为政治强人的普京，萨勒曼王储颇为欣赏。2016年，俄罗斯与沙特阿拉伯携手组成欧佩克+联合减产，托底了国际油价；2017年，萨勒曼国王成为首位访问俄罗斯的沙特阿拉伯在任元首，已经说明了实际操盘人萨勒曼王储与普京的高度信任。2018年6月14日，俄罗斯世界杯盛大开启，欧美国家联合抵制俄罗斯世界杯，萨勒曼王储亲赴现场应援，和普京一起观看两国揭幕战。2018年1月30日，二十国集团领导人第十三次峰会在阿根廷首都布宜诺斯艾利斯举行。普京和萨勒曼的座位被安排在一起，两人在全球记者镜头前亲密无间。

普京在俄罗斯的威望有赖于俄罗斯的外交胜利，美国的盟友沙特阿拉伯能和俄罗斯结盟组成欧佩克+减产联盟，是普京需要的标志性事件。经济上，俄罗斯调节石油产量的机动能力有限，减产稳价是理性选择。

美国自2018年以来已成为全球最大的石油和天然气生产国，随着美国陆续在天然气和石油方面成为净出口国（美国已是天然气净出口国，预计在2020年成为石油净出口国），美国在供给侧的影响和作用已不可同日而语。加上美国在全球安全、石油金融、科技创新等诸多硬实力和软实力方面的优势，美国未来很可能会超越沙特阿拉伯和俄罗斯，在供给侧上发挥"主导"作用，这一趋势从当前特朗普获封全球第一原油交易员即可看出，特朗普推特言行对国际油价走势影响巨

新石油金权
欧佩克式微与后石油时代

大,业界盛传"一通操作猛如虎,涨跌全靠特朗普"。

20世纪70年代起,历任美国总统热衷于在白宫,在聚光灯下向世界宣扬美式民主,时时不忘敲打各路"强人"。然而,"异类"特朗普对此兴致索然,从俄罗斯总统普京,到埃及总统塞西,到菲律宾总统杜特尔特,再到土耳其总统埃尔多安……自上任以来,美国总统特朗普毫不掩饰其对全球"强人"领袖的特殊好感,他更希望那些"强人"领袖能成为其应对朝鲜或打击恐怖主义的伙伴。

普京和萨勒曼王储,这两位拥有石油金权影响力的"强人"领袖,显然是特朗普心仪的合作对象。2018年全球原油产量46亿吨,美国为6.7亿吨,俄罗斯为5.6亿吨,沙特阿拉伯为5.2亿吨,三国原油产量达到全球原油产量的38%。特朗普、普京与萨勒曼王储作为美国、俄罗斯与沙特的核心任务,三者关系是当前原油供给侧维持弱平衡的关键,因此三人都有意愿互相成全对方。

但是,特朗普欣赏普京,并不代表特朗普对普京乃至俄罗斯国际地位和战略目标的认可。美国与俄罗斯之间严重的历史和结构性矛盾无法化解。作为实用主义者的特朗普需要的是普京在关键时刻对自己的支持。普京需要外部紧张气氛来稳定团结俄罗斯向前走,对美国有斗争,对特朗普有所求。

同样,特朗普上台以来,家族企业积极进军中东,收获颇丰,特朗普更多是希望萨勒曼王储为己所用,服务于2020年大选,因为美国人更关心国内。美国页岩油气革命大获成功后,近年来美国成为全球最大原油生产国并在石油上实现了净出口,美国页岩油生产商和传统能源出口国生产商的矛盾逐年激化,沙特阿拉伯是全球最大常规石油生产国,机动生产能力最强,沙特阿拉伯作为美国页岩油产业协调者及缓冲器的作用日趋重要。

萨勒曼王储位列美国《时代周刊》2018年全球百大人物第42位,权力越大,责任越大,高处不胜寒。短中期来说,确保顺利接班,政权稳定及经济持续发展;远期来说,沙特阿拉伯后石油时代何去何从;无一不需要外部环境支持。萨勒曼王储更愿意作为建设者与做局者,用空间换时间。

2020年3月6日,沙特阿拉伯为首的欧佩克和俄罗斯为首的非欧佩克+国家在维也纳谈判破裂,次日,沙特阿拉伯直降官价销售贴水,发动原油价格战。

2020年4月12日,美国大力撮合,沙特阿拉伯付出巨大诚意,俄罗斯积极参与,仅仅持续了37天的原油价格战草草收场。

47年前，美国石油峰值如期到来，中东石油禁运下，基辛格来回穿梭于利雅得与华盛顿，化解危机，彼时欧佩克风头正健，不遑多让。

今天，美国页岩油气革命冲击世界能源出口市场，2020年年初特朗普夸口说："我们不需要中东石油。"沙特阿拉伯70%的原油都销往亚洲，而1990年这一数据基本为零。

"石油即政治"。美国、沙特阿拉伯、俄罗斯三个日产千万桶的国家，联合在2020年5月开始执行史无前例的减产，既有欧佩克+协议下的国家层面减产，又有自由经济体制下生产商主动减产，这场供给侧结构性改革相当程度上改变了国际石油地缘政治和地缘经济格局，再次证明了全球石油市场上供给侧的活力度远远高于需求侧，供给侧是"嗷嗷的群狼"，需求侧是"沉默的羔羊"。这种景象的对比相当强烈。

当下原油供给侧，美国、俄罗斯与沙特阿拉伯从三国杀到三国策，确保本国石油工业可持续发展是核心诉求。

产油国在经历了国有化浪潮后，清醒认识到了产业链的重要性，积极投资炼油、天然气行业，争取新石油金权下的有利位置。

新石油金权，指天然气崛起的后石油时代，石油创造的财富与权力，过去大家都关注的是石油权力，供给侧即原油生产国始终是关注焦点。

需求侧，其实一直在深刻影响石油价值，炼油、贸易及衍生品市场都是新石油金权的构成。

第三章

沙特阿拉伯的荣光与困境

沙特阿拉伯是全球石油资源禀赋最好的国家,虽然石油储量不是全世界最高,但是综合作业成本在全球最有竞争力,因此沙特阿拉伯常年稳居全球三大原油产油国以及原油出口国第一的宝座。

沙特阿拉伯石油金权的奠基

沙特阿拉伯是全球石油资源禀赋最好的国家,虽然石油储量不是全世界最高,但是综合作业成本在全球最有竞争力,因此沙特阿拉伯常年稳居全球三大原油产油国以及原油出口国第一的宝座。

沙特阿拉伯坐拥全球最大陆上油田——加瓦尔油田,加瓦尔油田位于沙特阿拉伯东部,首都利雅得以东约500千米处,是全球探明储量最大的油田,总储量超过700亿桶,年产量高达2.8亿吨,占整个波斯湾地区的30%。加瓦尔油田出产的原油多为轻质油,便于运输,有输油管通联通全球最大油港拉斯坦努拉外运。

加瓦尔油田于1948被发现,并于1951年开始投产,半个多世纪以来加瓦尔油田始终保持着高效生产,由于加瓦尔油田关乎沙特阿拉伯国运,关于加瓦尔油田的消息一直是沙特阿拉伯核心机密。

中东油田地质构造简单,自喷井比率高,沙特阿拉伯的油井100%属于自喷井,因此沙特阿拉伯开关井较为自如,是全球最强大的机动生产者,沙特阿拉伯多年来一直维持的底线是,不论价格高低,沙特阿拉伯将一直是世界上最值得信赖和最可靠的石油供应商。

尽管沙特阿拉伯是欧佩克老大哥,但沙特阿拉伯石油产量变化更多考量的是国家利益最大化,并非欧佩克利益最大化。

欧佩克内部矛盾重重,阿拉伯产油国内部的矛盾,阿拉伯和非阿拉伯产油国之间的矛盾,比如沙特阿拉伯和伊朗,使得欧佩克难以形成合力,沙特阿拉伯基于其国家计划(目标随时间而变)对产量进行调整,并依靠自身强大实力影响欧

新石油金权
欧佩克式微与后石油时代

佩克成员国实现增产还是减产的既定目标。

欧佩克的影响力在弱化，但沙特阿拉伯的石油金权却通过欧佩克决策得到了强化。

1932年，在阿拉伯半岛征战三十余年的伊本·沙特，建立起以他的家族名称命名的王国——沙特阿拉伯。沙特阿拉伯当时主要收入来源是圣地麦加和麦地那的朝觐收入，开国之君亟需开源创收。

当时海湾的阿拉伯国家正处于后奥斯曼时期，英国势力对于直接占领贫瘠的阿拉伯半岛兴趣不大，集中精力经营物产丰饶、资源富足的伊朗。

一战后的美国上升势头强劲，依靠机会均等政策深入世界各个角落，被分拆后的标准石油敏锐地意识到了阿拉伯半岛的机会。

1933年5月，加利福尼亚州标准石油公司与沙特阿拉伯政府签订石油租让协定，根据这份协议，沙特阿拉伯方面可以立刻获得3.5万英镑资金，一年半后将再获2万英镑。加利福尼亚州标准石油公司每年会支付5000英镑租赁费用；如果发现石油，沙特阿拉伯还将享有所有石油销售的特许权使用分成。

1933年11月，标准石油公司在美国特拉华州成立子公司——加利福尼亚阿拉伯标准石油公司，负责开发沙特阿拉伯石油资源。1936年，美国得克萨斯石油公司（即后来的"德士古石油公司"）加入。1938年，阿拉伯标准石油公司在沙特阿拉伯发现商业油流。1944年1月31日，加利福尼亚阿拉伯标准石油公司更名为阿拉伯美国石油公司，简称阿美石油公司，总部设在美国旧金山。1948年，新泽西美孚石油公司和纽约美孚石油公司（即莫比尔石油公司）正式加入阿美石油公司。自此，阿美石油公司成为一家由四家石油公司组成的联合财团，总部设在沙特阿拉伯东部、波斯湾沿岸的达兰。

20世纪70年代，在风靡阿拉伯世界的民族主义的压力之下，沙特阿拉伯政府在1976年与阿美石油公司达成了由沙特阿拉伯政府全部接管的基本协议。

1980年，沙特阿拉伯政府付清了全部赔偿费，完成了对公司资产的赎买。在形式上，阿美石油公司已归沙特阿拉伯政府所有，而公司的原四家母公司只是作为承包者在沙特阿拉伯政府的领导下继续经营业务。

1988年，阿美石油公司被沙特阿拉伯政府国有化，公司名称改为沙特阿美石油公司。

在与阿美石油公司打交道的第一代沙特阿拉伯官员中,沙特阿拉伯国王忠诚的财政部部长阿卜杜拉·苏莱曼对于沙特阿拉伯石油金权地位的奠基居功至伟,其所发挥的作用无可替代。

苏莱曼为人务实,他根据阿美石油公司的业务发展情况,制定了增加沙特阿拉伯收入的可落地计划。苏莱曼不断推动阿美石油公司发展,从而使得沙特阿拉伯政府收入持续增加。脚踏实地的同时,苏莱曼也能仰望星空,为沙特阿拉伯的石油战略和国家发展做了顶层设计:师夷长技以代夷。苏莱曼大量聘请西方人,给予优厚待遇,向西方人学习,以实现最终接管西方人在沙特阿拉伯的业务并自行建设的目标。

通过与阿美石油的合作,沙特阿拉伯对美国高度认同并歃血为盟,雅尔塔会议后,沙特阿拉伯开国之君伊本·沙特与罗斯福在"昆西"号军舰上达成一致,共同维护战后中东地区的和平稳定:美国将为沙特阿拉伯提供安全"保护伞",换取沙特阿拉伯向美国开放国内油气领域。美国还要求获得达兰空军基地的使用权,用于美军执行在中东地区的军事行动。早已进入沙特阿拉伯的阿美石油公司成为沙特阿拉伯在美国最好代言人,又成为美国在沙特阿拉伯最好协调人。在此次会见结束两周后,沙特阿拉伯向纳粹德国和日本正式宣战,这一举动最终为沙特阿拉伯赢得了在联合国内的一个席位。

20世纪40—50年代,英国势力在中东地区依然很强,除了沙特阿拉伯,中东其他油气富集区基本被英国和法国掌控。这与沙特阿拉伯国王一心想拓展沙特阿拉伯领土空间、保护其边境利益的战略诉求,发生了直接冲突。而阿美石油公司在这一期间周旋于沙特阿拉伯、美国和英国之间,确切地说,是站在了沙特阿拉伯王室这一边,以一己之力助沙特阿拉伯王室一臂之力,成功遏制了英国势力在沙特阿拉伯的扩张,彰显了跨国石油巨头对国际关系的作用力。

多年来阿美石油公司是美国在沙特阿拉伯的主要外交代表,随着冷战的开始以及二战后美国在中东利益的不断变化,阿美石油公司高管不断利用"私人外交"助力沙特阿拉伯,并依托美国政府施加影响力。

面对沙特阿拉伯和英国所控制的殖民地在领土问题上的冲突,美国政府选择"中立",无意去支持沙特阿拉伯而严重刺激英国。这种情况下,阿美石油公司的作用得以显现:通过其母公司做美国政府的工作,对政府施加一定的影响力,

新石油金权
欧佩克式微与后石油时代

说服美国政府在一定程度上支持沙特阿拉伯的战略诉求。

阿美石油公司的行动起到了作用。乃至1954年,时任英国首相的丘吉尔在美国总统艾森豪威尔面前抱怨道:"现在,殖民主义已经靠边站了,取而代之的是'石油主义',而阿美公司代表了其最强大、最有影响力的世纪代理人。"

阿美石油公司缘起,美沙同盟成为沙特阿拉伯石油金权的重要源起。

1960年9月10日,由委内瑞拉石油部长阿方索和沙特阿拉伯石油和矿产资源大臣塔里基发起的阿拉伯石油会议——巴格达会议如期召开,这是一次永载世界石油工业发展史册、甚至全球人类历史史册的会议。就是在这次会议上,欧佩克成立了。

塔里基以坚定的阿拉伯民族主义者著称,既精通西方商业规则,又有强烈的爱国主义情怀,为了维护国家与民族利益,塔里基与阿美石油公司矛盾不断加大,并将西方石油公司尽数得罪。因为有1953—1964年时任沙特阿拉伯国王的沙特·本·阿卜杜勒-阿齐兹·阿勒沙特鼎力支持,塔里基这把开山斧才能开天辟地。

1962年,王储费萨尔·本·阿卜杜勒-阿齐兹·阿勒沙特开始主持内阁,并在1964年联合其他兄长废除老国王沙特。费萨尔在20世纪50年代游历世界各国,眼界开阔,对阿拉伯民族主义有所保留,倾向于泛伊斯兰主义外交,1962年到1967年。面对阿拉伯民族主义者咄咄逼人的攻势,费萨尔通过召开国际伊斯兰会议,联络中东地区的君主政权和温和力量,扶植也门的保皇派势力,尽量削弱激进势力对沙特阿拉伯本国民众的影响。从1967年到1973年。埃及为首的激进势力在与以色列的战争中惨败,开始寻求与沙特阿拉伯改善关系。以阿克萨事件为契机,费萨尔积极筹建伊斯兰会议组织。从1973年到1975年。石油危机使沙特阿拉伯的经济实力和国际影响力空前提高,沙特阿拉伯政府可以从容地开展"里亚尔外交",在世界范围内通过经济援助扩大沙特阿拉伯的影响力。从此,沙特阿拉伯政府便把石油政策作为平衡本地区政治矛盾的利器,这对中东地区的国际政治产生了深远的影响。

费萨尔在1962年用亚马尼取代了塔里基,欧佩克成立不久,在接替塔里基任沙特阿拉伯第二任石油和矿产资源大臣亚马尼的带领下,欧佩克的实力不断上升。对内,欧佩克采取"配额制",通过部长会议确定各成员国的生产配额,机动调节着供应侧的原油产量,并影响和掌控油价。20世纪七八十年代,欧佩克的石油权力达到了顶峰,沙特阿拉伯的石油金权也达到了一个历史高点。

三次原油价格战的历史回顾

"历史总是惊人相似",每一次油价大跌,除了对应的经济衰落预期之外,沙特阿拉伯都起到了推波助澜作用。当沙特阿拉伯过去采用的"限产保价"策略独木难支时,面对失去的市场份额,往往采取"增产保额"策略,同时寻找新的联盟来实现新的市场平衡,1986年、1997年、2014年莫不如此。

1985年:第一次原油价格战

从"限产保价"到"低价保额",油价3个月跌幅67%。

1986年9月,沙特阿拉伯不顾回落的经济形势,放弃欧佩克制定的原油基准价,采用净回值计价法打开"价格战"大门。

第二次石油危机结束后不久,1981年6月,石油价格开始回落,国际石油市场对欧佩克"剩余需求"迅速减少主要四方面原因:经合组织国家经济衰退导致石油需求减少;能源安全忧虑刺激石油进口替代能源发展;高油价带来非欧佩克成员国的产能扩张;石油消费国和石油公司释放库存。

为应对油价下跌,1981—1985年,欧佩克开始实施"限产保价"战略。

1981—1985年的欧佩克"限产保价"都是沙特阿拉伯在卖力,承担了主要减产任务。1984年10月欧佩克第71次会议,将配额总量调低至1600万桶/日,其中沙特阿拉伯隐含配额435万桶/日,不到1981年一半,占欧佩克市场份额从1981年的44%下滑到1985年的20%。

面对沙特阿拉伯市场份额逐年下降,同时欧佩克市场份额也逐年下降的压力,1985年2月,沙特阿拉伯发出通牒,如果其他成员国不减产,油价将大幅下跌。9月,沙特阿拉伯改为净回值方式签订供油合同,意味着沙特阿拉伯放弃了基准油价、抛弃了"限产保价"战略。

随后,1985年12月欧佩克第76次会议,公布了新的"低价保额"战略——维

新石油金权
欧佩克式微与后石油时代

护欧佩克在国际石油市场上的合理份额。至此，欧佩克与非欧佩克之间的争夺市场份额的"价格战"开启。虽然1986年年初，非欧佩克成员国也开始通过降价销售来争取市场份额，但终敌不过欧佩克成员国低成本油价和产量快速上涨，其中1986年年中沙特阿拉伯出口收入比前些年稳中有升。

财政方面的巨大压力迫使非欧佩克成员国以及欧佩克成员国中的强硬派妥协。1986年年底，在得到非欧佩克成员国的减产承诺后（英国并没有承诺减产），欧佩克在当年12月举办的第80次会议上重新实行配额制度，欧佩克新设定的配额是1660万桶/日，比欧佩克1986年的实际产量削减约100万桶/日。至此，持续一年的价格战才最终宣告结束。

1985—1986年的价格战，油价从1985年11月最高31.72美元/桶一路下跌到10.42美元/桶，跌幅67%，时间仅用了3个月。

这一轮价格战，让市场感受到沙特阿拉伯对油价市场的掌控力——沙特阿拉伯虽然不能决定油价何时企稳能涨多高，但能够决定油价跌多深。市场深刻领会了油价下跌过程中"兵败如山倒"的无奈。

从政治角度来说，1981年里根入主白宫后，美国为了遏制苏联，开始酝酿实施"逆向石油冲击"战略。其核心思想是通过施压中东国家增产，使世界原油价格在低位运行，从而切断苏联最主要的资金来源，同时利用"星球大战"计划逼迫苏联进行军备竞赛，以此来拖垮苏联经济。1985年8月，美国迫使沙特阿拉伯增产，而彼时伊朗和伊拉克正处于两伊战争中，沙特阿拉伯也有意通过油价削弱两伊经济，因此双方一拍即合。按照苏联能源部官方统计，1985—1988年世界油价下跌使苏联共计损失400亿卢布，这也成为后来苏联解体的一个重要原因。

1997年：第二次原油价格战

1997—1998年，沙特阿拉伯"发汗疗法"，油价跌幅54%。

1997年年底的雅加达会议，沙特阿拉伯让市场再次见识了，其决定能让下跌的油价受到多大"惊吓"。

1997年7月，不恰当的汇率制度，以及扩大的金融自由化，导致泰国不断的借入外债来弥补贸易逆差，给国际资本市场留下冲击泰铢汇率的"把柄"。泰国受国际资本冲击后引发的金融危机，逐渐席卷整个亚洲，并扩大到世界。1998

年,美国经济掉头开启下行。

然而,1997年11月的欧佩克雅加达会议,沙特阿拉伯反对成员国减产提议,决定增产,以应对市场份额被逐渐削弱的事实,根本没有顾及亚洲金融危机带来的经济放缓变化。沙特阿拉伯给出理由是,"仅让我们部分成员国减产,而让另外一部分不遵守生产限额的成员国把原油消费客户夺走,那是妄想",这一表述主要是针对委内瑞拉、尼日利亚等超限生产国,后者在1994—1998年通过超限增产抢夺了沙特阿拉伯市场份额。沙特阿拉伯将原油下跌时采取报复性增产措施称为"发汗疗法",以警戒委内瑞拉、尼日利亚等超限增产国。

欧佩克增产决议出来后,油价随后暴跌,从1997年10月初21.6美元/桶跌到1998年12月9.98美元/桶,历时一年,跌幅54%。至今"雅加达幽灵"依然让人记忆深刻。

1998年年底油价逐渐企稳,跟沙特阿拉伯的强硬表态,逼迫"一桶也不减"的委内瑞拉加入减产有关,1990年,委内瑞拉国家石油公司为了加快发展速度,制定了一项480亿美元的五年投资计划,其中180亿美元用于周边行业和奥里油(一种特殊乳化超重质油)的开发,剩下的300亿用来发展核心石油企业。受此影响,委内瑞拉原油日产量从1992年的220万桶,急速增加到了1998年的350万桶。这引起了中东许多国家的不满,伊拉克1997年8月后增加原油产量每日100万桶,沙特阿拉伯在1998年1月增产每日80万桶,产油国实际上陷入了囚徒困境。

1998年12月查韦斯当选委内瑞拉总统后,逐渐收回外国投资者在委内瑞拉的原油开采权益,将原油开采收归国有,同时决定加入减产联盟。1999年3月,欧佩克与挪威、俄罗斯、墨西哥、阿曼等非欧佩克石油输出国进行联合减产促价,配合经济1999年开始逐渐复苏,油价止跌回升。

除了联合减产之外,推动1998年年底油价回升更重要原因是经济的逐渐复苏。美国制造业PMI、工业总体产出指数、制造商销售额以及经合组织综合领先指标都在1998年年底逐渐复苏,这是推动油价回升的根本力量。

2014年:第三次原油价格战

2014—2016年,"追杀"页岩油,油价1年跌幅近65%。

2014年,再次见证了沙特阿拉伯对油价下跌过程的影响力。由于未能说服包

新石油金权
欧佩克式微与后石油时代

括俄罗斯在内的非欧佩克成员国加入减产计划,沙特阿拉伯随后发起了价格战,启动"发汗疗法",逼迫非欧佩克成员国就范。在2014年11月到2015年年底,油价从73美元/桶跌到27美元/桶,跌幅63%。

当然2014年年底的油价加速下跌,沙特阿拉伯只是起到推波助澜作用,真正推动油价下跌的是经济增速的回落与页岩油的横空出世。

2013年,中国加强对房地产市场调控,事后来看,导致经济周期下行。2013年,监管限制银行资金绕道"非标"通道对房地产、基建持续"输血",同时2013年2月份,国务院发布《国务院办公厅关于继续做好房地产市场调控工作的通知》("国五条"),再次重申坚持执行以限购、限贷为核心的调控政策,坚决打击投资投机性购房。2013—2014年,中国经济在房地产投资抑制中下行,到2014年底,GDP同比增速从2014年底的7.3%一下子降到2015年一季度的7%。

同时,2014年美国页岩油革命的成功推动原油产量快速上升,从2014年1月初800万桶/日,上升到2014年的底的960万桶/日,同比增长21%。

经济衰退叠加美国增产,推动了2014年油价下跌。如果经济增速预期回落是油价下跌的导火索,那沙特阿拉伯就是往导火索上洒炸药的人。2014年11月以沙特阿拉伯为首的欧佩克并未应对油价下跌而减产,执掌世界能源局势20年的沙特阿拉伯重臣纳伊米,面对页岩油的崛起和华尔街风险投资不计成本的投入,其策略是:开闸放水!试图以低油价让页岩油厂商被动减产,以夺回市场份额。

2015年,两次欧佩克会议都没有减产。2015年12月欧佩克非但没有减产,反而上调了原油产出上限,其中很大的原因在于俄罗斯和美国都在增产,在没有联合减产的情况下,欧佩克减产就是让出市场份额。作为成本最低最高效生产国,沙特阿拉伯自然不愿无条件让出市场份额,其战略就是"低价增产保份额",引起恐慌以逼迫非欧佩克成员国回到谈判桌前。

先引起恐慌使油价暴跌,增加自身谈判筹码,再去联合非欧佩克成员国减产,维护油价在合理均衡水平,这是沙特阿拉伯的套路。2014—2015年的暴跌后,2016年5月,法利赫接替纳伊米执掌沙特石油部门,出任沙特阿拉伯能源、工业和矿产资源大臣,并着手推进与俄罗斯的谈判合作,推进与俄罗斯的为首的欧佩克+在2016年年底结束8年冻产协议,达成15年来首个联合减产协议——同意减产120万桶/日,减产基准线是2016年10月实际产量,减产期限2017年1—6月,其中，俄罗斯为首的非欧佩克成员国同意减产55.8万桶/日。

回顾2014年年底，再次发现，在经济上行或下行期间，油价跟随国债利率走势，但欧佩克会议能够影响油价随国债利率下跌，能够跌多深，亦或随着国债利率上涨，能够涨多高（2018年上半年例子）。

回顾过去三轮原油价格战，共同特点在于沙特阿拉伯在需求回落期间"落井下石"。不管沙特阿拉伯是基于"低价保额"的商业目的，或是积累更多谈判筹码的战略目标，共同特点在于沙特阿拉伯在原油价格下跌途中表现出的惊人影响力。

能源格局异动　沙特阿拉伯谋变求存

近年国际原油市场持续发生变化，推特治国的特朗普被业界调侃为史上最伟大的交易员，沙特阿拉伯在任元首2017年史无前例访问俄罗斯，奠定了欧佩克+这一油价维稳体系。

这其中折射的是全球三大千万桶/日产油国俱乐部地位的变化，美国通过页岩油革命重新焕发活力领跑全球原油生产并成功转型为原油出口国，沙特阿拉伯与俄罗斯则在资源魔咒中苦苦对抗经济结构单一的历史顽疾。

沙特阿拉伯作为全球最大常规石油储备及生产国，自从20世纪70年代石油危机以来享受了近半个世纪的石油美元红利，全球化浪潮中沙特阿拉伯稳坐欧佩克老大地位，充分利用强势地位配合美国战略目标，在全球经济高度依赖常规石油资源的时代予取予求，一时风头无两。但是这个世界唯一不变的是一切都在变，沙特阿拉伯石油经济正在遭遇结构性与周期性危机。

近年来美国利用钻探技术重大突破在页岩油等非常规油气资源技术中领跑，能源技术革命带来的结构性危机使得沙特阿拉伯能源生产大国的地位遭遇空前挑战。据报道，美国非常规石油资源总储量超过2万亿桶；加拿大非常规油气资源储量达2.4万亿桶；南美洲也有2万多亿桶非常规油气资源。据国际能源署统计，在现存7.9万亿桶潜在的可采石油中，90%分布在中东地区之外。2000年美国页岩气产量仅为20万桶/日，2015年3月达到460万桶/日，到2040年这一数字预计将

新石油金权
欧佩克式微与后石油时代

达到710万桶/日。由此，世界页岩油产量有望从2015年年底的498万桶/日增加到2040年的1036万桶/日。相比之下，沙特阿拉伯等中东产油国的油气开采大多已超过80年，产量面临下降趋势。沙特阿拉伯所产石油的98%来自七个巨型油田，这些油田都已进入中后期开发阶段，开采成本面临上升压力。同时，国际能源消费结构变化趋势不利于传统油气生产国。据国际能源署报告，近30年来，单位GDP所需的石油消耗一直稳步下降。此外，随着技术日趋成熟，太阳能、风能、核能等新能源和可再生能源开发利用水平不断提高。

页岩油技术进步超出预期也让沙特阿拉伯搬起石头砸自己的脚。2014年下半年以来，沙特阿拉伯主动发起"油价战"，起初主要是配合美国向伊朗施压，同时打击页岩油气产业，提升沙特阿拉伯在国际能源市场份额。但由于页岩油开采成本下降，这一削价策略并未奏效，沙特阿拉伯反而因油价暴跌深受其害。2014年四季度国际油价暴跌以来，沙特阿拉伯结构性矛盾愈发突出。由于沙特阿拉伯财政收入80%来自石油，因此，一旦油价走弱，则沙特阿拉伯经济立刻捉襟见肘，大量矛盾暴露。

沙特阿拉伯等传统产油国陷入两难处境：一方面，大幅提高油价将刺激各种替代性能源产业发展，挤占中东产油国的传统市场份额；另一方面，油价长期低位徘徊，中东产油国面临入不敷出，财政拮据。踌躇再三，沙特阿拉伯最终放弃增产削价战略，转而谋求冻结产量，防止价格崩溃。沙特阿拉伯推动欧佩克于2016年11月30日达成8年来首次减产协议并在此后反复动用减产来平抑市场下跌预期。如果按照交易周期来划分，特朗普是最佳的短线"交易员"，一个利空的推特可以让价格跌上几天甚至是一周；而沙特阿拉伯则是最佳的长线"交易员"，一个减产决定可以让价格涨上几个月甚至几年。但近年来沙特阿拉伯主导的减产措施未能扭转市场颓势。究其原因，并非减产不给力，而是复杂的宏观环境影响了需求端，影响了整个金融市场信心所致。这两大"交易员"的激烈博弈为原油价格提供了长周期的方向和短周期的扰动。

有学者感叹：半个多世纪以来，沙特阿拉伯等中东产油国一直牢牢掌握着"黑色黄金"的控制权。尽管这些产油国在世界能源市场中仍然不可或缺，但其不再扮演"石油中央银行"的角色。国际能源市场的这种新变化堪称世界地缘政治的结构性转变，其影响力不亚于当年苏联解体。新形势下，沙特阿拉伯沿袭多年的石油经济模式越来越难以维系。

为了应对低油价所带来的周期性经济危机，沙特阿拉伯积极谋变。由于沙特阿拉伯人口快速增加已到达3000万以上规模，GDP也进入了全球前列，因此20世纪80—90年代低油价时代时依靠抽回海外资产和少量举借债务度过危机的策略已不合时宜。近年来，沙特阿拉伯主动作为并在如下几个方向同时发力，即资源配置从依靠政府干预向依靠市场支配的方向转变；政府财政收入从依靠石油收入向扩大非石油收入的方向转变；产业结构从过度依赖石油经济向新能源和矿业等多样化领域拓展；企业所有制结构从国有化向加快私有化的方向转变；投资资金来源从基本依靠本国资本向重视吸引外资的方向转变；劳动就业从依靠外籍侨工向"沙特阿拉伯化"的方向转变。

这一变化最集中体现的就是2016年4月26日，沙特阿拉伯现任王储萨勒曼提出的"2030愿景"。该愿景设置了诸多发展目标：利用沙特阿拉伯廉价能源，建立工业部门；提高水资源和电力管理水平，摆脱高度依赖补贴的现状；发展小型公共投资基金和战略投资；发展农业和娱乐业；建造16个核反应堆替代石油发电；将非石油出口占GDP比重从16%提高到50%，将非石油收入占总收入的比重从10%提升到70%；将武器国产化率从2%提高到50%；将失业率从11%降至7.6%；将沙特阿拉伯在世界经济体中排名从第19位升至第15位。考虑到石油经济在沙特阿拉伯举足轻重的地位，石油和矿产资源部被改组为超级大部，能源、工业和矿产资源部横空出世。

"2030愿景"的提出既有国际石油价格下跌倒逼沙特阿拉伯决策者推动能源转型的大背景，也有沙特阿拉伯新政府期待通过推动能源转型，改善经济现状，以期改善政府形象，扩大王储政治影响力的综合考量。

当我们回看沙特阿拉伯历史时，就会知晓"2030愿景"很美好，但实践起来，也将经历一个漫长、曲折而痛苦的过程，前景和效果仍存在不确定性。

沙特阿拉伯是传统的阿拉伯君主制国家，当前统治沙特阿拉伯的是来自"内志"地区的沙特家族，20世纪20年代伊本·沙特发动穆斯林战争，向守护包括伊斯兰圣地麦加和麦地那在内的沙特阿拉伯西部地区沿海一带即"汉志"地区的哈希姆家族宣战并在英国的支持下率军灭了汉志王国，成功统一汉志与内志，建立了沙特阿拉伯王国。内志相对汉志是指地名，主要是沙特阿拉伯中部地区，汉译

新石油金权
欧佩克式微与后石油时代

名为"纳季德",这是古代沙特阿拉伯一个比较穷的地方,沙漠占绝大部分,但现在内志地区却是沙特阿拉伯石油的重要产地。在石油还没有成为沙特阿拉伯核心财富来源的20世纪20年代,手握圣地的汉志地区依托巨额朝觐收入睥睨众生,内志对汉志地区的征服可谓是贫穷战胜了富足,落后战胜了先进,而这其中伊斯兰宗教激进主义瓦哈比教派发挥了决定性作用,是沙特阿拉伯实现国家统一、维护王权的精神武器,也因此在1932年被沙特阿拉伯立为国教。

沙特阿拉伯自建国以来始终坚持"宗教立国",瓦哈比派是沙特阿拉伯王室统治合法性的精神来源。时至今日,瓦哈比派在教育、法律、行为规范等方面的影响已无孔不入,"认主独一"、爱国忠君已成为沙特阿拉伯民众最基本的价值观。此外,瓦哈比派主张整肃社会风尚,净化人们的心灵。在2011年"阿拉伯之春"后,多数沙特阿拉伯民众拒绝参与反政府和君王的政治活动,这从侧面反映出忠君爱国思想已深深根植于沙特阿拉伯民众心中。而沙特阿拉伯当前一系列大胆改革措施,尤其是宗教领域"去极端化",在不同程度上触动瓦哈比派的"奶酪"和"红线"。很多人注意到,沙特阿拉伯的"2030愿景"带有很强的"崇外"特征,该计划首次发布是通过《经济学人》和彭博社等西方媒体,沙特阿拉伯人最后才知道。从这个细节看,该计划显然不符合沙特阿拉伯保守人士的口味。针对政府出台的社会改革措施,沙特阿拉伯保守势力的抱怨之声明显增多。

由于瓦哈比派强调伊斯兰意识形态对人的绝对控制,因此虽然沙特阿拉伯受过中等以上教育者占人口的比例较高,但是沙特阿拉伯教育结构不合理,大部分人接受的是阿拉伯语文学、社会管理、宗教、艺术等相关专业的教育,缺乏物理科学、化工能源、工程建设等方面的专业人才。故而一方面,沙特阿拉伯教育与行业需求长期存在错位现象,致使沙特阿拉伯缺乏必要的技术人才。另一方面,沙特阿拉伯为了解决本国严重的失业问题,实施以"配额制"为基础的劳工本国化项目,同时沙特阿拉伯也采取涸泽而渔的办法,直接将进入沙特阿拉伯工作的外国人申办工作签证费用提高至1000美元/人创下了世界之最。这样的做法加剧了自身人才资源匮乏的情况。

沙特阿拉伯在国人印象中一直是"土豪国",这也是权力核心的沙特阿拉伯王室给人的普遍印象,有资料显示这一普遍被认为成员在5000人左右的群体掌握了万亿级美元资产。与之形成鲜明对比的是沙特阿拉伯贫穷人口,70%的普通沙特阿拉伯人没有住房，40%的人口生活在贫困线以下。2011年中东剧变中，沙特阿拉伯为谋求政权稳定采取了"福利换稳定"政策，但油价下跌趋势使沙特阿拉伯的"福利换稳定"模式难以维系。

沙特阿拉伯国有部门一向以高福利低效封闭不透明著称，沙特阿拉伯国民大部分在公共部门工作，而在沙特阿拉伯石油和服务行业的从业人员大多是外国人。2014年油价下跌后，通过私有化重整大部分国有部门，成为沙特阿拉伯减轻经济压力最为便捷的手段。依照"2030愿景"，2018—2020年期间，沙特阿拉伯所有的地区和国际机场均将私有化。沙特阿拉伯邮政系统于2017年年初开始私有化进程。沙特阿拉伯还决定把国有沙特阿拉伯电力公司（SEC）拆分重组为四家电力公司，本地和外国组织都可购买新公司股份。沙特阿拉伯还计划出售国有石油公司——沙特阿美石油公司5%的股票（按照沙特阿拉伯口径预估市值约2万亿美元），用于弥补财政赤字。沙特阿拉伯政府希望通过私有化增加财政收入，到2020年实现27.5亿里亚尔，届时将政府补贴额降至零。同时，面对巨大的预算差距，沙特阿拉伯政府削减了公共部门的工资与补贴，让油价、电价甚至水价涨得更高。沙特阿拉伯已经开始在国内外欠下数十亿美元计的债务，而政府作为沙特阿拉伯人向往的大雇主，也削减了雇佣人数，让找不到工作的年轻人对未来渐渐有了恐惧。

沙特阿拉伯"2030愿景"对沙特阿拉伯普通民众的冲击既有社会福利大幅削减也有传统观念颠覆，社会层面能获得多大支持尚存疑问。

巨头发力破局　行稳致远图强

低油价时代，"地主家也没有余粮"，石油霸主沙特阿拉伯也感到囊中羞涩，希望筹措足够资金推动"2030愿景"落地实施。

1. 沙特阿拉伯工业巨头成为"2030愿景"主引擎

沙特阿拉伯的经济支柱是两大石油相关企业，即全球最大的国家石油天然气生产企业沙特阿美以及位居世界前位的石化产品制造商沙特基础工业公司（SABIC）。

新石油金权
欧佩克式微与后石油时代

沙特阿拉伯财政收入80%来自石油，沙特阿拉伯唯一的国有石油公司沙特阿美可谓集万千宠贵于一身，沙特阿美拥有超过2602亿桶的原油储量，其天然气储量超过288万亿立方英尺，同时沙特阿美总炼油能力2.5亿吨/年，被誉为全球最赚钱公司也是情理之中。根据油气法案，沙特阿拉伯所有的碳氢化合物资源都属于沙特阿拉伯政府所有，且沙特阿拉伯政府有权决定沙特阿美的碳氢化合物生产量上限，以及沙特阿美必须维持的最大生产能力。另一方面，根据2017年12月的"许可协议"，沙特阿美对于获批区块油气资源的勘探、钻井、评价、开发、采油，拥有排他权力，年限是40+20+40年。沙特阿美在油气销售方面也拥有排他权力。在石油炼制及制品销售方面拥有非排他权力。

沙特基础工业公司成立于1976年，总部设在利雅得，是中东地区最大、盈利最多的非石油公司。沙特基础工业公司在生产聚乙烯、聚丙烯和其他先进的热塑制品、乙二醇、甲醇和化肥方面位居全球市场领先地位。沙特阿拉伯政府持有沙特基础工业公司70%的股份，剩余30%股份由沙特阿拉伯和其他海湾合作委员会国家的私人投资者所持有。

沙特阿美和沙特基础工业公司是沙特阿拉伯手中的"王炸"。如何让这两家公司最大限度地为沙特阿拉伯谋划未来，成为沙特阿拉伯首要目标。沙特阿拉伯王储萨勒曼2017年上台以来先是在市场上抛出沙特阿美IPO计划，并计划使用沙特阿拉伯主权财富基金——沙特阿拉伯公共投资基金作为持有沙特阿美股份的工具。当时目标是以5%股份获得1000亿美元融资，这让沙特阿美2万亿美元的市场估值吸引了全世界眼球。不过，随着国际油价低位复苏，再加上沙特阿拉伯王室担忧IPO计划或导致沙特阿美财务细节被全面公开披露，在2018年，该计划暂时搁浅。

虽然沙特阿美被认为是沙特阿拉伯最高效、最国际化的机构，但仍存在诸如决策体系低效、信息透明性不足等问题。一旦上市，从股份构成到决策机制再到人员构成，都将变得更加国际化和透明化。虽然提高公司透明度对激发投资者的兴趣至关重要，但沙特阿美从未公布过财报。而且公司内部尚未对提高运营透明度达成共识，特别是关乎石油产能、公司治理机制等核心问题。较低的透明度影响了对证券交易所的选择，也增加了其上市的成本和时间。

沙特阿美IPO计划受挫成为沙特阿拉伯实现经济多元化目标的重大障碍。但萨勒曼王储并未放慢脚步。

在被萨勒曼王储指定为经济多元化的关键工具后，沙特阿拉伯公共投资基金面临着巨大的资金需求，包括耗资5000亿美元、旨在开发沙特阿拉伯西北海岸的Neom城项目。沙特阿拉伯公共投资基金已制定计划，到2020年将管理资产从3000亿美元增加到4000亿美元，并最终在2030年达到2万亿美元。由于沙特阿拉伯经济结构单一，盼望着沙特阿美上市后为本国发展带来更多资金。因此2019年4月沙特阿美首次发行债券后IPO计划恢复。

对于萨勒曼王储而言，沙特阿拉伯公共投资基金运营的成败至关重要。为了达成沙特阿拉伯公共投资基金既定资金计划，2019年3月27日由沙特阿美公司签署了一项股份购买协议，从沙特阿拉伯公共投资基金手中收购沙特基础工业公司70%的股权，商定的购买价格为每股123.40沙特里亚尔，总计2591.55亿沙特里亚尔，相当于691亿美元。

交易三方都是国有公司，主权财富基金将其持有的70%的沙特基础工业公司股权出售给沙特阿美，相当于把钱从一个口袋转移到另一个口袋。

对于萨勒曼王储和主权财富基金来说，这笔交易为其战略发展布局提供了大量资金，其中包括购买特斯拉公司和优步科技公司的股权，以及在沙特阿拉伯沙漠建设一座未来城市。因此，沙特阿拉伯官方认为，该笔收购有利于沙特阿拉伯经济。

沙特阿美利润高、生产成本低，且几乎没有负债，但彭博社分析称，沙特阿美向沙特阿拉伯政府支付的所得税高达50%。据了解，这一税率是从2017年1月1日起才从85%下调至50%；同时叠加总收入20%的石油生产特许权使用费，这可能令外国投资者望而却步。当油价升至70美元/桶时，石油生产特许权使用费率为20%；油价升至70美元至100美元间，石油生产特许权使用费率升至40%；当油价超过100美元，该费率将达到50%。随着石油价格上涨，沙特阿美税负增重，再加上资本支出增加，这或将限制沙特阿美IPO后的股息支付范围。市场分析认为沙特阿美需要80美元/桶的油价才能达到其宣称的2万亿美元市值。

2. 沙特阿拉伯工业巨头背后危机

沙特阿美与王室千丝万缕的关系而带来的不确定性、不透明性可能成为投资人不得不考量的因素。

新石油金权
欧佩克式微与后石油时代

一直以来，沙特阿拉伯王室财富规模是一个被严防死守的秘密。这些钱分散在很多王室成员手中和若干个国家里，难以精确统计。资金运行机制在设计上缺乏透明。沙特阿拉伯的预算中有多少份额最终成为王室的财政收入，目前尚未被披露。外界传闻沙特阿拉伯王室成员数以千计，外传达到1.5万人规模。但沙特阿拉伯文化和新闻部发言人古赛伊尔说，沙特阿拉伯王室成员人数不多于5000人。

伴随着沙特阿拉伯王室规模的扩大和总人口数的增加，社会收入分配的平衡已经变得愈发难以维持。尽管社会保障体系颇为强大——包括免费教育和医保——但一些沙特阿拉伯人依然穷困潦倒，不少"中产阶级"人士只能勉强糊口。对于位于金字塔顶尖的执政者而言，他们必须平衡王室与其他人的利益。

沙特阿拉伯要想实现经济转型，前提条件就是要有相对自由宽松的商业环境，建立温和、宽容、纪律、平等和透明等价值观。沙特阿拉伯信奉的瓦哈比派属于伊斯兰教法中保守的罕百里学派，瓦哈比教义一直反对现代性事业；强调发展生产力一定会导致阶级社会。沙特阿拉伯王室过去也一直强调"在伊斯兰框架内发展"。因此，沙特阿拉伯社会极为保守，对不符合伊斯兰传统教义的新生事物容易本能地排斥。与此同时，沙特阿拉伯内部自我封闭，部落和地区认同强于国家认同，特权意识强烈，缺乏法制观念，这种状况不符合现代经济发展需要。萨勒曼王储虽然在极力推动开放如允许女性申请驾照并驾车等改革措施，但其面临着来自内部的极大阻力。政治反向掣肘经济，这在沙特阿拉伯这一阿拉伯君主制国家具有极为深厚的土壤。

深入观察沙特阿拉伯，我们就会发现沙特阿拉伯"2030愿景"目标远大，但缺乏可操作性措施。一方面，能源转型的目标繁多、范围广泛、内容不够聚焦，而过多的目标难免会产生内在的不协调，甚至部分内容脱离沙特阿拉伯的实际国情，比如沙特阿拉伯到2020年就有可能不依靠石油收入生存的目标。当前沙特阿拉伯国内的装备和技术水平，显然难以在短时间内满足沙特阿拉伯装备和服务本土化战略要求。另一方面，沙特阿拉伯能源转型战略、政策和措施不具有系统性。能源转型既是一个涉及政治、经济、技术等方面的系统工程，也是一个涉及制定、执行、考核、反馈等环节的复杂工程。但是沙特阿拉伯政府没有公布一个专门的、系统的政府文件或者报告，也没有一个专门负责统筹协调、执行、考核的机构和机制。

政治稳定是沙特阿拉伯能源转型的政治保障。沙特阿拉伯政治局势不稳，中东地缘政治动荡也为"2030愿景"蒙上了阴影。在国内层面，自沙特阿拉伯前国王阿卜杜拉2015年1月23日去世以来，沙特阿拉伯现任国王萨勒曼两次更换王储，打破了沙特阿拉伯传统的"兄终弟及"制度，未来沙特阿拉伯王位继承将面临更大的不确定性，沙特阿拉伯王室内部的权力斗争或将更加激烈。在中东地区层面，自2010年年底，中东局势持续动荡，叙利亚战争、也门战争、"伊斯兰国"兴起、伊朗与沙特阿拉伯外交危机、卡塔尔断交危机，使得沙特阿拉伯周边的地缘政治环境更加复杂。这些政治不稳定因素或将延迟沙特阿拉伯推进能源转型的进程，分散沙特阿拉伯推进能源转型的精力。

3. 沙特阿拉伯步步为营

沙特阿美不仅是沙特阿拉伯的经济命脉与核心资产，而且在世界能源市场举足轻重。尽管搁置已久，但沙特阿美IPO的深层必要性仍然存在，沙特阿美IPO仍是沙特阿拉伯撬动国际资本市场关注的重要支点。在国际环境方面，沙特阿拉伯重启沙特阿美IPO还需几个条件更加成熟：一是石油价格重新回到下行通道。国际货币基金组织对2019年全球经济一直持悲观态度，随着全球贸易战愈演愈烈，主要经济引擎减速，特别是能源进口大国增速回落，使石油需求面更加萎靡。二是资本市场进入紧缩期。随着美国持续加息，全球资本市场过剩的格局正在逆转。在资本越来越贵的情况下，沙特阿拉伯政府筹资来源缩窄，必然重新开始启动核心资产出售的工作。

尽管挑战大于机遇，步步惊心，但沙特阿拉伯也在步步为营，抓紧落实。据沙通社2019年7月报道，国际货币基金组织执行委员会公布了沙特阿拉伯2019年度例行经济评估报告，充分肯定沙特阿拉伯在财政、金融和结构化改革中取得的成果，并称赞沙特阿拉伯社会转型上的显著进步。

国际货币基金组织预计，随着政府支出增加和社会信心复苏，2019年非石油板块实际增长率有望达到2.9%，同时强调，经济政策和结构化改革是推动非油经济转型增长的关键，这将推动沙特阿拉伯进一步接近"2030愿景"中设想目标。

在财政体系改革上，国际货币基金组织认为沙特阿拉伯公共财政体系正在改善，新引入的政府采购系统提高了政府支出效率，降低采购廉政风险，还肯定了财政透明度比以往有所提高。在中长期财政盈余上，评估认为如果政府部门工

新石油金权
欧佩克式微与后石油时代

资总量得以有效控制，资本支出有效增加，2019年有望实现财政盈余。在金融改革上，评估充分肯定了沙特阿拉伯在构建稳定金融体系，以及打击洗钱和围堵资金流入恐怖势力所做的工作，国际货币基金组织也注意到沙特阿拉伯正在积极准备加入国际反洗钱特别小组。新经济上，萨勒曼王储积极利用麾下沙特阿拉伯公共投资基金和孙正义的软银合作投资新经济大量下注科技类独角兽企业。2019年2月，萨勒曼国王访华期间，多家中国企业与沙特阿拉伯政府部门和企业签署合作并签订了35份备忘录，总金额超过280亿美元，涉及石油化工、制造业、新能源、通信等各行业。其中，石油化工行业的投资金额超170亿美元，约占总金额的六成。

沙特阿拉伯宣称，按照沙特阿美2608亿桶的探明原油储量以及每桶8美元的保守价值进行简单估算，得出沙特阿美资产价值约为2万亿美元。然而，市场对此并不买账。近期，沙特阿美重启IPO计划，但前路依然坎坷，沙特阿拉伯"2030愿景"面临的挑战多于机遇。

同时沙特阿拉伯的石油霸主地位也面临美国、俄罗斯等油气巨头以及卡塔尔、澳洲等天然气新贵强势争夺油气市场份额和话语权的威胁。为应对市场竞争者的挑战，沙特阿拉伯积极推动东进政策，以平抑美国WTI作价机制下的供应过剩局面，2019年7月相较于2018年8月对亚洲的原油出口翻了一番；同期沙特阿拉伯对美国的石油出口下降了近三分之二，尤其是2019年7月更是创下新低。

随着世界格局的深刻变化，中美之间的大国博弈将不断上演并将一直维持到全球大宗商品市场适应或者博弈结束之后。这将是一个漫长的过程，未来一段时间内宏观经济影响将持续对油价产生影响并随着市场情绪的扰动为油价走势注入不确定性。

为稳定能源供需市场，减少市场挤压和市场大幅波动所带来的负面影响，沙特阿拉伯应考虑与最终需求方主要如中国等进行深度合作。

在实业领域，沙特阿拉伯与中国之间已经展开了大量卓有成效的合作。在区位上，沙特阿拉伯位于"一带一路"沿线的关键节点，双方在能源领域的合作硕果累累。其中，中国石化集团和沙特阿美石油公司共同出资86亿美元于2012年合资建设的现代化大型炼油厂延布炼厂成为"一带一路"明星项目，显著提升了中东地区炼油能力。沙特阿美在中国炼化行业也进行了大量投资以期锁定资源供应渠道。产能转移是中国与沙特阿拉伯之间互利合作的一个富有潜力的领域。

在全球油气市场当中，沙特阿拉伯在原油、天然气、液化石油气等资源方面具有优势，对油气价格具有一定的影响力和控制力。沙特阿拉伯应当与中国在这些能源领域加强合作，就供需政策、规划、市场策略及中国近年来极为关注的市场话语权与合理计价（包括中国到岸价公式）等问题进行交流、讨论、协同和合作，合力实现稳定市场、降低风险、互利共赢的共同目标。

沙特阿美IPO达阵

1966年6月21日，时任沙特阿拉伯国王费萨尔访问美国，在与时任美国总统林登·约翰逊会谈时，费萨尔告诉约翰逊，美国当时在海外最大私有投资企业就是位于沙特阿拉伯的阿美石油公司，其投资额已高达12亿美元。当时的12亿美元，差不多相当于现在的400亿美元，还不考虑通货膨胀因素。

沙特阿美是世界上最大的原油生产公司，拥有世界上最多的陆上和海上油田，可以说，全球大约每生产9桶石油就有1桶来自沙特阿美。2019年7月《财富》杂志发布的2019年世界500强名单中，阿美荣登世界上最赚钱的公司榜单，贡献了沙特阿拉伯近20%的财政收入以及85%的税收收入。

全球石油巨头沙特阿美终于在2019年11月3日宣布计划于2019年12月在沙特阿拉伯当地的沙特联交所交易所上市，但在外界期待已久的公告中，这家全球盈利能力最强的公司几乎没有透露任何细节。

从2014年10月国际油价开启暴跌模式以来的布伦特走势与沙特阿拉伯的一系列举动不难看出，国际油价高低是驱动沙特阿美IPO与否的核心因素，执掌沙特阿拉伯能源大权二十余年的"石油先生"纳伊米2014年大打价格战打击美国页岩油的战略导致了2014年10月国际油价开启单边下行模式；结果该战略失败，饱受低油价困扰的沙特阿拉伯自2016年4月宣布启动沙特阿美IPO后，第一步是撤换了纳伊米并委任法利赫推动欧佩克减产，第二步是沙特阿拉伯联合三大千万桶原油每日产油国（美国、沙特阿拉伯及俄罗斯）之一的非欧佩克成员国俄罗斯推动欧佩克+减产，萨勒曼国王主动访问俄罗斯，成为史上首位到访俄罗斯的在任沙特

新石油金权
欧佩克式微与后石油时代

阿拉伯元首，更加深了这一纽带关系（图3-1）。

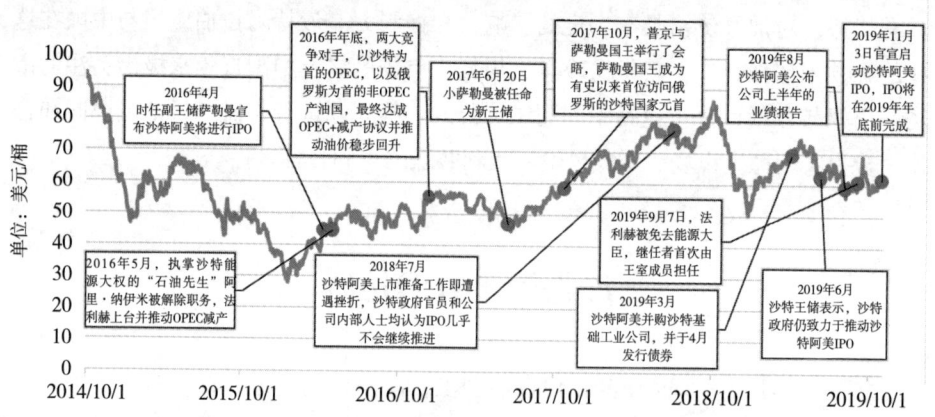

图3-1　2014年10月—2019年11月布伦特价格趋势图
数据来源：Brent：Wind。

一系列减产举动推升国际油价从低位开始上行，并在达到了沙特阿拉伯相对舒服的80美元区间的2018年年中爆出沙特阿美IPO进程中止的消息。2018年四季度国际油价的断崖式下跌再度激活了沙特阿拉伯内部改革动力，沙特阿美IPO经历了多次反复后在2019年开始进入快车道。2019年3月，沙特阿美收购沙特基础工业公司；4月，沙特阿美首次发行债券；8月30日，2016年设立的"超级大部"能源、工业和矿产资源部"缩水"为能源部，工业和矿产资源部单独组建，法利赫的头衔因而从能源、工业和矿产资源大臣改为能源大臣；9月，因为推动沙特阿美IPO不力，法利赫这一史上最短在位时间的沙特阿拉伯能源大臣被撤换；11月初，沙特阿拉伯官方宣布年底前完成沙特阿美IPO，并发布了时间进度表。

沙特阿拉伯经济高度依赖石油，根据国际货币基金组织报告，欧佩克+减产120万桶/日叠加当前原油价格波动，打击了海湾地区经济，海湾地区2019年经济增长预计较2018年下降一半；国际货币基金组织预测，沙特阿拉伯想要在2019年实现盈亏平衡，布伦特原油需上涨至86.5美元/桶，2020年须达到83.6美元/桶。可以说，面临连续六年财政赤字与沙特阿美IPO在即的沙特阿拉伯最希望看到的就是高油价。但是当前全球宏观市场经济预期并不乐观，尽管沙特阿拉伯一直主导欧佩克+减产，且美国页岩油为低油价拖累开始出现破产潮，但国际经济环境的不确定性压制了供应端收紧利好，导致避险情绪上升，叠加全球宽松预期，全球金融市场重要指标金油比（每盎司的黄金价格比每桶原油价格所得的比值，是国际上用来观察黄金、原油关系，进而预测全球风险结构变化的重要前瞻指标）现在已达到26上方，较历史平均水平高出近60%。

严峻的现实让沙特阿拉伯认识到当前一味奢求高油价并不现实，也无异于饮鸩止渴，沙特阿美IPO这一主导沙特阿拉伯"2030愿景"的核心推手愈加重要与必要，同时一再反复的沙特阿美IPO进程对沙特阿拉伯声誉也是减分项。

尽管2019年9月14日沙特阿拉伯石油设施被袭让原油市场飞出黑天鹅，并主导了布伦特开市以来最高的单日19%涨幅，但沙特阿拉伯更清醒认识到当前强推油价只会鸡飞蛋打，沙特阿美在经历了最初48小时的沉默后主动发声，一再向市场强调全面复产信心与能力，凸显了沙特阿拉伯全力维护沙特阿美作为全球最大原油生产商稳定、可靠、可信赖形象的战略诉求，

从目前消息研判，沙特阿拉伯将保住沙特阿美整体市值2万亿美元估值放在了最优先位置。由于全球金融机构对沙特阿美估值多在1.5万亿美元左右，境外交易所IPO不可控性过高，并容易被薅羊毛，沙特阿拉伯特意选择在国内交易所上市，同时也调低了2016年启动沙特阿美IPO时的5%市值IPO规模，综合报道应当在1%~2%市值，这样确保了沙特阿美IPO资金规模相对较小，能获得国内基本盘及海湾国家机构股东的强力支持，从而实现整体市值2万亿美元目标，为未来时机成熟时再赴海外上市打好基础。

同时沙特阿美IPO核心诉求是沙特阿拉伯为了摆脱石油依赖，吸引国际资金进入沙特阿拉伯，打造金融、旅游、商务新板块，把沙特阿美IPO放在国内也有吸引国际资金进入沙特阿拉伯市场，从而通过IPO把国际资金绑定在沙特阿拉伯的考量。

沙特阿美官宣IPO并给出时间进度表颇有倒逼改革的味道，为了确保沙特阿美IPO顺利达成，沙特阿拉伯将在近期尽力营造油价上行良好势头，动用强化减产预期这一利器撬动市场，并抓好当前中美关系阶段性利好窗口期，维稳推高油价。

为了营造沙特阿美IPO良好氛围，沙特阿拉伯在地区事务中将愈发谨慎，并

新石油金权
欧佩克式微与后石油时代

尝试改善与伊朗关系,以缓和地区局势,淡化市场对中东地区地缘脆弱性及沙特阿美长期稳定性的担忧。

尽管沙特阿拉伯当前一切工作都为沙特阿美IPO让路,由于全球经济不确定性与弱预期,如未能达到预期目标,沙特阿美IPO仍存在变数,而时间将给出最好的答案。

第四章

重振俄罗斯的能源战略

从世界范围内来看,俄罗斯绝对是世界资源宝库,拥有丰富的石油、天然气、铁矿、煤矿、森林等资源,资源总价值位居世界第一。

1999年12月31日,时任俄罗斯总统的叶利钦突然召见普京,对他说:请照顾好俄罗斯。随后,叶利钦立刻宣布辞职,震惊世界。

47岁的普京,由此开始执掌俄罗斯。"普京现象"成为国际社会一道独特的风景线,而能源战略是普京重振俄罗斯昔日雄风的利器。

国家意志

从世界范围内来看,俄罗斯绝对是世界资源宝库,拥有丰富的石油、天然气、铁矿、煤矿、森林等资源,资源总价值位居世界第一位。根据俄罗斯能源部的数据,2019年俄罗斯石油和天然气产量达到创纪录的1125万桶/日,约在5.5亿吨左右。过去10年,俄罗斯石油产量一直在上升,这得益于新油田的开发和成熟油田新技术的引进。2019年,俄罗斯石油出口2.675亿吨,同比增长2.7%。

俄罗斯油气行业在全球的地位是与苏联时期的沉淀积累密不可分的,苏联解体后,俄罗斯油气行业走过了寡头瓜分国家资源的十余年,强力部门出身的普京从圣彼得堡出发,改变了莫斯科政治生态,整治并重塑了俄罗斯油气行业,国家意志成为俄罗斯油气行业最大标签。

二战后,冷战结束前,美苏争霸是将近半个世纪的全球主旋律。

苏联经济结构较为单一,与东欧社会主义国家自成体系,没有参与美国主导的全球分工中,苏联的高附加值产品主要在经济互助会国家之间流转,苏联获取外汇美元主要依靠资源类出口,石油又在其中占比大。

苏联幅员辽阔,战略纵深巨大,石油工业的发展分为三个阶段,从巴库向伏

新石油金权
欧佩克式微与后石油时代

尔加—乌拉尔地区东进，再继续东进到西西伯利亚。

大名鼎鼎的巴库，是19世纪40年代俄罗斯石油工业发源圣地，1941年巴库的石油产量达到了历史记录2350万吨，占苏联当年石油产量的71.5%，是苏联的荣光，二战时希特勒为之痴迷与疯狂的油库；20世纪40年代开始，伏尔加—乌拉尔地区崛起成为"第二巴库"，20世纪50年代中期至70年代中期的20年间，一直是俄罗斯的最大石油产区，该地区位于俄罗斯经济发达区域，炼油化工产业发达，有力支援了苏联的战后重建；勘探开发始于二战的西西伯利亚，在20世纪60年代进入开发快车道，秋明油田等迅速崛起，到20世纪80年代末，西西伯利亚已经成为苏联石油工业的支柱，产量占到了苏联石油总产量的2/3。

1973年及1979年两次石油危机将石油价格大幅推高，苏联受益匪浅，20世纪70年代及80年代初期，苏联都处于战略攻势。西西伯利亚的石油天然气资源为苏联提供了强大的财源，但是这也使苏联经济陷入一种病态的依赖怪圈中，20世纪80年代中期，国际油价暴跌加速了苏联解体。

继承了苏联衣钵的俄罗斯拥有雄厚的石油工业基础，1992年之前，俄罗斯一共有300多家国有石油企业，这些企业成为香饽饽。因此苏联解体之初，俄罗斯石油工业经历了一段混乱无序、暴力血腥的私有化进程，并直接导致中央政权在20世纪90年代末垮台。

1991年12月29日，俄罗斯时任总统叶利钦签署命令，并于1992年6月开始实施全面私有化。

按俄政府私有化纲要的规定，第一阶段为"证券私有化"。而从1994年7月开始到1996年12月，为弥补政府严重的财政赤字，俄罗斯私有化进程的第二阶段就开始变质——"现金私有化"——政府主要通过用现金形式向俄国内私人和外商出售国有资产和股权，由过去的"送"变成了"卖"。其间政府还采取了"以贷款换股份"的方式出售国有股，允许私人以贷款方式购买企业或国有股。这种做法给那些控制银行或与银行有特殊关系的人提供了机会，使得他们有机会廉价收购大量国有资产。

同时，在1995—1996年，俄政府为解决严重的财政赤字，同意向已有可观积累的"新俄罗斯人"借贷，同时允诺以比实际价值高数倍的石油和冶金企业的国有股份做抵押（而米哈伊尔·霍多尔科夫斯基就是利用由其控制的"梅纳捷普"

投资银行以3.5亿美元的低价，购得尤科斯石油公司78%的股权，到1997年，该公司的市值就骤升到90亿美元）。1995年末，俄罗斯国有石油资产的很大一部分是以3~11美分/桶的价格抵押和出售的，东西伯利亚油气公司有将近10亿桶的探明石油储量仅以1美分/桶的价格转手。

而这个以大石油公司的股权为抵押以求摆脱债务危机的"国有股减持"计划，俄政府最终却只获得了5亿美元的商业贷款。俄罗斯几乎所有经济寡头都是通过此类方式，将国有资产据为己有。新的资产所有人，也就是石油寡头，通过此类方式聚敛了巨额财富，并向俄罗斯经济政治体系深度渗透。

2003年，俄罗斯一共有九家大型石油公司。它们占有俄罗斯石油储量的72.7%，石油产量的86.7%。其中政府不拥有任何股权或只是象征性地参股的俄罗斯私营大石油公司有卢克石油公司、尤科斯石油公司、苏尔古特石油公司、秋明石油公司、西伯利亚石油公司、斯拉夫石油公司以及西丹科石油公司等七家公司。

而曾经占主导地位的国有大石油企业到2003年时只有俄油一家了。俄油在普京一战成名的车臣战争中发挥了国家队作用，石油工程师前往战火纷飞的车臣作业，确保了普京战略实现，被普京高看一眼，俄油在此后被普京委以重任，得以迅速崛起。

寡头崛起，俄罗斯普通民众生活日趋窘迫，民怨沸腾，愤慨与不满快速积聚。在许多俄罗斯人眼中，20世纪90年代是灾难的十年，屈辱的十年，是外国势力、利益集团、大公司和西方价值观入侵俄罗斯的十年。

当时俄罗斯最大石油公司——尤科斯石油公司首席执行官霍多尔科夫斯基，也是俄罗斯首富，风头正劲，他完全接受了西方价值观，认为一个石油公司想成功的话，内政和外交必须独立于所在国家。他忘了自己在俄罗斯这一基本和根本事实，认为自己国际声誉高可以咄咄逼人，结果霍多尔科夫斯基被普京教做人。

俄罗斯能源市场在私有化过程中是完全放开的，在产业的各个环化一开始就是放开管制的。但俄罗斯在管道运输上是国有控制的。这样，你即使开采了石油，没有管道，也运不走。而负责运输的俄罗斯石油管道运输公司是一家纯国有公司。俄罗斯现在84%的石油出口是通过管道运输。其余是通过铁路运输、海运或者内河航运。俄罗斯石油管道运输公司是俄罗斯石油管道系统唯一的经营管理

新石油金权
欧佩克式微与后石油时代

者，100%属于国家控股。全国石油开采总量的97%是通过该公司管理下的管道系统运输的。

尤科斯试图自建管道，挑战俄罗斯石油工业体系，这成为导火索，霍多尔科夫斯基于2003年10月被捕入狱，尤科斯公司最主要的子公司尤甘斯克于2004年11月被公开拍卖。

拍卖曾经在全球能源市场掀起了一连串巨澜：先是经过一连串真真假假的"劝退"（俄罗斯劝退外国竞争者），以及美国司法介入的纷争事件，而美国的司法介入使得普京原定的俄罗斯天然气工业股份公司（以下简称俄气）出面收购的计划搁浅。

2004年12月19日拍卖时，被一个名不见经传的"皮包"公司——贝加尔金融集团在对手未出一招的情况下，15分钟内拿下。3天后，俄油全额收购了这家公司。

通过收购尤甘斯克，俄油彻底摆脱了此前可能被俄气兼并的命运，从此一路开挂。

2013年3月，俄油完成了收购秋明—英国石油的交易，俄油成为全球最大的上市原油生产商，BP成为其主要股东之一（持股比例升至19.75%）。而早在2003年，BP与俄罗斯秋明石油公司达成协议，由BP出资30亿美元并占股50%，与秋明公司内的两个股东——阿尔法集团和阿克塞斯公司建立新的石油公司秋明—英国石油控股公司。秋明—英国石油控股公司包括俄罗斯秋明石油公司和西丹科公司的资产。

2016年10月，俄油又收购了巴什基尔石油公司（Bashneft）50.075%的股份，当年，俄油原油产量达2.1亿吨，约占俄罗斯原油总产量的38%。

俄气是俄罗斯最大的天然气生产企业，也是世界最大天然气公司。其前身是俄罗斯国家天然气康采恩，主要从事石油天然气地质勘探、开发、生产、加工、储运以及销售。

不同于俄罗斯石油工业的分分合合，20世纪90年代的俄罗斯天然气行业从未正式私有化，俄气在苏联解体后繁荣发展，进入天然气输送行业及燃气消费行业，并在20世纪90年代末成为俄罗斯最大和最富有的公司，当时掌门人维亚克谢列夫通过裙带关系建立了复杂的利益输送体系，不断侵蚀国家实际控制权。

普京指派圣彼得堡人阿列克谢·米勒在2001年接管俄气,俄气在2003年年底恢复了对俄罗斯天然气行业的控制权,并完全听命于克里姆林宫。

2005年9月,俄气收购了西伯利亚石油股份公司75.6%的股份,掌握了西伯利亚石油公司的绝对控股权,控制了世界上20%的天然气储备,而俄罗斯对俄气的控股权也从38.37%提高到了51%。

收购西伯利亚石油公司是俄气向全球能源公司迈进所实施的重要战略举措,使俄罗斯能源大国的地位进一步得到巩固,其能源产品在世界能源市场上更具有竞争力。收购西伯利亚石油公司之后,俄气把西伯利亚石油公司改名为俄罗斯天然气工业石油股份公司(以下简称俄气石油)。

西伯利亚石油公司是切尔西足球俱乐部老板阿布拉莫维奇旗下的公司,霍尔多夫斯基和阿布拉莫维奇是20世纪90年代崛起的寡头代表,至此,普京整肃俄罗斯国内石油天然气工业的阶段性目标基本达成。

2003年俄罗斯石油工业战国七雄尤科斯石油公司、秋明石油公司以及西丹科石油公司归入俄罗斯石油公司,西伯利亚石油公司归入俄气石油,斯拉夫石油公司日趋衰微并沉入历史长河,卢克石油公司和苏尔古特石油公司成为硕果仅存的私人石油公司,但是两大公司的老板都与克里姆林宫有着亲密良好的关系。

普京的铁杆,曾经的大秘,伊戈尔·伊万诺维奇·谢钦执掌俄油,米勒执掌俄气,两人与普京一样都是国家安全系统出身,关系非常密切,谢钦更是被普遍认为是普京和梅德韦杰夫之下的三号人物。

通过一系列手段,普京以铁腕重塑了俄罗斯能源的国有化,实现了国家领导下的能源市场三位一体结构:以统一电力能源系统股份公司(国家控股)控制电力市场,以俄气控制天然气市场,以国家石油集团公司即俄油控制石油市场。

与21世纪初相比,俄罗斯石油行业结构发生了显著变化,除俄罗斯石油公司外,俄罗斯主要油气企业还有卢克石油公司、苏尔古特石油天然气公司、俄气石油、鞑靼石油公司等。其中,俄罗斯石油公司、俄罗斯卢克公司及苏尔古特石油天然气公司三巨头承担了俄罗斯50%以上的原油产量及70%以上的原油出口量。

当下俄罗斯石油工业高度垄断,5家最大的俄罗斯石油天然气公司占据俄罗斯石油总产量的75%,企业国有化程度高,并通过石油租金形式确保了俄罗斯国家经济持续发展。

新石油金权
　　欧佩克式微与后石油时代

中东战略

　　从地理上来说，俄罗斯向西抵达波罗的海，北约组织严阵以待，俄罗斯难有作为；向东抵达太平洋，直面亚太地区，经略国家众多，俄罗斯影响力有限；向北抵达北冰洋，战略利益有限；向南抵达黑海及里海，而中东周围环绕着黑海、地中海、红海、阿拉伯海、里海和波斯湾等国际海域是沟通大西洋和印度洋、连接西方和东方的要道，也是欧洲经北非到西亚的枢纽和咽喉，这一区域地区形势复杂，势力众多，俄罗斯战略利益突出，因此历来中东就是俄罗斯战略重点，俄罗斯可以利用有限实力在中东地区实现重大外交变局。

　　瑞典斯德哥尔摩国际和平研究所数据现显示，2018年俄罗斯的军费开支为614亿美元（约合4100亿元人民币），在全球排名第六；与2017年相比，其军费开支下降了3.5%。与美国军费相比差了十倍还多。俄罗斯仅有核武器可以和美国一较高下，常规武器与美国存在代差，同时俄罗斯也没有能力与美国在全球热点地区展开竞争，只能在最契合俄罗斯战略利益与国家利益的中东地区进行经略。

　　在沙俄时期，俄罗斯就一直觊觎中东两大衰落帝国（奥斯曼帝国和波斯即伊朗）的领土，并多次发动战争，以开疆辟土。19世纪末20世纪初，围绕瓜分奥斯曼帝国领土，沙俄与欧洲列强一手酿成了所谓的"东方问题"，即如何瓜分奥斯曼帝国的问题，并引发了一战，最终导致奥斯曼帝国轰然倒塌。同时，沙俄和英国还分别在伊朗建立了各自的势力范围。

　　二战结束后，英法两国的国力被严重削弱，逐渐沦为世界上的二流国家，欧洲传统的霸权体系彻底解体，美苏争霸成为彼时世界主旋律。中东是除东欧外非两大阵营国家唯一与超级大国苏联有陆地接壤的地区，苏联将中东视为核心地区之一经略，亟需打破二战后传统势力范围土耳其和伊朗被西方封锁的被动局面，美国将中东视为遏制战略的前沿阵地。

　　伊朗成为苏联二战后在中东与西方交锋的第一站，并成为冷战发源地之一。

　　二战时，亲德的伊朗被英国和苏联南北夹击并分别占领；二战期间，苏联、美国、英国三国元首的核心会议中就有德黑兰会议；二战后，美国和英国率先撤军，苏联按兵不动，在伊朗北部占领区支持阿塞拜疆人和库尔德人的民族自治，并拒不履行德黑兰会议就伊朗问题达成的协议，酿成伊朗危机。

1946年3月5日，丘吉尔在美国密苏里州富尔敦城的威斯敏斯特学院发表了题为《和平砥柱》的演讲，正式宣布了东西两大阵营的形成。伊朗巧妙利用国际压力，特别是以联合国为代表的国际舆论的压力，迫使苏联软化立场；美英态度强硬；伊朗在石油问题上适时做出让步，同意成立伊苏联合公司开采伊朗北部石油；苏联考虑到自身反帝反殖民的国际形象及对外政策需要，将苏联红军于1946年5月9日全部撤出伊朗。

　　历史上，俄罗斯多次入侵伊朗，经此一役，伊朗对苏联更是戒心重重，1947年美伊签订军事同盟条约，1954年伊朗正式成为巴格达条约组织的一员，斯大林去世后苏伊关系虽时有改善，但伊朗始终都是见风使舵，在海权国家和陆权国家之间制造均衡，从中渔利。1979年上台的霍梅尼更是提出了"不要东方，不要西方，只要伊斯兰"的基本国策。

　　伊朗问题出师未捷，以色列的成立上，苏联投出了赞成票，苏联清楚阿拉伯国家不会容忍以色列建国，会采取激进措施，而这有利于苏联火中取栗。美苏两国在中东地区积极扶持自己的代理人，美国重点扶持以色列，苏联则支援阿拉伯国家，中东地区形成了两个阵营，苏联破局成功。

　　这一时期阿拉伯国家阵营虽然得到了苏联支持，但是并不接受苏联意识形态输出，而是团结于民族复兴大旗下；中东地区也不像欧洲那样被明显的分割为两个对立的阵营，而是保持了高度的流动性和碎片化。苏共中央很清楚，苏联能在中东立足，其根本点有二：第一，阿以矛盾；第二，阿拉伯民族主义反殖民的努力。这使得苏联在中东的政策必须"以战养战"，阿以要矛盾要持续，但强度要可控。

　　自20世纪70年代末始，时任埃及总统萨达特弃苏投美、苏联入侵阿富汗等一系列重大事件重挫苏联在中东的声誉和地位，苏联在中东的影响力开始走下坡路。1990年南北也门统一，1991年海湾战争爆发，苏联在中东再遭重击。

　　冷战结束和苏联解体后，俄罗斯实力急剧下降，不得不从中东大规模收缩，其传统盟友和伙伴或倒向西方或面临西方重压，以美国为主导的中东新秩序确立。1992年，作为苏联时期在中东及地中海地区重要军事威慑的地中海舰队遭解散。俄军在叙利亚保留了其在中东的最后一个军事基地（塔尔图斯港）。俄罗斯大规模退却，既与其实力衰落直接相关，也与叶利钦在执政初期推行全面融入西

新石油金权
欧佩克式微与后石油时代

方的外交政策有着密切关系。不过，在叶利钦政权后期，由于北约加紧东扩，俄罗斯与西方关系逐步恶化，加之车臣问题愈演愈烈，俄罗斯与西方围绕一系列国际和地区问题展开新的激烈交锋，中东成为重要外交斗争舞台，但是俄罗斯无力重返中东，更多是通过外交来宣示存在。

2000年普京上台后，俄罗斯中东政策仍保持着较大连续性。"9·11"事件、2003年伊拉克战争以及2011年年初"阿拉伯之春"爆发，俄罗斯中东盟友和伙伴在美国强大压力下，加速脱离俄罗斯。从萨达姆政权被推翻，利比亚卡扎菲弃核后最终仍被推翻，到也门前总统萨利赫先是成为美反恐伙伴后又被抛弃，再到叙利亚巴沙尔政权岌岌可危，俄罗斯在中东的影响力降到了历史最低点。

俄罗斯的战略收缩在叙利亚战争中触底反弹，2011年以来，阿拉伯之春席卷阿拉伯国家，中东格局发生深刻变化，俄罗斯利用叙利亚危机作为重返中东的契机，相较于苏联时期不计代价、全面出击，俄罗斯中东战略目标明确、务实有效且灵活果断。

不同于美国需要稳定的石油供应而看重对中东的掌控与战略通道安全，俄罗斯与中东产油国存在石油出口上的竞合关系，俄罗斯需要在中东维持战略存在，提高国际地位和影响力。

俄罗斯清楚叙利亚是俄罗斯在中东地区的唯一盟友，是其整个中东战略的立足点，叙复兴社会党政权也一贯奉行亲俄政策。俄罗斯以叙利亚作为战略支点，在俄罗斯战略利益集中的东地中海沿岸地区如叙利亚和埃及，奉行积极介入政策；在俄罗斯利益较少的北非和海湾地区（也门、巴林）奉行超脱政策。

现实中，叙利亚是俄罗斯在中东及海外唯一设有军事基地的国家。作为重要贸易伙伴，俄罗斯对叙利亚投资总额达200亿美元。与叙利亚维持经贸合作，可以有效缓解西方制裁给俄罗斯带来的压力。

在地缘安全上，俄罗斯需要防止中东局势动荡通过中亚和南高加索地区渗透影响本国安全。与此同时，俄罗斯还可以借助叙利亚的地缘位置影响土耳其、黎巴嫩、约旦、伊朗、埃及及利比亚等地区重要国家，甚至威胁北约南翼。更为重要的是，俄罗斯希望通过介入叙利亚问题，证明自己仍是有能力参与解决国际事务的大国，避免在中东被孤立和边缘化。

叙利亚问题事关俄罗斯战略、安全和经贸利益，中东变局爆发以来，俄罗斯的积极介入分三个阶段。

在叙利亚危机的第一阶段（2011—2013年），叙利亚巴沙尔政权面临内外反对势力的威胁。俄罗斯则力挺巴沙尔政府，主张和推动叙利亚问题政治解决。通过美俄协议及此后联合国安理会的磋商，最终取得"化武换和平"的实施。

俄罗斯此举可谓"一石三鸟"：一是在关键时刻，普京出手制止美国对叙利亚动武，保住了俄罗斯在中东的唯一战略立足点叙利亚；二是叙利亚化学武器危机出现重大转折，彰显了俄罗斯的外交影响和国际地位；三是叙利亚彻底销毁化学武器，也消除了叙利亚化学武器失控流入俄罗斯高加索地区的隐忧。

在叙利亚危机第二阶段（2014—2017年），当极端组织"伊斯兰国"等各路反政府武装攻势迅猛、巴沙尔政权危在旦夕之时，2015年9月，普京果断做出深度介入中东乱局的决策，下令实施针对"伊斯兰国"的直接军事打击。此后一年多里，俄罗斯共派出6万多名军人，帮助巴沙尔政权收复叙利亚大部分领土。

斐然的战绩，在很大程度上提升了俄罗斯的大国地位，保住了巴沙尔政权，俄罗斯成为叙利亚局势最大的赢家。更可贵的是，俄罗斯这次采取的是强力但有限度的军事直接介入。考虑到自身实力有限，俄罗斯速战速决，见好就收。2016年3月和2017年末，俄罗斯两次宣布俄军主力撤出叙利亚。

第三阶段（2018年至今）是叙利亚战后政治重建主导权竞争博弈时期，俄罗斯又同伊朗、土耳其协调合作，形成推动叙利亚问题政治解决的阿斯塔纳和谈机制，以及随后推动叙利亚国内各政治派别和解的索契和会机制。

2019年10月由土耳其"和平之泉"军事行动带来的叙北冲突危机，再次让俄罗斯的影响力发挥得淋漓尽致。10月9日开始，土耳其集结重兵，在"反恐"旗帜下大举进兵叙利亚北部。10月22日，普京邀请土耳其总统埃尔多安到索契，俄罗斯土耳其双方签署有关叙北局势谅解备忘录，两国就在土耳其叙利亚叙边界叙方一侧建立30千米纵深的"安全区"达成共识。"和平之泉"行动随着安卡拉宣布停火而基本结束。

俄罗斯在此次叙北危机中扮演起决定战争与和平的关键角色。其巧借与土耳其、叙政府和库尔德武装三方的信任关系，抓住各方短板，利用博弈杠杆"四两拨千斤"，乱中取利，排斥美国插手，增进俄土合作；同时又成功保护库尔德武装免遭毁灭性打击，支持叙政府恢复行使主权，缓解土叙紧张关系。

新石油金权
欧佩克式微与后石油时代

由此，俄罗斯妙手化解叙北战事危机，不仅充当了战事的调停者、监督者，还顺利成为之后叙北安全格局的塑造者、参与者，取得又一轮重大外交胜利，有助于俄罗斯继续在叙战后政治重建中发挥主导作用。这充分彰显了这些年来俄罗斯以叙利亚问题为平台，通过热点外交和危机管理，以军事手段为核心，辅以政治和外交手段，左右中东地区局势走向，进一步提升全球政治影响力。

双头鹰

俄罗斯是全世界面积最大的国家，横亘于欧亚大陆，跨越十个时区，幅员辽阔。苦寒之地西伯利亚占据了很大面积，并将俄罗斯分为俄罗斯欧洲以及俄罗斯远东。

作为继承了金帐汗国衣钵的俄罗斯在西方并不被接受，俄罗斯与西方有着深厚的历史与结构性矛盾，难以解决。

昔日，美国联合沙特阿拉伯压低国际油价，加速了苏联的解体。今天的俄罗斯，似乎仍未摆脱这样的宿命，备受困扰。

一个国家要想崛起，就必须发展经济，那么就离不开国际贸易。现在的国际贸易，实质上是产业的全球大分工。产业链上的国家，只有充分发挥自身的比较优势，才能获得发展。

中东国家，石油资源优势，无人能敌；西欧、日本，工业技术发达；美国，集美元、科技、军事霸权于一身，傲视天下；中国，成本和市场优势，全球第一制造大国。相比较而言，摆脱苏联计划经济束缚的俄罗斯，所能凭借的也是资源优势特别是能源优势。

俄罗斯整个国土位于北纬50~80度之间，大部分在北寒带，少数在北温带。人口、工业主要分布在国土的西部，欧洲部分。东部亚洲部分的国土则地广人稀，发展缓慢，尚未大规模开发。

在气候方面，俄罗斯的冬季较为漫长，这既是大自然给予的屏障，历史上曾让拿破仑的法国大军、希特勒的德军折戟城下，得以扭转战局；却也是经济发展的制约，整个北方的海岸线处于北极圈内，每年封冻期长达8个月，无法开展国际海运贸易。而海运是国际贸易中最主要的运输方式，占国际贸易总运量中的三分之二以上。国际上石油年海运贸易量约占到全球石油总产量的60%。

苏联时期，石油出口港口集中在波罗的海和黑海沿岸。冷战后，苏联加盟共和国的相继独立，俄罗斯失去了大部分的石油出口港口，如乌克兰的敖德萨、拉脱维亚的里加、爱沙尼亚的塔林，剩下的仅有黑海的新罗西斯克、波罗的海的普里莫尔斯克，以及近年来逐步发展起来的东部太平洋港口科济米诺。

俄罗斯虽然拥有漫长的海岸线，但是真正能够用来开展国际贸易的天然良港几乎没有。就连黑海的新罗西斯克还需通过土耳其海峡，才能与地中海国际海域相通，近三十年来曾多次受到土耳其的威胁，严重受制于人。所以，对俄罗斯而言，石油、天然气的海运贸易因气候和地理位置的先天制约无法开展，铁路贸易运量小且成本高，剩下的也就是凭借与西欧、东亚这两大能源消费热点地区的陆地接壤便利，大力发展石油、天然气管道运输业。

截至目前，俄罗斯已建成世界上最发达的油气管道网，油气管道总里程超过25万千米，其中天然气管道17.8万千米，原油管道5.4万千米，成品油管道1.7万千米，分别占世界相应管道总里程的14%、14%、7%。俄罗斯能源出口的传统和主要方向是欧洲市场，市场份额长期保持在28%~30%，占据每年油气出口总量的70%，德国、意大利、荷兰、波兰是主要的买家，因此，油气管道也集中分布在西北部、西部和黑海区域三个方向。

俄罗斯在世界原油贸易市场的平均份额长期稳定在13.5%左右。输油管道系统由俄罗斯石油管道运输公司管理，承担着近90%原油出口外输任务，主要的原油管道有：

东西伯利亚—太平洋管道系统（东部管道）。将西西伯利亚和东西伯利亚石油运往太平洋沿岸的石油终端-科济米诺港。主要供应近年来成为世界石油市场最具发展活力的亚太地区，特别是东亚的中国、日本、韩国市场。

波罗的海原油管道。将西西伯利亚和乌拉尔—伏尔加河流域，也包括中亚地区的原油输往普里莫尔斯克港。绕过波罗的海沿岸国家，避免因高昂的石油陆上过境费而受其制约。

友谊管道。从中部伏尔加河沿岸，通往波兰、德国、捷克、匈牙利等国。

萨马拉—新罗西斯克管道。将萨马拉方向的来油输往黑海的主要港口新罗西斯克，然后经黑海和土耳其海峡外运。

新石油金权
欧佩克式微与后石油时代

里海管道。将哈萨克斯坦西部油田和里海沿岸俄罗斯油田的原油输往黑海的主要港口新罗西斯克，然后经黑海和土耳其海峡外运。

俄罗斯石油管道运输公司在2016年对欧洲出口原油大约为1.6亿吨，但是随着美国原油大举进入欧洲市场，布伦特价格开始受到鹿特丹到港船货影响。俄罗斯近年开发的东西伯利亚油田地理上更接近东方，而全球石油贸易东移是不争的事实，俄罗斯自然对东西伯利亚—太平洋管道系统寄予厚望，积极开拓亚太市场，一期工程于2009年12月投入使用，年输油能力1500万吨；二期工程于2012年12月25日投入使用，年输油能力3000万吨。二期工程完工后，俄罗斯掌握了新的石油筹码，通过调整向东方和西方市场供应原油的比例，影响两个市场，这对长期依赖俄罗斯能源供应的一些欧洲联盟成员国传递了一个警告信号。

俄罗斯能源出口传统流向地是欧洲，对于远东地区的转向是为了更好享受亚太地区发展红利，同时兼顾俄罗斯战略利益，毕竟俄罗斯国土辽阔，向远东地区输送俄罗斯石油及天然气需要建设全新的管道，成本高昂，而管道即政治。以俄罗斯的远东输油管道谈判和建设为例。1994年俄罗斯急于向中国出售能源以换取紧缺的硬通货，主动向中方提出通过建设远东输油管道即"安大线"（由俄罗斯西伯利亚的安加尔斯克油田至中国大庆的石油运输管线）供油，直接送油到大庆。但是随着国际油价的节节攀升，以及日本在外交上的节外生枝，这条输油管道的谈判和建设进展缓慢，数次更改设计路线，最终管道起点和终点都按照俄罗斯国家利益最大化进行了调整。

俄罗斯能源政策作为其外交政策的延续表现得极为明显。事实上，能源输出是俄罗斯外交政策当中为数不多极为有利的筹码。它的重要作用主要表现在如下几个地缘板块上：

首先是欧盟。欧盟国家每年消费的天然气大约有30%～40%来自俄罗斯。一些原东欧国家对于俄罗斯能源形成重度依赖，如波罗的海三国、前南斯拉夫国家对于俄罗斯天然气的依赖更达到了100%。因此，俄罗斯时不时以提价、催债和"断气"等各种方式从这些欧洲国家获得外交利益，也就不足为奇。仅仅从1991年到2006年，俄罗斯向欧洲的能源供应就发生了44次带有政治原因的"事故"。连白俄罗斯这样与俄罗斯关系密切到了近乎一体的国家，也曾经遭遇到原油供给的中断。

此外，建设输油和输气管道也是俄罗斯为自己外交利益服务的方式之一。中国与俄罗斯的远东输油管道从1994年开始的马拉松谈判就是一个例子。在欧洲，俄罗斯直接跨越波罗的海通往德国的"北溪"天然气管道引来了波罗的海三国和波兰的抗议，因为该管道没有走一般的过境波兰路线，而是绕开波兰从波罗的海直通德国；"北溪2号"更招来美国制裁。

第二个受到影响的区域板块是中亚地区。中亚地区本身油气资源丰富，但是缺乏开采实力、资金和输出渠道。中亚国家是中国进口油气的重要来源之一，事实上中国第一条重要的进口天然气管道，即"中国—中亚天然气管道"就经过土库曼斯坦、乌兹别克斯坦和哈萨克斯坦三国。俄罗斯利用自己在中亚的影响力对该区域的油气市场进行了布局，一方面保持和中亚国家紧密的联系，另一方面则影响中亚国家油气出口中国的定价权，以保持自己对华能源出口的收益不下降。

第三个区域板块则是东亚，以中国为主。在过去十年当中，俄罗斯对华出口产品60%以上为能源产品。这种稳定的贸易关系对于中国经济来说是一个利好消息。但是对于俄罗斯来说，除了经济收益之外，它更像是俄罗斯双头鹰外交政策在能源贸易上的具体体现。

俄罗斯在西方受挫越重，越趋向于在东方寻找战略支持与协同，中国与俄罗斯之间的天然气协议不光是简单的商业协议，更是国家层面的战略协议，符合两国各自利益与诉求。换言之，俄罗斯外交政策的一个巨大特点是，在中亚以能源为杠杆来平衡中亚、中俄关系；在东亚则同样以能源为杠杆撬动中俄关系，进而为俄罗斯整体外交利益服务。

俄罗斯是一个孤独的世界大国，它不属于任何阵营，无法笼统的划入任何一个地区概念，它就这样傲世独立在世界民族之林。俄罗斯地缘政治如此复杂，是它的大幸，更是它的不幸。俄罗斯信奉力量，对外交胜利高度渴求，俄罗斯是复杂而双面的，俄罗斯人笑称：兄弟吵架，跑来劝架的会被兄弟联合起来打跑。

跛脚的经济

从苏联时期开始，俄罗斯经济就开始高度依赖于油气价格。2013年，当时俄

新石油金权
欧佩克式微与后石油时代

罗斯总理梅德韦杰夫在接受德国报纸采访时坦诚了这一点,俄罗斯经济依赖于能源出口一直没有太大变化(表4-1)。

表4-1　1975—1990年苏联出口额和预算中燃料和电力所占比重

年份	1975	1981	1985	1986	1987	1988	1989	1990
出口额(亿卢布)	240.3	571.1	726.6	682.9	681.4	671.2	687.4	60.76
燃料和电力,占出口额(%)	31.4	50.2	52.7	47.3	46.5	42.1	39.9	40.5
燃料和电力(亿卢布)	75.5	286.7	382.9	323.0	316.9	282.6	274.3	24.61
燃料和电力,占预算(%)	3.45	8.94	10.28	8.69	8.42	7.50	6.82	5.22

资料来源:Народное хозяйство СССР 1922—1982. Юбилейный статистический сжегодник. С. 580. Наролное хозяйство СССР в 1990 г. Сгагистический ежегодник. С. 659。

在出口贸易方面,能源出口额占到了俄罗斯出口总额60%左右。2017年俄罗斯出口3531亿美元,其中包含石油天然气的矿物燃料占比60%;2018年出口4431亿美元,包含石油天然气的矿物燃料占比54%,而同期美国石油产品(含天然气)出口占总出口量才11%。

税收是政府财政收入的主要来源,各国均不例外。2019年,俄罗斯联邦政府收入20.18万亿卢布(按照平均汇率,约3100亿美元),其中主要来自自然资源税(32%)、增值税(35%)、对外经济活动(15%)以及公司利润税(6%)(图4-1)。

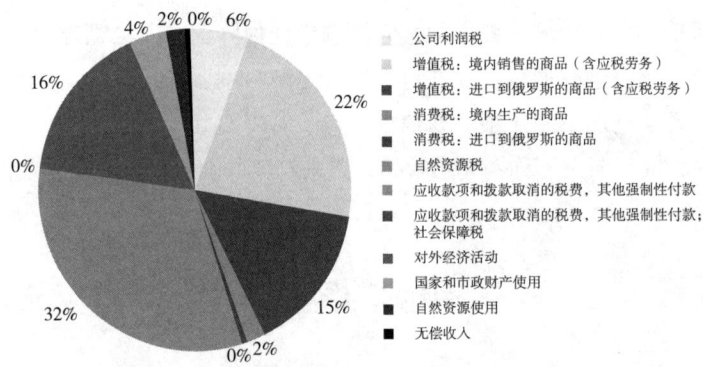

图4-1　俄罗斯税收构成(2019年12月)

第四章 重振俄罗斯的能源战略

俄罗斯财政收入高度依赖油气收入，而油气收入又高度与原油价格挂钩。2019年，俄罗斯联邦财政部网站数据显示，油气收入占联邦财政收入比重36%，而俄罗斯油气收入主要来自资源开采税和油气关税两大税种，这两大税种均与油价挂钩。

俄罗斯资源开采税与油价挂钩，并旨在促进开采。按照俄罗斯现行税法，2017年该国石油资源开采税计税公式为：资源开采税=基础税率×（应税期地中海和鹿特丹乌拉尔原油月度平均价格−15）×应税期美元兑卢布平均汇率/261+开采税调整指数−税收优惠，为保证财政收入稳定，最大程度降低油价波动影响，基础税率和开采税调整指数每年调整，而税收优惠旨在促进企业勘探开采，以弥补出口关税的下调带来的税收损失。

出口关税方面不断下调，旨在为企业创造良好的出口条件，促进出口。2018年7月，俄罗斯国家杜马通过了石油业税改法案，该法案显示，2019年至2024年年底6年间，原油出口税将从目前的30%降至0；同时2019年至2021年年底的3年间，石油开采税将有所上调。也即俄罗斯推行的"大税制"做法，主张对石油开采税制进行调整，将出口环节的税负向国内开采环节转移，以保证联邦财政油气收入稳定。

俄罗斯会根据每年不同油价调整出口关税和资源开采税，以稳定企业桶均利润和政府财政收入。当油价高的时候，大部分收入被通过税收方式囊入到联邦财政收入中，造成联邦财政收入对油气收入及油价的依赖（图4-2）。

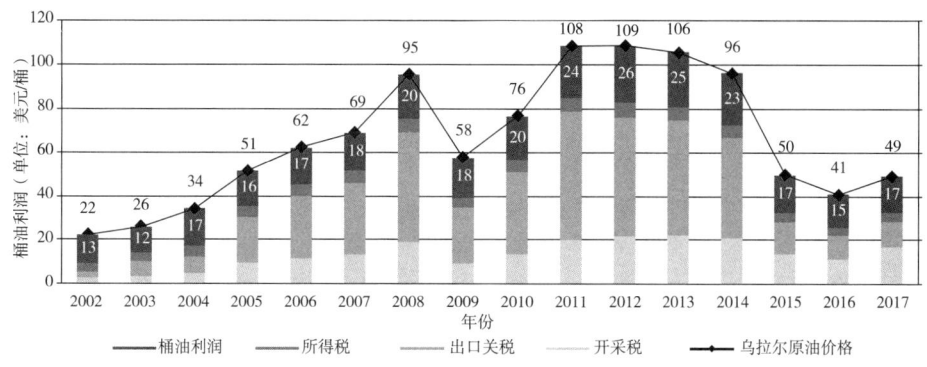

图4-2 俄罗斯历年桶油利润走势（单位：美元/桶）
来源：《俄罗斯石油行业税收政策特点及展望》

新石油金权
欧佩克式微与后石油时代

降低油气收入依赖，发展非油气收入是俄罗斯一贯诉求。2009年，时任俄罗斯总统的梅德韦杰夫就表示，油气收入不应超过财政预算收入四分之一，2015年国际油价低迷，时任俄罗斯财政部长长西卢阿诺夫提出应严格限制油气收入占预算收入比重。一直以来，俄罗斯一直以控制油气收入比来实施改革（图4-3）。

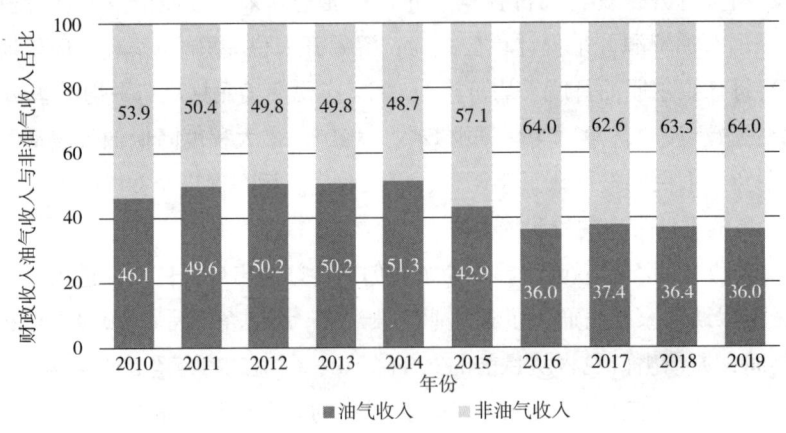

图4-3 2010—2019年财政收入油气收入与非油气收入占比（单位：%）
数据来源：根据俄罗斯财政部网站数据整理。http://www.minfin.ru/ru

油气产业是俄罗斯最重要的经济部门，也是最具比较优势的产业。如何摆脱经济对油气的过度依赖是俄罗斯政府多年来一直追求的目标。财政部前部长库德林为俄罗斯经济的结构改革开出了药方。他指出，要降低俄罗斯经济对油气的依赖，必须保持较低的通胀水平，明确卢布汇率调控措施，促进竞争，发展健康的金融市场，完善基础设施，发展高附加值产业，设立创新机制以及减少行政壁垒。然而，这一切转变的实现都离不开油气产业这个俄罗斯经济龙头的发展与走势，一切有利于俄罗斯经济健康发展的改革首先都应从油气产业做起。

俄罗斯政府清楚在油气产业中消除市场壁垒、降低管制及促进竞争的重要性和紧迫性，但是政府各部门之间、政府与企业之间的错综复杂的利益纠葛干扰了决策。油气产业的政治性特征也为该领域的变革增加了阻力与障碍。低油价叠加欧美制裁双重压力下，俄罗斯"去油气"措施和现象权宜之策色彩较重，一旦油价回升或制裁放松，政策反复空间较大。

美元霸凌下的战略防御

自从2014年俄罗斯吞并克里米亚之后，以美国为首的西方国家便开始严厉制裁俄罗斯，其中包括禁止美国金融机构向俄方提供贷款、全面禁止美国对俄罗斯出口等等，因为制裁，俄罗斯经济在2014—2019年之间已经损失了10%的增长率，并损失了数千亿美元。

作为"域外国家"，美国对欧亚大陆的天然气管道建设一直有强烈的存在感。从20世纪60年代苏联和西欧的"天然气换管道"交易开始，美国一直阻挠俄欧之间的天然气管道建设，其最主要的目的是减少欧洲对俄罗斯（苏联）能源供应的依赖。在俄乌矛盾升级，乌克兰彻底倒向欧洲后，支持过境乌克兰，保留现有管道运输路线成为美国的政策选择。

"北溪2号"是2015年俄气与数家欧洲能源公司合作，无需过境乌克兰、波兰等国而直接从俄罗斯穿越波罗的海通向德国，再通过德国干线管道输送到其他欧洲国家的天然气项目，过境国家包括俄罗斯、芬兰、瑞典、丹麦和德国。

"北溪2号"项目总造价95亿欧元，俄罗斯出资50%，法国Engie集团、奥地利石油天然气集团OMV、荷兰皇家壳牌、德国Uniper公司和德国Wintershall公司各提供10%的融资，原定计划2019年年底前建成，2020年1月1日起通过该管道向德国、奥地利等欧洲国家供应天然气，每年可输送550亿立方米天然气，可满足欧洲10%的天然气需求，届时德国将有50%的天然气来自俄罗斯。

"北溪2号"按计划通气以后，俄罗斯向欧洲提供的天然气将比美国的便宜25%~30%，对于注重自身经济发展的欧洲国家而言是一个巨大的诱惑。

虽然该项目受到一些欧洲国家的欢迎，但也遭到了美国、波兰等一些国家的强烈反对。美国作为全球头号石油和天然气生产国，与俄罗斯在欧洲市场有竞争关系。美方认为"北溪2号"项目可能会增加欧洲对俄罗斯天然气的依赖程度，并将其视为俄罗斯试图扩大对欧洲国家影响力的手段，

2019年12月20日，美国总统特朗普签署了总额高达7380亿美元的2020财年国防授权法案。法案中提出"对抗俄罗斯"、制裁"北溪2号"等内容。俄罗斯卫

新石油金权
欧佩克式微与后石油时代

星通讯社21日报道，美国财政部发表声明称，美国针对"北溪2号"和"土耳其流"的制裁已生效并要求承接铺设该项目管道的公司立即停止施工。"土耳其流"是俄罗斯与土耳其之间的另一条天然气管道项目。

2020年2月18日美国财政部宣布制裁俄油的贸易子公司俄罗斯石油贸易公司，以及该公司直接或间接持股超过50%的相关公司。制裁将有三个月豁免期，从2020年5月20日开始执行。在此日期之后，除非得到豁免，任何美国公民和实体不得与该公司及其控股公司进行贸易。非美国公民及实体与俄罗斯石油贸易公司在5月20日之前结束交易不受限制；5月20日之后需根据具体情况咨询财政部。制裁仅适用于俄罗斯石油贸易公司，不适用于母公司俄油及旗下其他子公司。

美国财政部部长姆努钦称，俄罗斯石油贸易公司因参与委内瑞拉原油的运输和销售受到制裁。具体包括：2020年1月该公司协助委内瑞拉国家石油公司将200万桶马瑞原油运输至西非；2019年9月该公司协助100万桶马瑞原油运输至亚洲；2019年秋天该公司与委内瑞拉国家石油公司商议负责9—12月约5500万桶原油的装运。财政部部长表示类似此前其他案例（如中资航运企业），制裁并非永久措施；若能采取积极措施，可能考虑取消制裁。

2019年8月中国石油宣布暂停与委内瑞拉原油贸易。此后委内瑞拉国家石油公司主要通过俄罗斯石油贸易公司代理出口，9月至12月产量出口开始小幅回升。2020年1月委内瑞拉原油产量87万桶/日，其中约70%通过俄罗斯石油贸易公司代理，并最终转出口至中国（40%）和印度（45%）。由于俄罗斯石油贸易公司代理运作，使委内瑞拉原油产量成功企稳回升，可能是引发美国此轮对俄罗斯石油贸易公司制裁以遏制马杜罗政权收入原因之一。

美国制裁俄罗斯，俄罗斯反制手段却有限，俄罗斯和美国双边贸易总额200亿美元，缺乏战略空间；俄罗斯在能源和粮食方面有优势，但俄罗斯的管道天然气只能威胁欧洲，对美国却没有半分伤害，美国不仅不用俄罗斯的能源，美国自己的页岩油和页岩气准备在2022年以后出口欧洲来挤占俄罗斯的市场；2014年俄罗斯禁止或限制从部分西方国家进口农产品，并在本国大力推行进口替代的政策。俄罗斯的粮食产量很快得到了突破，2014年生产粮食近9000万吨，到2017年达到1.34亿吨创下纪录。有了巨大的粮食产量俄罗斯在面对西方制裁时才能有足够的底气，但是对美国的影响几乎没有，美国的农业异常发达，根本不需要进口俄罗斯的农产品。

美国无论是在科技、金融领域，还是在先天的能源等领域都有着优势，俄罗斯对美国制裁反制手段有限，但是俄罗斯一直在积极布局战略防御：

①俄罗斯对环球同业银行金融电讯协会系统下美国长臂管辖心存芥蒂，一直在开发自己的系统，包括支付系统，以建立类似环球同业银行金融电讯协会的金融数据传输系统。

②俄罗斯减持美元国债，转为黄金储备、欧元以及人民币等非美元储备，并增持中国国债。

③俄油彻底完成了石油出口合约从美元结算改为欧元结算的工作。俄罗斯在寻找各种方法，以欧元或卢布来作为自己能源交易的结算货币。

④俄罗斯积极改善与德国等欧洲国家的关系，通过"北溪2号"建立经济与战略纽带，广交朋友，分化美国阵营。

俄罗斯的努力付出取得了效果，环球同业银行金融电讯协会是总部设于欧洲的非营利性金融基础设施机构，主要提供支付报文服务，美国虽有较大影响力，同时掌握所有走环球同业银行金融电讯协会 报文的交易信息，美国据此实施长臂管辖，但美国不具备单方面决定权，美国将俄罗斯从环球同业银行金融电讯协会系统中除名的动议就因遭到其他国家反对而失败。

新石油金权下，作为供给侧重要一极的俄罗斯受到美国强势挤压，处境不妙。中国需要力保石油天然气安全供应，俄罗斯需要力保石油天然气稳定销售，两国合作空间巨大，互利共赢，目前美元在全球石油和石油产品贸易当中还占据着大约90%左右的份额，中国石油进口预计还将继续保持增长，人民币国际化在中国与俄罗斯贸易中可以发挥更积极作用。

第五章

超级大国，也是油气超级大国

美国的优势是全方位全领域的，诚如现代德国之父，铁血宰相俾斯麦所说："上帝最喜欢三种人，白痴、酒鬼和美国人。"美国通过两次世界大战确立了超级大国的地位。第二次世界大战以来，美国在军事上重创了苏联的挑战，在经济上挫败了日本的崛起，在科技上遏制了欧洲的攻势，成为现在唯一的超级大国。

美国通过两次世界大战确立了超级大国的地位，二战以来，美国在军事上重创了苏联的挑战，在经济上挫败了日本的崛起，在科技上遏制了欧洲的攻势，成为现在唯一的超级大国。

美国的优势是全方位全领域的，诚如现代德国之父，铁血宰相俾斯麦所说："上帝最喜欢三种人，白痴、酒鬼和美国人。"

地理上，美国全球最优越，位于新大陆，东西各有大西洋和太平洋屏护，没有岛链隔绝干扰。

地形上，位于美国西部的落基山脉作为北美大陆分水岭是南北走向的狭长山脉，美国地形分为三大南北纵列带：西部是高大的山系，中部是广阔的平原，东部是低缓的高地。中部大平原面积约为290万平方千米，而且地广人稀，温热适宜，土壤肥沃，优越的条件使得美国成为当今世界第一农业大国。

资源上，从农业、林业资源到工业所需要的各种矿产资源，美国几乎找不到明显的短板。

地缘政治上，美国周边形势简单，北向加拿大是多年同文同种的盟友兼小弟，南向墨西哥实力远逊于美国只能做受气包。

美国的天然优势已足够笑傲全球，但这些只是基础，支撑美国成为全球唯一超级大国的是美国在经济实力、军事力量、科技创新以及文化软实力等各个方面都独步全球。

作为世界第一大经济体美国的经济影响着全球经济的发展，以美元为主的国际货币体系是美国制霸全球的重要手段。

瑞典斯德哥尔摩国际和平研究所2019年数据显示，美国军费达到全球军费支出的36%，目前世界上没有任何一个国家的军事力量可以和美国匹敌，军事大国

新石油金权
欧佩克式微与后石油时代

俄罗斯的军事能力也只有核武器方面可以和美国掰掰腕子。

美国科技全球领先,世界主要的高新企业都在美国的硅谷,美国历史上一共有260多人获得诺贝尔奖,全世界第一。在计算机、核工业、航空航天、电子通信、生物医疗等领域,美国都占据着霸主地位。

美国的好莱坞是世界电影工厂,美国的文化价值观输送到了全球,美国梦以及美国灯塔理念深入人心。

新石油金权下,美国依然是生态圈的顶级掠食者,拥有遏制对手的核心能力,可以在供给侧运用经济、军事及外交等综合手段引导沙特阿拉伯决策,影响俄罗斯行动,抓住主要矛盾为本国利益服务。

石油美元的铸币权

对于全球的铸币权,美国前国务卿基辛格曾这样评论:"谁控制了石油,谁就控制了所有国家;谁控制了粮食,谁就控制了人类;谁控制了货币,谁就掌握了世界。"

二战以来至今,尽管美国经济在全球经济总量中的份额显著下降(由30%下降到20%),但美国金融机构以及金融市场的影响力并无显著衰落,是因为美元以及美元计价的金融活动在全球拥有绝对主导力。

美国的金融霸权建立在美元作为世界货币基础上的,而美国的金融霸权是与美国的经济霸权、军事霸权与文化霸权密不可分的。

国际铸币权是以国际贸易为存在的基础,以外汇储备为体现形式的。铸币权最大的好处就是拥有理论上无限的交易权,即换取货币通行范围内的任何商品,诚如美国电影《教父》经典台词"我要给他一个他无法拒绝的报价",在某种程度上,掌握了铸币权就变相掌控了一切,当然,这是在"货币通行范围"内。

以金银为代表的货币象征着国家和民族财富,这是19世纪以前金属货币时代的普遍规律。这也是为何大航海时代,大量南美黄金、白银涌入欧洲后,欧洲政治、经济和社会巨变的原因。随着经济发展,金银的财富效应逐渐被英镑和美元取代。

首先是1717年，英国造币大臣牛顿规定了黄金与英镑的兑换关系。1809年，英国下院通过大卫·李嘉图《锭金报告》，强调英格兰银行要保证黄金兑换——该举实际奠定了英格兰银行货币发行权，也为英格兰银行成为央行奠下基础。随后1816年，英国议会通过《金本位》法案，黄金第一次成为一个国家法定货币。

率先完成工业革命的"日不落帝国"，以其强大的生产力，吸引了世界各地黄金兑换为英镑，以支持英镑增发。直到二战后，美国以其军事、经济实力，取代英国成为新的黄金聚集地。1944年，"布雷顿森林体系"确定了美元与黄金挂钩、其他国家货币与美元挂钩的美元金本位制度。

1944年，自从美元与黄金挂钩、其他国家货币与美元挂钩，即"布雷顿森林体系"设立以来，可调整的固定汇率制度促进了世界贸易与经济发展，同时也奠定了美元的国际地位。然而，随着世界贸易发展，就产生了所谓的"特里芬之谜"：对美元的需求是因为其坚挺，而满足了需求又会导致美元疲弱。美元在满足全球贸易与经济发展的需求后，同时使各国对美元逐渐失去了信任，这一信任的极限到1965年彻底"崩溃"。

带头行动的是法国。1965年，戴高乐向美国提出，拿15亿美元换回黄金，美国按照35美元/盎司的价格将黄金给了法国。随后一发而不可收，西欧各国纷纷效仿法国，短短两年内，美国"黄金总库"就流出了3000吨黄金——差不多是2018年全球黄金购买量的4.5倍。

照这样的速度，美国黄金总库是完全没可能守住黄金储备的，就像1998年泰国央行的美元储备守不住泰铢汇率一样，35美元/盎司的价格很快就能将美国黄金总库兑空。在这样的压力下，1971年12月，尼克松宣布美元与黄金不再挂钩，这样结束了运行27年的"布雷顿森林"体系。

1971年，"布雷顿森林"体系解体后，美元作为以生产力和政府信用为背书的信用货币，需要寻找取代黄金使美元走向世界的"锚"，这一"锚"就是1973年石油危机后美国与沙特阿拉伯为代表的欧佩克组织秘密签订的"石油美元"协议——石油取代黄金成为美元对外输出的"锚"。

与中国央行基础货币发行方式不同的是，美联储美元发行主要以国债与抵押支持证券为基础，而美国国债发行又以其生产力与政府信用为背书，欧佩克出售石油后形成的美元留存，通过购买美国国债形成所谓的"石油美元回流"机制，反过来支持美国家庭与政府赤字。

如下表所示,美国国债与抵押贷款支持债券构成美联储主要资产,也是美联储基础货币发行主要方式(见表5-1)。

表5-1 美联储资产负债表构成(2019年1月)

科目	余额(万亿美元)	科目	余额(万亿美元)
资产	4.0584	负债	4.0584
黄金证券账户	0.0110	联储票据、联储银行持有净额	1.6721
特别提款权账户(SDR)	0.0052	逆回购协议	0.2764
硬币	0.0017	存款	2.0659
持有证券、未摊销证券溢价和折扣、回购协议和贷款	3.9886	存款机构定期存款	0
持有证券	3.8620	存款机构其他存款	1.6073
美国国债	2.2225	美国财政部一般账户	0.3826
联邦机构债券	0.0024	外国官方	0.0052
抵押贷款支持债券	1.6371	其他存款	0.0707
当前持有的未摊销债券溢价	0.1400	延迟入账现金项目	0.0003
当前持有的未摊销债券折价	−0.0134	其他负债及应计股息	0.0045
正向回购协议	0	总负债	4.0192
其他贷款	0	资本账户:实缴资本	0.0323
有毒资产(贝尔斯登投资组合)	0	资本账户:结余	0.0068
托收中项目	0.0002	资本账户:其他资本账户	0
银行不动产	0.0022	全部资本(净资产)	0.0391
中央银行流动性互换	0.0042		
外币计价资产	0.0210		
其他联储资产	0.0242		

2008年金融危机后,为应对经济下滑,美联储共实施4轮量化宽松,包括:2008年11月—2010年4月,美联储购买总值1.725万亿美元债券,其中MBS1.25万亿,美国国债0.3万亿,联邦机构券0.175万亿;2010年11月—2011年6月,美联储

宣布计划每月购入750亿长期国债，共6000亿美元；2012年9月开始，美联储宣布每月购入400亿美元抵押贷款支持债券，直到就业市场有较大程度好转为止；2012年12月，美联储宣布每月购买450亿美元国债，加上此前9月宣布的每月购买400亿美元抵押贷款支持债券，美联储每月计划购买850亿美元债券。由此我们能够看出美联储的扩表过程，2008年以前美联储主要资产为美国国债。

2008—2014年，外国投资者是美国国债的忠实买方，截至2018年9月，美国国债持有者总计17万亿，单外国投资者持有美国国债6万亿（占比35%，其中中国持有美国国债约1.1万亿，占美国外债余额约20%）。以沙特阿拉伯、伊拉克、伊朗、阿拉伯联合酋长国、科威特为首的欧佩克组织，在对美输出石油同时，将"石油美元"回流为美联储国债，以支持美国财政与家庭赤字。

"石油美元"加大了世界各国对美元的依赖，依赖的背后不仅是由于美元强大的政府信用，同样由于现代工业对原油依赖，各国对进口原油的需要，对于中国、日本等原油稀缺国来说，原油供应已经上升到国家战略高度。根据海关总署统计，2018年中国原油进口约4.6万亿吨，进口金额约2400亿美元，占中国外汇储备约8%。所以，我们看到，"石油美元"不仅是政治协商的结果，同样也有美国经济基本面的支撑。

然而，政治的结盟并非永恒，经济的格局也会随着劳动力、资本、科技的变化而起落。

1973年布雷顿森林体系完全破灭，1976年欧美协商建立牙买加体系，全球进入纯信用货币时代，美元凭借其无锚的世界货币地位肆意全球吸血（"石油美元"为美元世界货币的地位提供助力），造成美国大量外债，同时造成了美元的周期波动：美国经济下滑—降息、大肆举债刺激消费—贸易逆差—资本逆差—美元贬值—廉价美元涌入新兴市场—新兴市场经济繁荣—新兴市场加杠杆—新兴市场资产价格被推高—美国经济复苏、美元加息—新兴市场资本外逃—新兴市场崩溃—再次放出美元、收购新兴国家资产。

美国仍然是世界超级大国，全方位领先世界，但美国内部潜在重大危机，2000年是互联网，2008年是次贷，不久我们可能会看到美元危机。2019年年底美国美债达到23.8万亿美元规模，2018年美国GDP 20万亿美元，美国负债率110%，还要考虑到美债只计入联邦债，还没有计入州郡县地方债务。

新石油金权
欧佩克式微与后石油时代

美国立国以来，先贤一直防范美国债务规模过大，1933—2007年美国债务从未超过GDP的70%，2008年金融风暴是分水岭，2007年年底67%，2008年年底80%以上，2009年年底90%以上，奥巴马政府第二届任期超过了100%，美国随时可能发生破产，这也是美国近年来多次发生政府停摆的原因。政府债务一旦达到GDP的150%就面临崩溃。举例来说，20万亿GDP，税收4万亿，30万亿美债，其中有2年、5年及10年期，考虑到美国每年1万亿美元军费支出，当年税收根本不够偿还到期美债。五年必到美债临界时刻——超越美GDP的150%的。

考虑到美元这一巨大风险，市场可能在临界时刻到来之前出现美债抛售风潮。

面对即将到来的美债危机，美国只有三种方法：

①拖字诀。把现在问题推到未来解决，美国已在研究50年、100年期无息国债发行可能性，但市场可能不会买单。

②行变革。效法20世纪80年代的里根和撒切尔夫人，进行供给侧改革。变革意味着旧有格局的打破与重塑，因此也只有如里根、撒切尔夫人这样的铁腕政治家方能既打赢冷战又获得内部变革成功。当前美国政坛缺乏壮士断腕的勇气。

③耍无赖。以邻为壑，打贸易战乃至金融战，针对新兴大国割韭菜薅羊毛。这对于美国内部是损耗最小的办法，也因此美国积极利用自身强势地位对新兴大国全方位博弈。

美国较高的政府债务对其经济发展也是一个掣肘。且不说2018年，全球央行减持美债增持黄金的举动，从侧面体现出对美国经济的担忧。单从美国外债来看，截至2018年6月份，美国包括政府企业居民部门在内的杠杆率249%，其中政府部门杠杆率98%，按照美国2018年GDP现价21万亿美元来算，那么美国政府部门欠债就达到近21万亿美元，可以说是全球政府部门欠债最高的（日本虽然政府部门杠杆率213%最高，但日本GDP低，政府部门欠债总额也就10万亿美元出头）。

美国经济持续复苏会同时导致美元升值，给美国政府高额外债带来还款压力，这是美国所不愿看到的。美国政府本质上是需要美元贬值来降低其负债压力，稀释联邦政府庞大负债。

美元周期波动是美元对外输出、美国维持货币霸权的必然过程,主要原因包括以下几个方面:

①美国国债接近40%属于外债,其中中国持有美国国债就接近20%,美元升值对于高外债政府会加剧还款压力,加上美国政府常年较高的财政赤字,所以美国政府本质上是需要美元贬值来降低其负债压力,稀释联邦政府庞大负债。

②美元作为美国对外出口的核心商品,只要美国经济、军事、科技等方面维持全球领先地位,全球对美元资产的需求会持续推高美元发行,美元资产持续对外输出本质上对美元指数提出了贬值诉求。

③美元持续升值不利于美国出口。美国国际收支长期处于"经常项目逆差+金融项目顺差"的组合模式,虽然美元出口是美国贸易逆差的最大原因,但从汇率对进出口影响的"J曲线"影响效应而言,美元长期升值会进一步加剧贸易逆差,这是美国不愿意看到的。

④美元升值会加速美元回流,在对新兴市场以及其他发达国家经济体形成冲击同时,会反过来加剧其他货币,如人民币、欧元、日元等的国际化进程,这可能影响美元在国际货币体系中的主导地位。

美元的输出是以国家信用与生产力为基础的,美国虽有全世界最强的经济、军事、能源、金融、教育等力量,但迟早会面临压力,这一点,美国人自己看得比较清楚——所以美国大搞贸易战与减税政策,希望夺回美国在中低端生产领域的控制力。而外部的中国、日本也看得很清楚——减持美债成为选择。

对能源独立孜孜以求

20世纪30年代,美国第一大石油生产州——得克萨斯州州府奥斯汀成为美国石油政策的制订和代管地。得克萨斯州铁路管委会委员们开始决定美国石油产量、美国国内油价定价、各家生产量以及相互协调工作。

20世纪30年代早期到20世纪70年代早期,美国石油生产基本上处于过剩状态,同时期,得克萨斯州每年生产的石油总量占美国石油总量的35%至45%;20世纪50年代开始,美国大石油公司开始把廉价的中东石油海运到墨西哥湾沿岸炼

新石油金权
欧佩克式微与后石油时代

厂加工，满足美国成品油市场需求，美国人享受着廉价石油驱动的现代化生活并将其视为理所当然，根本意识不到石油是不可再生资源，生活极大依赖石油。

这一时期，得克萨斯州铁路管委会是全美最重要的监管机构之一，政策制定既影响美国经济运行，又深刻影响美国石油工业巨头的经营活动。管委会从1947年起，实行全州统一定额生产，油公司代表需要相互合作协调所要购买的石油数量。

20世纪70年代是美国石油工业的分水岭，如期而至的美国本土石油生产峰值，两次石油危机相互叠加，高油价严重冲击美国国内经济并出现了通货膨胀和经济衰退，彻底改变了全美石油行业。

1971年3月，得克萨斯州铁路委员会首次取消配额制，这意味着，欧佩克成立时效法的配额限制在发源地被终结了，美国得克萨斯州石油生产商的生产不再受到配额限制，这也意味着美国将控制原油价格的权力转交给欧佩克。美国的石油价格不再受美国人所掌控，面临的后果就是石油价格高涨，输入性通货膨胀大增，美国经济衰退；同时欧佩克主要产油国位于世界冲突热点地区，油田生产设施被暴恐或战争中断的风险较大，石油断供直接导致威胁美国石油安全。

1971年8月尼克松政府宣告结束布雷顿森林体系解体后，美国选择石油这一工业命脉作为美元新的锚定。在此基础上，为确保对重要能源产地的战略控制，美国一方面依托其强大的海权控制力，即得天独厚的地理优势和强大的海军力量为基础，采取制裁、战争、价值观输出等手段，介入石油产区的地缘政治局势，通过"石油—美元—美国国债"体系向全球输出流动性，并不断转嫁风险和获取利益，构建有利于自身的能源战略格局；另一方面，美国不断加强与加拿大、墨西哥和委内瑞拉等产油国的贸易关系，致力构建北美与拉美能源安全网。

尼克松首次提出"能源独立"政策，力图扭转能源对外依赖的局面。1973年以来，降低对外资源的依存度，实现能源独立，成为美国历届政府核心的国家战略和施政纲领。这些应对政策主要是积极寻找新的替代能源，如页岩油气等非常规资源的开发、节约能源利用、管制石油进口及关税等。在新能源开发方面，重点集中在页岩油的开采，从煤炭中提取甲醇和加快太阳能的利用。

虽然各届政府的侧重点有所不同，并对本国能源政策进行多次调整，但是始终没有改变对能源独立这个矿产战略核心的追求。

石油危机和高油价对美国石油工业起到了积极的促进作用，表现在美国政府和民间对发展美国石油工业有极高的热情，政府先后出台许多优惠政策帮助石油工业发展，民间积极开展石油勘探和非常规资源的开发，努力增加美国国内的石油储量。

克林顿执政时期，美国采取释放战略石油库存等措施，油价始终处于平稳状态。进入21世纪，小布什政府则对油价采取放任态度，但持续的高油飙升，加之国际地缘政治态势显著变化，加剧了美国决策者对能源对外依存度过高的担心，促使美国政府强化国内油气产能和战略储备，进一步巩固西半球能源供给纽带。

小布什总统签署《2005年美国能源政策法案》后，美国政府逐渐注重国内能源的多元化供应。2006年通过的《美国能源战略计划》，进一步确认了这种趋势。

金融危机后，奥巴马在上台初期高调推动"清洁能源国家战略"，但由于清洁能源项目耗资巨大、收益不确定，在第二任期，奥巴马政府开始寻求化石能源与清洁能源发展的平衡。

"能源独立"一直是美国矿产战略特别是政府能源政策的目标。特朗普上台后，虽然与之前多位美国总统一样重申"能源独立"，但他将重心放在了传统化石能源开采和出口上。

从"关键矿产""美国能源优先计划"的提出，到美国"能源主导"措施，美国政府不断丰富美国的矿产战略，而且举措不断，招数频出，折射出美国能源结构和世界能源需求的重大变化。

回过头来看，不难发现美国实现"能源独立"有两大策略：开源和节流。节流方面，美国调整石油战略，出台《能源政策和节能法》，严格限制美国原油出口。1977年，美国又开始实施其战略石油储备计划。开源方面，就是页岩气革命和开采近海石油。

特朗普政府执政后，公布了发展能源产业的"六大新政"，包括：启动全面审查现行政策以振兴核能产业；为美国在海外建设煤电厂消除融资障碍；批准兴建通往墨西哥的新石油管道；扩大对亚洲的天然气出口；放松能源出口限制以及扩大海上石油开采。这些举措反映了特朗普政府支持发展传统能源，大力振兴核电以及期待扩大能源出口、"把美国能源出口到世界各地"的三大特点。

新石油金权
欧佩克式微与后石油时代

据美国能源信息署公布的数据，美国48个州广泛分布着有机页岩。其实，早在1821年，美国人就首次开采出页岩气，但因为技术难度大、成本太高而被雪藏。近百年过去，有了美国"能源独立"的国家战略加持，又在技术进步、资本涌入、石油价格上涨等多种因素作用下，页岩油开采成本下降，变得有利可图。特朗普上任的第二天，就发布"美国第一能源计划"，为页岩油气加了一把火。

由于特朗普政府力挺发展传统能源行业，"页岩油革命"在美国一度风起云涌，页岩油产量爆发式增长，美国迅速从能源进口国转变为出口大国，成为全球原油出口市场的"新贵"，深刻地改变了世界原油的供需格局。

页岩油开采技术进步带来的回报是惊人的。目前，页岩油占美国石油产量已超过50%。甚至有预测，未来几十年里，页岩油将为美国石油生产贡献65%的产量。美国哈佛大学教授约瑟夫·奈撰文说，美国的页岩革命实现了真正的技术突破，尽管水平钻井法和水力压裂法如今并不稀奇，但将这些技术应用于页岩具有划时代的意义。

国际能源署曾表示，未来10年全球石油需求增长将几乎完全由美国页岩气行业来满足，美国页岩油产量成为影响国际石油市场供需平衡的新变量。美国能源部估计，美国国内技术上可开采的页岩气总量约为25万亿立方米，加上其他的石油和天然气来源，美国可以维持200年的能源自给。

美国内政部曾公布一份关于外大陆架油气发展规划草案，计划从2019年开始，在5年内向油气开采行业开放美国超过90%的外大陆架区域，唯一不包括在内的是阿拉斯加州的北阿留申群岛。这意味着特朗普政府将撤除奥巴马临卸任前实行的离岸开采禁令。特朗普还签署一项行政令，要求重新评估奥巴马政府颁布的大西洋、太平洋和北极水域钻探禁令，以加大海洋油气开采力度。

此前的2015年年底，美国正式解除长达40年的原油出口禁令。由限制能源出口到鼓励能源出口，由买家开始转向卖家，这是美国矿产战略和能源政策的重大变化。美国能源信息署2019年11月29日发布的统计显示，美国9月石油出口量超过进口量，世界最大产油国美国转变为"净出口国"。

美国页岩油生产出现爆发式增长，加之其近海油气开发的恢复，扭转了国内石油产量下滑的状态。

2018年对于美国能源业来说是不寻常的一年。这一年，美国的原油产量超越中东重要产油国沙特阿拉伯，跃居世界首位，天然气产量也排名世界前列。

美国能源信息署公布的数据显示，2019年，美国的原油日产量约为1230万桶/日，居世界第一。其中，近65%的原油来自页岩油（致密油），近16%来自海上开采（主要来自墨西哥湾）。在过去10年时间中，美国的石油产量增长了1.2倍。

2019年12月1日，美国能源信息署表示，美国每日出口的原油和成品油比进口多出8.9万桶。这意味着，美国成为原油净出口国，打破过去将近75年对进口原油的持续依赖。

而在天然气和煤炭能源方面，美国早已"独立"，成为净出口国。2019年5月，美国超越马来西亚，实现了液化天然气出口量世界第三。随着未来几年液化天然气出口装置的投产，国际能源署预计美国将在2024年以前超越卡塔尔和澳大利亚成为世界第一大液化天然气出口国。

当年美国提出"能源独立"，大多数人都持怀疑态度。现在，美国已经成为全球第一大石油生产国、全球第一大天然气生产国，煤炭也完全可以自给自足——也就是说，美国基本实现"能源独立"已是不争的事实。

当然，"能源独立"不等于"资源独立"。但我们也要看到，美国虽然从本土很难实现所有矿产资源的自给自足，但可以采取其他手段加强资源安全保障，比如通过金融手段入股各国顶尖的矿业公司，比如通过"战略矿产倡议"来拉拢其他国家加入其所谓的"矿业大联盟"。

不难看出，在未来几年，美国实现真正意义上的"能源独立"几乎没有悬念。但其在"能源独立"的道路上并非就已经春风得意，一帆风顺，而是仍面临较大挑战。据统计，美国目前探明技术可采石油储量同全球其他石油大国相比，并无储量优势。要在这一储量水平下保持高产量，需要投入更高的开采成本。

从支撑美国油气产量迅速增长的页岩油来看，美国页岩油的整体成本与中东、俄罗斯等地区比，劣势较为明显。而且，目前美国的油气公司负债已达数千亿美元，诸多公司面临生存挑战。

国际能源署署长比罗尔说："在未来的几十年中，美国将成为无可争议的全球原油和天然气领袖。"

特朗普担任美国总统之后，对推动美国能源产业发展的重视程度和投入力度前所未有。特朗普政府不仅把推动能源产业发展视为增加就业、实现经济增长的机会，而且要把美国建成世界上最强大的能源大国。

石油出口撼动全球能源格局

2015—2016年，在沙特阿拉伯价格战打击下，美国国内页岩油困境重重。国家政策上，美国原油四十多年来首次放开出口；基础设施上，美国国内管道建设打通页岩油区块原油出口通道，大幅降低运输成本。此前，以页岩油为主力构成的美国国产轻质原油在美国国内结构性过剩严重，两大利好彻底扭转了这一被动局面，美国轻质原油通过出口在国际市场获得较好溢价。

特朗普政府高度重视能源出口，2020年1月16日，中美第一阶段经贸协议签署成功，并将对中国乃至全球能源格局产生深远影响。

从陆续披露的信息来看，第一阶段协议对采购部分进行了量化要求，其中中国自美国能源产品采购额2020年为185亿美元，2021年为339亿美元。

从已掌握的信息来看，能源产品包括液化天然气、原油、精制产品和煤。煤包括冶金煤。

如果对能源产品逐项进行分解，中国煤炭产量占世界一半，进口量相对较少，主要从距离较近的印度尼西亚、俄罗斯、澳大利亚等地进口。

中国成品油结构性过剩严重，2019年中国成品油一般贸易出口配额高达5600万吨，12月下旬国务院首次明确提出"支持符合条件的企业参与原油进口、成品油出口"。

中国全球原油进口和成品油出口头号大国的位置决定了原油及液化天然气将成为中国能源产品完成采购额的主力担当。同时液化石油气也会贡献力量。

根据海关公开数据，中国2019年原油进口额1.67万亿人民币，天然气进口额2875亿元人民币；按照2019年全年汇率6.9折算，中国2019年原油进口额为2420亿美元，天然气进口额为417亿美元，如果以两者数据之和2837亿美元作为2020年和2021年的基础数据，则意味着美国在中国原油和天然气进口占比将分别为6.52%和11.95%。

图5-1为2019年1—6月中国原油及液化天然气进口来源国占比。

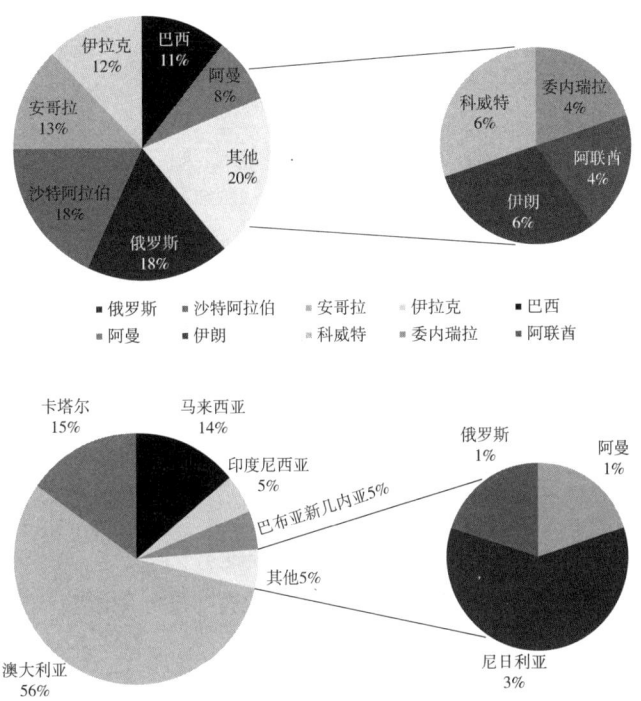

图5-1　2019年1—6月中国液化天然气进口来源国占比

由于中国天然气进口额相对原油只有17.22%，因此原油进口国的横向比较更具有意义，6.52%和11.95%分别可以排在第七和第五位。

从航运贸易市场、炼厂需求、行业变化以及能源格局来说，变化将体现在以下五个方面：

①墨西哥湾回国航线的超远里程将急剧增加吨里程，从而抽紧油轮市场运力，助推油轮运费，油轮船东投资前景看好。

表5-2为中国典型的原油海运航线比较。

表5-2　中国典型的原油海运航线比较

原油海运航线	航次时间（包括来回在途航行时间以及在港作业时间），日	包干运费（超大型油轮实时运费，数据逐日变化），万美元	单位运费成本（以26万吨载货量），美元/吨
波斯湾—中国（中东原油）	45	500	19.23
西非—中国（西非原油）	70	830	31.92
墨西哥湾—中国（美国原油）	110	1200	46.15

这其中墨西哥湾回国航线航次时间，达到波斯湾回国航线航次时间的2.44倍。美国原油出口中国所大幅提升的吨里程将挤占市场有限的吨里程能力，进而助推油轮市场。

美国原油的单位运费成本在当前费率水平下是中东原油的2.4倍，西非原油的1.45倍，运费将成为中国乃至全球炼厂愈发重视的成本管控环节，油轮长期租赁市场有望活跃，油轮投资前景好，船东回报良好。

②WTI与布伦特价差将被中美贸易协议的执行力度深刻影响。

中国目前主力采购的中东原油以中东产油国官价作为计价基准，普氏阿曼价格连同普氏迪拜价格是中东产油国官价沿用多年的基准价格。此外，中国目前采购的西非原油以布伦特价格作为计价基准。普氏阿曼价格与布伦特期货价格通过EFS进行转换，普氏阿曼价格再影响阿曼原油期货价格，共同构成布伦特原油期货价格体系。美国采取WTI作为计价基准，美国原油销售到中国，海上货物运输时间单程在35天，属于典型的跨区套利，成本包括WTI-Brent价差、月间差、品质差以及运费。

下图为美国能源信息署所做全球原油贸易占比，经过好望角贸易（包含西非和墨西哥湾跨区贸易）占比10%以下（图5-2）。

跨区套利贸易往往取决于市场机会，这也是上图的逻辑所在。由于现在中美贸易的量化需求，该机会被执行比率提高不少，市场会多少受到外力影响，进而WTI与布伦特价差将被中美贸易协议的执行力度深刻影响。

第五章　超级大国，也是油气超级大国

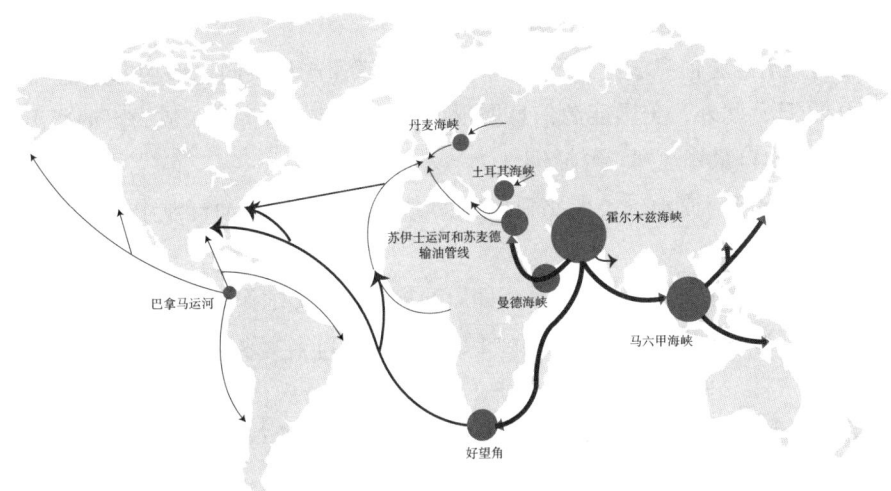

图5-2　美国能源信息署所做全球原油贸易占比

③美国原油甜油属性居多，契合愈加严格的环保要求；美国出口的原油中，2/3甚至3/4以上都是轻质原油，可以较好作为中国原油进口调和料。

美国页岩油均为轻质原油，而美国炼厂由于工艺原因无法消化如此大量的轻质原油，因此美国出口原油中轻质原油占比较大，而中国炼化行业多以中东进口原油为原料设计规划，突出重质原油深度加工技术特色，中国炼厂加工中重质原油的结构决定了美国进口原油难以直接冲击中东原油地位。

但是美国原油硫含量低，是典型的甜油，收率较好。随着全球环保规定愈发严格，特别是2020年国际海事组织全球船舶0.5%硫排放限制要求，而全球硫黄供应在2016年开始出现盈余，中国加工中东高硫原油进行脱硫后的大量硫黄存在去路问题。

中国炼化行业需求未来多元化趋势下，美国进口原油的轻质原油特点决定了其可以较好作为中国原油进口调和料。

美国原油的进口将给国内炼厂提供更多品质和价格选择，从而使得炼厂能依据市场变化进行更多元化来料选择。

对于中东产油国来说，美国原油的竞争将使得其更加重视中国市场，并考虑更深度与中国企业的合作，中国应在此做战略安排。

④美国向原油净出口国地位迈出历史性一步。

此前美国能源信息署称，预计2020年美国原油产量将同比增加93万桶/日至1318万桶/日；此外，美国能源信息署预计，2020年美国将首次成为石油净出口国，石油净出口量将达到57万桶/日。

中国作为美国原油的主要出口国将助力美国在全球石油行业中的角色历史巨变。

考虑到美国制裁下委内瑞拉及伊朗原油被制裁，美国作为与沙特阿拉伯及俄罗斯并列的全球三大千万桶俱乐部对于中国原油进口丰富来源、改善产品结构益处颇多。

⑤美国天然气以及乙烷出口面临历史性机遇，冲击全球能源行业格局。

依托页岩气革命，美国成为天然气净出口国。中美第一阶段经贸协议对天然气进行了覆盖，美国可利用其过去的天然气进口设施改造成为出口设施，从而对当前卡塔尔和澳大利亚主导的天然气出口格局形成冲击。

同时，美国在乙烷化工属性方面做了很多探索性工作，美国大量过剩乙烷资源，美国乙烷出口中国将对化工行业产生深远影响。

概而言之，美国开始向中国大规模出口能源产品对全球原油和天然气市场格局将产生巨大而深远的影响，同时美国对全球能源现货、期货价格的把控能力不容小觑。

由于中美关系的复杂性和长期性，中国在积极拥抱变化的同时，也应利用好窗口期做好风险管控，战略布局。

中美两国和则两利，相向而行必然前途光明，有利中国，有利美国，有利世界。

第二部分

需求侧变局

大国博弈与后石油时代

当前世界石油消费三极是美国、中国和印度。这也符合当前及未来一段时间内全球主要经济体的排位。美国、中国和印度三国的石油消费合计接近世界消费总额的 40%，对世界石油消费格局和市场形势拥有举足轻重的影响。

第六章

原油需求侧去向何方

　　日本经验对中国具有重大借鉴和指导意义,中国地处东北亚这一高度依赖石油进口的区域,需要深入思索如何合纵连横,同时中国也要从西欧炼油悲歌中学习经验,为石油需求峰值做好准备。中国石油公司应把握技术发展方向,在核心领域形成技术优势。

石油消费三巨头——美国、中国、印度

原油需求是全球各大经济体经济发展程度的晴雨表，中国石油消费量超越日本是在2003年，GDP超越日本则是2010年。

当前世界石油消费三极是美国、中国和印度。这也符合当前及未来一段时间内全球主要经济体的排位。

美国继续在石油消费方面领先于所有国家，但中国的石油消费增长速度是近几年来最快的。以下是2019年全球十大石油消费国（表6-1）。

表6-1　2019年度全球十大石油消费国

国家名称	原油需求（万桶/日）	全球份额（%）	增长率（%）
美国	1940	19.7	-0.1
中国	1410	14.3	5.1
印度	530	5.4	3.1
日本	380	3.9	-1.1
沙特阿拉伯	380	3.9	0.5
俄罗斯	330	3.4	1.1
韩国	280	2.8	-0.8
加拿大	240	2.4	-1.7
巴西	240	2.4	0.9
德国	240	2.3	0.9

新石油金权
欧佩克式微与后石油时代

可以很明显看出来,美国强势占据世界第一,但中国和印度对石油的需求强劲,增长幅度也很大。

美国、中国和印度三国的石油消费总计占世界消费总额的40%。对世界石油消费格局和市场形势占有举足轻重的影响。

由于发达国家在天然气及新能源利用程度上不断加码,发展中国家由于经济发展阶段、技术条件及基础设施路径依赖需要在石油老路上追赶发达国家,因此大多数发达国家的石油消费量下降,而大多数发展中国家的石油消费量上升。但唯一例外是德国,德国是唯一上榜全球十大石油消费国的西欧国家,尽管经合组织国家的消费量整体下降了0.6%,欧洲的消费量也下降了0.3%,但德国却逆势而上,其消费量反而增长了0.9%,这与德国采取了"去核弃核"政策不无关系。

全球石油需求增长愈发集中。近些年欧洲地区原油需求增速进入瓶颈期,北美地区原油需求保持低增速态势,全球原油需求重心逐步转移至以中印为主的亚太地区。中国、美国和印度三国合计占全球石油消费总量的40%,美国主导了全球石油供应增长,而中国和印度主导了全球石油需求增长。

海运是全球石油贸易最为重要的运输方式。目前,石油年海运贸易量约占到全球石油总产量的60%,每天的海运贸易量在6000万桶以上。由于产油国和消费国之间的地理差异,全球石油主要从中东、西非、南美为主的产油区,运往美国、欧洲以及中国为代表的亚太地区。最大的海运流量来自波斯湾的中东原油,经由霍尔木兹海峡出至阿拉伯海,向东去往印度或过马六甲海峡运往中日韩;向西经由曼德海峡过苏伊士运河,或绕好望角运往欧洲或墨西哥湾/美东海岸。其中,在原油运输方面,根据克拉克森统计,超大型油轮航行区域大多集中在中东地区;2019年超大型油轮约19%的航行时间集中在中东。此外,2019年超级型油轮约41%的航行时间在亚洲区域。总体而言,全年约80%的时间,超大型油轮航行在苏伊士以东地区。这在一定程度上体现出了全球原油贸易格局主要是从中东地区出口至亚洲。

印度政府自20世纪90年代开始便鼓励其国内石油公司投资炼油厂,在此帮助下,2001年印度成为石油产品净出口国。尤其是印度政府取消原油进口关税,极大地减轻了炼厂的原料成本,进而使得炼厂加工石油产品更具经济性,进一步促进了炼油工业的发展。

炼化行业是印度经济的重要组成部分,而印度炼化行业中37%的产能由私营部门拥有。截至2019年初,印度炼油产能约500万桶/日,约2.5亿吨/年,仅次于中国,是亚洲第二炼油大国。位于古吉拉特邦的贾姆讷格尔炼厂是印度最大的炼化基地,是印度信实工业公司的下属企业。该炼厂地处印度西海岸的卡奇湾,由于地理位置更靠近中东地区,从而享有相对更低的原油运输成本。目前,贾姆讷格尔炼厂拥有两套世界级炼油装置,炼油产能分别为3520万吨/年和3300万吨/年,合计产能6820万吨/年,占印度炼油总产能的27%。

印度炼油公司主要分为国有和私营两大类,例如印度石油有限公司和巴拉特石油有限公司等属于国有炼油公司,而埃萨石油和信实工业集团等则属于私营炼油公司。国有炼厂主要负责满足国内的需求,承担更多的社会职能,而私营炼油公司主要承担石油产品出口任务。

由于印度近年来经济快速发展,导致国内油品需求快速提升,原油加工量长期高于炼油产能,炼油产能不足使得炼厂长期处于超负荷运行状态。2018年印度炼油产能为2.48亿吨/年,而原油加工量为2.57亿吨,炼厂产能利用率达到104%。全球第三大石油消费国和进口国印度的炼油商们已草拟计划2030年前将印度的炼油能力提高77%达到约880万桶/日,以满足该国日益增长的燃料需求。据印度石油和天然气部编制和发布的一份报告显示,印度炼油扩能计划将确保2035年前该国的柴油和汽油供应充裕。印度正成为全球炼油燃料消费增长的主要驱动力之一,因为印度经济的扩张和工业活动的不断增长,导致基础设施的改善,并刺激了商业和零售消费者的能源使用量。印度石油部的报告称,如果当前的消费模式继续下去的话,印度的燃料需求可能会从2019年的约1.94亿吨增加到2030年的3.35亿吨,到2040年将达到4.72亿吨。报告称,基于印度炼油商向政府提交的炼油扩能计划,到2035年印度的汽油产量仍将保持过剩,不过到2040年将供应短缺。该报告显示,到2035年之前,印度的柴油仍将保持过剩,2035年之后国内需求将超过供应。该报告还预计2030年前印度汽油、柴油和航煤需求将以年均5%或更高的速度增长。

2016年,印度最大石油公司印度石油携手巴拉特石油、斯坦石油、沙特阿美以及阿布扎比国家石油公司计划在西海岸投建一座大型炼厂,整个炼厂设有3个

新石油金权
欧佩克式微与后石油时代

产能为2000万吨/年，合计6000万吨/年的炼油装置及1800万吨/年的石化产品，投资从最初的300亿美元上涨至440亿美元，由于土地收购等问题，预算再次大幅增加至600亿美元，原计划的2020年开工建设被迫延迟。该项目主要生产汽油、柴油、液化石油气、润滑油，并为马哈拉施特拉邦的塑料、化学与纺织品产业的化工厂提供原料。信实工业公司是该炼厂的承建商。该炼厂建在印度西海岸，在获得中东、非洲与南美原油上拥有天然优势，原油运输成本至少可节约1美元/桶。与此同时，从西部将产品运送至核心消费地带也较为容易。该炼厂如能投产，将极大满足其国内需求。

同年，位于印度东海岸奥迪沙的巴拉迪布炼厂投产，炼油产能30万桶/日，约1500万吨/年。该炼厂是印度炼油工艺最复杂的炼厂之一，能够加工硫含量更高的原油，并且最大限度的生产汽柴油等高附加值的石油产品。

与中国类似，近些年印度同样出台了较为严格的燃油标准，为此，印度石油公司计划在现有装置的基础上进行工艺改造升级以生产负荷更高标准的燃油。为了遏制日益严重的空气污染，印度在2017年4月全国燃油品质达到欧IV标准，并在2020年4月从欧IV标准跳过欧V标准，直接升级到欧VI标准。印刷炼厂为了达到这一激进的目标，需要对现有炼油装置进行改扩建或新建炼油厂，2020年前投资额将达到38亿美元。

在印度的石油制品中，柴油消费量占据主导地位。2015年，印度石油产品消费量中，柴油占比达到41%，主要用于交通运输领域，其余少部分用于工业、发电以及农业等板块。不过，在2015年印度柴油消费量再度回升之前，2013—2014年曾经历过一段低迷期，主要是因为该时期印度政府取消柴油补贴，导致柴油零售价格升高，进而抑制其国内柴油消费需求。相比之下，汽油需求增速则保持稳健，甚至在交通运输领域替代一部分柴油消费。

由于印度很多农村地区使用液化石油气、煤油以及木材作为炊用燃料，因此，印度每年仍需进口液化石油气以满足国内需求。印度政府鼓励村民减少煤油的使用，转为使用更加清洁且廉价的液化石油气，因此，在2013—2015年印度液化石油气需求量大增20%。在发电以及化肥工业领域，天然气正逐步替代石脑油和燃料油。而又由于天然气供应紧缺，反而进一步刺激了液化石油气在住宅取暖和民用方面的需求。

整体来看，中东沙特、俄罗斯生产的石油主要用于出口，美国也已经开始大规模出口石油，实现了能源独立，而中国、印度石油进口规模庞大，对外依赖度不断提升，分别达到72%和85%。应该说，当下全球石油卖方市场已经形成相对垄断局面，而买方市场则话语权较弱，在全球贸易中处于相对弱势，需要全力提升在全球石油贸易中的地位，全力建立多元化的资源渠道，并适时加快战略石油储备以保障能源安全。

目前全球公认印度将在数年内超越中国成为全球人口第一大国，和中国一样，印度也是一个文明国家，倾向于实行独立的外交政策。

对印度来说，就像中国搞现代化建设需要一个和平的国际环境，印度也需要和平的国际环境。

印度是一个文明大国，也是一个发展中国家，困境与机遇并存。无论是经济还是科技等领域，中国都在追赶美国，而印度也在追赶中国。印度是英联邦国家且作为英国殖民地历史悠久，印度裔人士在西方社会融入好，英国现任内阁中有三位印度裔大臣，美国头部企业中印度裔高管多如过江之鲫，由于意识形态原因，印度深得美国偏爱，美国有意识拉拢印度。中国对印度关系重视程度需要加强，并将中印关系上升到仅次于中美关系的战略高度上来。

美国过去在中东的各方面投入（尤其是军事投入）和其在这个地区的巨大能源利益有关。一旦美国减少对中东的能源依赖，那么美国也必将减少在那里的军事存在。这表明，在不久的未来，中东会出现美国撤出之后所出现的安全真空。这个真空的竞争者主要有三个大国，即俄罗斯、中国和印度，尤其是中国和印度。俄罗斯在中东只有安全利益，而少有能源经济利益，因为俄罗斯本身也是一个能源大国。

中国和印度在中东的地缘政治利益是多方面的，包括能源、安全和反恐等。中国和印度如果在中东合作得好，那么便有利于各方；反之，如果不能合作甚至发生冲突，那么就会互相损害对方的利益。

中国需要战略考虑与印度的合作，全球石油金权上，中国和印度作为需求两极，如果能在全领域多层次展开广泛深入合作，有利于两国战略协同与合作。

新石油金权
　　欧佩克式微与后石油时代

日本经验

　　中日一衣带水，由于日本地处地震带，地质结构破碎，日本本土石油资源高度匮乏，仅在北海道，本州岛中北部的新潟以及东北部的秋田有少量石油产出，长期年产量不到100万吨，仅占日本消费量的0.3%不到，基本可以忽略不计。

　　二战后，日本成为美国盟友，经济开始起飞，能源消费爆发式增长，廉价而充足的中东石油大量涌入日本，解了日本能源供给燃眉之急。20世纪50年代后，炼油新技术大发展下，日本大力发展炼油行业，炼油厂如雨后春笋般遍地开花，并成为日本重工业的支柱产业，日本炼油能力峰值达到过2.9亿吨每年，2003年被中国超越前，仅次于美国和俄罗斯，长期稳居世界前三。日本依托炼油厂兴建了一大批世界领先的化工项目，生产能力位居世界前列。

　　二战后日本形成了能源高度依赖石油，石油高度依赖进口，进口高度依赖中东的特点，20世纪70年代两次中东石油危机对日本无疑是灾难性打击，日本认识到了本国石油金权的匮乏，因此日本在外交上积极靠拢中东国家，寻求战略合作；在商业上日本积极收购海外石油权益，参与上游业务，分摊下游业务比重过大风险；在政策上日本力推战略石油储备，建立了数量可观的战略储备；在配套上日本推行本国进口原油由本国船东运输的国油国运；在金融上日本力推汽油、煤油和原油石油期货。

　　日本视中东为全球地缘政治和国际能源市场的关键板块，其中东战略致力于提升对中东事务影响力、确保石油供应安全及努力维持在中东地区军事存在三大目标。日本与中东区内的逊尼派及什叶派都保持良好关系，多次斡旋美伊外交。

　　由于日本本土上游资源严重匮乏，为了对冲高油价风险，日本积极参与海外石油权益投资。

　　日本政府制定了《石油公团法》，设立了负责通过和其他国家合作在世界各地寻找和开发石油的石油公团。石油公团是日本的国家石油公司，与一般国家石油公司不同的是，它没有自己经营的企业，业务活动全部通过运作国家专用资金账户来完成。它与政府资金账户，金融机构，油气勘探开发企业和石油储备公司的业务关系，全部实行市场经济的投资，借贷和担保原则。业务活动的所有参与者都是市场独立法人，都要承担经济责任。这种以市场为基础的关系，能最大限度地避免国有资本的低效或无效使用，从而保证国家目标的实现。对于高风险，高投入的国外油气勘探开发项目，石油公团发挥了国家机构的影响力，积极在国际上寻找投资机会，并在融资上给有关企业以扶持。在建设石油储备方面，石油公团采取了国家和民间"两条腿走路"的方针。一开始以民间储备为主，石油公团在融资政策上给以优惠；然后逐步稳妥地发展国家储备，并相应地减少民间储备，最后使二者稳定在6∶4的合理水平。

由于世界大部分石油资源集中在中东地区，日本将上游石油权益投资的重点放在了海湾国家。早在1958年，日本就设立了阿拉伯石油公司，专门负责获取在中东地区的石油开发权益。日本政府首先同沙特阿拉伯建立了合作关系，获取了海夫吉海上油田的开采权益。1960年2月，该油田喷出原油，成为日本在海外石油权益最先兑现的油田。阿拉伯联合酋长国是日本进口原油的重要产地，从比重上看仅次于沙特阿拉伯，占比为进口总量的1/4。日本国际石油开发株式会社自1973年开始拥有海外最大自主开发油田——阿联酋阿布扎比下扎库姆油田的权益；2018年，该公司对该项权益延长40年至2058年，权益比重从之前的12%下降至10%。

日本虽然一向对美国言听计从，不违背其意愿，但在投资及维护海外石油权益上却敢于拒绝美国的要求。伊朗阿扎德干油田是1999年发现的，估计重获储量在50亿至60亿桶，一次储量在260亿至400亿桶，是自俄罗斯1982年发现普里奥博耶油田之后，世界上发现的最大油田。原油匮乏的日本看上了这块"肥肉"，日伊双方从2000年起一直在就开发阿扎德干油田的合同内容进行谈判，虽然遭到了美国百般阻挠，2004年2月日本还是同伊朗达成了联合开发该油田的基本协议。2010年7月1日，美国通过单边制裁伊朗法案，使得美国制裁对象包括向伊朗能源部门投资的企业，日本国际石油开发株式会社为了能从以前的投资中获益，仍继续保留其在伊朗阿扎德干油田开发项目中的10%股份。2015年伊朗核协议达成，日本积极重返伊朗市场，2017年，日本国际石油开发株式会社参与了伊朗阿扎德干油田开发的招投标。

目前日本的石油探查和生产活动遍及世界五大洲。几乎世界上可能有石油的地方就有日本的石油探查和开发企业。不过，受石油资源分布的影响，日本在海

新石油金权
欧佩克式微与后石油时代

外开发的油田主要集中在中东的沙特阿拉伯、阿拉伯联合酋长国以及亚洲的印度尼西亚等国家和地区。

日本人有着强烈的危机意识与忧患意识，两次中东石油危机冲击下，日本建立了国家战略储备、民间商业储备以及出口国战略储备三位一体的战略储备体系，确保日本有90天以上的石油储备。

日本航运业发达，是全球三大船东国之一，日本三大海运巨头川崎汽船、商船三井和日本邮船都拥有数量可观的油轮船队，在2006年时，日本国油国运比例为80%~90%。

日本在二战后经济腾飞，日元地位快速上升并成为全球主要货币之一，20世纪80年代WTI和布伦特原油期货上市并日趋完善，日本于1999年开设石油期货市场，推出汽油和煤油期货交易业务。2001年东京商品交易所推出中东原油期货合约，该合约是当时全球唯一以非美元定价的原油场内金融产品，并迅速发展为全球第三大石油期货市场。但2004年以来东京商品交易所面临石油市场交易减少甚至萎缩的困境，交易规模、影响力与纽约、伦敦交易所相距甚远，也未能形成亚太地区原油有效定价机制。

日本是东北亚国家中经济最先腾飞的国家，在构建石油金权方面，日本经验对中国具有极强借鉴意义。

东京商品交易所的中东原油期货采用日元本币计价，其计量单位也不同于欧美通行的"桶"，而是日本国内通行的"千升"，这种做法为日本甚至亚洲地区投资者减少了汇率结算风险，提供了保值需要，但由于日本经济长期低迷，且受制于美元石油的霸主地位，其交易量极其有限，2011年东京商品交易所中东石油期货只占全球三大交易所期货交易量的1%，而同期纽约商业交易所的WTI期货占62%，伦敦国际石油交易所的布伦特期货占37%。从参与主体来看，个人投资者比重较大，东京商品交易所的机构投资者比例低，成为市场扩张的阻碍。

中国上海原油期货，以人民币计价，推进人民币国际化成为战略目标。从短期看，欧元由于欧盟部分国家陷入债务危机和经济低迷而难以在短期有所作为，日元、卢布等影响力仍显不足，彻底改变石油美元的格局未形成。从长期看，原油计价货币多元化趋势不可逆转，围绕原油计价货币之争将更加激烈。从日本经验来看，本币计价不是掌握石油定价权的关键因素，中国在推行亚太原油贸易人民币计价的同时，更要充分认识掌握定价权的根本要素，即市场供求因素、充足的石油储备、透明的场内和场外交易市场、活跃的交易量、多元的参与主体等，石油金权的构建是全方位全领域的。

东北亚原油依赖进口

东北亚地区的能源需求总量在世界能源需求总量中所占的比重目前已超过20%，成为全球能源需求飞速增长的最重要地区。

2019年，中国、日本及韩国分别位居全球原油消费国第二、第四和第七，中国对外依存度逐年攀升，在2019年为73%；日本几乎是一个原油纯进口国；韩国原油完全依赖进口。

从石油进口地区来看，东北亚地区的石油进口都是主要来自中东地区，中国、日本、韩国三国在能源领域具有共同弱点。这种石油消费与进口格局给东北亚各国，乃至世界的政治经济关系带来重大影响。

东北亚地区是儒家文化圈，中国、日本、韩国三国在文化上具有同源同根特点，虽然历史原因三国相爱相杀多年，但是总体来说，三国和平共处，共谋发展是多赢局面。

俄罗斯远东ESPO原油是流经"泰纳线"的原油，"泰纳线"的管道设计总长度为4130千米，途经伊尔库茨克州、阿穆尔州和哈巴罗夫斯克边疆区，管道的年输油设计能力为8000万吨，输油管道的直径为1220毫米，沿途修建32个油泵站。俄罗斯远东混合原油，主要是通过泰纳线到达纳霍德卡的科兹米诺港口，到往中国，日本，韩国。泰纳线的一条副线将延伸至中国的大庆，为大庆石化使用。

俄罗斯远东混合原油作为无需绕过马六甲海峡的进口原油，对中国、日本、韩国三国具有积极意义。自2011年俄罗斯远东混合原油出口以来，一直深受炼厂喜爱。主要优点在于俄罗斯远东装货港的地缘优势，可以在较短时间（3~7天）运送至东北亚乃至太平洋沿岸的炼厂；相比来说中东原油的交付长达数周；更重要的是，ESPO原油富含中间组分，汽油，尤其柴油的收率较高，特别受到中国以山东地炼为主的燃料型炼厂的欢迎。

新石油金权
欧佩克式微与后石油时代

俄罗斯东部石油管道走向一直有南线、北线之争。所谓南线是指从东西伯利亚的安加尔斯克至中国东北的大庆，线路总长2400千米，其中有800千米在中国境内，简称"安大线"。南线动议源于1994年，俄罗斯尤科斯石油公司提出的修建中俄原油管道项目动议，历经了近十年论证及中俄两国高层推动，结果求"油"若渴的日本突然半路杀出，使得"安大线"横生变数，2002年年底，俄石油管道运输公司又提出了主要向日本供油的北线方案，即修建从安加尔斯克至纳霍德卡的长达4000多千米的输油管线，简称"安纳线"。然而，南北线方案都无法实现俄罗斯利益最大化。俄罗斯石油管道运输公司提出了一个新方案。这条石油管道方案的起点是东西伯利亚的泰舍特，途经贝加尔湖北部，然后沿着贝加尔—阿穆尔大铁路和中俄边境地区，一直通往俄罗斯的远东港口纳霍德卡，这就是"泰纳线"。

俄罗斯之所以对远东石油管道问题久拖不决，其真正目的是为了实现本国战略利益的最大化。而日本以拼命三郎的劲头全线阻击"安大线"，也并非仅仅是为了与中国"抢生意"，其地缘政治目的是显而易见的，一位日本外交官曾一语道破天机："在管道问题上，经济成本是第二位的。"可见，石油管线之争并不仅仅在于石油本身，更多的则是出于战略层面的考量。

"泰纳线"以及俄罗斯远东混合原油最终能成功，与中国积极开展西进战略，特别是中国第一条跨国原油管道——中国—哈萨克斯坦原油管道（以下简称中哈原油管道）的顺利建成密不可分。

2004年7月，中国石油天然气勘探开发公司和哈萨克斯坦国家石油运输股份公司共同各自参股50%成立了"中哈管道有限责任公司"，负责中哈原油管道的项目投资、工程建设、管道运营管理等业务。

中哈原油管道是一条自西向东的大规模跨国输油管道，也是中国第一条跨国原油管道和连接里海油田到中国内陆的重要能源通道。规划输油能力为2000万吨/年，全线总长度2800多千米，起点是哈萨克斯坦西部的阿特劳，途经肯吉亚克、库姆科尔和阿塔苏，从中哈边界的阿拉山口进入新疆境内，终点在距国境线2.2千米的阿拉山口——独山子输油管道首站。

2004年9月，中哈原油管道一期工程（阿塔苏—阿拉山口管道）开始建设，2005年12月建成投油；2006年7月正式投入商业运行。2008年4月，中哈原油管道二期（肯吉亚克—库姆科尔）管道开工建设，2009年10月投入商业运行。截至2019年年初，中哈原油管道向国内累计输送原油1.19亿吨。

东北亚原油对中东石油高度依赖，而霍尔木兹海峡及马六甲海峡这些交通要道上存在的风险使得中日韩三国对于多元化原油供应持欢迎态度。

进入东北亚的俄罗斯原油或美国原油，本质上都是俄罗斯及美国改变单纯依赖传统市场，寻找原油需求的新市场、新引擎。中国、日本、韩国三国在石油上有重大利益共同点，可以抱团与出口国进行谈判，利用地理相邻关系形成的区域市场获得话语权，可以成立类似国际能源署的东北亚能源共同体，共商共议共策，可以形成区域内战略石油储备和商业储备的互联互通，共同推动中国上海原油期货及低硫燃料油期货等作为基准价。

中日韩三国形成的东北亚能源共同体在石油单体消费市场上可以超越美国，成为新石油金权中重要一极，进而影响并改变全球石油格局，这一共同体需要三国求同存异，战略智慧与定力相结合。

西欧炼油哀歌

一部石油金权史是英美制霸世界的断代史，英美石油公司从上游资源出发，美国天生异禀，石油资源丰富，美国石油工业摇篮宾夕法尼亚州诞生了标准石油托拉斯，20世纪初发现纺锤顶大油田的得克萨斯州诞生了海湾石油公司和德士古；英国背景的石油公司依托殖民地油田起家，英国石油肇始于伊朗，壳牌出发自印度尼西亚苏门答腊，是为石油"七姐妹"。欧洲另一家能与石油"七姐妹"平起平坐的跨国石油巨头是法国道达尔，但道达尔生不逢时，法国的西非殖民地有石油，当时技术水平开采不了，道达尔是靠中下游的炼油化工业起家。直到现在，道达尔虽然销售额还在雪佛龙之上，但矿权规模就逊色不少。

英美与欧洲石油巨头的历史清晰显示了资源禀赋与获取能力不同，发展路径自然也不同。

二战以前，欧洲本土石油资源主要集中在罗马尼亚和苏联环里海区域，欧洲的炼油能力极小，欧洲进口的大部分是经过石油巨头在中东和委内瑞拉炼制的成

新石油金权
欧佩克式微与后石油时代

品油。

二战以后,欧洲分裂成东西两大阵营,经济百废待兴,马歇尔计划下,石油"七姐妹"负责向西欧供应石油。美国石油公司要求"美元石油",BP和壳牌则追求"英镑石油",同时美国援助西欧的美元有限,西欧国家政府纷纷制定了开发石油资源和建设炼厂的计划,以便节省美元开支,1950年,战后西欧首批大型炼厂建成投产。

"美元石油"和"英镑石油"矛盾升级背景下,美国政界达成共识。第一,应当由中东而不是美国向西欧提供原油;第二,西欧的炼油和油轮制造能力必须提高,以确保中东的"美元石油"充分且源源不断地输出到西欧。英国在战后元气大伤,需要美国这一铁杆盟友的配合以达成体面的尊严,难以在"英镑石油"上掀起大浪。美国的跨国石油巨头们做出了战略决策,直接在西欧兴建炼厂,将沙特原油运到西欧炼厂就地加工、出售,巩固美国跨国石油巨头在西欧的石油阵地。美国的跨国石油巨头和西欧各国在炼厂建设方面展开了军备大赛,大幅扩张西欧的炼油能力和销售设施。20世纪50年代初,西欧已经成为世界主要炼油中心之一,西欧炼厂的1/3由美国跨国石油巨头兴建并所有。

经历了20世纪50年代和60年代炼油工业高速扩张后,1973年石油在西欧能源结构中所占比例高达64%,超过美国的46%。1973年1月到4月,荷兰每天进口石油206万桶,其中阿拉伯石油占147万桶,石油在鹿特丹炼制后,近60%的成品油通过莱茵河发达的水运及管道运输体系向西欧各地输送。1973年的中东石油禁运危机精准而沉重打击了西欧国家,战时配给制被迫出山,西欧人尝到了石油依赖的苦头,也明白了能源转型的紧迫性与重要性。

20世纪八九十年代,北海油田大开发使得西欧第一次拥有了家门口的资源,同时国际油价一路下行,西欧炼油工业再度迎来了快速发展的辉煌时期,也曾一度引领了世界炼油工业的发展。但近年来,西欧炼油工业正在经历过去几十年来最为严重的衰退,并有可能面临更严峻的挑战。

西欧是世界三大主要炼油地区之一。截至2014年年底,西欧共计拥有炼厂91座,2018年西欧主要国家原油加工量约为868.2万桶/日,约占全球的10.5%。德国、意大利、英国、法国、西班牙和荷兰炼油能力均超100万桶/日分列西欧前六位。六国合计加工能力占西欧的75%以上。2009年以来西欧原油一次加工能力逐年减少，占世界的比重从17.1%下降至2018年的15.4%。

西北欧地区炼厂虽然曾得益于2008年春季和夏季美国汽油市场火爆，综合利润率一度达到峰值，但从2009年开始，利润率下降到2~3美元/桶，2012年三季度由于油价大幅回落，利润率有所改观，但随后再次跌入低谷。2009年以来，由于炼油能力过剩加上需求不振，欧洲炼厂开工率平均约为76%，一直低于亚太和北美地区的平均水平。从2009年开始，西欧已经关闭了30多家炼厂，主要集中在法国、英国、意大利和德国等国家，原油一次加工能力减少204万桶/日。2009年至今，西欧共关闭20多家炼厂，主要集中在法国、英国、意大利和德国等国家，原油一次加工能力减少204万桶/日。这些关闭的炼厂多转化为成品油储存（或进口）终端，部分转化为生物燃料炼厂。此外，还有一些欧洲炼厂或关停了部分装置，或处于闲置状态。

西欧炼油工业陷入困境，有供求关系等内因，也有替代能源兴起、监管趋严和外部竞争加剧等外因。

1. 欧洲油品需求日益下降

欧洲是全球重要的油品消费地区。2008年经济危机后，受宏观经济不景气影响，欧洲油品产量和消费量均呈持续下滑态势。西欧油品产量下滑主要由于本地区成品油市场需求不振。西欧油品需求萎缩的两大重要因素，一是欧盟法规强制推动替代燃料推广应用，二是汽车燃油效率提高。

2. 炼厂产品结构与需求严重错位

欧洲成品油市场结构性矛盾十分突出。汽油产能严重过剩，而柴油和煤油产能不足。同时，重油、沥青、石蜡和石油焦需求下滑，而液化石油气和石脑油供应不足。需求和供应能力的错位已经导致欧洲成为美国市场汽油净出口商，同时柴油需要从俄罗斯净进口。虽然炼油产品市场需求的变化并不是炼油商自身的问题，但也反映出欧洲炼油商适应当地需求快速变化的能力不足。

欧盟汽柴油消费税和汽柴油车购置税政策差异是导致消费柴汽比不断升高的主因。以欧盟成员法国和比利时为例，税收占汽油总价的比重高达60%~70%，占柴油总价的比重为55%~60%，柴油税收低5~10个百分点，两国的柴油车在新车中的比重分别达74%和77%。而在欧盟外的英国，税收占汽、柴油总价的比重相当，均为约66%，柴油车在新车中的比重为40%。奥地利新车销售中柴油车比例达70%，其柴油车购置税相当低。

此外，汽车CO_2排放标准也对效率更高的柴油车有利。欧洲石油工业协会认为，由于欧盟税收政策向柴油倾斜，欧盟市场"柴油化"趋势还将继续，预计消费柴汽比将从2010年的2.1升至2030年的3.3。而炼厂生产很难达到如此高的柴汽比，导致炼厂生产越来越难满足市场需求，不得不大量进口柴油，同时大量出口汽油。

3. 替代能源的兴起削减了部分市场

2009年，欧盟设定了利用可再生能源的法定约束性目标，要求2020年实现可再生能源在全部能源消费中的占比为20%，在运输部门可再生能源的使用占比为10%。欧洲审计院2019年6月公布的一份报告显示，欧盟已有11个成员国完成了他们的可再生能源目标，2017年，法国的可再生能源占比为16.3%，欧盟替代能源的发展不可避免地挤占了部分成品油市场。

20世纪90年代以来，以燃料乙醇和生物柴油为代表的第一代生物质能得以发展。目前，美国为第一大燃料乙醇生产国，巴西位居第二，欧盟各国则是最主要的生物柴油生产地，其他国家也都在积极发展生物质能。

欧洲在电动汽车推广上不遗余力，电动车推广力度最大，优惠政策最多的欧洲国家是西欧最大石油生产国挪威，拥有道达尔的法国是电动汽车欧洲销量最高的国家。欧洲炼油商协会预测，2030年欧洲油品消费量将比2006年的峰值下降20%。欧洲石油工业协会预计到2030年，欧洲油品需求可能会比目前下降11%；而到2050年，则将下降30%左右。

4. 欧盟严格的气候变化应对政策和监管法规

需求下滑打击企业积极性，而政策"拆台"则更加严重地影响欧洲炼油工业的国际竞争力。欧洲石油工业协会认为，欧盟能源领域的一系列"不成熟政策"，不仅很少支持欧洲炼油工业，而且还损害其在国际市场的竞争力。

在这些"不成熟政策"中，首当其冲的就是欧盟排放交易机制。欧洲石油工业协会指出，该机制要求炼厂为其排放的碳支付费用，这无疑会增加炼厂成本。虽然欧盟委员会已经批准，从2013年起，可以给予炼厂一定量的免费碳排放许可，但欧洲炼厂仍需要为大约30%的温室气体排放支付费用，相当于增加了13%的经营成本。欧洲石油工业协会还质疑，提供给炼厂的免费碳排放额度是否足以维持欧洲炼厂在市场上的竞争力。

欧盟委员会提出的《能源效率法令》对炼油工业的影响也不够积极。法令要求欧盟各成员国对其境内的炼厂效率进行评估。如果评估表明"炼厂实际能源效率水平与最佳可行技术能效水平之间有显著差异",将"要求炼厂提升能效水平"或"将采用最佳可行技术作为未来批准新建项目的前置条件"。欧洲石油工业协会认为,应该通过碳定价来提升能效,而不是为难炼油企业。

阻挡欧洲炼油工业发展的第三个监管障碍是《燃料质量法令》。该法令要求燃料供应商在2010—2020年间,减少约6%的道路运输燃料温室气体排放。欧盟委员会目前正在针对不同燃料制定各自的"默认排放标准",这将进一步增加炼厂成本。研究数据表明,可能将造成欧洲自产炼油产品涨价35%,这意味着欧洲炼油企业在国际市场将毫无竞争优势。

《工业排放法令》的实施也将增加炼油企业成本。该法令为欧洲所有工业装置设定了"最佳可行技术"标准,炼油企业无疑需要投入资金来改造、更新设备,以保证未来符合法令的规定。

5. 面对油品质量严格规范和监管,炼厂升级压力大

目前西欧许多老旧炼厂面临炼厂升级改造压力。一方面是因为许多西欧炼厂最初主要设计主要是加工低硫轻质原油,但随着低硫轻质原油产量日趋减少,许多西欧炼厂不得不转而加工更重、硫含量更高的原油。另一方面西欧炼厂正面临越来越大的环保压力,欧盟温室气体减排和新燃料标准大幅增加了炼油成本。

6. 外部竞争压力加大,出口环境恶化

全球炼油能力富余,尤其是亚太、中东地区的快速发展,炼厂能力也面临过剩,使欧洲炼厂的产品出口更难。

西欧汽油主要出口美国。在欧盟现有税收政策不调整的情况下,欧盟市场汽油过剩日益严重。而美国汽油市场受乙醇调和量增加的影响,留给西欧汽油的空间日益减少。特别是2008年以来,页岩气革命带来美国轻质低硫页岩油产量大幅增加,并导致美国原油相对于欧洲布伦特原油的价格贴水大幅扩大,一度高达20多美元/桶。

美国炼油工业在全球的竞争力大幅提高,导致西欧汽油出口环境恶化,西欧汽油出路面临很大困难。据美国能源信息署统计,美国来自西欧的汽油及汽油调

新石油金权
欧佩克式微与后石油时代

和油进口量从2006年峰值的56.4万桶/日降至2014年的27万桶/日，降幅超过50%。此外，虽然全球炼油产能总体处于过剩状态，但亚太和中东地区炼油能力仍在大幅增加。

新世纪，亚太地区新增大量炼油能力，相当于每年增加4座20万桶/日的炼厂，尤其是中国、印度等国家加快建设炼油项目，导致了该地区汽油和中间馏分油供应过剩。2012—2018年，中东地区将新增8个炼厂，总计新增220万桶/日的炼油能力，而中东地区的新增石油需求只有150万桶/日。中东地区将自身定位为"区域性炼油产品出口中心"。因此，欧洲炼厂向该区域产品出口空间有限。

西欧炼油工业自二战以后迅速发展，经历三十多年时间成为世界上原油加工最密集、炼油能力最发达的地区。2008年全球金融危机爆发时，很多新建炼油设施刚刚投入运营。由于原油价格上涨、运营成本居高不下、绿色成本加大以及亚洲和中东大型炼厂建成投产带来的冲击加大，西欧炼油工业开始面临结构性产能过剩。如今，需求萎缩，成本高企，利润收窄，装置老化，技术陈旧令西欧许多炼厂举步维艰。

与西欧的盛极而衰类似，日本炼油和化工业在20世纪60—90年代也走过了腾飞的三十年，日本濑户内海和东京湾沿岸地区，因具有得天独厚的自然条件，成为石油化学工业高度集中的地区，东京湾区聚集了石油化工、钢铁、汽车、造船、物流等产业，东京湾以西形成了有日本第一大工业带之称的"京滨工业地带"；向东形成了"京叶工业地带"，由此成为世界上最大的工业地带。1985年广场协议签订后，日本经济开始迎来迷失的三十年，伴随着日本老龄化及少子化，国内油品需求开始减弱，同时周边韩国、中国以及印度炼油化工行业快速增长，挤压日本出口空间，日本炼油化工能力开始过剩，日本九大炼厂开始了一系列兼并重组关停并最终形成了JXTG集团、出光兴产、科斯莫及昭和壳牌三大石油公司局面，下游销售积极整合，通过互供等多种形式收缩零售终端。

以日本最大的石油化工公司JXTG控股整合为例。1999年，成立于1888年的日本石油公司与成立于1931年的三菱石油合并后成立的日本最大的石油公司，并在2002年6月27日改名为新日本石油株式会社，2010年4月1日，新日本石油株式会社和新日矿控股集团合并组建新的JX控股公司，合并后JX控股公司是日本最大炼油商，占据日本国内成品油市场约3成份额，新日本石油株式会社和新日矿控股集团的全部业务都将统归控股公司旗下，并进行相应的重组。2017年4月1日，JX控股公司与日本营收第三大的炼油业者东燃通用石油正式进行了事业整合，合并后的新公司名称为JXTG控股。面对产能过剩及需求不旺的巨大挑战，日本炼油化工行业的收缩调整持续了二十多年。

过去十年，受宏观经济发展推动及石油消费快速增长影响，中国炼油能力迅猛增长，山东地炼野蛮生长，大炼化竞相上马，炼油产能扩张速度超出了国内成品油消费增速，中国炼油产能结构性过剩日趋严重。

目前，中国经济增长放缓，石油需求增长放缓，环保法规日趋严格，中国炼油工业正进入新的发展时期。我们应汲取西欧和日本炼厂经历的教训，筹谋长远，提前调整，赢得先机。规模小、数量多、技术落后的山东地炼前有"山东炼化集团"的设想，后有烟台裕龙岛炼化一体化项目，就是为了积极应对正在到来并加剧的产能过剩时代。

新石油金权构建中，需求是中国核心竞争力与优势，炼油工业大发展是当前中国在全球新增石油需求中一骑绝尘的原动力，镜子的另一面是西欧、日本炼油工业从繁盛陷入困境也不过十多年的时间，其中有供求关系等内因，也有替代能源兴起、监管趋严和外部竞争加剧等外因。目前中国的炼油工业也正如西欧和日本炼油工业曾经历的一样，面临新经济周期、结构性不平衡、新能源汽车冲击和环境监管趋严等诸多挑战。中国炼油工业应该深思西欧和日本炼油工业转变历程，提前谋划，横向兼并重组以规模化提升整体效能，纵向深挖产业链价值改善产品产能结构，提高适应能力和竞争力，以免步其后尘。

石油需求峰值

现代石油工业诞生以来，石油行业由于自身投资规模大、周期长及风险性，呈现出较强的周期性特点，这一特点在20世纪70年代以后表现尤为突出。

1973—1998年为一个周期，二战之后，廉价的中东石油不断助推西方国家发展与建设，1973年之前西方经济一路狂飙突进，1973年和1979年两次中东石油危机将国际油价推向了巅峰并促发了西方经济衰退，新的油气资源如北海油田受到

新石油金权
欧佩克式微与后石油时代

高油价刺激涌入市场，沙特在1986年和1997年两次价格战打压国际油价，虽然有1990年海湾战争所致的第三次中东石油危机短期哄抬油价，但国际油价整体持续下滑。

1998—2016年为一个周期，以中国为首的新兴经济体崛起是21世纪以来最大亮点，持续推升油价预期，2008年金融风暴下国际油价暴跌，但2009年3月起国际油价V型反转一路走高，美国页岩油气革命大获成功，加拿大油砂及巴西深海石油等高成本区块陆续开发，沙特2014年发动价格战打压非常规资源，国际油价一路下滑。

从2016年起，以沙特为首的欧佩克国家与以俄罗斯为首的非欧佩克国家达成减产联盟，共同维稳油价，国际油价开始走入新的周期，但这一周期呈现出了三大特点，一是非常规油气革命，美国页岩油气经过30年的厚积薄发和高油价的推动，依托连续型"甜点区"和"甜点段"，进入大规模开采阶段，大量副产的凝析液不仅大幅拉低了原油价格，而且也在冲击世界化工基础原料市场；二是以沙特阿拉伯为首的日渐式微的欧佩克和以俄罗斯为首的主要非欧佩克石油出口国于2016年首次达成减产联盟，美国成为全球最大原油生产国，美国、俄罗斯及沙特阿拉伯三国对供给侧形成巨大影响力；三是新能源效率持续提升，巴黎协定助推下，替代势头愈发强劲。世界能源发展由化石燃料向新能源转换，煤炭发展进入"转型期"，石油发展迈入"稳定期"，天然气发展步入"鼎盛期"，新能源发展渐入"黄金期"。

2016年开启的石油周期，石油需求增长进入平台期已成为业内共识，石油需求峰值成为高频词。国际能源署此前在《2019年世界能源展望》中表示，全球石油需求将以每年1%左右的速度扩张至2025年，达到1.05亿桶/日，并平稳持续至2030年。挪威船级社（DNV GL）在对石油需求峰值的预测中表示，全球石油需求将在2022年达到峰值，平台期持续至2030年，然后急剧下降。驱动石油需求峰值出现的主要因素是能效提高、道路交通电气化、规制政策、环保和社会压力。

然而，20世纪70年代石油生产峰值是显学。20世纪50年代开始，中东廉价石油大量涌入美国市场，同时，美国本土陆地石油勘探成熟度不断提高，新的油田发现越来越少，石油储备随着生产增加逐步减少，1956年，哈伯特在美国石油学会年会上，发表了《石油峰值》的论文，他宣称，石油储量有限，美国石油将在1976年达到峰值，世界石油即将衰竭。哈伯特的论断得到了支持，70年代，由于得克萨斯州的勘探没有新油田发现，只是找到了一些新的气田，在得克萨斯州铁路委员会解除石油生产定额并颁布条令鼓励石油生产后，石油产能被加速耗尽，美国石油产量迅速达到峰值，但仅仅维持了一年不到就快速下跌。

1974年全球能源危机蔓延，哈伯特又一次在《国家地理》杂志上发表预测，他说，如果当前的形势继续下去，全球石油产量将在1995年达到峰值。坎普贝尔和拉合瑞尔两名地质学家出面在《科学美国人》1998年3月号上联名发表了《廉价石油的终结》，认为21世纪的头十年，世界石油生产将达到峰值，并表示他们改进了1956年哈伯特的研究方法，因此他们的计算有了科学方法论的基础。2005年，已故的马特·西蒙斯出版了一本名为《沙漠黄昏——即将到来的沙特石油冲击与世界经济》的著作，在这本书中他认为沙特的石油产量正接近穷途末路，鼓吹石油峰值论，为正在飞涨的油价正名。

没有石油现代文明就无法运行，因此石油峰值必然意味着可怕的后果。这些宣扬石油顶峰论和石油枯竭论的著作在当时都是热门畅销书，但之后都被啪啪打脸，特别是坎普贝尔，1989年他说，90年代末期将发生石油短缺；到1990年他又说，1998年世界将走在"资源耗尽的半途"；后来他又说，资源耗尽的半途，如果不是2005年，就是2010年。实际情况是，美国的页岩油气革命大获成功，美国实现能源独立；沙特作为全球原油机动生产国，原油产量在2018年11月份时是1100万桶/日，为了减产协议执行，2020年1月份时可以降到973万桶/日，也可以为了价格战，在2020年4月份时快速突击到1230万桶/日。

资本是逐利的，哪里有高收益那里就能集中最聪明的脑袋和资本，高油价下，非常规石油资源大行其道，并和金融进一步结合，实现特定的保值模式，不断降本压费。

石油峰值论追随者最大的盲点在于没有认识资本和科技的力量，石油峰值论和20世纪70年代罗马俱乐部鼓吹的《增长的极限》一起成为那个时代的特殊记忆。

与石油峰值论相对应的是现在日趋被大众所接受的石油需求峰值。特别是中国老百姓更直观感受到电动汽车和共享单车实实在在地挤压了石油需求。

新石油金权
欧佩克式微与后石油时代

如同石油峰值论被打脸一样，石油需求峰值的一些版本最终将会成为现实，但不少石油峰值需求论支持者可能有些超前了。

BP在《世界能源展望2019》报告指出，由于发展中国家的石油需求保持上升，世界石油需求可能在21世纪30年代达到峰值，且石油在近20年里将依然发挥主体能源的作用。

报告指出，在未来一定时期内，随着发展中国家的石油需求保持增长，全球石油需求依然增长。全球石油需求增量主要来自发展中国家，主要是因为亚洲发展中国家的中产阶级壮大，石油产量增量主要来自欧佩克产油国和美国。

报告预测，在2019年至2040年期间，起初，石油需求增量主要由非欧佩克产油国来满足。非欧佩克产油国的总体产油增量为600万桶/日，其中美国产油增量为500万桶/日，巴西为200万桶/日，俄罗斯为100万桶/日，弥补了部分老油田的产量下滑。从2030年起，世界石油需求的增量主要由欧佩克产油国来满足。其中，在21世纪30年代，欧佩克产油国的石油产量将增加400万每桶/日。

在"进化转型"情景中，全球石油需求在近十年里将增加1000万桶/日，从当前的0.98亿桶/日增至1.08亿桶/日，石油需求在21世纪30年代达到峰值，约为1.08亿桶/日。这主要是由于交通用油效率的提升。

值得一提的是，石油需求依然由交通领域主导，交通燃料在石油消费中的占比为55%。到2040年，交通领域的石油需求将从5600万桶/日，增至6100万桶/日。然而，随着交通用油效率的提升和汽车替代燃料的渗透，交通领域用油需求呈下降趋势。

相比之下，石油在化工领域的效率提升效果有限，因此，在展望期间，石油在化工领域的需求呈上升趋势，从700万桶/日增至2200万桶/日。

在"进化转型"情景中，化工领域的石油需求的增加主要由液化石油气和石脑油驱动。另外，液化天然气和生物乙醇的需求增量也较大，汽油和航空煤油的需求增量相对较小。

未来化工领域的石油需求增量较大，约为700万桶/日，在2025年左右达到峰值，大约比2040年多300万桶/日。而在2017—2023年期间，全球（计划）在建项目的炼油需求增量约为900万桶/日。

不过，报告指出，中国、印度和中东地区的新兴经济体的炼油产能已经满足或超过本土需求。如果这些地区继续扩充产能，意味着其他国家和地区的炼油产能约比当前水平下降1000万桶/日，这可能导致亚洲、欧洲和北美地区的部分炼厂关闭。

报告考虑了多种石油需求情景，其中有两点共性：一是所有的情景都表明，石油在2040年以前将依然发挥突出的作用。到2040年，全球石油需求在0.8亿桶至1.3亿桶之间。二是所有的情景中都显示，未来20年内石油领域依然需要数万亿美元的投资。如果未来投资有限，仅开发现有油田而不探明新油田，全球石油产量平均将下降4.5%，到2040年，全球石油供给量约为3500万桶/日。

尽管未来依然存在不确定性，但在2040年以前，石油将依然发挥主体能源的作用，未来二三十年内油气在全球能源消费中仍将占主导地位，尤其是天然气作为清洁能源将继续保持快速增长态势，2030年后很可能超越煤炭成为全球第二大能源。伴随着非常规油气革命的推进，当前地下的油气资源量仍是充足的，关键在于要有合适的技术和足够的投入将其开发出来。

以氢能、储能、可控磁约束聚变为代表的三个新能源发展"灰犀牛事件"对石油需求将是全局性与基础性的颠覆。新能源发展以外，驱动石油需求峰值出现的主要因素是能效提高、道路交通电气化、规制政策、环保和社会压力。石油公司面临的挑战主要有资产搁浅、融资成本上升、竞争加剧、商业模式失灵和"柯达困境"。石油需求峰值预示着石油市场即将迎来一场"范式性转变"：石油不再是一种稀缺资源，清洁能源的竞争力不断提升，绿色环保成为主流消费模式，行业内外竞争日趋激烈。

中国新石油发展模式下，中国石油公司要从能源清洁化战略出发重点发展天然气业务；积极布局重点区域与重要战略资源，发展高附加值的化工业务；加大技术创新力度，调整技术研究方向，关注科技创新在产业发展中的核心作用，石油工业发展及能源转型都高度依赖科技创新，美国对中国科技领域的打压说明了关键核心技术乃"国之重器"。

中国石油公司应把握技术发展方向，在核心领域形成技术优势。顺应油气勘探开发作业领域向高难度复杂地区进军（如深海、非常规油气），能源行业向清洁化方向发展，以及数字技术与能源产业深度结合等趋势，积极布局核心技术，构建专利壁垒。创新技术研发组织与管理机制，针对核心技术、关键技术和前沿

新石油金权
欧佩克式微与后石油时代

技术探索等不同层次，差异化构建技术研发机制，综合包括风险投资、战略合作、内部创新平台等多种方式，系统性构建公司创新能力，为公司发展和效率提升提供动力与支撑。

第七章

后石油时代——天然气崛起与绿色低碳发展

当前世界能源发展由化石燃料向新能源转化，天然气作为过渡化石能源，发展进入鼎盛期；新能源进入黄金期。俄罗斯、美国和沙特阿拉伯作为全球三大原油生产国，在天然气产业发展上差异巨大，将成为后石油时代一大特色。新能源自身竞争力是能源转型不可回避的硬核话题，发展是解决一切问题的基础和关键，石油金权的争夺将在未来转化为新能源金权的争夺，中国应在新能源发展上扩大朋友圈，形成全球合作共赢的发展模式。

世界天然气产业发展

天然气是一种天然蕴藏于地层中的以烷烃为主要成分的气体混合物，其中甲烷占绝大多数，另有少量的乙烷、丙烷和丁烷，此外一般还含有硫化氢、二氧化碳、氮和水汽，以及微量的惰性气体。与煤炭、石油等能源相比，天然气在燃烧过程中所产生的二氧化碳及二氧化硫很少，且燃烧后无废渣、废水产生，因而具有使用安全、热值高、洁净等优势。清洁、高效和便于使用的自然特质，储量丰富的资源禀赋，技术革命带来供给增加和效率提升，使得天然气发展进入鼎盛时期，在未来全球能源体系中将扮演更重要的角色。

石油用途广泛，我们最直观的感受是石油作为燃料能为交通工具与现代工业提供动力。实际上，石油作为工业原料的经济价值远远超过作为燃料燃烧的经济意义，石油能提取几百种有用物质，石油产品的范围从液化石油气开始，中间是石油化工原料、燃料和润滑油料，一直到沥青。原油在加工过程中还会释放出大量的石油气。石油加工后，可以得到利用率高、经济、合理的各种液体燃料，主要为内燃机燃料、锅炉燃料和灯油三类。其他的石油产品主要有润滑油、蜡、沥青以及石油化工产品如石油溶剂、乙烯、丙烯和聚乙烯等。石油化工可生产出成百上千种化工产品，如塑料、合成纤维、合成橡胶、合成洗涤剂、染料、医药、农药、炸药和化肥等，因此石油被称为工业的血液。

石油在现代工业及战争中居于核心地位，因此石油在二战期间与二战之后西方大发展时期大放异彩。相形之下，天然气在西方的应用始于照明，天然气发电及天然气化工有了重大突破后，天然气液化技术的发展又助力天然气贸易突破管

新石油金权
欧佩克式微与后石油时代

道气限制，天然气迎来了大发展。在发达国家，天然气的工业化发展与应用滞后于石油二十年左右。

工业文明发展到一定程度后，环保在西方成为显学，并成功影响全球决策，与石油一样同为化石能源的天然气更清洁低碳，受到西方国家高度重视，未来二十年全球经济和能源消费的大部分增长将来源于亚洲的新兴中产阶级，从而使能源需求的重心发生转移，新兴国家如中国、印度在环保上的大举投入为天然气后续发展注入了巨大动力。

天然气燃烧大气污染排放低于煤炭和石油、天然气碳强度低于天然气和石油、天然气利用技术能源效率一般更高、替代城市民用供热和炊事用能、除电力调峰外也可以用作常规发电能源及过渡性替代部分交通用油等，作为重要的低碳过渡化石能源，在当前全球正在经历的油气向新能源转换的第三次能源转换重大时期，天然气是不可逾越的桥梁。

中国石油经济技术研究院的2019版《2050年世界与中国能源展望》认为清洁能源在未来世界能源领域将成为主角，天然气或许更是主角中的主角，天然气占比会上升到27.6%，超过石油的27%，成为第一大能源品种。

《BP世界能源展望（2019年版）》统计了世界及主要国家一次能源（石油、天然气、煤炭、水电、可再生能源、核电和水电）的需求和供给现状，在基于渐进转型情境下，预测出至2040年全世界能源供需的状况。在全世界范围内，一次能源的需求增速都在逐渐放缓，向更低碳能源系统转变，其中可再生能源需求增长速度最快，预计到2040年，将占全世界能源需求增量的50%；天然气需求增长强劲，2040年将再增长46%，是唯一和可再生能源一样份额在展望期间增长的能源。

全球天然气资源丰富，已探明储量还可以开采50年。2016年，全球天然气探明剩余可采储量186.6万亿立方米，年产量3.55万亿立方米，储采比52.5。其中非常规气可采资源量是常规气的8倍多，探明可采储量17万亿立方米，尚有95%未探明。

地质构造及物理特性使得天然气应用历史更早于石油，但是现代石油工业史上，早期油田开发往往"重油轻气"，偏重于原油，天然气相对处于次要的位置。随着开发理念的转变和开发技术的进步，目前油田开发普遍采取"油气并重"原则。

2020年BP能源发展展望中指出,2019年全球液化天然气出口创下年度最大增幅,同比增长12.7%。美国和俄罗斯均为历史性增幅,澳大利亚继续呈现持续性增长态势。

在美国强劲增长的带动下,2019年全球天然气产量增长3.4%,其中,美国贡献了近2/3。此外,澳大利亚和中国也增加了天然气供应(图7-1)。

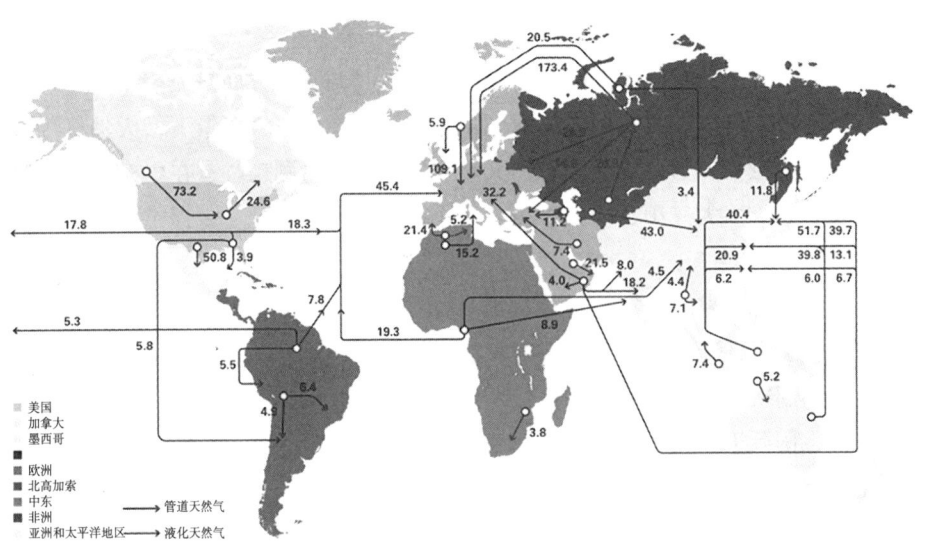

图7-1　2019年主要天然气贸易动向

资料来源:2019年《BP世界能源统计年鉴》。

一直稳居天然气生产国第一军团的俄罗斯步步为营,依托页岩气革命重返生产国第一军团的美国液化天然气出口势头强劲,第一大原油出口国沙特阿拉伯天然气进出口为零,在天然气重要性稳步上升的今天,成为石油金权硬币的另一面。

相较于石油产业发展的波澜壮阔,天然气产业发展历程一样精彩。

古代文献记录中,天然气相关史料并不鲜见,古人基于对天然气可燃特性的朴素认识,在宗教仪式、生产活动及日常生活中已经应用天然气,并有了小规模

新石油金权
欧佩克式微与后石油时代

集采集用行为。18世纪末、19世纪初期，英美两国陆续出现了使用天然气照明等商业行为。但由于缺乏一些必要的技术手段，这些使用活动一直无法得到大规模的商业化应用，对天然气产业发展几乎毫无影响。

1890年，燃气输送技术发生了重大的突破，防漏管线连接技术的发明和应用使得管线技术进一步发展，20世纪20年代天然气长距离输送成为可能。在这个阶段，美国本土陆续发现了大气田和特大气田，天然气产业进入了现代的开采使用阶段。1927年至1931年，美国建设了十几条大型燃气输送系统。世界上第一个完整的天然气产业体系得已首先形成于美国。

二战以及二战后是世界天然气产业的大发展时期：一方面是战争中需要使用天然气等能源，同时二战后西方工业国家经济重建与振兴大背景下，天然气等能源的需求十分巨大；另一方面，石油天然气勘探开发高潮来临，在中东、北非等地相继发现了许多大气田、特大气田，而大批大油田的开发，也提供了巨大储量的伴生气气源。

天然气大规模发展的年代是1970年以后。20世纪90年代初期美国率先出现了天然气期货交易，天然气产业体系的发展更加完善。此外，近十多年来，随着技术的改革和创新，越来越多的新型天然气产业出现并不断发展。

目前，国际天然气占一次能源消费比重约为23.5%；国际机构普遍预测，到21世纪30年代，天然气在世界一次能源消费中占比将上升至30%。

根据应用、发展与普及历程，世界天然气产业发展走过了如下阶段。

1821年以前，农业社会就地发展，自给自足，天然气朴素应用。

中国是世界上最早大规模开采、应用天然气的国家。早在公元前11世纪至公元前771年，西周时期的《周易》中就出现了"泽中有火"的记载。火井是现代天然气井的雏形。古人在开凿水井或者盐井的过程中，地层下的天然气逸出遇火燃烧而得名。较早且较确切的记载是东汉史学家班固（公元32—92年）所著《漢书》，书中记载了西汉宣帝神爵元年（公元前61年）"祠天封苑火井于鸿门""火从地中出也"。

公元前2000年前，古代波斯人首先发现了地表渗出的天然气，根据其可燃照明的特性，制作了"永不熄灭的火炬"，天然气与历史悠久的拜火教有着不解之缘。

公元9世纪，巴库油田就已被用来生产石油。除石油外，巴库还拥有相当大的天然气储量。早在公元636年，萨拉逊人入侵时见到了当地寺庙中的"圣火"，这是最早的有关巴库天然气资源的史料记载。公元12世纪，意大利旅行家马可·波罗在其游记中写道，巴库寺庙闪耀着的天然气火炬已有数百年的历史。

英国最早开始将天然气用以街灯和家庭的照明，1732年，英国的卡立舍·斯帕丁提出利用煤矿中排出的甲烷给怀特黑文街道提供照明。到1813年，英国伦敦和威士敏斯特燃气照明和焦炭公司取得了有史以来第一个市政煤气照明合同。而美国的天然气照明工业则始于1816年，马里兰的巴蒂尔摩开始将天然气用以街灯照明。但是，此时使用的天然气大都是从煤矿中提炼而来，即煤层气，相比自然的天然气而言，此时的天然气效率低下且对环境极为不利。由于没有引起世人的注意以及对其缺乏相应的了解，此时人们对于天然气的商业化使用非常有限。

1821—1915年，工业社会曙光照入，天然气产业迎来商业化发展。

西方从农业社会向工业社会的演进中，天然气产业的早期发展是由煤气照明带动的，1816年，马里兰州的巴尔的摩市开始通过分销网络将煤气用于街灯照明。1821年，一个名叫威廉·哈特的年轻人为了获取天然气，在纽约的佛雷多尼亚凿下了一口9米深的井，成功地取得较大量的天然气，并且创办了佛雷多尼亚天然气照明公司。这是美国第一家天然气公司，它为纽约小镇上的居民提供了照明燃料，威廉·哈特因为钻出美国第一口天然气井并成立第一家天然气公司运营，拉开了美国天然气产业发展的序幕，名垂青史，被尊称为美国"天然气之父"。

相比煤炭而言，燃烧天然气更高效、更清洁，天然气逐渐被工业和家庭广泛使用。1885年，罗伯特·本生发明了本生灯——一种能安全燃烧混合天然气和空气的装置，本生灯的大范围推广也使得人们开始把天然气应用于烹饪和取暖，从而拓展了天然气的需求。在这样的背景下，美国的燃气公司犹如雨后春笋般相继成立。据不完全统计，至1890年，美国天然气公司共计达400余家，匹兹堡俨然成为美国的天然气产业中心。但是，由于天然气在长途运输过程中对管道的要求越来越高，因而限制了其进一步发展。

19世纪中后期，世界各地，尤其是欧美等国，陆续出现了多家燃气公司，天然气的用途也逐渐不局限于照明工业。随着天然气需求的增加，天然气贸易也

新石油金权
欧佩克式微与后石油时代

随之出现。1886年，随着标准石油托拉斯的成功，洛克菲勒创办了标准燃气托拉斯，并且通过收购进行扩张，顺利获得了匹兹堡的输气权和销售权。1891年，加拿大和美国间铺设了一条从安大略巴特尔铺到纽约布法罗的输气管线，这标志着天然气国际贸易的出现。但是，这时的天然气产业正处于发展初期，因而贸易量极少，没有规模可言。

1821年至1916年间，世界各国在不断普及使用城市燃气的同时，也陆续发现了天然气气田资源。但是，此时的天然气使用仍集中在欧美国家，且由于有限的管道技术，发现的天然气资源大多在当地自行使用。其中，美国天然气的快速商业化为其在接下来的30年垄断世界天然气产业奠定了坚实的基础。

1916—1949年，大气田陆续发现，管道建设展开，现代天然气产业兴起。

1945年以前的世界天然气生产，美国可谓是一枝独秀。世界上第一个完整的天然气产业体系是于20世纪二三十年代首先形成于美国的。在这个阶段，大气田和特大气田在美国本土陆续被发现，美国天然气产业进入了现代的开采使用阶段。随着天然气产量的不断增加，输送天然气的管道建设也相应地迅速开展，跨州贸易大量出现也为美国的天然气产业注入了新的发展动力。天然气产业也不断发展壮大，天然气发电和天然气化工产业兴起，并成为日后天然气产业的重要支柱。

1916年，美国在路易斯安那州发现了非伴生气气田——门罗气田，原始可采储量4248亿立方米，这是美国发现的第一座大型气田。

随后，1918年至1922年美国再次发现了第一座特大气田——潘汉德—胡果顿气田，其原始可采储量高达31442亿立方米，居世界第五位。潘汉德—胡果顿气田是世界上分布面积最大的气田，地跨19个县，面积20235平方千米。

这两座大型气田的发现给美国的天然气产业带来了质的飞跃。据统计，1921年美国的天然气产量已达184亿立方米，1925年则为342亿立方米，1930年达到了540亿立方米，天然气的消费量也随之迅速提高，美国的天然气产业蓬勃发展。

虽然石油油井多伴生天然气，但天然气产业的发展远远落后于石油产业。这是因为其不仅受限于开采和使用的设备技术，更受制于长距离运输的能力。管道运输技术的发展，刺激了天然气产业的发展。天然气长距离运输管线在20世纪20年代末成为事实，整个美国掀起了天然气管道建设的第一次高潮。

1925年，美国建成了第一条长达1000千米的跨州输气管道。1926年，美国铺设了第一条管径14英寸至18英寸的天然气长输管线，把天然气运输到了得克萨斯州的博蒙特。这条管线的铺设被业内视为美国乃至世界近代天然气工业的起点。1931年，美国建成了输往芝加哥的24英寸管道，全长1600千米。这是世界上第一条长度为1000千米以上的跨州天然气管线，也标志着美国天然气跨州贸易的开始。

据统计，1927至1931年间，美国共建设了12条主要输气干线，每一条的直径都在20英寸左右，长度超过200英里。这些管道为西半球储量最大的三个美国气田找到了市场，分别是潘汉德—胡果顿气田、路易斯安那州的门罗气田、加利福尼亚州的圣华金河谷气田。

虽然苏联拥有阿塞拜疆巴库油气田这样大型的天然气资源，但其天然气产业的发展却是从20世纪30年代才开始的。1930年，苏联建设了第一条距离很短的煤层气管道，使得一些城镇获得了煤气。随后，在重工业人民委员部下成立了天然气管理总局，负责天然气工业管理事务。苏联的第一项天然气工程是建设萨拉托夫至莫斯科的一条长度超过800千米的输气管道。不幸的是，这条管道的建设过程中出现了众多问题，使得整项工程至1943年才完成，此时，苏联的天然气产业发展已远远落后于美国。

在二战结束前，美国的天然气产业在世界范围内是居于垄断地位的。从1930年开始，美国的天然气每年平均增加储量1920亿立方米，至1945年其天然气储量已达4.18万亿立方米。

1940年，瑞士的一家发电站出现了世界上第一个以天然气为动力的发电涡轮，这标志着天然气发电技术的诞生，也为天然气产业的发展开辟了新的空间。与此同时，天然气化工产业逐渐壮大。天然气化工起始于19世纪末，美国利用天然气生产槽法炭黑。20世纪20年代，美国和德国的天然气化工研究工作兴起，人们开始使用天然气分离生产甲醛、醋酸、合成橡胶等化工产品。至40年代初期，天然气化工产业已呈现出一定的轮廓。二战后，天然气成为工业新秀，而非仅仅用作公用照明或取暖等。

1950—1970年，二战后世界经济重建助力，现代天然气产业趋于成熟。

1950年世界一次能源消费中，煤炭占50.9%，石油占32.9%，天然气占

新石油金权
欧佩克式微与后石油时代

10.8%；而到1970年，石油占53.4%，天然气占18.8%，煤炭占20.8%。天然气成为世界第三大消费能源。在这一阶段，俄罗斯的天然气产业迅速崛起，到1970年，其天然气储量超过美国，且产量增幅惊人。此外，液化天然气技术在经过多年的试验研发后逐渐成熟，液化天然气开始投入生产和运输。

二战遍及了欧洲大陆的大部分地区，所涉及的地域面积远大于一战。二战中持续的轰炸使绝大多数大城市遭到了严重破坏，特别是它们的工业生产。二战结束后，世界各国开始战后经济复苏，天然气产业不再为美国所垄断，越来越多的国家，尤其是苏联开始对天然气这种新兴能源不断加大投入。在战后的二十年里，越来越多的大型气田被发现，天然气的开采和运输技术也不断提高，天然气产业迅速发展。

意大利是欧洲国家中最早发展天然气产业的国家之一。早在1953年，意大利政府就成立了埃尼集团，并把开发利用天然气作为其主要业务。1960年，意大利发现了贝朗特气田，使得其本国天然气产量大大提高。据统计，到1970年，意大利天然气产量已达130亿立方米。可以说，意大利的天然气产业是当时欧洲较为成熟的国家之一，其消费也相应较高。

1959年，荷兰北部发现了格罗宁根特大气田，这是欧洲天然气产业的重要突破，由此也揭开了北海油气勘探开发的序幕。格罗宁根气田规模大，其原始地质储量大于25000亿立方米，且气层厚、气层物性好。气田的单井产量很高，日产量可达150～200万立方米，且由于其边底水不活跃以及生产中几乎不出砂等优越的属性，因而调整产量具有极大的灵活性。20世纪70年代，为了克服世界石油危机的影响，荷兰政府提出了小气田政策，以激励石油公司去勘探和开采甚至是最小的边际气田，以避免在能源供应上对外国的依赖。而格罗宁根大气田则处于长期低负荷生产，扮演着调峰气田的角色。

英国天然气工业是于20世纪60年代北海油气田的发现并起步的。1965年，北海英国海域发现了第一座气田——西索尔气田。实际上，60年代，英国北海发现了大量的油气资源，这为处于萌芽状态的英国天然气工业带来了丰富的气源，也使得英国不用继续从阿尔及利亚进口天然气。北海油气田现在已成为欧洲最重要的能源产区，英国经济也由此得到了提振。此外，为了扩大天然气消费，减少环境污染，英国政府采取了低价的销售政策来鼓励国内的用气，因而英国天然气的消费量在20世纪60至70年代几乎呈直线上升的状态。

20世纪60年代，中东相继发现了一大批特大油田。例如，位于沙特阿拉伯的世界第一大油田——加瓦尔，科威特的第二大油田——布尔甘，以及沙特阿拉伯的第一大海上油田——萨法尼亚，这些大型油田都伴生有大量天然气。此外，最引人注目的是北非的阿尔及利亚。1965年，阿尔及利亚不仅发现了有巨大伴生气储量的哈西迈萨乌德大油田，还发现了哈西勒迈勒特大气田，这使得阿尔及利亚迅速成为世界主要天然气生产和出口国。但由于中东和北非国家经济环境落后，因此缺乏对天然气的认识以及相应的开发技术，因而他们对于其巨大的天然气资源并没有很好地利用。根据BP能源统计，1970年中东地区天然气产量为19.9亿立方米，北非地区产量为2.9亿立方米。

二战以前，苏联虽在天然气方面有所投入，但其天然气产业并未获得较大进展。1943年，苏联的第一条输气管道历经十多年最终建成。1946年，苏联完成了天然气的第一次出口，是从当时隶属于苏联的白俄罗斯西部的斯特赖吉气田输气到华沙，管道由波兰建设。二战后，苏联的天然气产业迅速崛起，至1949年，苏联已有30个气田正在开采，而二战前只有3个。

20世纪五六十年代，苏联开发了乌拉尔以东的"第二巴库"油区，其中包括奥伦堡大凝析气田。20世纪60至70年代，苏联又在西西伯利亚取得了一系列重大发现，包括乌连戈伊、麦德维热、扬堡、扎波利扬等储量上万亿立方米的特大气田被勘测发现。到1970年，苏联的天然气储量增长到29.49万亿立方米，比1951年增长了169倍，进而超过美国成为天然气储量最大的国家。其天然气产量也由1951年的62.5亿立方米增加到1970年的1979亿立方米，增加了30多倍。

一战前，世界石油产业已经初具规模，石油行业中出现了一些石油巨头，例如著名的石油"七姐妹"。这些石油巨头在世界各地展开了油气田的勘测和开采，由于天然气通常伴生于石油油田，因此越来越多的石油公司开始对天然气产业进行发掘和投入。到二战爆发前，许多石油巨头在天然气产业上已有所建树。

石油"七姐妹"中的荷兰皇家壳牌是目前全球最大液化天然气贸易商和供应商，1959年，荷兰皇家壳牌石油公司在荷兰的格罗宁根发现了世界上最大的天然气田。随后，1966年壳牌公司又在北海北部发现了利曼天然气田（壳牌占50%股份）。1969年，壳牌成立了旗下的国际天然气公司，进军天然气产业。1970年，

新石油金权
欧佩克式微与后石油时代

其在北海北部又发现大油田，并在澳大利亚西北大陆架发现大型近海气田。2016年，荷兰皇家壳牌公司完成了高达530亿美元的收购英国天然气公司（BG）计划，壳牌一举摘下全球最大液化天然气公司的头衔，也取代雪佛龙成为全球第二大石油天然气公司，市值仅次于埃克森美孚。

位居全球第二大液化天然气公司的是跨国巨头法国道达尔，2018年，道达尔以15亿美元的价格顺利完成对法国燃气苏伊士集团旗下液化天然气资产的收购，借此一跃成为全球液化天然气市场第二大供应商。这是继壳牌收购BG之后，石油巨头扩大天然气业务的又一大例证，"石油巨擘"向"天然气大亨"的转变似乎间接证明，天然气正在超越石油，成为全球能源需求的主力军。

埃尼集团是意大利政府为保证国内石油和天然气供应，于1953年2月10日成立的国家控股公司，其前身是1926年成立的阿吉普公司，即意大利石油总公司。埃尼集团在意大利天然气行业的所有方面都居于支配地位，该公司几乎控制了意大利所有的天然气产量。埃尼集团下有三家重要的子公司，Snam公司拥有并运营意大利国内天然气运输系统，Stogit公司管理该国的大多数天然气贮存设施，而Italgas公司则控制着该国零售分销市场的1/4的份额。

天然气产业发展的瓶颈在于其运输和储存技术，早期的天然气产业由于技术落后经常会在运输途中发生爆炸等事故。因而，天然气的液化是天然气产业的重大进展。实际上，液化天然气的技术早在1914年就出现了，1917年，世界上第一家液化天然气工厂在美国弗吉尼亚州成立。但不幸的是，1944年，美国东俄亥俄州燃气公司液化天然气储罐发生爆炸，爆炸范围波及了克利夫兰市将近一平方英里的地区死亡28人，这对液化天然气产业的发展有很大打击，许多研究因此陷入僵局。

液化天然气的真正成熟是在二战以后。1959年，"甲烷先锋号"把第一船液化天然气从美国路易斯安那州穿越大西洋，运抵英国的坎威岛，实现了世界第一次天然气液化运输。1964年，阿尔及利亚阿尔泽天然气液化厂投入生产，此后英法两国很快就签订了供气合同。这是世界第一座商业化、大规模的天然气液化厂，液化天然气海上跨洲运输也从此开始，从非洲运送至英国和法国。但是液化天然气在20世纪70年代前并未有过多发展，其地位的提高是在20世纪90年代末期。

天然气大规模发展的年代是1970年以后。1990年世界天然气产量突破2万亿立方米，达到21397亿立方米。20世纪70年代初至90年代末，世界天然气储量继续增长，2000年达到125.7万亿立方米，同年世界天然气产量24134亿立方米。在这一时期，不仅大量的气田被发现并开采，而且随着管道建设的发展以及配套储气设施的完善，跨国天然气贸易迅速增长。此外，政府在70年代后逐渐放松了对天然气市场的交易和价格管制，使得天然气价格趋于合理水平，20世纪90年代初期美国率先出现了天然气期货交易，天然气产业体系的发展更加完善。

2000年，天然气产量最多的国家依次是美国、俄罗斯、加拿大、英国、阿尔及利亚、印度尼西亚、伊朗等。美国、俄罗斯占据了世界天然气市场约40%的产量。

俄罗斯2000年年底的天然气剩余可采储量高达42.3万亿立方米，年产量5285亿立方米，产量仅略次于美国。1989年，俄气成立，这是世界上最大的天然气公司，其前身是俄罗斯国家天然气康采恩。俄气在俄经济中地位显赫，它生产着俄罗斯8%的工业产值，保证了25%的国家预算，控制着俄罗斯70%的天然气储量和世界18%的天然气储量。它所掌握的天然气已探明储量有26万亿立方米，掌握着29.9万亿立方米天然气的开采许可证，开采的天然气占世界天然气开采量的1/5，占俄罗斯全部开采量的90%。公司的天然气输送管道则为世界之最，总长15.5万千米。俄气是俄罗斯天然气出口权的唯一享有者。

北美仍然是天然气生产大区，虽然美国天然气产量缓慢下降，2000年仍有5432亿立方米的产量额。但是，这并满足不了美国这个天然气第一消费国的国内需求，其必须靠从加拿大大量进口。加拿大石油、天然气资源蕴藏十分丰富，根据BP的数据，2000年，加拿大的产量是1822亿立方米，是世界第三大天然气生产国，其每年输出到美国的天然气占其消费量的1/3，是世界第二大天然气出口国。

对于欧洲而言，由于北海油气田的发现，英国1970年的天然气产量达107亿立方米，1999年则突破了千亿立方米，达1047.7亿立方米，成为世界大产气国之一。英国政府采取由政府授权BG垄断天然气购买与销售从而获得较多差价利润、通过低税政策支持气田开发等办法，鼓励其完成管道建设等天然气产业配套设施投资。因而，20世纪80年代，英国的天然气产业一跃而起，居于世界领先行列。

荷兰的国土面积仅有4.1万平方千米，但却是世界上最重要的天然气生产国

新石油金权
欧佩克式微与后石油时代

之一。自1959年发现格罗宁根大气田后,荷兰累计找到了260多个大小气田。自1973年以来,2000年以前荷兰的天然气年产量大体保持在800亿立方米左右;1994年产气784亿立方米,居世界第四位。

此外,欧洲天然气大国中出现了一个新秀——挪威。挪威天然气产业起步于1975年,但发展迅速。2000年,挪威天然气的产量达到497亿立方米,成为欧洲天然气出口大国之一,有力地支持了欧洲国家对天然气的需求。

在中东、北非和亚太的油气资源大国中,阿尔及利亚和印度尼西亚的天然气产量名列前茅,年产量都在900多亿立方米,是主要天然气出口国。而伊朗、沙特阿拉伯的天然气主要内销,年产量分别达到870亿立方米和695亿立方米。沙特阿拉伯作为世界上油气资源最丰富国家之一,其国家经济稳定和发展也主要有赖于此。沙特阿拉伯天然气储藏量非常丰富,自1933年起已探明12个干气田以及含伴生气的83个油气田,占全世界天然气资源总量的4.1%,2000年天然气探明储量排名居全球第四。

供给侧的巨大进步为天然气产业提供了物质基础,随后管道气助力跨国贸易、美国政府放宽天然气价格限制、美英先后开始天然气期货交易及液化天然气技术持续突破为天然气产业插上了翅膀。

20世纪70年代开始,天然气的大容量长距离输送有了长足进步。1975年,苏联建成第一条"联盟"输气管道,全长3641千米。接着又陆续建成从乌连戈伊和扬堡气田东气西输的巨型管廊,年输气能力都达到2000亿立方米。

1981年,世界第一条跨洲、跨海输气管道建成,即阿尔及利亚到意大利的跨地中海管道,年输气120亿立方米。截止至1988年,美国的天然气高、中压管线全长15.6万英里,地方配气公司所有的天然气输气管线全长46.8万英里,基本上形成了覆盖全国的完善的输气管网。

在输气管道建设以及配套储气设施逐步完善的背景下,天然气的跨国贸易越来越频繁,主要由俄罗斯、加拿大、北非、中东流向欧洲、美国和东亚地区。1980年以来,世界天然气贸易以约6%的速度增长着。目前,俄罗斯、加拿大、挪威是世界主要的管道天然气出口国,出口量占世界的60%以上。

1978年美国开始对天然气政策逐步进行调整,议会通过了《天然气政策法令》,成立了美国联邦能源管理委员会(FERC, Federal Energy Regulatory

Commission，联邦能源管理委员会，由FPC改名）来直接改革天然气的定价，该法令授权美国联邦能源管理委员会开放天然气市场。

从20世纪80年代开始的美国天然气立法改革主要围绕三个主要问题：首先是逐步解除对所有天然气价格的控制，由市场决定气价。第二，逐步解除对天然气使用的限制，使天然气能够在各领域与其他能源竞争。第三，开放管道运输业，使买家能够选购成本最低的天然气，促进竞争。这三方面的开放使得天然气产量和运输量有所增加，价格也趋于合理水平，同时也促进了天然气的生产和科研。但是由于1982年后美国经济不景气，其天然气产业政策的全部调整直到1992年才完成。

20世纪90年代，在解除管制10余年后，美国天然气市场完全开放而且极具竞争性。生产商、管线公司、经纪公司、分销公司和大用户在很多区域性市场进行天然气交易。由于天然气现货价格偶尔会表现出高度不稳定性，因此美国天然气现货市场的参与者都要承受一定的价格风险，因此他们迫切需要在金融市场寻求一种方法来消除价格风险。

20世纪80年代末期，美国几家金融机构开始提供一些比较简单的天然气金融合约，开始了美国金融天然气市场的探索。1990年8月，纽约商业交易所推出了第一个标准化金融天然气合约，该合约以天然气期货合约的形式，交货地点在美国路易斯安那州的亨利集输中心。这标志着美国天然气期货交易的开始。纽约商业交易所天然气期货合约一经推出，就在天然气市场参与者中相当受欢迎。其交易量快速增加，1991年天然气期货合约的交易量日均为1654手，年交易天然气0.42万亿立方英尺，占美国全国当年天然气实际消费量的23%。伦敦国际石油交易所（IPE）于1997年1月开始天然气期货合同交易。目前，世界上主要的天然气期货和期权交易都在美国和英国。

进入20世纪70年代，天然气液化技术产业发展迅猛。一方面，天然气液化生产线能力不断增大，1964年阿尔及利亚阿尔泽液化厂的3条生产线年产才110万吨，而卡塔尔新建的RasGasⅡ单条生产线年产就可达470万吨，在建的RasGasⅢ单条生产线能力达到780万吨/年。另一方面，液化天然气船的运载能力不断增大，20世纪60年代，单船运输能力为2.7万立方米，70年代达到8.7万立方米，90年代以来，更增加到13万立方米。现在最大的液化天然气运输船Qmax，即Qatav Max可运载26.5万立方米。2018年，全球液化天然气运输船船队共有500艘、

新石油金权
欧佩克式微与后石油时代

7798.2万立方米，2020年将达到600艘、9733.9万立方米。

但是，液化天然气产业的发展并非一帆风顺。1980年，液化天然气贸易量达到313.4亿立方米，比1970年的贸易量增长了12倍。由于1979年第二次石油危机爆发，全世界对液化天然气的需求量上升了1/3，销售利润也提高将近60%。一年后，液化天然气市场却产生动摇，因为供销双方在价格上发生争议，不履行合约。这导致的后果是，美国关闭了两座液化天然气接收站以及几个大型计划被取消或延迟。到90年代初期，全世界只建了两座新的液化天然气工厂，液化天然气工业经历了发展中的一次重大打击。90年代中后期，液化天然气产业渐渐恢复并重新成为天然气产业中的重要发展方向，其发展也日趋成熟完善。

进入21世纪，随着经济水平的不断提高，天然气的开采和储运技术也迅速提升，各国天然气产业都进入了大增长的阶段。千禧年以来，天然气产业新业态不断涌现并持续发展。

由于石油危机的影响和天然气产业的逐渐壮大和成熟，以俄罗斯、卡塔尔和尼日利亚为主的相关国家提出了"天然气欧佩克"的概念并不断推动其最终成立。此外，近十多年来，随着技术的改革和创新，越来越多的新型天然气产业开始出现并不断发展。

非常规天然气的大爆发促成了天然气产业的大发展，供给侧愈发多元化；全球天然气转化利用商业化技术取得了重大进展，包括天然气合成油（GTL）、天然气制烯烃，天然气化工应用场景大大丰富。

"天然气欧佩克"

2001年5月，在俄罗斯、卡塔尔及尼日利亚的共同推动下，举行了包括俄罗斯、卡塔尔、非洲最大的液化天然气出口国尼日利亚，还有埃及、阿联酋等12个成员国在内的能源部长会议，决定成立"天然气出口国论坛"。随后，该论坛陆续通过了成立"天然气出口国论坛执行局"和论坛秘书处等决议。至此，"天然气欧佩克"的雏形出现，控制着66.45%的天然气储量和44.36%的天然气产量。其中四个成员国出口量位居世界前十名。

单从这些数据来看，"天然气出口国论坛"是有实力像欧佩克那样影响世界天然气市场的。其实早在2008年，俄罗斯就牵头立章程，要把"天然气出口国论坛"变成一个有约束性、有影响力的组织，但是多年来一直没有实现。主要原因是，世界天然气不是一个完整的市场，没有像石油市场那样，有统一的国际基准价。长期以来，相当一部分天然气是依靠管道运输，贸易范围有限，因此天然气这个大宗商品国际化程度也有限。

卡塔尔能源和工业大臣阿卜杜拉·阿提亚就曾表示，组建一个类似欧佩克的天然气输出国组织是不可能的。天然气交易和石油交易完全不同，石油交易能够实时进行，而天然气买卖合同是长期的，因此天然气交易很难形成像欧佩克那样的定价机制。

但是近两年，随着液化天然气贸易的快速扩展，这一情况正在变化。中东研究所能源政策研究员劳夫·穆玛都弗认为，随着液化天然气中有三分之一在现货市场上交易，气价不再像以往长贸合同那样和油价挂钩了。现货市场上的液化天然气贸易量还会增长，因为买方更倾向于现货液化天然气。

早在2006年，牛津大学能源研究所就曾发布一个报告指出，"天然气出口国论坛"离一个能控制天然气市场的卡特尔组织还很远。但是未来也可能变化，尤其是当天然气供大于求的时候。

目前，天然气市场供给很快，而且许多天然气出口国产能正在陆续释放中。加上液化天然气贸易快速发展，现货市场的繁荣，这些都有利于一个天然气欧佩克形成。

但是这样一个天然气欧佩克即使形成，能不能像当年欧佩克那样在石油市场上呼风唤雨？目前看还很难说。至少"天然气出口国论坛"还没囊括所有重要的天然气出口国，比如两个天然气出口大国美国和澳大利亚。

近些年，俄罗斯一提出要成立"天然气欧佩克"，欧美国家就强烈反对，美国尤其如此。美国国会众议院2007年还为此专门通过反对成立天然气欧佩克的法案。法案中指出，该组织一旦成立，很可能会对能源价格、能源供应，对美国和全世界的经济和安全造成巨大威胁。不过那个时候，美国仍然还依赖国外油气进口。如今美国虽然已是天然气第四大出口国，但是鉴于美俄之间的博弈，可能也不太会赞同一个以俄罗斯为"群主"的组织登上国际舞台。

综合来看，虽然目前成立一个天然气欧佩克，时机条件很有利。但是在一个多元的市场条件下，这样一个卡特尔能在多大程度上影响气价，能力是存疑的。毕

新石油金权
欧佩克式微与后石油时代

竟世界还没有形成完全统一的市场，管道气过于受限，液化天然气还在不断扩展。另外，很多"天然气出口国论坛"的成员国，同时也是欧佩克的成员国。在石油市场供过于求、不得不限产减产的时候，还试图要这些产油国们接受天然气的配额和限产，到底能否协同一致执行下去？恐怕石油大佬们都会着实纠结一番。

非常规天然气产业

非常规天然气资源是指尚未被充分认识、缺乏可借鉴的成熟技术和经验进行开发的一类天然气资源。主要包括：致密气、煤层气、页岩气、天然气水合物等。就地质而言，其生、储、盖与石油和天然气非常相似，因而非常规天然气资源勘探开发与石油和天然气的勘探开发有相似之处，但其资源品位低、勘探开发难度较大，必须采用特殊的工艺技术才能获得经济产量。与常规天然气相比，包括页岩气等在内的非常规天然气具有大面积连续型分布、资源规模大的特点。

据国际能源署（2009）预测，除天然气水合物质外，全球非常规天然气资源量有921万亿立方米，约为常规天然气资源量的5倍。其中煤层气资源量256万亿立方米、致密气210万亿立方米、页岩气456万亿立方米。数据显示，2018年全球天然气产量约3.87万亿立方米，其中非常规天然气产量占世界天然气总产量的22%，非常规天然气产量中的65%是由美国生产的。

1. 北美的非常规天然气开发

北美是非常规天然气开发的核心区域。美国是世界上非常规天然气开发时间最早、规模最大、水平最高的国家，1990年以来，美国陆上发现的大型天然气田主要为非常规天然气田。美国对致密砂岩、页岩和煤层气等非常规气田的不断开发，使得本国天然气储量大幅增长。非常规天然气资源已成为美国重要的供应来源，未来的地位有望进一步上升。

美国非常规天然气的成功开发，使美国跃居2009年世界第一大天然气生产国，基本实现了自给自足，彻底改变了美国天然气的供给格局。目前，在非常规天然气产业中，页岩气堪称21世纪最重大的能源创新。根据美国能源信息署数据，2000年，页岩气还只占美国天然气供应量的1%，2007年达到7%，2017年突飞猛进至68%，年产5264亿立方米。随着页岩气产量的不断增长，2016年美国首次成为LNG净出口国，2018年美国首次成为天然气净出口国，2019年美国LNG出口增量位居全球第一。

除美国外，加拿大的非常规天然气储产业非常丰富；墨西哥也拥有丰富的非常规天然气储量。

2.欧洲及其他地区的非常规天然气开发

欧洲的非常规天然气开发主要集中在波兰、奥地利、瑞典、德国和英国。据预测，欧洲的非常规天然气产量2030年最高可达600亿立方米/年，其中波兰的产量将占大头，其他的则来自瑞典、德国、法国、奥地利和英国。在美国非常规天然气领域取得重大进展的鼓舞下，欧洲各国对此的开发热情也日益高涨。根据欧盟委员会与国际能源署的预计，目前欧洲已探明的全部可开采储量大概在33万亿到38万亿立方米，其中页岩气储量为15万亿立方米，煤层气储量为8万亿立方米。但欧洲缺乏对非常规天然气的储存地、深度、地质结构等的了解，且目前在欧洲做的有关开发非常规天然气的测试也十分有限。

因而，欧洲非常规天然气开发面临的不确定因素较多，非常规天然气初期产量不高将是欧洲不得不面临的现实。此外，亚太、非洲、中东、中南美等地区也有大量非常规天然气储备，开采活动主要集中在澳大利亚、中国、印度尼西亚等地。

GTL和天然气制烯烃

GTL就是将天然气通过费托反应转化成高品质汽煤柴，石脑油、基础油、白油和石蜡等化工产品。以目前产量最大的壳牌卡塔尔气制油项目为例，其中汽煤柴和石脑油产品占总产能的70%左右，润滑油基础油产品只占30%，约3万桶/日（30万吨每年）。行业公认的壳牌GTL基础油产品在黏度、粘指、倾点和稳定性等方面表现都非常亮眼，尤其与降凝剂之间的匹配效果较PAO好，因此对终端润滑油调配来说是个极大的利好。

GTL先导者是壳牌集团。1993年，壳牌在马来西亚建成了世界第一座天然气转化为石油的工厂，日产能力仅1.45万桶（2306立方米）。20世纪90年代中期，卡塔尔为开发其北方大气田大力发展GTL技术，其国家石油公司提出了建设6座GTL厂的计划。其中一座取名"PearlGTL"工程，与壳牌合作，采用马来西亚的工艺，日产可以放大到2.23万立方米。

新石油金权
欧佩克式微与后石油时代

根据2001年的统计，全球气制油项目在建和研讨阶段的有数十个。但目前只有壳牌卡塔尔项目一个在商业运营呢，壳牌马来西亚气制油项目等都纷纷停止。

为什么这些项目很多都最终夭折，或者被无限期的延后呢？

主要原因还是GTL项目的经济性堪忧。第一，根据经济测算，只有超大型的天然气气田且气田与终端市场距离较远的情况下，GTL项目的经济性优势才能得到充分体现。如卡塔尔与传统的润滑油基础油消费市场美国、欧洲、亚太距离都很远。通过管道、天然气液化技术等将天然气输送至上述地区成本很高。

第二，GTL项目与天然气传统销售方式—液化天然气相比，项目投资较大，终端客户应用面较窄。因此与中东、澳大利亚、东南亚等地向中国大批进口液化天然气相比，GTL的进口量可以忽略不计。

从气制油产品组合中各种产品的经济性来看，根据相关经济测算，在原油价格100美元每桶，三类基础油价格1000美金每吨以上的情况下，气制基础油的经济优势是非常明显的。但是目前原油价格低迷，三类基础油价格也从1000多美金每吨的神坛跌落。因此从炼厂角度来看，气制基础油的经济优势遭到重创。另外由于目前三类基础油整体处于供过于求，因此价格很难在短期内有大幅度的提高。

综上，从目前油价和基础油价格水平来看，各石油公司进一步开发气制油的积极性受到沉重打击。在未来的一段时间里，除了个别公司，如沙索、美孚等，依靠美国国内低廉的页岩气价格支持，依然在进行气制油项目的研究建设以外，其他项目均已告停。

以目前硕果仅存的壳牌卡塔尔气制润滑油基础油项目而言。从2012年的一份报告来看，壳牌卡塔尔GTL项目从2011年竣工投产，第一船基础油于2011年11月运往美国休斯敦。目前产能30万桶/日，主要应用于壳牌的润滑油产品中，少有外销。

卡塔尔是中东的天然气大国，在2018年被澳大利亚超越前是世界排名第一的液化天然气出口国。卡塔尔政府与壳牌合作开发GTL项目，也有对冲全球天然气市场价格风险的用意。

天然气化工此前主要是合成氨、甲醇及乙炔以天然气为原料生产，有着半个多世纪历史；21世纪以来，天然气制烯烃发展迅猛，甲醇制乙烯、丙烯的MTO工艺和甲醇制丙烯的MTP工艺是目前重要的化工技术，该技术以煤或天然气合成的甲醇为原料，生产低碳烯烃，是发展非石油资源生产乙烯、丙烯等产品的核心技术。油头工艺是最传统的烯烃生产技术，主要使用石脑油蒸汽裂解来获得低碳烯烃，设施一般依附于炼厂存在。天然气制烯烃开辟和丰富了天然气化工应用场景，提高了天然气使用率。

传统天然气强国——俄罗斯

2019年1月1日，俄罗斯拥有的剩余探明石油储量为1062亿桶，排名世界第六，占世界的6.1%。俄罗斯天然气资源更加丰富，剩余探明天然气储量为38.9万亿立方米，世界第一，占世界的19.8%。

除丰富的资源外，俄罗斯在国际油气市场中的地位，更多地体现在庞大的石油天然气产量和出口量。当今世界，只有美国能与俄罗斯比肩，俄美是国际油气市场两大巨头。

俄罗斯是世界第三大石油生产和第二大出口国。2007年，俄罗斯石油产量首次超过沙特阿拉伯，位居世界第一。此后，美国、俄罗斯和沙特阿拉伯作为三大石油生产国，不时更替世界第一的地位。2018年，美国成为世界第一大石油生产国，俄罗斯排名第三，石油产量为5.56亿吨。

目前，美国虽是世界最大的石油生产国，但还是净进口国。与美国不同的是，由于国内石油消费量有限，俄罗斯是石油净出口国，2018年石油净出口量为4.17亿吨，排名沙特阿拉伯之后，位居世界第二。

2018年，俄罗斯天然气产量为7250亿立方米，排名美国之后，位居世界第二，但天然气出口量为2250亿立方米，世界排名第一。

俄罗斯天然气资源极其丰富，其天然气产量居世界首位，消费量仅次于美国，是国际天然气市场最重要的出口国，素有"天然气王国"之美誉。丰富的天然气资源成为俄欧之间能源合作的物质基础，加之地理位置邻近，更使双方之间的能源合作具有得天独厚的优势。

俄罗斯在管道气上拥有无可比拟的优势，与液化天然气新势力代表美国形成

新石油金权
欧佩克式微与后石油时代

强势竞争态势。

《BP世界能源展望》2019年版显示，天然气生产大国美国和俄罗斯2017年产量全球占比分别为20%、17%。美国在页岩油革命之后天然气产量超越了俄罗斯，并仍有巨大发展潜力。俄罗斯既是全球第二大天然气生产国又是全球第二大天然气消费国，2018年消费量为4545亿立方米。之前数据显示俄罗斯一次能源消费构成中天然气占53.6%，其次石油占19.1%，煤炭占16.4%，核电占5.0%，水电占5.9%。天然气的主要消费领域是发电和居民消费。

苏联解体后，俄罗斯境内优质石油资产被各路势力瓜分，此后普京不断出招，最终才形成了俄油这一巨无霸。

不同于俄罗斯石油产业的分分合合，俄罗斯天然气产业自始至终都是俄气一家独大。国内工业和居民消费的天然气75%由俄气供应，2005年俄气对俄罗斯国内供应量为3070亿立方米。

俄罗斯地处欧亚大陆中间位置，位于世界三大经济（北美、欧洲、东北亚）体欧洲和东北亚"正中心"，尤其是天然气储量主要集中在俄罗斯中北部亚马尔和格达半岛，距离俄罗斯人口密集区和欧洲相对较近，为其天然气工业发展提供便利。按照俄气年度报告披露信息，俄罗斯与欧洲天然气供销合作，已有长达40多年的历史，与东北亚液化天然气供销合作近10年历史。按照俄罗斯人的习惯和历史沿袭，外部市场划分为欧洲、苏联国家、亚太三大市场，市场属性不同，天然气销售价格，也存在较大差异；其中欧洲和苏联国家主要以管道气销售为主，亚太市场主要以液化天然气为主。可以说，欧洲早已是俄罗斯天然气老主顾，东北亚的日本和韩国也不是新顾客。

随着西伯利亚力量天然气管道和中俄东线天然气管道建成并于2019年12月投产运行，中国成为俄罗斯管道气亚太地区第一个用户。相应地，中亚管道气2009年入华，中缅管道气2013年开通，数据显示，2018年中国天然气管道气进口量517亿立方米，在2018年管道天然气进口中，中亚天然气占94%，俄罗斯管道气增长空间巨大。

在亚太区，中国和俄罗斯天然气业务合作相对日韩稍晚些但是潜力巨大。

据国际能源署统计数据，2013年俄罗斯探明天然气储量31.3万亿立方米，占世界总储量的16.8%，天然气产量6680.24亿立方米，而年消费量已经达到亿立方米，向世界30多个国家出口天然气总量为2049.11亿立方米，其中输往欧洲的天然气达1627亿立方米。2013年俄罗斯出口至欧洲的天然气约占俄罗斯天然气出口总量的80%，满足了欧洲天然气消费量5410亿立方米的30%。据俄罗斯联邦海关局统计数据，2013年天然气出口收入达到706.02亿美元，占当年俄罗斯出口总额5264亿美元的13.4%。

欧洲是俄罗斯天然气出口的主要市场。早在20世纪40年代中期，俄罗斯便开始向波兰出口天然气，此后陆续修建"兄弟"天然气管道、"北极光"天然气管道、"联盟"天然气管道、"亚马尔—欧洲"天然气管道、"蓝溪"天然气管道、"北溪"天然气管道以及在建的"北溪2号"天然气管道等多条天然气管道，将天然气源源不断输向欧洲市场。

苏联时期，天然气管道都是经由加盟共和国，乌克兰因此成为俄罗斯管道气关键节点；管道运营依赖过境国，地缘政治影响巨大，容易为国际关系风云变幻左右，苏联解体特别是21世纪以来，俄罗斯规划铺设的输出欧洲天然气管道时，一是寻找新的过境国如波兰、土耳其等，二是直接从海上横跨直达需求地如"北溪"天然气管道。

"兄弟"天然气管道是苏联时期建成的经乌克兰出口欧洲的天然气管道之一。该管道起于俄罗斯西部的纳德姆气田，经乌克兰至斯洛伐克，之后分为两路：一条输往捷克、德国、法国、瑞士等国家；另一条输往奥地利、意大利、匈牙利等多个欧洲国家。管道全长4451千米，管径1220毫米，设计压力8.4兆帕斯卡，输气能力为240亿立方米/年，于1967年建成投产。2014年6月17日乌克兰境内发生天然气管道爆炸事故的正是这条管道。

"北极光"天然气管道是俄罗斯经白俄罗斯输往欧洲的天然气管道之一。该管道起自俄罗斯乌连戈伊气田，经白俄罗斯至波兰、乌克兰、立陶宛等欧洲国家。该管道系统在俄罗斯境内为多条管道并行敷设，总长7377千米，管径1220毫米，设计压力8.4兆帕斯卡，输气能力为510亿立方米/年，该管道于1985年建成，由于运行时间较长，部分设备老化，目前输气能力降为460亿立方米/年。

1974年6月，苏联、匈牙利、捷克、波兰、德国、罗马尼亚、保加利亚等7个国家签署了关于开发奥伦堡凝析气田和共建"联盟"天然气管道的协议。该管道系统包括南、北2条管道，其中"联盟"北线干线管道起自俄罗斯，经乌克兰，

新石油金权
欧佩克式微与后石油时代

向西到达德国，并延伸到法国；"联盟"南线干线管道起自俄罗斯，经乌克兰和摩尔多瓦，到达罗马尼亚、保加利亚、马其顿、土耳其等欧洲国家。管道全长1780千米，管径1220毫米，输气能力为280亿立方米/年，于1978年建成投产，项目总投资60亿卢布。

"亚马尔—欧洲"天然气管道起于西西伯利亚亚马尔半岛，经白俄罗斯、波兰到德国柏林，管道全长约2000千米，其中俄罗斯段长度为402千米、白俄罗斯段575千米、波兰段680千米，管径1420毫米，设计压力8.4兆帕斯卡，输气能力为330亿立方米/年，沿线设置31座压气站，于1999年建成投产。该管道的建设，优化了俄罗斯天然气的出口流向，提高了向欧洲供气的灵活性和主动性。

1997年12月，俄罗斯与土耳其签订了关于修建"蓝溪"天然气管道的政府间协议，商定在25年内向土耳其供气3650亿立方米天然气。该管道起自俄罗斯境内伊扎比热内，经黑海海底至土耳其首都安卡拉，管道全长1213千米，其中，俄罗斯段为373千米、土耳其段为444千米，海域段396千米。管道采取变径工艺方案，俄罗斯平原段管径1420毫米、山区段管径1220毫米，海底管道段管径610毫米、双管敷设，土耳其部分管径1220毫米。管道最高设计压力为25.1兆帕斯卡，设计输量160亿立方米/年。该管道总投资32亿美元，其中海底管道部分投资为17亿美元，由俄罗斯和意大利共同修建，费用平摊，于2005年11月建成通气。

"蓝溪"天然气管道是世界上最深的海底管道，最深处达2150米。该管道的修建使俄罗斯成功打入土耳其的天然气市场，进而打开了地中海市场，并进一步扩大与欧盟各国的天然气合作。

为减少第三方过境国对出口天然气管道的影响，2005年俄罗斯总统普京和德国前总理施罗德达成修建"北溪"天然气管道的协议。该管道从俄罗斯彼得格勒州维堡港出发，穿过波罗的海，在德国格赖夫斯瓦尔德登陆，单管道长1224千米，管径1220毫米，设计压力为22兆帕斯卡，输气能力为275亿立方米/年，双管并行敷设。该管道项目总投资为110亿美元，其中俄气持股51%、德国意昂集团和温特沙尔石油公司各持15.5%股份、荷兰天然气公司和法国燃气苏伊士集团各持9%股份。"北溪"第一条管道于2011年11月8日正式投入使用，第二条管道于2012年10月份开始商业供气。该管道系统总输气能力达550亿立方米/年，可满足欧洲10%的天然气需求。

"北溪"天然气管道的修建,开辟了俄罗斯运输天然气至欧洲的新路径,首次实现不经过第三方国家直接将俄天然气管网和欧洲管网相连,有利于向北欧和西欧提供稳定的天然气供应,保障长期能源安全。由于项目取得了巨大成功,"北溪"天然气管道合资公司开工建设了"北溪2号",原计划2019年建成,但受到美国不断升级的制裁干扰,目前进展缓慢。

此外,俄罗斯为进一步实现天然气出口渠道多元化,俄气和意大利埃尼公司于2007年6月成立"南溪"天然气管道公司(股比各50%),共同发起"南溪"天然气管道项目。该管道起自俄罗斯新罗西斯克,穿越黑海海底,铺设到保加利亚瓦尔纳,然后再分为两条支线:一条经希腊通向意大利南部;另一条穿越塞尔维亚、匈牙利、保加利亚通向奥地利、德国等西欧国家。管道总长2386千米,其中海底管道长度931千米,管径810毫米,设计压力27.73兆帕斯卡,四条管道并行敷设,每条管道输送能力为157.5亿立方米/年;陆上部分管道长1455千米,管径1420毫米,设计压力10兆帕斯卡。由于管道气地缘政治属性强,乌克兰问题爆发以来,面临和欧洲关系恶化局面,俄罗斯放弃了"南溪"天然气管道项目,转而将把天然气输送到土耳其的一个中转站。

俄罗斯管道气长期占据欧洲天然气市场份额1/3以上,俄罗斯天然气出口欧洲既为俄罗斯外汇创收,又助力俄罗斯深度融入欧洲政治经济体系。俄罗斯输出欧洲管道气的经济意义与战略意义并重,是俄罗斯天然气出口基本盘,但是面临乌克兰危机、欧洲市场日趋饱和、欧盟对俄气反垄断调查不断收紧以及美国液化天然气咄咄逼人的竞争态势,俄罗斯开发亚洲天然气市场成为必须选项。

俄罗斯开发亚洲天然气市场的动因:

俄罗斯开发亚洲天然气市场属于战略决策,目的是规避在国际能源市场中的负面影响,带动国内社会经济发展,从而确保俄罗斯在国际政治经济体系中的强国地位。基于上述目标,俄罗斯开发亚洲天然气市场的直接动机由以下三个相互联系的因素组成。

第一,发展远东地区的需要。远东地区事关俄罗斯国家发展战略及其"面向亚洲"的计划。目前,俄罗斯远东地区由9个州组成,总人口6182679人(2017年1月1日统计),比2016年同期减少12290人。远东地区占总领土的三分之一,人口仅占总人口的5%。这也反映出远东地区社会经济依然发展缓慢。远东地区发

新石油金权
欧佩克式微与后石油时代

展需要解决的问题很多，其中基础设施建设和国内利益集团是亟待解决的问题。俄罗斯政府计划在2017—2020年间投资5422亿卢布（91亿美元）用于远东基础设施建设，其中40%的资金来自联邦财政预算。2018年远东地区投资增加1.325万亿卢布（约合202亿美元）。在新的联邦预算出台后不久，俄罗斯交通部长马克西姆·苏科洛夫于2017年12月宣布，在2020年前将投资2.35亿美元用于哈巴罗夫斯克、萨哈共和国雅库茨克、阿穆尔布拉戈维申斯克、马加丹索科尔等40个机场的升级改造，大约占远东地区总机场数的50%。显然，财政预算不足以满足机场升级改造的需要，为此，俄罗斯政府试图吸引外国投资参与远东开发。

远东地区发展缓慢问题，已成为社会精英们抱怨俄罗斯政府的话题。尽管俄罗斯政府意识到远东地区发展的重要性，并在2012年成立了远东发展部，但受制于国内利益集团的影响，远东发展部提出的一系列发展计划落实得非常缓慢。这主要表现在两个方面，一是地方利益集团因自身利益没有被充分体现，对联邦政府的发展计划选择了推诿策略；二是受发展水平不同影响，地方之间在响应联邦政府开发计划方面步调也不一致，例如因自然资源开发比较成熟，西西伯利亚地区就比东西伯利亚和远东地区开发得要好。

为解决上述问题，整合东部地区（指西西伯利亚、东西伯利亚和远东地区）油气资源及其衍生行业实现边际收益递增，这更是俄罗斯发展远东地区的重要战略。对此俄罗斯政府明确表示，建设面向亚洲市场的油气管道是俄罗斯促进远东地区发展的重要支柱，并借此推动新兴产业和服务业在远东地区的发展。更进一步来讲，扩大与东亚地区的经济关系，占有所有重要能源消费市场，对于俄罗斯作为其地缘政治手段非常重要。因此，在可预见的未来，俄罗斯将持续把远东地区作为发展的重点。特别是俄罗斯公司一旦进入能源消费终端市场，能源合作业务涉足上游和下游，那么能源就有机会被用来与新兴大国建立政治联盟。这样，俄罗斯就有了更多政治和经济的选择，从而降低来自西方的威胁。

第二，降低市场风险的需要。因传统天然气市场低迷，俄罗斯为了规避潜在的市场风险，开发亚洲天然气市场便是最佳的替代方案。从市场角度看，俄罗斯在欧洲和西方的传统市场已经成熟，增长空间有限。欧盟是俄罗斯天然气出口的传统市场，2016年1793亿立方米的出口总量中，86%以上（1536亿立方米）供应了欧盟国家。俄欧关系的不稳定对俄罗斯天然气出口欧盟也产生了负面影响。自

2011年起，俄罗斯与欧美国家的关系逐渐走向低谷，受此影响国际天然气市场波动明显。为了规避潜在的风险并寻求新的替代方案，欧盟国家和俄罗斯都在寻求能源市场的多元化。欧盟国家一方面逐渐降低能源进口依赖程度，另一方面不断寻求能源进口多元化。通过努力，欧盟国家在规避能源风险上基本实现了预期的目标。据国际能源署预测，欧盟国家天然气市场趋于饱和，天然气需求增长期已经结束，2035年前会停留在每年4600亿立方米的水平。

规避市场风险是俄罗斯需要长期面对的问题。除传统市场趋于饱和问题外，更加不可确定的是国际政治因素，即俄罗斯如何走出"冰冻"的俄美欧关系。就目前俄罗斯与美欧国家政治环境而言，出现"解冻"的可能性非常低。因此，在与美欧关系未发生本质性改善的前提下，俄罗斯需要继续加大规避市场风险的力度，而亚洲天然气市场将是俄罗斯天然气唯一替代市场。

加强中俄关系的需要。中国是俄罗斯天然气的潜在市场，也是俄远东地区发展的重要融资渠道。目前，俄罗斯远东地区外国直接投资中的85%来自中国，未来几年在远东地区中国资本将增加到300亿美元。此外，根据俄罗斯远东投资促进机构统计，截至2017年俄罗斯远东地区共吸引外国直接投资1766.59亿卢布（约合26.9亿美元），其中中国1548.88亿卢布（约合23.6亿美元）、日本23.72亿卢布（约合3611万美元），在统计的22个外资项目中，中国12个、日本2个。可以说，中俄合作开发远东地区已成为中俄关系发展的重要内容。

习近平总书记提出"一带一路"倡议后实施的首个海外特大型项目——亚马尔液化天然气项目，是集天然气和凝析油勘探开发、天然气处理、天然气液化、海上运输和销售为一体的大型上游投资开发项目，也是中俄两国目前最大的经济合作项目，被两国领导人誉为"压舱石"和"风向标"。亚马尔液化天然气项目由俄罗斯诺瓦泰克公司、中国石油、道达尔和中国丝路基金共同合作开发，是北极地区产能最大的液化天然气工程，中国石油与亚马尔液化天然气公司签订了为期20年、年供300万吨的液化天然气合同。

继与俄方成功合作全球最大极地液化天然气项目——亚马尔液化天然气项目后，中国石油在北极油气开发中再度发力。2019年4月25日，中国石油全资子公司中国石油国际勘探开发有限公司与俄罗斯诺瓦泰克公司签署了《北极LNG-2项目合作框架协议》。根据协议，中油国际将收购北极LNG-2项目10%的权益。该

新石油金权
欧佩克式微与后石油时代

交易将在完成必要的内部审批程序后生效。同日，中国海洋石油有限公司表示已与诺瓦泰克签订合作框架协议，拟收购北极LNG-2项目10%的权益。加上3月中旬道达尔与诺瓦泰克签订最终协议，收购北极LNG-2项目10%的直接权益，考虑到诺瓦泰克计划保留北极LNG-2项目60%的权益，至此，北极LNG-2项目90%的股权已经基本敲定。

从大的战略空间来看，务实合作是中国与俄罗斯在当前国际政治环境下的战略共识，而与美国关系将处在遏制与反遏制、竞争与合作的状态。为了巩固战略共识，中俄需要把全面战略协作伙伴关系落在实处，但是能够推动中俄务实合作的领域并不多，其中能源合作是最容易推动的领域。

俄罗斯东部地区天然气开发与俄罗斯石油开发类似，开发顺序从西往东依次递进，西西伯利亚油气资源开发最成熟，东西伯利亚次之，开发较慢的是远东地区。即便如此，东、西西伯利亚可能还蕴藏着巨大的、尚未勘探的油气资源。根据俄罗斯能源机构报告，在已勘探的陆上（7.3%）和大陆架（6%）中，东、西西伯利亚地区陆上天然气储量为52.4万亿立方米，海上储量为14.9万亿立方米。

目前，东部地区产能有剩余且能输往亚洲市场的是东西伯利亚地区和远东地区的油气资源，并形成四个主要可供出口亚洲的产地，雅库茨克中心区天然气储量为2.2万亿立方米、伊尔库茨克中心区天然气储量为3.4万亿立方米、克拉斯诺亚尔斯克中心区天然气储量为1.3万亿立方米、萨哈林岛和堪察加半岛天然气总储量超过2万亿立方米。

就生产潜力而言，10年后东西伯利亚地区天然气的总产量每年可达75亿～80亿立方米。大部分天然气来自俄气恰扬金斯克天然气田和科维克季斯克气田，这两个产区的年产量在500亿～600亿立方米左右。但是，俄罗斯东部地区的消费有限，年需求量仅为10亿～15亿立方米，这意味该地区生产的天然气需要寻求出口市场，否则投资成本与收益不符。

在东、西西伯利亚油气开发项目中，亚马尔液化天然气项目属于新开发的项目。尽管亚马尔液化天然气项目是20世纪70年代末勘探出来的，但是因自然环境恶劣、资金、运输和开发技术等原因，直到2012年项目才有了实质性的进展。乌克兰危机后，西方经济制裁下，亚马尔液化天然气项目获得中国资金支持没有停滞。

作为俄罗斯天然气工业的新动力，亚马尔液化天然气项目属于合资开发，俄罗斯诺瓦泰克公司拥有50.1%股份、法国道达尔股份占比20%、中国石油占比20%、丝路基金占比9.9%，已探明天然气储量为9260亿立方米。俄罗斯投融资困难，资金匮乏，中国金融机构深度参与，来自中国的航运公司承运全部向中国出口的液化天然气。亚马尔液化天然气项目建设分为三期，建设三条处理能力为550万吨/年的生产线，项目建成后每年将生产1650万吨液化天然气和100万吨凝析油。2017年12月，亚马尔项目的第一条生产线投产。2018年7月19日，亚马尔液化天然气项目向中国供应液化天然气首船通过北极东北航道运抵中国石油江苏如东液化天然气接收站，开启了亚马尔项目向中国供应液化天然气的新篇章，为中国的清洁能源供应带来了新气源。

萨哈林是远东地区的主力油气生产区，分为萨哈林1号、2号和3号油气田。萨哈林1号由俄罗斯、日本、印度和美国能源公司合作开发，美国埃克森美孚公司负责运营，天然气年产量为80亿立方米（许可证允许），主要供应俄罗斯哈巴罗夫斯克边疆区（2005年开始），并解决该地区供热和电力问题。萨哈林2号由俄罗斯、荷兰、日本公司合作开发，每年生产和出口液化天然气108万吨，主要向中国、亚太国家出口。萨哈林3号为俄气的克里斯考耶和北克里斯考耶油气田，每年生产200亿~250亿立方米天然气。根据俄罗斯统计，2016年萨哈林能源公司生产了1093万吨液化天然气。天然气液化工艺是萨哈林油气生产的核心，与荷兰壳牌、日本三菱和三井合作，萨哈林石油天然气工业公司在萨哈林岛南部建立了液化工厂，设计产能为每年960万吨液化天然气。

俄罗斯东部地区天然气储量十分丰富，开发潜力巨大。理论上，东部天然气资源是很多国家所需要，是普京政府实现俄罗斯发展的物质保证。但是，丰富的油气资源储量需要通过市场需求来实现其价值，否则不会产生实际意义。那么，在传统市场能源强度降低和市场供需趋于稳定的前提下，俄罗斯天然气要助力国家发展，就需要开拓更多的能源市场。于是，亚洲市场便是俄罗斯天然气预期目标。

未来几年内亚洲天然气市场潜力巨大，俄罗斯虎视眈眈，寄予厚望，尤其是中国天然气市场。根据中国国家能源局2017年发布的《能源发展"十三五"规划》，到2020年天然气在能源消费结构中所占比例将提高到10%以上，即消费量达到4000亿立方米。为此，进口天然气是中国主要的替代能源。

新石油金权
欧佩克式微与后石油时代

我们从制度成本、市场竞争程度、中俄关系三个相互关联的要素切入分析俄罗斯天然气在亚洲市场的前景。

俄罗斯开拓亚洲天然气市场的制度成本较高

制度因素对俄罗斯天然气开拓市场的影响十分突出。制度因素主要表现在地区天然气市场的合作水平和天然气交易的定价机制。尽管统一的能源市场降低了俄罗斯天然气的"议价"能力,但是也能降低俄罗斯天然气的制度成本。例如,欧洲市场是俄罗斯天然气的消费主力,而欧盟国家又是欧洲市场的主要消费国。在2011年以前,俄罗斯天然气成功地利用了欧盟能源制度,滥用在欧洲天然气市场的垄断地位,获取了十分可观的利润。作为回应,欧盟从2012年启动了对俄罗斯天然气的反垄断调查,随后组建了"能源联盟"。尽管有制衡俄罗斯天然气议价能力的功能,但欧洲"能源联盟"在完善统一能源市场方面还是积极的,对于俄罗斯天然气而言制度成本相对较低。

与欧洲不同,亚洲天然气市场地区化水平低,亚洲能源共同市场依然停留在"概念"上。主要原因,一是国家能源制度建立在不同水平的市场经济制度之上,日本、韩国、印度、部分东盟国家建立在完全市场经济之上,而中国的市场经济水平次之;二是统一的亚洲天然气市场交易中心尚未形成,使能源生产国和消费国都存在交易不透明、成本高、融资能力弱等问题;三是亚洲地区能源市场规范性较低。尽管很多亚洲能源消费国有加强亚洲能源合作的意愿,希望通过建立"亚洲能源联盟"规范亚洲市场,但是由于国家中心主义普遍存在于国际经济技术合作中,并制约着国家间的深入合作,俄罗斯天然气不得不面对着分散的亚洲市场,虽然分散的市场有助于提高俄罗斯天然气的议价能力,但不可避免地增加了合作成本。

亚洲市场竞争激烈,俄罗斯天然气优势并不突出

尽管中国对进口天然气需求加大了亚洲市场的潜力,但是我们还要看到随着亚洲市场需求的增加,美国、澳大利亚、尼日利亚、阿尔及利亚等天然气生产国也进军亚洲市场。此外,俄罗斯天然气(特别是亚马尔项目)在冬季输往亚洲天然气市场时运输成本要远远高于欧洲市场,液化天然气运输船往返俄罗斯亚马尔—日本横滨港一次需要72天,而日本进口澳大利亚液化天然气只需要16天。

即便是在价格上，俄罗斯天然气在亚洲市场也可能没有明显优势，因为俄罗斯对亚马尔项目减免了12年的资源税。与之相反，因缺少政府补贴俄罗斯符拉迪沃斯托克液化天然气项目（计划输往日本市场）因生产成本高、商业价值低而搁浅多时。作为亚洲天然气市场中的消费大国，日本2017年从俄罗斯进口了760万吨液化天然气，其余主要从澳大利亚和中东国家进口。不过，未来几年日本天然气消费量可能基本保持不变，甚至会小幅下降。

从需求趋势看，到2040年亚洲天然气市场消费量达到1472亿立方米，71.5%的增长将来自液化天然气，主要消费国为中国和印度。但是，中国、日本、韩国、印度等潜在的天然气买家已与美国天然公司进行谈判，目的是不愿过度依赖俄罗斯天然气，尤其是韩国天然气公司已试图改变液化天然气长期合同中的不利因素，试图从"卖方市场"条款转向"买方市场"条款。很显然，亚洲天然气市场的变化，将有可能使俄罗斯天然气的利润大大缩水。

俄罗斯天然气亚洲份额绝大部分将由中国市场消化

俄罗斯计划到2035年提高亚太地区天然气份额到33%，其中绝大部分将由中国市场消化。依靠中国贷款，亚马尔液化天然气项目的前三条生产线在2018年年底顺利投产，依据中国石油与诺瓦泰克签署的协议，从2020年开始每年有300万吨的液化天然气进口至中国，除此之外还可以另外购买该项目的100万吨液化天然气。此外，根据中俄协议，西伯利亚力量天然气管道和阿尔泰天然气管道在2030年前每年向中国出口680亿立方米天然气。日本和韩国也是俄罗斯开发远东地区的合作伙伴。

当前，亚洲国家在天然气价格谈判领域总体上弱势，定价权话语权严重缺乏，致使"亚洲溢价"现象长期存在，亚洲国家尤其是中日韩等东北亚地区国家被迫长期支付较高的天然气进口成本。俄罗斯出口的天然气在亚洲市场交易的价格高于北美和欧洲市场，因此俄罗斯远东地区油气资源的投资回报率较为可观。

综上所述，俄罗斯开拓亚洲天然气市场的意愿非常强烈，虽然亚洲市场制度成本高、市场竞争激烈，但是"亚洲溢价"的存在给予了俄罗斯远东地区丰富油气资源开发的动力，如果俄罗斯天然气主动降低利润率，在亚洲天然气市场将获得比较优势。

新石油金权
　　欧佩克式微与后石油时代

俄罗斯在石油和天然气两大资源板块禀赋突出，辅之以灵活的能源政策及大国博弈，普京和俄罗斯的强国梦有基础，有载体，有抓手。

美国页岩气革命冲击世界能源格局

按照石油地质学六要素"生、储、盖、圈、运、保"，生油层，储集层及盖层决定了油气能否生成、储藏并被遮盖的地质条件；储集层和盖层组合成的圈闭，生油层产生油气后运移到储集层的机制及油气藏的保存决定了油气能否在顺利形成油气藏结构。

这六要素也是寻找常规油气藏的要诀。常规油气研究核心是回答圈闭有效性及"圈闭是否成藏"，重点评价"生、储、盖、运、圈、保"六要素匹配关系；勘探目标是寻找含油气圈闭边界；开发追求油气藏长期高产和稳产；工作关键是编制圈闭平面分布图、油气藏剖面图和圈闭要素表的"两图一表"。

常规油气是能够用传统技术经济性开采，圈闭中易于流动的油气。

非常规油气是指用传统技术不能经济性开采，储层中难以自然流动的油气。

常规与非常规油气本质区别为油气是否明显受圈闭控制、单井是否有自然工业产量。

非常规油气研究核心是确定储层有效性及"储层是否含油"，重点评价"岩性、物性、脆性、含油性、烃源岩特性与地应力各向异性"这六性及其匹配关系；勘探目标是寻找"甜点区"和富集段，确立连续型或准连续型油气区边界；开发追求初高产、高累产；工作关键是编制出成熟烃源岩厚度平面分布图、储层厚度平面分布图、储层顶面构造图和核心区评价表的"三图一表"。

非常规油气资源的成功代表就是页岩气。

页岩气，是以游离态存在于天然裂缝和孔隙中，以吸附态存在于干酪根、黏土颗粒表面，还有极少量以溶解状态储存于干酪根和沥青质中，赋存于以富有机质页岩为主的储集岩系中的非常规天然气。

页岩气是产自极低孔渗并存在于富有机质页岩地层中的非常规油气，属于自生自储、连续聚集的天然气藏，由于页岩气呈现吸附或游离状态，过去垂直井状态下去后，只有一口井眼，页岩气和致密油无法有效采收。21世纪前，由于技术受限以及国际油价整体偏低，页岩气被归于难采储量。

黑色页岩又被形象地称为"磨刀石"，黑色页岩坚硬致密，用肉眼根本无法看到它的孔隙。但在电子显微镜下却能发现其星罗棋布的丰富空隙，孔径从5纳米～200纳米不等，里面有游离和吸附的直径0.36纳米的甲烷分子。页岩中这些装满甲烷的纳米空隙基本上是一座座互不联系的孤宅，页岩气既可以游离状态存在于岩石裂缝中，也可以封存在纳米级微型空隙里面，其中的页岩气很少相互走动和串门。由于页岩自身的封闭性，其储存的天然气很难脱离其自生自储的原始环境，这就是页岩气难于开发的原因。

如何将页岩气从其居住的小房子里请出来？这需要用到石油科技的进步技术——水平钻井技术和水力分段压裂技术的合力。第一步钻井：2002年以后，水平井的大量应用推动了美国页岩气的革命。目前，几乎所有的页岩气都采用水平井开发，钻井方向垂直于最大水平主应力的方向。水平井钻井过程中，常采用欠平衡、空气钻井、控制压力钻井和旋转导向钻井等关键技术。在同一井场利用滑移井架钻多口水平井。与直井相比，水平井的技术优势在于：成本是直井的1.5～2.5倍，但初始开采速度、控制储量和最终可采储量是直井的3～4倍；水平井与页岩中裂缝（主要是高角度裂缝）相交机会大，明显的改善储层流体的流动状况和增加泄流面积；减少地面设施，开采延伸范围大，受地面不利条件干扰少。第二步压裂：水平井多级水力压裂技术、多井同步压裂技术。将水平井分为数十段，利用含有减阻剂、黏土稳定剂和表面活性剂的水力压裂，同时应用重复压裂、滑套完井等综合技术，可以节约成本50%～60%，完井成本下降65%，并能提高采收率20%。页岩气井的生产是一个需要进行多次重复压裂的过程。一般初次压裂后，随着时间的推移与压力的释放，原来由支撑剂保持的敞开裂缝逐渐闭合，产量大量释放。通过重复压裂可以恢复产量，二次压裂后产量可以接近甚至超过初次压裂的产量。重复压裂后采收率可以提高10%，可采储量增加60%。

通过此两项技术的运用，提高了页岩的渗透率，单井产量可为直井的10～15倍，同时页岩气的开发开采成本也大幅降低。

页岩气大规模开采得益于石油工业的三大进步。勘探技术上，计算机运算能力的飞速发展及超级计算机的出现让过去需要海量投入的物探解析工作变得简单

新石油金权
欧佩克式微与后石油时代

易行,全球的地质构造分析得以较过去成倍运行,21世纪以来全球探明储量不断上涨。钻井技术上,北海油田的开发让水平井等定向井技术突破了过去垂直井井在作业区域及定位方面的限制,大大提高钻井产能。储层改造技术上,页岩气的开发让分段压裂酸化技术取得了重大发展,页岩气的采收率大为改观。

利用超算技术,北美页岩气藏区块被勘探发现,二叠纪盆地即在其中;利用水平钻井和多段水力压裂技术,从页岩或其他低渗透性储层中开采出页岩气成为可能。

美国在页岩气取得的巨大成绩得益于美国在全球石油科技的常年领先。休斯敦是全球多家顶级石油公司上游总部所在地,技术储备强。

整装油田,就是一个完美地符合了油气藏理论的完整构造油田,圈闭完整,储层面积和厚度都较大。可以形象地理解为一口倒扣的大锅,一旦垂直井打下去,油气就会在压力驱动下向井眼汇集并出油。这也是我们印象中高高耸立的钻井以及磕头机所构成的油田印象。

沙特阿拉伯、俄罗斯在整装大油田上具有突出优势,沙特阿拉伯的格瓦尔油田是世界油田霸主,位于利雅得以东200千米,探明储量达107.4亿吨,年产量2.8亿吨。俄罗斯的萨莫特洛尔油田则是世界第二大产量油田,位于西西伯利亚,探明储量20.6亿吨,年产量1.4亿吨(图7-2)。

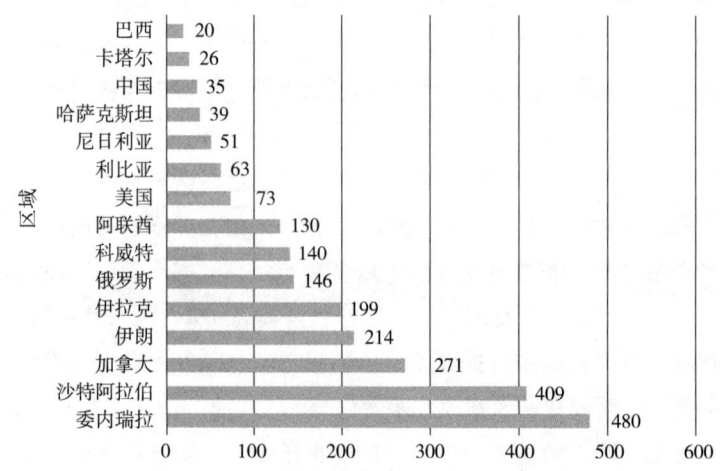

图7-2 2018年全球主要国家石油探明储量(单位:亿吨)

1973年及1979年的两次石油危机让美国政府意识到能源独立的重要性，而石油峰值在70年代的到来让美国政府在1980年通过法令对非常规油气开采实施免税及补贴政策以扶持产业发展。

美国的页岩气试验性开发早在1820年，只是由于当时受技术条件的限制，页岩气的产量极低，开发页岩气的成本却很高。随着技术的进步，页岩气开发的成本被逐渐降低，页岩气产量实现跨越性增长，美国国内能源领域实现的这种重大变革被称为"页岩气革命"。由于东西方文化的差异，各方对于"革命"一词的理解存在较大差异。在中国的文化语境中，"革命"更多地被理解为社会生活领域发生的颠覆性的变化，而在西方看来，"革命"是某一领域的重大变革，将会产生深远持久的影响。页岩气革命更多意义上还是一种观念上的革命。

首先，19世纪以前，人们很难想象除了传统的油气田之外，岩石中也能蕴藏大量的石油和天然气资源。19世纪美国成功钻探出第一口页岩气井，人们也并不相信能够从岩石中大规模商业性地开采出石油和天然气。直到20世纪晚期，由于米切尔能源开发公司的长期不懈努力使得页岩气开发实现突破性进展，人们才意识到页岩油气资源的巨大潜力。其次，工业革命以后，机械的大规模使用刺激了石油和煤炭的大规模开采和使用，造成空气污染等环境破坏问题。人们普遍认为只有开发新能源才是解决人类经济发展困境的关键。但是页岩气的成功开发，使人们重新认识化石能源。天然气很可能代替石油最终成为世界经济发展的最主要能源。传统的能源开发观念发生了革新，人们重新认识到天然气的重要意义。最后，才是一场现实意义上的能源革命。19世纪虽然人们发现了页岩气，但是由于技术水平低下，页岩气开采成本高，而使得页岩气开发不具有规模经济性，因此，页岩气产量很少。随着水力压裂和水平钻井技术的突破和不断完善，页岩气以及意外获得的页岩油的产量开始实现井喷式增长，并对世界能源格局和地缘政治产生一系列影响。产生了影响深远而广泛的能源革命。

为什么美国页岩气革命能取得成功呢？概而言之，既有技术进步，又有基础优越；既有巨大需求变革，又有油气价格刺激。

一是关键技术取得突破。美国前副国务卿罗伯特·霍马茨指出非常规油气资源给美国的能源格局带来新变化，而以水平钻井和水力压裂等为代表的关键技术取得的突破为美国的能源革命注入了强大的动力。

新石油金权
欧佩克式微与后石油时代

二是基础条件优越。从地理因素来看，美国的页岩气埋深浅，页岩气蕴藏区域大多为平原，这些条件有利于钻井和油气运输。

三是市场需求巨大。美国的经济发展长期以来十分依赖石油资源，但是1970年美国本土的原油产量即达到峰值，为35.2亿桶。进入80年代以后，美国的原油生产转入低谷并在此后不断下降，2000年年初美国原油产量甚至跌破20亿桶。同时，常规天然气供应也在不断减少。美国的常规能源生产已在逐渐枯竭，美国经济发展需要新的替代能源；另一方面，1950年至1970年间，随着美国工业经济的发展，以天然气为代表的能源需求快速增长，根据美国能源信息署数据，这期间美国天然气消费消费快速上升，由573十亿立方英尺增长至20864十亿立方英尺。年均增长6.7%。之后，虽然短时间下行，但是从整体上看仍然保持快速增长的态势（图7-3）。因此，为满足国内生产生活的需要，加大对以页岩气为代表的非常规能源的开发力度显得尤为紧迫。

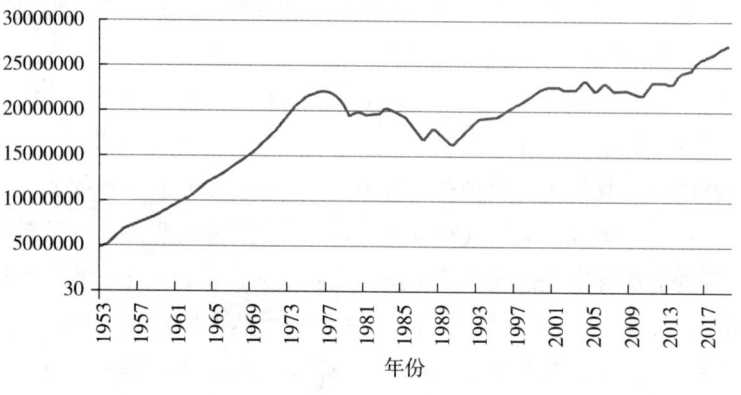

图7-3　美国天然气消费量（1953—2017年）（单位：百万立方英尺）

四是油气价格上涨的刺激。油价上涨的趋势吸引越来越多的企业进入油气资源勘探领域，为页岩气工业的大发展打下基础。在国际油价增长的同时，天然气也表现出类似的态势。由于美国天然气市场化程度较高，美国的任何企业都可以进入天然气领域进行勘探开发。同时，随着政府对天然气价格约束的放松，天然气市场价格体系日益成熟。可以说，2005—2008年的天然气市场的价格涨势为大公司开发页岩气提供了充分的激励，不断攀升的石油和天然气价格蕴藏着丰厚的利润空间，刺激油气开采技术的革新，带动了更多油气资源的开发和生产，加快了美国页岩气领域的开发进程。

2017年，美国已经是天然气净出口国，在最大出口国名单上排名第六，仅次于卡塔尔、澳大利亚、马来西亚、尼日利亚和印度尼西亚。

2018年，美国液化天然气出口惊人地增长了53%，赶超了印度尼西亚和尼日利亚。从增长量来看，对韩国出口（+91%，+118blncf）、对拉丁美洲（+46%，+97blncf）、对日本（+130%，+69blncf）、对欧洲（+62%，+61blncf）和对印度（+176%，+37blncf）。

从总量来看，2018年美国半数（51%）的液化天然气出口到了亚洲，包括中日韩，印度；其次拉丁美洲为28%，欧洲为15%，中东为5%，非洲为1%。

据美国能源信息署预计，至2020年前后，美国将拥有世界第三大液化天然气出口能力，仅排在澳大利亚和卡塔尔之后。

对于世界上的天然气生产和供应商来说，美国成为第三大液化天然气出口国，这很可能是一个冲击国际液化天然气市场的"灰犀牛"，美国欲借此扩大对欧洲的能源出口，瓦解俄罗斯与欧盟的能源贸易，进一步实现主导全球能源市场的雄心。

美国不光在液化天然气上具备了冲击全球市场格局的能力，美国页岩气革命及此后致密油的开发带来了大量伴生气，这些伴生气中乙烷、丙烷纯度高，对化工行业冲击较大。

石油除了燃料用途以外，另一核心用途就是化工原料，目前全球大型炼化装置有两条路线，第一条是烯烃路线，把石脑油裂解成乙烯和丙烯（炼油乙烯路线）；第二条是芳烃路线，把石脑油连续重整成混合芳烃，再从混合芳烃中抽提出对二甲苯和苯。

在中国聚烯烃产业链中，作为上游产品的乙烯、丙烯的最大来源就是原油。中国现投产和即将投产的几大超大规模炼化一体化项目皆依赖国际原油。

美国页岩油气革命冲击的正是炼油乙烯路线。

乙烷蒸汽裂解技术、丙烷脱氢技术分别实现了从乙烷到乙烯、从丙烷到丙烯的工业化生产，又能富产大量氢气，而氢气又是当下新能源氢能概念的核心原料。这两项技术加持下，页岩气及致密油的伴生气，在替代石油的化工及燃料用途都有了较大发展空间。

美国的页岩气组成成分跟常规气不太一样，最大的不同是有许多页岩气井产出很高的乙烷含量，约为12%～35%。在美国马塞勒斯和尤蒂卡地区，天然气凝析液中乙烷含量已高达60%。页岩油气的持续开发造成乙烷产量快速增加，但受限于美国对管道天然气的热值规范，只有很少量的乙烷可以掺杂在天然气出售，然而从页岩气分离出来的乙烷多到难以处理的程度。

2015年之前，挪威是世界主要乙烷出口国。2015年，美国超过挪威，成为世界主要乙烷出口国。美国能源信息署估计，随着产量的持续增加和出口设施的日益完善，美国乙烷出口数量将继续增长，日均出口量预计在2020年实现38万桶/日。

美国页岩油气中凝析油（30%以上为丙烷）的含量远高于常规油田，随着页岩油气大规模开发，丙烷产量出现超额增长，价格相对油价也持续走低。而未来美国非常规油气产量提升的趋势比较明确，美国丙烷产量持续上升。

美国丙烷出口量在2018年达到创纪录的97万桶/日，超过了2017年创下的91万桶/日的纪录。2018年丙烷出口连续第三年超过汽油出口，仍然是美国第二大石油产品出口。

在北美地区，整个页岩气产业链通常被划分为四个主要环节，即开采、收集、处理和分离，分别由拥有对应核心技术和基础设施的公司逐段控制，发挥各自优势协同生产。其中乙烷与液化石油气产品即为第四环节的C_2及C_3或C_4产物。与中东地区主要由寡头和政府垄断的产业模式相比，北美地区的页岩气项目专业化程度高、投资相对较大、产能持续性强、回报周期久，且基本为新建项目，故通常采取风险前置的投资决策流程，倚赖远期销售协议的提前签订，实现项目融资。

从北美出口的乙烷、液化石油气进口贸易，无论是价格还是供货量方面，远期合同货的贸易模式均优于现货贸易。

从世界各地区天然气液体在乙烯原料中所占比重看，北美地区最高，为84.3%，中东地区为77%，西欧和亚太地区分别为36.3%和32.6%。

与往往留在西半球的其他美国石油产品出口不同，东北亚地区发达的化工行业是美国乙烷、丙烷的最佳去处，亚太地区消费增长空间巨大，因此页岩油气革命下，美国对亚太地区市场非常看重。

沙特阿拉伯天然气出口空白

相较于沙特阿拉伯全球第一大原油出口国的显赫地位，沙特阿拉伯的天然气出口量几乎为零。在天然气重要性稳步上升的21世纪，沙特阿拉伯短板明显。

根据"石油与天然气杂志"数据，截至2017年1月，沙特阿拉伯（包括中立区）的天然气储量为303万亿立方英尺，仅次于俄罗斯、伊朗、卡塔尔，位居世界第四。沙特阿拉伯的大部分天然气田都与油田毗邻或伴生，天然气产量随原油产量增加而增加。

事实上，沙特阿拉伯的天然气产量也不菲。根据CIA世界概况截至2019年1月1日的数据，在世界十大天然气生产国中，沙特阿拉伯名列第8位（图7-4）。

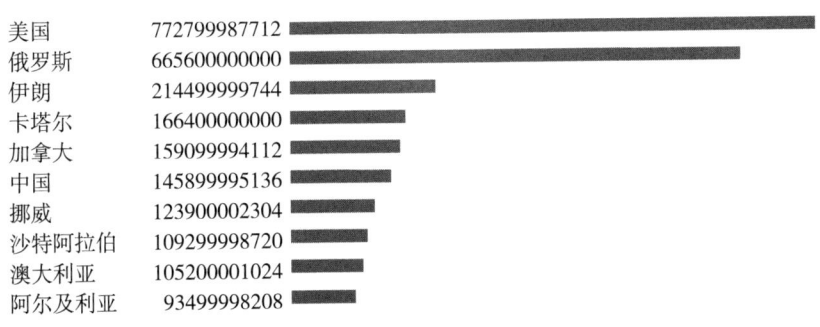

图7-4　世界十大天然气生产国天然气产量（单位：立方英尺）
资料来源：中情局世界概况，除非另有说明，本页所载信息截至2019年1月1日为准确数据。

沙特阿拉伯天然气无进出口，产量完全用于满足国内需求。2016年天然气产量和消费量为3.9万亿立方英尺。60%以上的产量来自四个主要气田：加瓦尔油田、萨法尼亚油田、贝里油田、祖卢夫油田，其中加瓦尔油田伴生气产量占到天然气总产量的48%以上。随着沙特阿拉伯国内精炼产能扩张及天然气发电用量增加，未来天然气需求将逐步上行。

沙特阿拉伯对于全球天然气产业如火如荼的发展高度关注，为了减少对石油

新石油金权
欧佩克式微与后石油时代

销售的依赖，实现能源结构多样化，沙特阿拉伯一直在努力扩大对天然气的勘探开发力度。沙特阿拉伯前任能源大臣哈立德·法利赫曾表示，沙特阿拉伯希望在未来10年实现能源结构多样化，将天然气产能占比从目前的50%左右提高到70%，减少对石油的依赖。

当前，沙特阿拉伯国内大型油田集中开发阶段暂告一段落，发展重心转向天然气和炼化领域。沙特阿拉伯计划十年内将天然气产量翻倍。油田伴生气产量增幅有限，后期着重开发非伴生气。2011年沙特阿美发布了上游非常规天然气开发规划，主要集中在三部分：西北部，南部加瓦尔区域，南部阿尔卡利沙漠。波斯湾海上气田亦为重点开发目标。

目前沙特阿拉伯国内主要天然田包括：2012年投产的卡兰气田是沙特阿拉伯第一个海上非伴生气项目，日产能18亿立方英尺，68英里的海底管道输送到胡尔塞尼亚天然气处理厂。2016年投产的Hasbah海上气田是Wasit天然气项目一部分，日产能为13亿立方英尺；计划扩展项目将额外增加20亿立方英尺产能。2016年投产的Arabiyah海上天然气田也是瓦西特天然气项目的一部分，日产能为12亿立方英尺。

主气系统是沙特阿拉伯国内天然气主干网络，初建于1975年，集天然气采集、加工、运输、分销为一体。管道最初是用于收集加瓦尔油田的伴生气，在此之前油田伴生气均直接燃烧去除。主气系统将天然气收集后，运输至加工装置分离出NGLs，NGL进一步运输至瓜伊马斯、延布、谢拜的工厂进行在处理。目前主气系统仍在扩展中，包括Petroline沿线新修一条250英里天然气管道。

受美国页岩气革命影响，沙特阿拉伯于2013年3月表示将向非常规天然气领域进军。当年，沙特阿拉伯就宣布已经发现了3个大型页岩气藏，分别位于沙特阿拉伯北部边境的图拉伊夫省、超级大油田加瓦尔南部和贾弗拉盆地东部。

2016年，沙特阿拉伯提出了"2030愿景"，计划将该国的天然气产量翻番，天然气消费占沙特阿拉伯能源消费的比例从50%提高至70%，供应将来自国内，很大程度上将依赖非常规天然气资源开发。

然而，2017年以来，即使能源价格逐渐回升，沙特阿拉伯非常规资源开发有限，仅开发了本国第1个非常规天然气项目，即图拉伊夫省项目。卢克石油和沙特阿美成立了合资的Luksar公司开发该项目，最终因该项目没有经济性而导致该公司破产。2018年图拉伊夫省项目投产，目前的天然气产量为20亿立方米/年，所开发的天然气主要向瓦德沙马尔工业区的发电厂供应。

贾弗拉非常规气田是沙特阿拉伯境内最大的非常规天然气项目，也是沙特阿美计划开发的第2个页岩气项目，沙特阿拉伯声称它是世界第二大页岩气田，规模几乎和美国的福特页岩气田相当。目前，这一开发计划已经获得沙特阿拉伯政府批准。贾弗拉气田长170千米，宽100千米，天然气资源量估计达5.7亿立方米。预期该气田将于2024年投产，2036年其高峰天然气产量将达到6230万立方米/日，乙烷的产量为120亿立方米/日，凝析油产量为55万桶/日。

随着沙特阿拉伯贾弗拉非常规气田开发提上日程，未来沙特阿拉伯的天然气产量将更加不可小觑。正如沙特阿拉伯萨勒曼王储所说道，这（开发贾弗拉非常规气田）将使沙特阿拉伯在担当世界最重要的石油生产国的同时，成为世界上最重要的天然气生产国之一。沙特阿拉伯的目标是到2030年成为天然气出口国。按照沙特阿拉伯能源部的说法，如果贾弗拉非常规气田开发成功，到2030年沙特阿拉伯将成为世界第三大天然气生产国，那么，这无疑将巩固沙特阿拉伯在石油和天然气行业，尤其是全球能源市场的领导地位和强大影响力。

但是，沙特阿拉伯是否能成为天然气出口国面临不确定性。

沙特阿拉伯非常规资源丰富，具有较大资源开发潜力。贝克休斯估计，沙特阿拉伯致密气和页岩气的技术可采储量为18.3万亿立方米，与美国能源信息署估计的17.6万亿立方米相当。由于沙特阿拉伯国内天然气供应不足，短期内，沙特阿拉伯出口天然气的可能性不大。

历史上，外国公司参与沙特阿拉伯的非常规天然气项目均以失败告终，贾弗拉项目开发面临不确定性。自20世纪90年代以来，沙特阿拉伯一直试图吸引国际石油公司开发其非常规天然气资源，但最终无果而终。原因在于，沙特阿拉伯的非常规天然气资源含硫量高、埋藏深、无法获得压裂液，且开发不具有经济性。另一个因素是沙特阿拉伯国内的天然气价格太低，不足以吸引国际大石油公司进行投资。挪威雷斯塔能源公司高级分析师阿迪亚·萨拉斯瓦特表示，考虑到项目的规模和复杂性，从过去的经验来看，贾弗拉项目的招标、建设和调试过程可能会面临延误。

沙特阿拉伯难以复制美国页岩气革命。2000年左右，美国开始大规模商业化

新石油金权
欧佩克式微与后石油时代

开采巴内特页岩气，并在过去10年里迅速发展。美国能源信息署估计，截至2020年3月，美国的页岩气产量为8830亿立方米，高于10年前的2550亿立方米。然而，沙特阿拉伯的页岩气行业与美国的页岩气行业仍有很大差距。未来16年里，估计沙特阿拉伯贾弗拉项目的天然气产量将达到230亿立方米/年，与美国的天然气产量增长相比较，沙特阿拉伯的天然气产量增长则相形见绌。长期来看，尽管沙特阿拉伯非常规天然气产量具有增长潜力，由于缺乏竞争多样性，沙特阿拉伯的非常规天然气产量难以大幅增长。美国页岩气行业成熟，和美国相比较，目前，沙特阿拉伯的天然气市场还没有放开，缺乏多样化的竞争格局。沙特阿美财务实力雄厚，但该公司无法承担像美国非常规资源开发规模所需要的投资。在基础设施方面，沙特阿拉伯国内的情况比美国等国要困难得多，且难以比拟。

项目开发面临水资源短缺和基础设施不足的挑战。沙特阿拉伯贾弗拉项目计划2024年投产，并在2036年实现高峰产量，期限为12年，这对于位于沙特阿拉伯沙漠中部的一个大型页岩盆地开发而言，面临巨大挑战。贾弗拉气田位于沙特阿拉伯沙漠，该项目开发需要大量的水资源进行水利压裂。而且，沙特阿美还表示将根据世界上最高的环境标准开发该项目，这意味着该公司开发该项目面临水资源缺乏的更大挑战。沙特阿美表示，正在寻求解决办法，比如通过建设一个海水淡化厂，为水力压裂提供可用的水，这将增加其开发该项目的成本，也将对环境造成一定的影响。此外，如果该项目所开采的天然气供国内使用，沙特阿拉伯需要投资建设管道，将天然气从东海岸输送到人口更为稠密的西海岸。这比安装一个浮式液化天然气终端向国际出口天然气要困难得多，而且这可能会使该项目的开发周期延长。

贾弗拉项目的经济性遭质疑。目前，沙特阿拉伯已将消除国内天然气短缺列为优先事项，沙特阿拉伯在宣布开发贾弗拉气田项目时，将重点开发该项目的天然气而非石油资源。2020年2月22日，沙特阿拉伯王储萨勒曼表示，该项目的开发期为20年，开发期间，可为沙特阿拉伯贡献净收入86亿美元/年，同时，可为该国的GDP贡献200亿美元/年。按沙特阿拉伯现行的天然气和乙烷价格（1.25美元/百万英热单位和1.75美元/百万英热单位）计算，贾弗拉项目天然气和乙烷实现高峰产量目标后，可分别产生11亿美元/年和4亿美元/年的收入，远低于沙特阿拉伯王储萨勒曼所提到的数据。此外，如果以油价为60美元/桶来计算，该项目所产的石油价值120亿美元/年。未来，油气价格会波动，但是，平均来看，只有将假定的油气价格翻倍，才能实现2036年该项目油气资源开发所能产生的价值目标。

沙特阿拉伯2030年能否成为天然气净出口国面临挑战。除了大量燃料油和柴油外，沙特阿拉伯目前仍在利用原油发电，2019年该国发电所消耗的原油为42万桶/日，高于2018年的41万桶/日，但低于2014至2018年的50万桶/日。如果沙特阿拉伯将发电用原油消费量削减至零，并由天然气取代原油发电，那么该国将不会有太多过剩的天然气可供出口，并可能需要进口液化天然气。短期内，如果不开发其他的天然气资源，或进一步开发贾弗拉项目，沙特阿拉伯成为天然气出口国的目标难以实现。

绿色低碳发展蕴新机

地球作为一个行星，起源于46亿年前的原始太阳星云。38亿年前，地球有了生命。在人类出现之前，地球有过五次生物大灭绝。煤、石油和天然气这些化石能源可以说是在地底储存了亿万年的太阳能。

人类在地球上的历史以万年计算，人类利用煤的历史以千年计算，利用石油和天然气的历史以百年计算。

根据能量守恒和熵的原理，使用化石能源就是在利用亿万年太阳能资源的积累。但是人类的开发速度和使用这些能源的速度却比生成的速度要快许多倍，导致化石能源在短期内被大量开发，与人类发展史比较，新的化石能源却几乎不可再生，大量使用化石能源是对能源的破坏。同时因为熵的原理，化石能源被使用后生成大量二氧化碳、氧化硫等低能量的物质，很难再次被利用，同时也污染了环境。

化石能源在短时间内的集中使用对地球环境的改变，我们每个人都有或多或少的直观感受，北京雾霾及北京天空由"APEC蓝""阅兵蓝"到"常态蓝"的变化，为我们上了一堂生动的绿色低碳发展课。

习近平总书记提出的绿色发展新理念，特别是"绿水青山就是金山银山""生态文明""美丽中国"，本质上代表了人类未来共同的价值观和道德

新石油金权
欧佩克式微与后石油时代

标准。

绿色低碳发展，已成为当今世界发展的趋势和潮流。这不仅是应对气候变化挑战和改善生存环境的必要举措，也是高质量发展的题中应有之义，符合生态文明建设要求和人民日益增长的美好生活需要。长远来看，绿色低碳发展惠及子孙后代，对全人类的可持续发展有着重要意义。

作为继《联合国气候变化公约》《京都议定书》以后，人类应对气候变化史上第三个具有法律约束力的协议，2016年11月4日正式生效的《巴黎协定》确定了全球平均升温较工业化前水平最多不超过2℃的长远目标，开启了气候治理的新篇章。石油和天然气行业是温室气体排放的主要贡献者，受到了各国政府低碳政策制定者的持续关注。

绿色低碳发展下，石油和天然气行业面临着未来巨大不确定性。

大趋势是石油汽车将会在2030年到2040年之间基本消失。由于油气资源禀赋的劣势，欧盟国家在能源转型一直是激进派，欧盟制定了2030—2035年燃油汽车退出的时间表，法国燃气苏伊士集团、丹麦石油天然气公司等欧洲公司几乎完全退出传统油气开采业务。

应对气候变化，对石油企业来说意味着加快去石油化、碳减排。迫于政府、投资人及社会公众的多重压力，国际石油公司纷纷制定应对气候变化行动方案，建立越来越低碳的投资组合，使低碳业务成为企业发展战略之一。

国际大石油公司这些年转型的主要方向是清洁化、去碳化，主要是从石油转向天然气，像埃克森美孚、英国石油公司等公司，都急剧地转向清洁化，从油到气、从气到电、从电到市场服务，新产业链条的延伸已经显现。

目前，气候变化控制目标已经以政府法规的形式影响着石油和天然气行业。2005年欧盟建立了欧盟碳排放权交易市场，涵盖欧盟28个成员国以及挪威、冰岛和列支敦士登，2013年将石油行业纳入监管范围。2015年美国环境保护署，针对油气行业甲烷排放制定联邦法规方案；2017年加拿大艾伯塔省对油砂行业征收碳税。

各国政府多种碳排放监管法规的出台，给业务遍及全球的国际石油公司运营管理带来了成本负担。2017年康菲石油公司向挪威政府、加拿大不列颠哥伦比亚省和艾伯塔省政府共计缴纳了3千万美元碳税；壳牌在2018年能源转型报告中指出，全球二氧化碳排放价格每吨增加10美元，壳牌的税前现金流将减少约10亿美元。低碳政策时代的来临，倒逼企业开发符合这些政策规定的新技术并进行实践。

去碳化会成为主要潮流已不容置疑，是油气企业未来发展转型一个非常好的机会。低碳化领域的新技术非常重要，一旦获得了突破性技术，企业就能抢得先机，制定标准。

欧洲之所以在能源转型上如此激进，就是因为欧洲有强大的技术储备和相关标准，液化天然气动力船一直是挪威等北欧国家力推的方向，目标就是从技术市场向工程开发延伸，进而控制产业链头部位置。

中国一定要在去碳减、碳技术方面走在世界前面，中国有14亿人口的大市场，足以消化相关技术研发及投入，同时产业链一直是中国的王牌，我们要通过自己的技术去占领市场，从而推动未来新兴市场的开发，辅之以金融手段，全环节打通技术市场、工程开发、市场应用和新兴制造业，促进中国制造业升级转型。

这些崭新的领域，将是中国经济转型的重要领域。

党和国家在绿色低碳发展上高屋建瓴，中国石油和能源相关企业要主动积极对标。

金山银山不如绿水青山，近年来，中国已经开始了低碳化的进程，距离中国燃油汽车的退出时间也许不会太远。

化石能源的清洁低碳利用是能源转型的重要内容。除了大力发展可再生能源，在化石能源短期消费规模难以大幅下降的背景下，通过碳捕集与封存等技术手段推动化石能源的清低碳化利用，可能是解决环境气候问题更现实的路径选择。也因此，碳捕集与封存等去碳技术将派生未来新兴市场，目前，碳减排方面，国内的市场已经足够大。中国应积极利用自身市场来引领未来的市场。

石油需求峰值可能会提前出现，未来石油在交通运输领域的应用可能会下降，石油市场可能将主要集中在化工领域。

生态文明是人类未来的价值观，中国应当在碳减排、环境保护和气候变化这些领域，形成完整的技术体系和服务体系及管理标准，通过我们这个全球最大单体市场的应用形成世界标准。

新石油金权
　　欧佩克式微与后石油时代

　　国际大石油公司都是穿越百年而来，在转型上经验丰富，深谙变化之道，壳牌就从石油运输和贸易起家，最后转型成为上下游一体化的综合能源公司。

　　中国石油企业要全球视野，中国立场，超前部署，方能立于不败之地。

新能源百花齐放

　　提到新能源，大家首先想到的就是百花齐放的新能源汽车，现代工业文明让生态环境退化，汽车工业难辞其咎。眼下，将汽车的友好程度发挥到极致，直至实现零污染、零油耗，是新能源汽车的最终目标。

　　在研发新能源车的道路上，各国汽车业经过无数曲折和弯路，在2010年前后，终于就动力能源技术的"路线图"形成共识，由近及远的排列分别是：一，传统汽车的高效动力总成和生物柴油、乙醇等生化燃料；二，混合动力；三，纯电动车（只适合作短途）；四，插电式混合动力车和增程式电动车；五，氢燃料电池车。由于氢能源蕴藏丰富、排放为零，是新能源汽车的终极方案。

　　近些年来，新能源汽车行业可谓是市场的"香饽饽"。作为汽车行业的发展方向，以及政策的扶持下，新能源汽车吸引了各路大佬入驻，融资金额动辄几亿、几十亿。然而，真正能够造出量产车的新势力，却寥寥无几。

　　中国电力企业联合会副秘书长安洪光曾在一次报告中表示，中国能源发展越来越彰显出以电力为中心的特点。据有关机构测算，电能在终端能源消费比重每提高1%，单位GDP能耗可下降4%，一吨标煤当量电能创造的经济价值是等当量石油的3倍、煤炭的17倍。风电、太阳能等新能源的开发利用主要以转换为电能为基本形态。电能替代将是提升能源安全、改善生态环境的核心举措，直燃煤等被电能替代将是大势所趋。

　　由于电能无法储存，而摩尔定律不适用于能源企业，如今的电池和电灯等产品几百年来几乎没有什么大的改进，当前围绕电能的能源未来解决方案是智能电网。

　　以中国为例，中国能源资源与生产力逆向分布，要满足未来持续增长的电力需求，就需要实施电力的大规模、远距离、高效率输送，与大煤电、大水电、大核电、大型可再生能源基地的集约化开发和利用一道，形成全国范围的资源优化配置格局，而这客观要求必须改造现有的电网，使之既"坚强"又"智能"。通过建设坚强智能电网，可实现各类集中、分布式电源、储能装置和用电设施并网接入标准化和电网运行控制智能化，提高电力系统资产的运营效益和全社会的能源效率。智能电网的建立是一个巨大的历史性工程，尽管困难重重，但有心总会实现！

由于大型可再生能源基地的发电如风电具有两个对电网控制非常不利的特点，一是出力随机性，二是逆调峰特性，现在出现了用风电直接电解水生成氢气，转化为氢能作为储能解决方案。

当前新能源百花齐放，地热能、太阳能、风能、可燃冰和海洋能都属于新能源，但是每一种都有明显缺点，地热能资金投资大，受地域限制，热效率低；太阳能分散，不稳定，效率低成本高；风能密度低，不稳定，地区差异大；可燃冰开采难度大，容易引发甲烷大量进入大气，况且燃烧产物还是二氧化碳，不符合低碳思路；海洋能获取能量的最佳手段尚无共识，大型项目可能会破坏自然水流、潮汐和生态系统。

20世纪70年代的两次石油危机后，新能源发展迅猛；新世纪国际油价暴涨后，页岩油气革命成功，美国实现了能源独立，摆脱了石油对自身能源安全的牵制。

新能源替代化石能源是一场持久战，以数十年计算。但是新能源对化石能源的压制与替代作用正在不断累积。

当前各国都在投入研发新的能源，寻找可以真正替代石油的能源以应对下一轮危机。一旦再出现石油价格居高不下，全民消费不起的情况，就有可能引爆新能源革命。至于这种具有革命性的新能源是地热能、可燃冰、核能、太阳能、生物能还是其他我们闻所未闻的黑暗能源这都不重要，关键是有一天它会出现。

新能源何时破局

2018年10月8日，耶鲁大学教授威廉·诺德豪斯因为研究气候变化经济学成

新石油金权
欧佩克式微与后石油时代

为获奖人之一,瑞典皇家科学院给出的获奖理由是:"将气候变化整合进了长期的宏观经济分析中。"

这一经济学界的至高荣誉,首次被授予了一个充满争议和不确定性、伴随着大国间的政治博弈而不断成长起来的经济学分支——气候变化经济学。背后的深意实际是欧洲与美国在能源未来上的博弈。

特朗普上台后,采取实用主义,更关注碳减排可能给美国经济发展带来的负担,全面否定了奥巴马政府较为积极的气候政策。

2017年6月1日,美国总统特朗普在白宫宣布美国退出《巴黎协定》,将终止《巴黎协定》的所有条款。这是继退出跨太平洋贸易伙伴协定后,特朗普宣布退出的第二个由奥巴马签署的国际协议。而值得一说的是,16年前的2001年,时任美国总统布什对另一份有关气候问题的协议《京都议定书》,也选择退出。

美国两次退出气候问题的国际协定,一方面是经济问题。无论是特朗普还是小布什,他们都觉得这份协定对美国不公平,不利于美国的经济竞争力和增加就业机会。因为,这两份协定对于发达国家和发展中国家的义务是不一样的。同时两人都是力挺化石能源的代表,有着美国国内政治变化和所代表不同利益集团的考虑。

美国学者诺德豪斯理论框架下得出的结论,与特朗普的观点存在明显差异,其更靠近欧洲的立场,即认同必须为应对当前的气候变化而采取行动。

美国与欧洲历来在环保及能源未来存在较大矛盾,这与两者资源禀赋有极大关系。

美国油、气、煤三种能源都非常丰富,美国能源转型是服务于能源独立大背景,主要方向是向清洁能源转型,清洁能源含义广泛,包括化石能源的清洁化利用、利用核能、大力发展可再生能源等。美国在能源独立背景下,有意愿以能源出口撬动政治经济格局。

欧洲除了俄罗斯以外,油气资源乏善可陈,法国人有句非常自得的话:"我们没有石油,但是我们有思想",欧洲在能源转型上倾向于以制定标准来主导未来发展方向,通过大量前期科研投入与技术储备来确保领先世界;德国是全球推动可再生能源开发利用和碳减排的典范;北欧各国如瑞典和挪威更是在全球能源领先中独领风骚,大步迈向零碳社会。

联合国气候变化大会,向来是经济发展与环境保护之间的博弈战场。从《京都议定书》之死到哥本哈根大会的无疾而终,无一不印证了通过气候大会达成全球性共识的艰难。吸取哥本哈根的失败教训,巴黎气候变化大会在召开之前就明确了采取自下而上的谈判结构,肯定"共同而有区别责任"的原则。全球184个国家和地区在会前递交了"国家自主贡献"。

环保与能源转型从来不是某一个国家所能决定的,新能源的竞争力是核心。

第一次工业革命,人类大规模开采煤矿。资本主义所展示出来的生产力是过去农业社会所不能想象的。

第二次工业革命,石油和电力(部分通过水力发电来实现)成了能源产业的核心,人类对能源的利用达到了一个全新的台阶,相应内燃机与电动机的开发和利用,让庞大的地球变成了一个小小的村庄。

尽管我们都为以信息技术,航天技术和生物技术为代表的第三次工业革命欢欣鼓舞,认为人类无所不能,但是最关键的能源技术上,虽然有裂变核反应堆、光伏发电、风电、氢能源等成就,但一直没有突破性进展。

被人类寄予厚望的核电上,核聚变反应堆永远距离商业化运用50年成为一个梗,裂变核反应堆被大规模推广开来,但从目前角度而言,根本不能取代传统的化石能源,在一次能源中占的比例很低,BP的2019年世界能源统计年鉴数据显示,核能占比全球能源一次消费比例在2018年为4.4%。

光伏发电、风电不能持续稳定发电,电能又不能被储存,电能生产的特点是:发电、送电、用电的过程必须同时进行,光伏发电和风电的随机间歇性导致两者无法接入电网发挥效能。

氢能源,氢气主要是从化石燃料中提取,从清洁能源中提取的氢气占比非常小,制氢的效率很低,廉价的氢气资源依然非常匮乏,氢气储存和整个供应链体系依然使用的是传统技术。氢燃料电池汽车成本居高不下。

我们所说的第三次工业革命,从能源供应和控制角度来讲,只能算是半次工业革命。

这个世界唯一不变的就是一切都在变。20世纪70年代,热门话题是人口爆炸和石油峰值论;今天,我们关注的是人口老龄化少子化和石油需求峰值。

环保驱动下的能源转型具有长期性、艰巨性和复杂性,能源转型外化指标是

新石油金权
欧佩克式微与后石油时代

可再生能源或非化石能源比重的提升，内化却是整个能源体系的结构性变化，设计政治、经济、文化等方方面面的深刻变革，涉及各主体之间关系和利益的重构。西方工业走过百年历程，但是美国、德国、英国及日本的能源消费结构中，化石能源仍占据绝对主导地位，日本从1973年第一次石油危机开始努力减少化石能源依赖，但是半个世纪仅仅下降了5个百分点。

新能源自身竞争力是能源转型不可回避的硬核话题，发展是解决一切问题的基础和关键，过去半个多世纪，石油金权是国家影响力的标志，当前各国都在抢占新能源制高点，试图夺取新能源金权。

中国一直在积极布局新能源并取得了较大进步，中国要在能源转型上根据自身实际、发展及世界变化形成最适合自己的道路；同时中国也要在能源转型上扩大朋友圈，形成全球合作共赢的发展模式，引导变化与趋势。

第三部分

回归市场本身

炼油、贸易与定价权

　　中国油气资源禀赋并不高，但是胜在生产端的效率与执行力，优势在于中国改革开放以来充分参与全球分工合作建立起来的产业链集群有着强大的油品及化工消化能力，因此国外企业纷纷抢滩中国，通过与外资油气巨头合作共赢，有助于中国用市场换空间，在当前复杂的国际格局中稳外贸，促国际信心，强开放决心。

第八章

世界炼油格局

当前中国炼油能力结构性矛盾不断加剧,可以考虑放开成品油出口,积极参与国际市场竞争,做大做强国际石油贸易,通过建设人民币计价的成品油衍生品市场,助力人民币国际化,在油品供应与金融两个维度良好发展。

点石成金的炼油

由于地球地质条件千差万别，有些地区原油裸露在地表浅层，如中国克拉玛依有一座天然沥青丘——黑油山，富得流油，不断往外冒黑油。黑油山地处戈壁大漠，难于发现，因此有史记载的最早发现黑油山的是维吾尔族老人赛里木，他在20世纪30年代发现黑油山后，用黑油做车轱辘的润滑油，成为自己的一门独家生意。

1950年代，中国地质学家深入新疆找寻石油，发现并建设克拉玛依油田，同时国家在1959年建成了克拉玛依炼油厂，将原油炼制成国家建设亟需的汽油、柴油及煤油。石油城拔地而起，成为一座全新的城市。

克拉玛依的巨大变化说明，同样是利用原油，个人及小作坊的利用是小打小闹；一旦油田开发与炼厂建设同步开展，那就是天翻地覆的变化。

石油因原油而起，但是原油是从地下开采出来的、未经加工的石油，原油本身并不能作为燃料被终端消费者直接使用，也不能直接作为化工原料。原油的开采、炼制以及销售构成了石油产业链，并将原油实现了工业化、标准化以及价值最大化。

原油的发现和使用已经有数千年历史，但是炼油工业发展后，石油工业才迎来了大发展。

根据世界经济论坛的最新数据，18项主要商品在全球贸易总额所占比例如表8-1所示。

表8-1 18项主要商品在全球贸易总额所占比例（2016年）

排名	商品类别	总价值（亿美元）	占全球总出口百分比（%）
1	汽车	1.35万	4.9
2	精炼石油	8250	3.0
3	集成电路	8040	2.9
4	汽车零件	6850	2.5
5	电脑	6140	2.2
6	药品	6130	2.2
7	黄金	5760	2.1
8	原油	5490	2.0
9	电话	5100	1.8
10	广播设备	3950	1.4
11	钻石	2550	0.9
12	石油天然气	2540	0.9
13	人或动物血液	2520	0.9
14	飞机	2340	0.9
15	运输卡车	2160	0.8
16	医疗器械	2160	0.8
17	绝缘电线	2000	0.7
18	珠宝	1980	0.7

由上表可见，汽车（整车，不计配件）贸易达到13500亿美元，在全球贸易总额占比4.9%。排在第2到10位的是：石油产品，总额8250亿美元（3.0%）；集成元件8040亿美元（2.9%）；汽车配件6850亿美元（2.5%）；计算机6140亿美元（2.2%）；药品6130亿美元（2.2%）；黄金5760亿美元（2.1%）；原油5490亿美元（2.0%）；手机等电话产品5100亿美元（1.8%）；广播通信设备3950亿美元（1.4%）。

原油贸易，实际上在全球贸易排名中只能排名第8，占比2%，规模5490亿美元，原油加工后的石油产品，却是全球第二大贸易商品，规模达8250亿美元，全球占比3.0%。

近年来，世界石油资源和消费市场分布不均衡极大地促进着国际石油贸易的发展。这期间，全球石油产品贸易量增速高于原油贸易增速。2000—2018年，世界石油产品贸易量由941万桶/日提高到2590万桶/日，年均增速近6%；同期世界原油贸易量由3326万桶/日提高到4545万桶/日，年均增速仅为1.6%；世界原油贸易量与石油产品贸易量的比率也由2000年的3.5倍降至2017年的1.75倍。

尽管原油贸易量大于石油产品贸易量，但是总货值却更小，这也充分说明，在产业格局中，下游产品的附加值更高。

根据生产目的不同，原油加工方案有四种基本类型。

①燃料型。顾名思义，产品基本都是燃料，如汽油、喷气燃料、柴油和重油等，还可生产燃料气、芳烃和石油焦等。

燃料型炼油厂的特点是通过一次加工（即常减压蒸馏）尽可能将原油中的轻质馏分汽油、煤油和柴油分出，并利用催化裂化、加氢裂化和焦化等二次加工工艺，将重质馏分转化为轻质油。

随着石油的综合利用及石油化工的发展，大多数燃料油炼油产都已转变成了燃料—化工型炼厂。

②燃料—化工型。产品以燃料和化工产品或原料为主，具有燃料型炼厂的各种工艺及装置，同时还包括一些化工生产装置。

原油先经过一次加工分出其中的轻质馏分，其余的重质馏分再进一步通过二次加工转化为轻质油。轻质馏分一部分用作发动机燃料，一部分通过催化重整、裂解工艺制取芳香烃和烯烃，作为有机合成的原料。利用芳香烃和烯烃为基础原料，通过化工装置生产醇、酮、酸等基本有机原料和化工产品。

③燃料—润滑油型。产品除各种燃料外，还有各种燃料油。石蜡基原油大多数采用改加工方案。

原料通过一次加工将其中的轻质馏分分出，剩余的重质馏分经过各种润滑油生产工艺，如溶剂脱沥青、溶剂精制、溶剂脱蜡、白土精制或加氢精制等，生产各种润滑油基础油。将各种基础油及添加剂按照一定要求进行调和，值得各种润滑油。

④燃料—润滑油—化工型。产品除各种燃料和润滑油外，还有石油化工产品

或者石油化工原料。

燃料—润滑油型加工方案向化工方向的延伸，属于生产装置齐全、产品结构合理的大型综合类炼化企业，规模经济效益好。

如上所述，原油经过一次加工即常减压蒸馏，所得轻质产品较少，所剩重质馏分油以及重油（即常压渣油和减压渣油）都要采用二次加工工艺进行进一步加工，以便获得更多的轻质油品，也就是重油加工。

重油加工的目的是渣油轻质化。从油品的氢含量（或氢碳比）分析，重油加工实际上是油品氢含量及氢碳比的调整过程，其本质无非是脱碳和加氢两个方向。

重油加工能力在全球往往是判定炼厂加工能力的重要指标，苏联地区炼厂由于建造年代久远，往往渣油出口，炼厂竞争力并不强。东北亚地区炼厂往往较新，能吃进相对便宜的高硫重质原油，通过重油加工能力，实现更大的炼油盈利。

炼油厂在规划之初都会根据来进料预期类型进行相应设计，由于炼厂设计定型后切换工艺成本较高，原油供应商往往会在炼厂设计规划之初积极介入，以期获得长期稳定长期需求。

典型的如沙特阿美在美国以买入或参股等多种方式投资了多个炼油厂，确保沙特阿拉伯原油对美国的长期稳定出口。

全球炼油能力一览

进入21世纪，世界石油市场格局正经历着深刻的变化，世界石油产业链的重心逐渐"东移"。世界经济的发展拉动石油消费水平总体呈增长态势，但经合组织国家石油消费水平2005年以来逐年下降，发展中国家（尤其是中国、印度等新兴经济国家）的石油消费水平则不断提高；美欧日等发达国家（地区）的炼油能力呈现过剩局面，中国、印度和中东等发展中国家的炼油能力也不断提高。这一重要变化正改变着世界石油贸易格局，一方面全球原油贸易量持续增长的过程中，日本、经合组织欧洲等发达国家原油进口量逐年下降，中国、印度等发展中国家为了满足本国持续增长的石油需求，原油进口量则不断提高；另一方面，美国页岩气及页岩油革命带来天然气液和凝析油产量的迅速增长，使美国炼油与石化产业重获生机，石油产品由净进口转为净出口；中东地区凭借原油资源和成本优势，掀起石油化工项目建设热潮，印度炼油规模大，也已成为世界成品油出口基地之一；中国炼油能力已呈现结构性过剩局面，受到美国和中东地区成品油出口增加的影响，亚太地区过剩的成品油将被挤压在区域内平衡为主，这将对中国的成品油出口构成挑战；拉美、非洲等地区炼化发展速度放慢，甚至萎缩，而地区油品消费快速增长，缺口不断扩大；全球油品贸易格局将发生重要变化，油品贸易量快速增长的同时，市场竞争将更加激烈。

整体上看，全球炼油能力平稳增长。2000—2018年全球炼油能力从42.1亿吨/年增长到49.8亿吨/年，年均增长率为1.0%。未来石油需求的增长将继续带动炼油能力的上升，预计在2035年达到56亿吨/年的峰值水平，2018—2035年年均增长率为0.7%。分地区来看，炼油能力的发展并不平衡，亚太、北美和欧洲三大炼油中心呈现差异化发展态势，中东将成为炼油能力快速增长的新星。

亚太地区炼能大幅增长，2016—2020年间累计新增炼油能力（含凝析油装置）超过2亿吨（400万桶/日），年均增长4000万吨以上，新增炼油能力主要来自中国和印度。马来西亚、文莱、越南等地炼油能力也有所增长。

21世纪以来，东北亚的日本、韩国、新加坡和中国台湾等国家及地区明显放缓了炼油能力的扩张，主要原因也是石油需求增长缓慢，炼油厂主要以升级改造为主，生产高附加值产品。

除了中国以外，亚太地区炼油能力显著增加的是印度。在经济增长及能源政策的积极影响下，印度炼油工业实现了跨越式发展。2000年炼油能力仅1.2亿吨/年，2014年增加到约2.3亿吨/年，已经超过日本，位居亚洲第二。目前国有企业主要有印度国家石油公司、巴拉特石油公司、印度斯坦石油公司和金奈石油公司等7家，生产能力占全国的55.2%；私有企业主要有信实工业公司（其下属贾姆讷格尔炼油厂的炼油能力达到6200万吨/年，是全球最大的炼化一体化企业之一）和埃萨石油公司2家，能力占全国的44.8%。预计2020年印度的炼油能力将增加至2.6亿吨/年，2030年将达到3亿吨/年左右。

东南亚炼油能力提升较为明显，2018年12月，越南宜山1000万吨/年的炼油

新石油金权
欧佩克式微与后石油时代

化工联合项目正式投入商业化运行；2019年1月，马来西亚国家石油公司的1500万吨/年炼化一体化项目原油蒸馏装置成功点火；2019年11月，恒逸石化文莱PMB石油化工项目一期项目全面投产，未来将建设二期1400万吨炼化项目，配套年产150万吨乙烯、200万吨对二甲苯化工品的产能规模。

整体来看，近年来亚太地区炼油能力和原油贸易量迅速增长，推动全球原油贸易"东移"，亚太成为全球原油供应的最大目标市场，亚太地区在国际上的影响力和话语权不断提升。

北美地区石油需求已经饱和，并有所下滑，但是2008年以来，页岩油气革命为北美（特别是美国）炼油厂提供了廉价的原料，得益于页岩油革命提供廉价加工原料，美国炼厂竞争力和开工率大幅提升，油品出口量持续增加，北美成为全球规模最大的成品油出口区域，主要目标市场为拉美。

世界第三大炼油中心是欧洲，近年来欧元区经济普遍萧条，欧洲区内成品油需求持续下降，来自亚洲、中东、俄罗斯和美国的成品油冲击欧洲市场，欧洲炼厂出现关停潮直至2017年才稳住，2008年金融危机以后关闭炼油厂约20个，炼油能力由2000年的8.4亿吨/年下降到2019年的7.4亿吨/年，在全球的占比由20%下降到15%，2017年后保持平稳。特别是整体亏损持续扩大情况下，环地中海市场，法国炼油能力关停最多，意大利次之。传统炼油中心西北欧炼油毛利大幅下滑，整体仍继续盈利。

中东地区正在谋求由单一的资源出口转向下游加工，大力发展石油化工产业，受市场需求增长和相关政策鼓励的影响，其炼油工业得以快速发展，随着新建炼厂和炼能投产，沙特阿拉伯等中东国家成品油出口快速增长，推动中东地区由成品油净进口转变为净出口区域。

中东各国发展炼油业的初衷并不相同，沙特阿拉伯、科威特和阿拉伯联合酋长国希望维持或加强其石油产品出口国的地位，而伊朗和伊拉克则专注于满足国内需求。

其中，沙特阿拉伯是中东地区最大的产油国，目前也是该地区最大的炼油商。其炼油能力增长经历了三个阶段：1990—2002年炼油能力整体保持在8000万吨/年左右，其中2002年位于沙特阿拉伯西海岸的拉比格炼油厂的加工能力由1625万吨/年扩至1925万吨/年，使得沙特阿拉伯炼油能力小幅增长至9020万吨/年；

2003年位于沙特阿拉伯东海岸的拉斯塔努拉炼油厂新建了一套1125万吨/年的凝析油分馏装置，沙特阿拉伯国内炼油能力跃上1亿吨/年的平台；2013年沙特阿美石油公司与法国道达尔公司合资的朱拜勒2000万吨/年炼油厂投产，2014年沙特阿美与中国石化集团公司合资的延布2000万吨/年炼油厂投产，至此沙特阿拉伯炼油能力已达1.47亿吨/年。

由于本地区炼油业发展停滞不前，拉美成品油短缺现象日趋严重，拉美成为全球大的成品油净进口地区。非洲落后的炼油业使其成品油尤其柴油严重短缺，非洲成为全球第二大成品油净进口地区

综观全球炼油格局变化的新趋势，北海沿岸、地中海沿岸和韩国蔚山、新加坡裕廊岛等地区的出口型炼油厂将面临炼油能力下降或维持的态势；美国墨西哥湾、中东红海沿岸、波斯湾沿岸、印度西海岸和中国东南沿海等地区的出口型炼油厂将面临出口地位提高或稳定的态势。未来全球成品油流向将取决于炼油厂竞争力的变化情况。

全球五大成品油市场

如同两者物理化学性质的巨大差异，原油市场与成品油市场也在多方面存在差异，主要表现在：

①货量大小差异明显。原油实货交易往往以50万桶为一个单元起步，成品油实货交易则以5000桶为一个单元起步。

②质量要求严苛程度不同。原油如粗粮，生产商经常混调，如乌拉尔混合原油，炼厂在设计上也会主动考虑混调原油，防止出现过度依赖某一品质原油；成品油如细粮，品质标准严苛，往往遵循ISO相关品质规定并写入合同，一旦某个指标偏差，往往会产生严重的质量纠纷；质量检验往往是成品油交易的重要环节。

③成品油套利机会更多。不同成品油具有不同裂解差，一旦跨区流动，又有跨区差及月差，实力贸易商通过对成品油进行分装、混调以及全球范围流动，往往在交易上获利丰厚。

新石油金权
欧佩克式微与后石油时代

成品油细分为汽油、石脑油、航空煤油、柴油以及燃料油五大类市场。目前全球五大成品油市场有西北欧市场、地中海市场、加勒比海市场、美国市场和新加坡市场。

西北欧地处欧洲十字路口，历来是欧洲富庶发达之地，欧洲三大发动机德国，法国和英国都在区内，欧洲原油炼制加工能力最为集中的区域是阿姆斯特丹—鹿特丹—安特卫普。西北欧成品油实货贸易是以鹿特丹市场为基础的，鹿特丹坐落于莱茵河河口，直面北海，战略位置重要，英国石油公司、埃克森及壳牌等跨国石油巨头均在该地有炼化中心，壳牌的荷兰总部就位于鹿特丹，也是荷兰最大的工业企业，享誉全球。鹿特丹的船货及船上交货价（Free On Board）驳船交易市场非常活跃，针对掉期的纸货市场高度成熟。

地中海是全球最大陆间海，上有南欧，下接北非，东接中东并与东欧国家环绕的黑海连通，西滨大西洋，在中世纪曾是欧洲最核心商业区域。中东、北非及黑海有大量成品油流入欧洲，南欧炼厂也会在合适时向西非售出成品油，同时地中海地区的燃料油仓储市场高度活跃但是没有形成像阿姆斯特丹—鹿特丹—安特卫普这样的船加油中心，由于意大利炼厂在地中海实货贸易中的活跃，热那亚成为地中海实货贸易中心。

加勒比海是世界上最大的内海，和墨西哥湾并称为"美洲地中海"，南接委内瑞拉、哥伦比亚和巴拿马海岸；西接哥斯达黎加、尼加拉瓜、洪都拉斯、危地马拉、伯利兹和尤卡坦半岛；北接大安地列斯群岛，东接小安的列斯群岛。由于本地区炼油业发展停滞不前，拉美成品油短缺现象日趋严重，拉美成为全球最大的成品油净进口地区，同时页岩油气革命驱动北美成为全球最大的成品油出口地区，加勒比海市场实货贸易活跃，巴拿马地处要冲，成为加勒比海实货贸易中心。

美国是世界上最大的单一成品油用户，按照美国国防区域石油管理局的划分，美国炼油产业布局分为5个石油管理局防卫区（PADD）。其中PADDⅢ区规模最大，位于墨西哥湾区域，2015年炼油产能47600万吨/年，占总产能的52%，是美国炼油最为集中的区域，也是世界最大的炼油中心。其次为PADDⅡ区，位于中西部地区，产能19500万吨/年，占总产能的21%。PADDⅤ区规模名列第三，位于西海岸地区，产能14200万吨/年，占总产能的16%。PADDⅠ区和PADDⅣ区分别位于东部海岸地区和落基山脉地区，两个区产能合计9560万吨/年，占11%，规模较小。美洲大陆山脉多为南北走向，美国境内的落基山脉成为天然屏障，将美国市场分成两个截然不同的部分。美国西海岸市场是独一无二的，与国际成品油市场几乎隔绝，西海岸成品油价格以长约形式议定，而不像墨西哥湾或东海岸市场，以期货价格为基准进行升贴水。

新加坡是太平洋与印度洋之间的航运要冲，地处东南亚的中心位置，腹地宽广，为马六甲海峡入口的咽喉要地。新加坡位于赤道无风带，被半岛和群岛包围，风平浪静，港阔水深，建港条件优越。新加坡是与鹿特丹、休斯敦齐名的全球三大炼油中心，也是苏伊士运河以东石油贸易中心，跨国石油公司、投资银行及贸易公司总部云集，新加坡实行单一税制，对总部设在新加坡的企业收取5%的消费税。此外，新加坡还采用返税政策，企业缴纳的税费80%以上可在年底返还，石油贸易量年100万吨以上的企业基本不需要缴纳税费。新加坡无外汇管制，资金可自由流入流出。企业利润汇出无限制也无特殊税费。新加坡除了传统的现货交易市场外，还拥有专门针对油品交易而全面开设的普氏公开市场和纸货交易市场，油品交易市场规范、完善、发达。

中国炼油发展历程

改革开放前，中国炼油工业处于初步发展阶段，无论是规模、实力、装备还是技术、人才、经验，都处在相对落后的状态。当时新建炼厂大多是仅靠油田而建，如克拉玛依炼油厂毗邻克拉玛依油田，荆门炼厂靠近江汉油田；随着江海水运发展，国家在沿江开始新建炼油厂如南京炼油厂、武汉炼油厂等。这一时期，由于管道等运输条件缺乏，就近消化原油是油田首选项。山东成为中国第一大炼油省份，且民营炼厂即山东地炼发达，就与胜利油田开发之初原油无法外运有很大关系。

改革开放后，中国国际环境得到很大改善，沿海炼厂因为海运方便，得到了较大发展，典型的如福建在1992年建成了福建炼油厂，摆脱了过去没有炼厂，成品油全部依靠外运的被动局面；始建于1973年的广州石化最早只是为了解决华

新石油金权
欧佩克式微与后石油时代

南地区化肥供应缺口而兴建的化肥尿素厂，1988—1983年兴建了550万吨每年炼油装置，1996—1997年扩容到770万吨每年，2006—2007年再次扩容到1300万吨每年。

改革开放之始，中国炼油和化工产业还相当落后。即使是引进了先进技术设备的上海石油化工总厂，原油利用率也只有26%，这个数字甚至不如印度。为了改变这个落后的现状，1983年，中国石化总公司成立，把原属于石油部、化工部、纺织部、轻工业部等部门的炼油、化工、化纤、大化肥等业务划归石化总公司，从体制上改变了多头领导、条块分割、分散管理的状况，实现了从政府部门到行业总公司的体制转变。

20世纪90年代，国内炼厂自主权大，拥有原油自主采购权及成品油销售权，客观上助力了当时上海石油交易所石油期货的繁荣。

1998年，国家组建了中国石油天然气集团公司和中国石油化工集团公司，实现了政企分开，并进而实现中国石油、中国石化、中国海油三大石油公司先后改制上市，进入国际资本市场。这完善了石油石化工业经营管理体制，实现上下游、内外贸、产供销一体化，建立了统一开放的石油石化市场，增强了中国石油石化产品在国际市场上的竞争力，提升了中国石油石化骨干大企业在世界石油石化行业的地位和影响力。

这一时期，中国工业化高歌猛进，柴油急缺，提高柴油收率，降低汽油收率成为炼厂首要任务，成品油短缺的油荒较为常态。作为体制外炼厂典型代表的山东地炼狂飙突进，野蛮生长，茶壶炼厂成为国际石油贸易圈对山东地炼的代称。

21世纪以来国际油价不断攀升，一改20世纪90年代颓势，2008年7月，国际油价涨至147美元/桶的历史最高点，中国为了确保民生不受重大影响，在这一时期，对国内成品油进行限价保供，由于当时国内原油对外依存度已经接近50%，体制内炼厂巨额亏损，体制外炼厂检修停工，国内成品油极度紧俏。

随后国际油价开启暴跌模式，金融风暴席卷全球，面对严峻形势，中国启动了基建，于2009年5月发布了《石化产业调整和振兴规划》，规划未来三年中国建九大炼油基地。

党的十八大之后，中国经济发展进入新常态，国内柴油开始过剩，汽油需求增速放缓，成品油结构性过剩问题凸显。

转型升级、新旧动能转换、科学发展、低碳绿色发展、高质量发展、由大转强，成为中国炼油工业的主要发展方向和目标，炼油工业的发展进入新阶段。在党的十八大、十九大路线指引下，中国炼油行业摒弃走粗放外延式扩张的老路，开始走内涵集约式发展的新道。几年来，中国炼油工业一方面全面深化国企改革，深化管理体制改革，推进专业化重组；积极稳妥地推进混合所有制改革，地方炼厂、民营炼化企业迅速崛起；市场化进程加快，成品油定价机制改革稳步推进，积极推进"处僵治困"工作，淘汰落后产能。

另一方面，大力推进园区化、基地化、规模化、炼化一体化建设，根据市场需求变化调整装置工艺结构和产品结构，注重技术进步和创新驱动，努力开发增产适销对路高附加值产品；拓展延伸产业链，提高炼化企业的综合加工能力和深加工能力；实施全流程优化，精心组织"安、稳、长、满、优"生产，注重精细管理，注重质量效益。

这一时期最大特点是以恒力、荣盛、桐昆、盛虹等为代表的民营企业借助政策东风，进军上游炼化。中国市场对外资企业开放范围不断扩大，埃克森美孚、巴斯夫、SABIC等国际石化巨头积极抢滩石化市场。山东地炼多年高速扩张后，由于缺乏规划，山头众多，产能过剩严重，恶性竞争加剧。

2019年，中国炼油能力达到8.78亿吨/年。受2000万吨/年恒力石化4月投产，以及2000万吨/年浙江石化四季度投产影响，全年炼油一次加工能力净增4550万吨/年，产能增量是近二十年来次高。其中中国石化产能份额由2018年的35%降至33%；中国石油及其他国营炼化产能份额由2018年的39%降至37%；传统及新兴民营炼化产能份额由2018年的26%升至30%。至此，以茂名石化、镇海炼化以及两大民营炼化为首的千万吨级以上炼厂座数增加至29个。

预计2020年炼油产能增长2450万吨/年至9.05亿吨/年。原油加工量同比增长3.1%至6.7亿吨，产品结构不断向压油增加方向调整。在市场环境变化及技术进步的推动下，炼化一体化由传统成品油+乙烯原料的生产模式向多模式、纵深化发展转变。山东地炼加快产业整合、转型升级，裕龙岛项目获实质性推进。经济放缓、环保高压、替代加快，刺激消费托底经济短期难见成效，预计成品油终端消费4.03亿吨，同比继续放缓。乙醇汽油实现全国推广目标需要政策再度加码，双积分推动新能源汽车销量止跌。综合判断成品油供需，预测2020年成品油过剩量

新石油金权
欧佩克式微与后石油时代

较2019年增加400万吨，全年成品油出口量达5900万吨。

面对国内成品油结构性问题不断升级的新局面，中国石化、中国石油、中国中化等主营炼厂加速炼化转型升级布局，国际海事组织于2020年1月1日起在全球实行船舶硫排放0.5%限制，主营炼厂纷纷投入船用燃料油生产，缓解成品油结构性过剩问题。以山东地炼为代表的传统民营炼化加快布局产业整合、转型升级。中国的炼油工业正处在市场放开政策红利催生的产能过剩的"阵痛期"，历史上最大规模的大洗牌即将到来，未来必将加快转型升级，迈向高质量发展。

未来几年新进入炼化的企业众多，已经从最初的聚酯巨头走向全面扩散，既有海外大型化工企业，也有山东原有的地炼集合，还有其他各类新进入企业。本轮扩产潮对存量炼化产能的冲击不言而喻，假如国家不放开成品油出口，如此巨大的增量炼化前景堪忧。

中国未来炼化扩产规模高达2.3亿吨，如果全部释放，全国总产能将达到10亿吨，对应7亿吨需求，过剩幅度为3亿吨。这也意味着届时不考虑出口的话，即使将现有约2亿吨的地炼全部淘汰出市场，供需仍无法平衡，还需追加淘汰1亿吨的国有炼化产能，其现实难度无疑很大。因此新建炼化在倒逼存量高成本炼化退出的同时，自身也会出现分化，很多并没有明显竞争优势的企业贸然进入炼化领域，最终会被证明是毁灭价值。而在未来激烈竞争中，能胜出企业的核心特质就在于要具备极低的成本和极强的融资能力。

中国油气资源禀赋并不高，但是中国胜在生产端的效率与执行力，优势在于中国改革开放以来充分参与全球分工合作建立起来的产业链集群有着强大的油品及化工消化能力，因此国外企业纷纷抢滩中国，通过与外资油气巨头合作共赢，有助于中国用市场换空间，用需求搏石油金权，在当前复杂的国际格局中稳外贸，促国际信心，强开放决心。

当前中国炼油能力结构性矛盾不断加剧，可以考虑放开成品油出口，积极参与国际市场竞争，做大做强国际石油贸易，通过建设人民币计价的成品油衍生品市场，助力人民币国际化，在油品供应与金融两个维度争夺石油金权。

第九章

国际石油贸易格局

世界原油分布极不均衡，储量主要集中在波斯湾、墨西哥湾、南美、西非等地，而需求主要在东亚、南亚、东南亚、欧洲和美国。国际成品油区域市场特征明显，近年来跨区贸易增多。石油贸易东移是近年国际石油贸易的特点，这背后折射的是全球炼油格局及世界经济版图的变迁。

国际石油贸易简史

世界原油分布极不均衡，储量主要集中在波斯湾、墨西哥湾、南美、西非等地，而需求主要在东亚、南亚、东南亚、欧洲和美国。

国际成品油区域市场特征明显，近年来跨区贸易增多。

石油贸易东移是近年国际石油贸易的特点，这背后折射的是全球炼油格局及世界经济版图的变迁。

中东石油大规模开发始于20世纪50年代，波斯湾乘着二战后西方大发展的东风成为核心原油输出地，波斯湾前往欧洲及美国的原油络绎不绝，由于国别及地理上的阻隔，国际石油贸易蓬勃发展，油轮行业日新月异。

1950—1979年，国际石油贸易随着石油工业的成长，发展迅速，原油贸易量以年均8.6%的速度增长，1979年达到了16.8亿吨/年。

这期间爆发了两次全球石油危机，第二次石油危机成为国际石油贸易增长的拐点。

由于第二次石油危机的影响，西方国家陷入了二战后最严重的经济衰退，石油国际贸易的发展速度也相应受到影响，走入了低迷徘徊的10年。1986年第三次石油危机爆发后，美国、英国经济加速陷入衰退，全球GDP增长率在1991年跌破2%。随之而来的是经济衰退后世界经济的缓慢复苏，石油国际贸易又迎来否极泰来式的恢复和发展。

进入21世纪以来，以中国为代表的新兴经济体创造了一个又一个世界经济发展史上的奇迹。这一过程中，新兴市场对能源持续增长的旺盛需求推动石油国际

新石油金权
欧佩克式微与后石油时代

贸易的迅猛发展，尤其是中国等新兴市场国家逐步进入的国际石油贸易领域，世界范围内的国际石油贸易格局发生了彻底性的变化——贸易重心东移。2008年年底的全球金融危机爆发后，国际原油价格（WTI原油）在不到半年的时间内从147.25美元/桶的天价跌至33.20美元/桶的谷底。然而国际石油贸易的发展丝毫未受此影响，仅仅经过半年时间的调整，国际石油贸易就已恢复至危机前的水平，经过2009年的短暂休整，2012年国际石油贸易的规模已经超过了危机前水平，达到27.29亿吨。

2014年11月，沙特阿拉伯发动价格战，国际油价经历了高位跳水，国际原油价格（布伦特原油）在2016年1月跌至27.10美元/桶的谷底，中国与印度等新兴经济体不断提升的石油需求助力国际石油贸易持续发展。2018年国际原油贸易量为22.61亿吨；国际石油贸易达到了37.68亿吨。

国际石油贸易是全球规模最大的商品贸易，根据世界经济论坛的最新数据，全球原油及石油产品贸易总额为13740亿美元，占全球贸易总额的5%（石油产品总额8250亿美元，占比3.0%；原油5490亿美元，占比2.0%）。与其匹配的衍生品市场规模更为惊人：根据国际清算银行统计，截至2017年年底，全球场内衍生品市场持仓额为81万亿美元，其中能源衍生品占比8%，即能源衍生品市场持仓额约6.48万亿美元，石油实货市场与场内衍生品市场规模的比例约为1∶5。

国际石油贸易相对较小的市场规模与其在全球市场中极强的影响力之间的严重不匹配成为石油市场最大的特性，也决定了后石油时代，需求方能更大拥有话语权。

油轮的发展更能直观反映国际石油贸易的历程，20世纪50年代前，油轮行业进展缓慢，世界上第一艘油轮"好运号"是1886年7月13日首航的，可以载3000吨油；1928年世界上最大的油轮是"斯蒂尔曼号"，可载2.3万吨原油，并将世界上最大的油轮的纪录保持到了1949年。

20世纪50年代伊始，油轮开始大型化尝试以降低单运输成本，1953年当时最大的油轮"蒂娜·奥纳西斯号"在汉堡下水，载重吨为4.8万吨；第一艘超过10万吨的油轮是1959年日本造的"宇宙·阿波罗号"。

20世纪60年代，日本经济起飞，日本既是石油资源最匮乏的国家，又是造船业从西方向东方转移的第一站，自身需求及本土产业能力加持下，日本全面主导并加速了油轮大型化，1962年日本造了11万吨的"日昌丸号"；1966年15万吨的"东京丸号"成为世界上最大的油轮；1966年12月的"出光丸号"首次超过了20万吨；1968年6艘日本造的宇宙·爱尔兰级（每艘32.6万吨）首次超过了30万吨。

20世纪70年代，日本造船业进入高光时代，与欧洲造船业的竞争白热化，石油危机之前世界经济的强劲表现让油轮吨位竞赛彻底疯狂。1971年日本造的"日本丸号"（37.2万吨）再创纪录；1975年日本造的"卑尔根皇帝级号"以42.3万吨首次超过了40万吨；1976年法国造的"巴替累斯号"以55.3万吨首次超过了40万吨；1978年瑞典的一个船坞造了一艘49.9万吨的双螺旋桨油轮，它长365米，宽79米，吃水22.3米，至今为止它是世界上最宽的船；1975年日本住友重工业为香港船主董浩云造了一艘42万吨的油轮"海上巨人号"，这艘船于1979年启用，1980年它的中部被延长了80米，重达56.4万吨，这一吨位让该轮成为人类有史以来建造的最大轮船。

国际石油贸易是国际贸易中最大宗的商品贸易，石油金融衍生品市场是世界上最大的商品衍生品市场。石油贸易不仅仅是一种单纯的商品贸易，更成为国际金融战争及大国间政治、经济博弈的重要手段和主要目的，成为兵家必争之地。

中国国际石油贸易发展历程

1. 1949—1992年中国石油国际贸易状况

中国是世界上最早发现和利用石油及天然气的国家，但是中国石油工业的迅猛发展则是半个多世纪以来的事。

新中国成立以来，进出口业务都归口在外经贸系统管理，监管部门从贸易部到对外贸易部，再到对外经济贸易部，再到对外贸易经济委员会，最后2003年归于商务部。

1949年新中国成立时，原油年产量只有12万吨，由玉门油田贡献。

1950年3月1日中国进口公司（中化集团前身）成立，首次从苏联进口了4万吨原油，是中国石油国际贸易的开端（图9-1）。

新石油金权
欧佩克式微与后石油时代

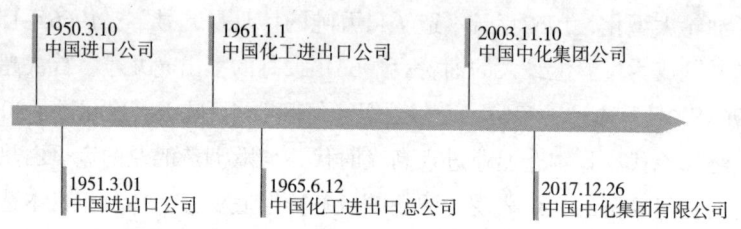

图9-1 中国石油国际贸易史（1950—2017）

中国进口公司此后发展成为中国进出口公司，北京东华门的出口大楼和西郊二里沟的进口大楼和成为"老外贸"的集体记忆。

"老外贸"都记得周恩来总理的指示：平等互利，互通有无。外交无小事，外贸服从外交。计划经济时代的中国对外贸易完全服从于党和国家的外交政策和意识形态。

石油贸易在中国外交中占据了重要地位。自20世纪60年代开始，中国化工进出口总公司（以下简称中化）配合中国外交需要，向阿尔巴尼亚、朝鲜、越南等国出口石油产品及原油。1973—1974年，第一次国际石油危机爆发。根据党中央、国务院指示，中化圆满完成了向日本、菲律宾、泰国等国出口石油的政治任务，打开了中国原油向海外输出的通道。1973年5月12日，周恩来总理对向日本出口原油在大连港进行装船演习作出批示——"要严格遵守这一演习制度，不要一曝十寒，日久玩生。并希望以此鼓励化工进出口公司。"之后，中化又将原油出口到罗马尼亚、巴西、新加坡等市场，成品油出口到美国西海岸、新西兰及澳大利亚，中国的原油出口开始在国际市场上占有一定份额，由于中国的非欧佩克原油出口国地位，中国成为沙特阿拉伯1986年价格战目标之一。

1986年国际油价跌落后，考虑到国内原油作业成本高企，1987年中国进口了几百万吨原油，双轨制及价格闯关背景下，国内广州炼厂、茂名炼厂及镇海炼厂成为新中国第一批进口原油消费商，1988年国际油价回升后，中国重新开始出口，但此时更多炼厂如南京炼厂、金陵炼厂开始采购进口炼厂，中国原油进口国地位继续得以巩固。

1973—1993年的21年间，中国共向国际市场出口石油3.77亿吨，这一时期内，国家要进行"四个现代化"建设，进口大量先进设备，急需要充足的外汇储备，而出口创汇占当时外汇收入的80%以上（其他还有旅游创汇等）。因此，外贸出口是外汇来源的重中之重的渠道。20世纪80年代中期，大庆原油一度是中国出口创汇的主要来源，占全国外汇收入的1/4左右。截至2003年，出口创汇500多亿美元。大庆、胜利原油的出口为新中国换取了宝贵的外汇，也扩大了中国的政治影响，提升了中国的国际地位。20世纪70年代，中化已成为国际贸易界举足轻重的石油化工品贸易商。

2. 1993—2000年石油国际贸易状况

改革开放以后，中国经济迅速增长，石油消费快速增加，同期的石油产量却增长缓慢，与消费量之间的差距日益增大。1993年，中国成为成品油净进口国，当年净进口成品油1469万吨；1996年，中国成为原油净进口国，当年净进口原油222万吨，到2000年迅速增加到5983万吨。大庆原油出口维持到了2004年，从此之后，中国成为原油纯进口国。

1993年，随着中国外贸体制和石油产业体制改革的深入，中化集团分别与中国石油和中国石化联合成立了中国联合石油有限责任公司（联合石油）和中国国际石油化工联合有限责任公司（联合石化），这两家公司被赋予石油产品的进出口经营权，增加了石油进出口渠道。1994年7月，珠海振戎公司成立，主要负责对伊朗原油的进口工作。

至此，这一时期中国石油进出口体系成型。中化集团、联合石化、联合石油和振戎公司四家共同负责原油进口业务，中化集团、联合石化和联合石油三家业务范围更广更全，负责原油、成品油和燃料油的进口、出口业务。

这一时期，国内成品油价格由国家计划经济委员会制定，内销价格低；来进料加工则直面国际市场，利润高；当时国内炼厂自主权大，计划处与运销处会根据国际国内两个市场价差，进行原油来料加工复出口或进口原油投放国内市场的业务套利，渠道自由。

3. 2001年后中国石油国际贸易状况

进入21世纪以来，中国石油消费保持强劲增长态势。2001—2007年原油表观消费量年均增长8.4%，国内原油产量年均只增长2%，推动石油进口量持续快速增长，石油净进口量年均增长18.7%。2003年中国成为世界第二大石油消费国、第三大石油进口国，2004年中国石油净进口量突破1亿吨大关。2008年，虽然下半

新石油金权
欧佩克式微与后石油时代

年受全球金融风暴和经济衰退的影响,中国石油消费增速明显趋缓,但全年仍保持较快增长,进口原油1.78亿吨,进口成品油3885万吨,石油对外依存度首次超过50%。

加入WTO后,中国坚决履行入世承诺,遵守国际规则并逐步开放国内市场。采取了多项措施:第一是减让进口关税;第二是取消配额许可证等非关税壁垒;第三是非国有贸易进口数量基本按年增率15%逐年扩大。

中国石油贸易公司的格局也发生了变化。中国石化集团在2004年全面上收炼厂自主经营权,规定原油代理全部通过联合石化,成品油代理全部通过国际事业公司,炼厂多头经营局面消失,进入大一统局面,联合石化迅速成为全球最大原油进口贸易商,议价能力大涨。同时,除原有的四家具有石油产品进出口经营权国营贸易公司外,中国海油与中国石化以各50%比例成立合资贸易公司,成为第五家具有石油产品进出口权的国营贸易公司,同时一批非国营贸易公司也获得了石油产品进出口经营权,但主要集中在燃料油进口领域。四家国营贸易公司依旧占据市场的主流。

2013年末,中国政府明确提出市场在配置资源中起决定性作用。"十三五"期间,中国的进口原油使用权和原油进口权"双权"逐渐放开,一方面,石油进口产品数量和结构发生变化,越来越多的地炼企业进口原油而减少以前依赖的燃料油、沥青。另一方面,多元化油种的选择使原油市场资源和价格发生变化,适合地炼设备的原油品种随之走俏。

山东地炼是最早在新加坡开设国际石油贸易公司的民营炼厂。大炼化陆续建成下,恒力集团(80%)与中化集团(20%)在新加坡合资建立了恒力油化;浙江石化的股东荣盛石化、恒逸文莱配套国际贸易销售团队及东方盛虹纷纷在新加坡开设了国际石油贸易公司。

21世纪以来,中国加入世贸组织,原油进口量快速攀升,造船业承接了全球产业转移,中国油轮制造能力与保有数量持续提高。

1993年,中国首次成为原油净进口国,2003年,中国石油进口达1亿吨,其中海上运输超过90%,"国油国运"仅占海上石油进口运输的10%。

1998年,中国大连新船重工有限责任公司打破日本、韩国多年垄断,成功拿到了为伊朗国家油船公司建造5条超大型油轮的合同,2004年,5条超大型油轮超大型油轮全部顺利交付。

2006年数据显示，中远集团、中海集团、香港招商局集团、中国对外贸易运输集团、长江航运集团、河北远洋和大连海昌分别拥有5艘、3艘、6艘，4艘，1艘，3艘和4艘，总计保有量26艘。

2018年数据显示，招商轮船旗下的中国能源运输有限公司加上中远海运能源旗下的所有超大型油轮船舶数量为83艘，另外还有19艘新船订单。世界前五大超大型油轮船东所拥有的227艘超大型油轮当中，中国自己建造了110艘，韩国紧随其后建造了98艘。

石油贸易的主要环节

石油的商品属性即物理化学特性决定了石油市场的特点。

高度标准化的金融衍生品市场是外人对石油市场的第一印象，金融衍生品赋予了石油贸易参与方规避绝对价格涨跌风险的工具。在金融市场，如果需要的话，资产可以瞬间从一个位置移动到另一个位置。

但是石油本质上是一种实物商品。和其他初级商品市场一样，石油市场最终关注于石油从生产者到达消费者这一过程中的运输、加工和存储。然而，这是一个缓慢的过程，因为原油可能需要几个月的时间才能从井口到达炼厂，再通过销售终端到达最终用户。所以，价格经常在此过程中发生变化，品种、时间及地点都会深度影响石油价格，从而使得贸易收益成为可能。

石油作为一种液体，需要专门的运输、加工方式和储存设施，这些因素决定了石油实货市场的基本元素。

1.运输

石油运输的主要方式是船舶和管道运输，同时还有部分铁路、公路运输等。

船舶运输具有量大、单位成本低及通达地域广的突出优点，在国际石油市场上，石油的大宗液态散货特性决定了船舶运输成为核心运输方式。

船舶的大小决定了石油交易的基本货量。在船运原油的情况下，运输量通常非常巨大，运量往往取决于装货港和卸货码头的港口条件、航程长度和航运的

新石油金权
欧佩克式微与后石油时代

相对成本。在北海这一世界上最活跃的原油市场，标准货量为50万桶（约7.5万吨）。但在较长途的航线，如航运的相对成本。在北海这一世界上最活跃的原油市场，标准货量为50万桶（约7.5万吨）。但在较长途的航线，如运输产自西非或中东的原油，往往使用超大型油轮，装载量为200万桶原油（20万～30万吨）。

成品油交易的数量通常要小得多。长距离运输可能涉及高达6万吨（约50万桶，取决于产品的类型）的船只，但国际贸易的大部分是在较小的2万～3万吨的船只间进行。许多交易最为活跃的产品市场货量会更小，通常会使用驳船，驳船的运力一般在1000～5000吨。由于成品油通常是在炼厂交货，往往出售给批发商，他们可能没有能力接收或储存大量货物，所以成品油市场的基本交易货量会比国际原油市场的基本交易货量小得多。

除了固定的交易货量的大小，运输方式往往决定着贸易的条款。原油通常是按照接近其生产或所有权转移地点的价格出售，然而一旦货物装船，原油可以在运输途中或在卸货点随时被买卖。因此，基于销售地点和流向的不同，物理意义上同一货物在同一个时点可能会有多种不同的计价。除了市场供需因素变化外，成品油一般根据区域市场的各种惯例交易，但如果同一产品在几个区域市场都可买卖，那么各个市场间对同一产品在同一位置的价格差异，实质上是反映了各个市场间不同的交货安排、运费水平或货量大小的差异。

石油也可通过管道运输和交易。俄罗斯现在84%的石油出口是通过管道运输。其余是通过铁路运输、海运或者内河航运。而俄罗斯石油管道运输公司是俄罗斯石油管道系统唯一的经营管理者，100%属于国家控股。全国石油开采总量的97%是通过该公司管理下的管道系统运输的。

俄罗斯管道运输市场庞大但是交易环境并不自由便利，因此美国是世界上最重要的管道运输市场。美国大多数的管道交易基于一定的固定规则：在未来一个约定时期，如两周或一个月，管道交货（Free-in-Pipe），向指定地点每日输送一个指定的数量。特例是在纽约商业交易所交易的WTI期货合约的到期实货交割中，原油也可以1000桶的倍数出售或交付到储存设施。

2. 加工

通常情况下原油是无法直接使用的。原油必须通过炼厂进行炼制，以使其变成如汽油、柴油或燃料油等具有市场价值的产品。唯一的例外是直接燃烧低硫原油的发电站。因此通常情况下石油会被买卖两次,第一次作为一个炼厂原料,第二次作为成品。虽然原油和成品油市场各具特点,但是最终它们却以炼厂的炼制技术和经济效益(炼制毛利)为纽带被紧密地联系起来了。

原油市场是原油生产商和炼油商间的市场。因此,原油市场的特点和行为取决于炼厂的喜好和需要,以及原油自身的组分和品质。因为有许多不同类型的原油,其相对价值取决于可从其炼制出的产品组合。在一般情况下,能够炼制出更多更有价值的成品油,如汽油、石脑油、煤油和柴油的出率较高的原油,其价格高于燃料油出率较高的原油。但并没有客观的评估方法,因为每个炼厂拥有的炼油装置特性不同,而且不同地区的炼厂在同一时期对同种原油的价格可能有着不同的看法。

成品油市场是炼油商与混调贸易商及批发贸易商间的市场。成品油市场通常非常本地化,因为大多数炼厂的位置接近最终用户,且他们的工艺设施适合当地消费者的需求。因此,成品油市场间的价格可能会存在显著差异,因为它反映的是当地市场对品质规格不同的各类成品油产品的需求程度。

3. 仓储

由于石油是一种液体,这就意味着在供应链中的每一个环节都需要建设专门的仓储设施。对于任何生产、制造和销售实物商品的企业,仓储都是必要的,石油也概莫能外。同时供应链中每个环节的库存水平也是决定石油市场价格的重要因素。但是,持有库存也是昂贵的,因为一方面库存会占压资金,另一方面,无论是建造或租赁储存设施,都会花费巨大。因此,石油公司都尽量保持其库存量接近其最小的正常经营所需库存。

石油市场的用户需求量是十分惊人的。由于石油产品的生产是周期性的,而需求是不间断的,同时石油产品的产地和消费地之间的物理距离和季节性需求波动所产生的时间差,也加剧了供需间的不平衡。这就需要库存在供应链中对生产和需求之间存在的天然时间差异和空间差异进行平滑和弥合。另外,企业需要建立额外的库存,作为对供应意外中断或客户的需求突然增加的保险措施。最后,企业往往由纯投机原因增加(或减少)库存数量以获取价格上涨趋势下的利润,或减少价格下滑趋势下的损失。

新石油金权
  欧佩克式微与后石油时代

石油贸易的市场结构

1. 交易工具

成功的市场需要标准化的交易工具，以产生流动性和提高价格透明度，石油也不例外。但是，由于石油是一种固有的非标准商品，所以行业选择了原油和成品油中的少数实货品种作为基础，通过运作石油金融衍生品（如远期和期货合约），建立了一个更大的石油金融衍生品市场。虽然在底层实货市场不可预见的变化可能会导致新的问题，但业内人士总能迅速地适应这些变化，并以创新的方式使石油贸易的市场体系越发完善。

最重要的衍生交易工具之一是纽约商业交易所轻质原油期货合约，它通常被称为WTI即西得克萨斯中间基原油。尽管近年来引进了替代的交付等级，但WTI仍有效地支撑着市场。WTI在世界石油市场交投最为活跃，它不仅为整个行业提供了一个关键的价格标杆，而且还是其他更为广泛和复杂的期权和掉期等衍生工具的定价基础。

2008年国际油价自高位回落后，在伦敦洲际交易所交易的布伦特原油期货合约逐渐取代了WTI在石油行业中的地位，成为石油行业最重要的价格标杆。产生这一变化的原因是多方面的，包括WTI的价格更多反映美国本土原油的供需关系（而由于美国本土油气产量飙升，但运输能力受限使得美国内陆地区库存高企）、金融危机后WTI面临更为严厉的监管、世界石油贸易重心东移使得越来越多的石油贸易与布伦特原油及与其联动的迪拜原油挂钩等。

如今，石油市场提供了一系列金融衍生品交易工具，可用于降低买入和卖出实物石油的公司所面临的价格风险。这些措施包括：

期货：买卖双方在未来的某个特定时间和地点交收货物并在特定场所交易的标准化合约。通常期货的实货交割量很小，大部分期货都会在到期日前对冲平仓。

远期合约：是石油公司间购买和销售未来交付的实货的一种体制框架合约。远期合约通常需要实物交割，除非双方当事人另有约定。在货物交付到最终买家前，可经过多手转卖。

价格掉期：买卖双方根据事先确定的协议，在一批象征性货物的基础上，在未来约定的时间互相交换标的货物的不同价格并对冲后由一方向另一方支付价格差额。

期权：是买卖权利的合约，赋予期权的买方在未来某一时间按照协议价格买入或卖出一定数量的货物的权利。

这些衍生品交易工具已经改变了以往石油市场的结构和运作模式，使企业能够更好地控制价格波动风险，同时也为市场带来了新的投机参与者，如银行和对冲基金等。

2. 交易时间跨度

石油市场最重要的变化，是交易的时间跨度已逐步延伸到未来，且越来越远。在远期和期货合约推出之前，石油公司没有应对未来交货价格波动的有效手段。因此，在现货市场被迫承担交易决策可能涉及的时间风险，短至一天，长至几年，这就加剧了价格敞口波动风险。鉴于石油产品从生产到消费的时间跨度经常长达60~90天（原油从勘探到开采的时间跨度更长），则较长的交易时间跨度显然是非常重要的。

扩展交易时间跨度的第一步是提供远期和期货市场。最初提供提前一年的合约交易。这个市场的主要参与者是贸易中间商。市场交投最为活跃的是提前三个月的具有相对较短时间跨度、相对近期的交易。

在20世纪末，这一时间跨度被进一步延伸，如最活跃的纽约商业交易所WTI合约已可以交易长至未来7年的期货交易。通过引入新的金融工具，如价格掉期和场外期权，交易不仅仅只能覆盖数月，而是可以覆盖未来1~10年的价格。这为拥有长期大型投资项目的石油生产者或消费者（如新油田的开发者或新发电厂的投资者）提供了可靠的保值工具。

3. 市场结构

石油贸易的市场结构已经逐步演变为几乎涵盖各类交易工具的一个复杂市场。它以期货市场及与之捆绑的远期票据市场为核心，以各类量身定做的场外价格掉期及期权交易为外围，同时实货贸易商经常使用各类金融工具为其手中现货进行保值操作。这使得我们无法明确指出石油的价格究竟是由哪一个分市场决定的，因为每一个分市场都对价格有着显著的影响，几个分市场的共同作用最终决

新石油金权
欧佩克式微与后石油时代

定了油价。

诚然，这种以少数实货品种为基础建立起标杆价格，再以标杆价格为纽带将庞大的衍生品市场和实货市场联系在一起的市场结构，存在着一定的不稳定性。因为相比于巨大的期货交易量，其背后所代表的实货量却可能少得可怜。在某些最为重要的市场，如WTI和布伦特市场，甚至经常出现期货价格反向操纵实货价格的情况。但是，一个如此巨大的市场必须有必要的流动性，于是场外掉期和期权交易便应运而生，实货贸易商通过运用场外衍生工具进行实货保值和跨市套利操作，可以方便地规避绝对价格和相对价格风险。同时，石油的绝对价格变得不那么重要了，因为这种实货与衍生品、场内与场外联动的市场结构实际上更加注重各个品种间的价差及同品种的时间差变化。事实证明，石油市场的这种结构在长期内通过各个分市场的互动和动态调整，是完全可以达到一个较为稳定和均衡的状态的。

国际石油贸易的主要玩家

石油只有在消费国才能最大化发挥价值，从生产国地下宝藏到成为消费国每一滴油，石油要通过勘探开发、开采收集、分离管输、陆运海运、仓储物流、炼制分销及终端加油才能完成。

每一条产业链都蕴藏着无限价值，我们在谈到石油工业时，往往想到的是钻井、磕头机与输油管线，位居中游的国际石油贸易因为专业性往往不为外人所知，而这一领域云集了众多跨国石油公司，都在这一领域争夺石油金权。

1.跨国石油公司在国际石油贸易中有几大矩阵

跨国石油巨头，如英国石油公司、埃克森美孚公司、荷兰皇家壳牌、雪佛龙石油公司、康菲石油公司和道达尔石油公司等。

这些石油公司都是来自欧美的超级石油公司，往往穿越百年，具有深厚的底蕴和储备，上下游一体化优势明显，在全球都是顶级品牌，口碑好，资金安全，深受全球银行业欢迎。

二战后，全球石油从中东向欧美的大规模海运中，跨国石油巨头是先锋，也因此几次影响巨大的油船溢油事故往往都有他们的影子，公众对海洋污染特别是石油污染的关注日益增长，1967年发生的"托利·卡尼翁号"油船溢油事故催生了石油公司国际海事论坛的成立，该组织于1970年4月在跨国石油巨头的发起下成立，该组织认可的大石油公司检查是国际石油贸易中租船的必要条件，如果租用船舶没有相应的大石油公司检查通过记录，只要装货港、卸货港、发货人及收货人中有一家需要大石油公司检查通过记录，该船舶都不能租用。

2. 石油贸易巨头

石油贸易巨头往往都是低调的巨鳄，有的营业收入甚至高过雪佛龙、道达尔这样的大型石油公司，在业内如雷贯耳，但是在公众传媒中刻意低调。

石油行业内三大贸易巨头是维多，嘉能可和托克。

维多是1966年创立于鹿特丹的荷兰石油贸易公司，维多是全球最大的独立能源贸易商，在2018年营业额高达2310亿美元，可以排在财富五百强第9位。维多一年的原油海运量在3亿吨，控制了全球250多艘超大型油轮和各型油轮进行运输，维多的原油和成品油日经营量在700万桶，这一数字略等于日本的每日消费量。维多以贸易见长，全资控股VTTI这一在全球11个国家有870万立方米仓储能力的石油仓储企业。维多神秘低调，刻意远离媒体，却是市场玩家都高看一眼的顶级实力派。石油界著名能源专家丹尼尔·耶金就曾评价维多集团，"尽管知道维多这个名字，但我必须承认对他们了解不多。"

嘉能可是一家来自瑞士的公司，也是全球最大的大宗商品贸易商，其三大核心业务领域为能源、金属矿产及农业。嘉能可成立于1974年，创始人马克·里奇抓住全球石油贸易由"石油'七姐妹'定价"转变为"自由市场定价"的战略窗口期，与多个欧佩克成员国签订了石油购买长期合同，开启了一代石油贸易巨头的成长之路。里奇因与伊朗及南非种族隔离政权开展贸易而被妖魔化，也曾被指控为美国历史上最大的逃税者，1999年里奇获得克林顿总统任期内最后一份特赦而饱受诟病。嘉能可一度被业界认为是全球最神秘的公司之一，直到2011年才上市。目前，嘉能可年营收超过了2000亿美元，达到了令很多大型石油公司也望尘莫及的规模。

托克集团是一家来自新加坡的公司，业务主要涉及能源和金属矿产的贸易及物流仓储，液化天然气业务也在快速增长中。托克集团有近69%收入来自石油领

新石油金权
欧佩克式微与后石油时代

域,是全球仅次于维多的私人石油贸易商。托克集团成立于1993年,由嘉能可的前交易员Claude Dauphin和Eric de Turckheim等6人创建,目前在全球36个国家设有65个办事处。托克集团2017年的营收达到1364亿美元,和美国第二大石油公司雪佛龙收入规模相当,足见其非同小可的实力。2017年,其石油及油品贸易量达到2.56亿吨。

新世纪,来自瑞士的摩科瑞自2004年成立后,不到10年时间,创始人马可·杜南和丹尼尔·佳吉将这家公司从一个只有10人的小公司,打造成了世界第四大原油贸易商。其崛起速度震惊商界。中国化工集团公司,也是摩科瑞的股东之一。2016年,中国化工收购了摩科瑞12%的股权。

俄罗斯背景的贡渥自2000年于瑞士成立后,迅速崛起,被称为"隐形石油大佬"。有段时期,俄罗斯约1/3的原油海运出口业务由贡渥集团经手。2017年,贡渥集团的原油及油品贸易量达到9.8亿桶,具体包括原油、天然气、汽油、液化石油气、生物油等。

3. 国家石油公司

2007年,英国金融时报重新定义石油"七姐妹",将国家石油公司中的七家翘楚定义为新"七姐妹"。沙特阿拉伯国家石油公司、俄罗斯天然气工业股份公司、中国石油天然气集团公司、伊朗国家石油公司、委内瑞拉国家石油公司、巴西国家石油公司和马来西亚国家石油公司,清一色都是由国家主导经营的企业,这些国家石油公司靠国际化浪潮催生,靠国有化推动迅速崛起,目前控制着世界三分之一的油气产量和剩余可采储量。

国家石油公司因为国家背书,信用好;同时往往是一体化石油公司,依靠资源优势强势切入国际石油贸易,如果运作得当,往往能事半功倍。

但是国家石油公司因为与国家捆绑过深,往往容易成为美国长臂管辖的目标。新"七姐妹"中的俄气、伊朗国家石油公司及委内瑞拉国家石油公司都位列美国制裁名单。

4. 区域型公司

欧洲国家石油为主,全球化布局次于跨国石油巨头,但是在区域内往往具有比较优势,典型如意大利埃尼、西班牙雷普索尔、西班牙石油公司及挪威国油等。

5. 独立勘探开发公司

独立勘探开发公司业务集中于上游，通过上游风险勘探、权益投资、参股入股以及作业者等多种方式经营油气区块，典型如总部位于美国休斯敦的阿帕奇、康菲和总部位于美国俄克拉何马城的戴文能源，这些企业在国际石油贸易中定位为生产商，盈亏集中在上游运营，并不积极参与贸易往来。

6. 炼化企业

炼化企业是原油的消费商，又是成品油的生产商，炼化企业往往既有进口又有出口，在国际石油贸易市场上颇为活跃。

以中国为例，中国石化是全球最大炼油企业，中国石化国际贸易平台公司联合石化是全球最大原油进口商。中国炼油大发展背景下，"十三五"期间，中国进口原油使用权和原油进口权"双权"逐渐放开，山东地炼、恒力、恒逸、荣盛及盛虹等炼化企业纷纷进入海外市场。

以印度为例，2019年，印度石油消费量2.16亿吨，全球占比5%，印度13多亿人口，却是地球上能源最匮乏的国家。过去十年中，印度在全球新增石油需求中占了20%，国际能源署认为，至迟2025年，印度的新增石油需求将超过中国。印度炼化企业众多，印度炼油公司主要分为国有和私营两大类。国有炼厂主要负责满足国内的需求，承担更多的社会职能，而私营炼油公司主要承担石油产品出口任务。

以美国为例，瓦莱罗能源公司是北美最大炼油企业，菲利普斯66则是2012年从能源巨头康菲公司中拆分出来的下游炼化企业。

中国近年来依托联合石化、联合石油、中国海洋石油总公司（中国海油）、中化石油有限公司（中化石油）等国家石油公司在国际石油贸易市场已经有了较大话语权，在新加坡、迪拜、伦敦、鹿特丹及休斯敦等全球石油贸易中心成为国际市场的重量级玩家，深刻影响全球石油市场走势。同时，中国在国际石油贸易的参与度越来越深，也越来越有话语权，鉴于中国在国际铁矿石采购失利的前车之鉴，形成合力，构建中国新石油发展模式是考验每一位参与者及决策者智慧的。

国际石油贸易资金风险控制

石油贸易一定要完成商流、物流和资金流的三流合一，而资金流往往成为国际石油贸易核心风控环节。

由于国际石油贸易往往在不同国别、不同公司以及不同市场间完成的，因此如何管住资金，减少风险成为各方焦点，也因此大量骗子绞尽脑汁想在资金流上玩出花样。

国际石油贸易里沙特王子、尼日利亚酋长，多如牛毛，曾经有人夸下海口，一年可以稳定供应5亿吨沙特原油，这基本相当于包圆了整个沙特原油产量，而沙特原油出口全部通过沙特阿美石油公司以长约形式完成，严格限定目的港。

骗子套路深，往往都派头十足，骗取信任后，要么信用证诈骗，通过索取备用信用证，长期占用信用额度；要么直接骗取买家购货意向书及不可撤销的购买订单、授权委托书之类，拿来直接找下家再行骗；要么伪造船舶资料如Q88骗取定金。

国际石油贸易是核心化贸易，圈子非常小众，从事外围或边缘的人数比核心圈的人多出很多，越往外门槛越低，圈外人总以为钱会砸到自己头上。因此深入理解控制资金风险敞口的方式很有必要，目前主要是以下六类：

1. 开放信用

最高等级信用，双方权利及责任都按照买卖合同条款执行，买方不会提供任何形式的金融担保给卖方。这一形式往往限于高等级口碑企业间业务往来。

与开放信用相对应的是电汇，收货后30天电汇付款，这是因为石油贸易核心圈都是由顶级公司组成，大家都高度重视信誉及口碑，在大额贸易中不需要任何金融担保。

2. 母公司担保函

顾名思义，当一家公司信用不够的时候，如果其母公司实力雄厚、深得市场信赖，此时母公司开具的担保函能确保对手方获得财务担保。母公司担保函往往具有连带作用，因此母公司在出具担保函时必须明确子公司风险。

3. 信用证

信用证是国际石油贸易风险管理主要工具。信用证是一种银行开立的有条件的承诺付款的书面文件,当卖方向买方银行出示合同规定的单据或赔偿保证书后,买方的银行即兑付信用证,向卖方支付该笔货物的货款。

买方银行承诺支付前,一般需要收到以下单据:

① 载明货物目的地并有签字盖章的商业发票,欧美往往以签名为准,但国内往往要求加盖公章。

② 全套正本海运提单原件。

③ 原产地证及品质证明。

④ 保险单。

信用证是通用担保形式,但是需要做好以下检查,确保担保有效。

① 卖方必须按信用证条款约定提供相应单据,支付行才会履行支付义务。如果卖方无法向银行提供完备的单据,银行就会拒绝支付,除非有卖方事先的担保,保证拥有货物的所有权,并担保赔偿买方由于单据不全所带来的所有法律成本。通常卖方以赔偿保证书的形式给储担保,作为配套,信用证必须包含依据赔偿保证书履行支付责任的选项。

② 信用证由银行发出,因此银行信用是担保根基。信用证开证银行的信用层级直接决定风险敞口,通常合同钟规定需要开立信用证时,会明确规定开证银行为一级银行。

③ 信用证是银行出具的纯粹财务凭证,不能跟踪反映合同或货物在实际贸易的变化。当出现纠纷时,信用证是权威凭证,因此确保信用证措辞以及格式正确尤为重要。

4. 备用信用证

备用信用证,确实有点像汽车的备用胎,正常情况下是不用的。与普通信用证不同,买方将规定的单据一般直接提交给卖方而不是卖方银行,当买方未能按照合同的规定支付货款的时候,卖方就可以凭备用信用证到备用信用证规定的指定银行去兑付。如果买方按照合同的规定支付了货款,备用信用证就不使用。

但是卖方收到了备用信用证后,不管买方是否履约,直接拿备用信用证到指定银行兑付,也没有人能约束卖方。这就使得备用信用证类似银行保函,和国际贸易中惯常使用的结算工具完全信用证差异巨大,备用信用证已成为债权债务担保工具,主要用于发达国家之间的经济贸易往来的担保或者融资,跨国公司母子公司之间业务的担保和融资。

备用信用证比完全信用证简单，风险也更大，通常只有交易涉及的金额较小或者交易商规模很大且信誉良好时，才会使用备用信用证。

5. 赔偿保证书

赔偿保证书的陈述为：卖方保证，在没有任何抵押或留置权的情况下，卖方拥有完整的市场所有权。赔偿保证书确保了当有第三方声称拥有货物所有权时，买方能够获得所有成本和损失的赔偿。因此，所有的石油贸易都是在具备规定单据或赔偿保证书的条件下才支付价款。

6. 意向书

意向书是一个公司购买的意向，一般说来，意向仅是一个想法，和正式的询盘在法律上不可具有同等的意义，但是在国际贸易里面，判断一个文件是否有法律效力，并不完全看文件的名称，而是看文件的内容。一些国家的判例表明，如果意向书的内容，已经表明了明确的购买意图，而且内容涵盖了成交的所有条件，那么这个意向书就是一份有法律效力的要约。一旦接收到这个意向书的人，按照这个意向书的内容，有了实际行动，那么根据合同是双方意思表达的一致，这笔交易就成立，而不必拘泥于是否有书面合同签署，这是不同于中国合同法的。

意向书可以缓解卖方银行的焦虑，在绝大多数的情况下，意向书还能帮助卖方从其开户行对交易进行再融资。因此意向书的开具必须慎之又慎。

美元霸权下的美国长臂管辖

石油贸易资金流的完成目前都是通过环球同业银行金融电讯协会系统完成，全球商业银行都要加入环球同业银行金融电讯协会系统才能全球运营，环球同业银行金融电讯协会是全球银行间报文交换网络，而非支付系统。环球同业银行金融电讯协会可为各种类型的支付系统之间建立连接，包括：CLS、Netting/净额系统、证券交易系统、国际证券集中托管系统、RTGS/实时全额结算系统等。

环球同业银行金融电讯协会名义上是一个国际银行间非营利性的国际合作组

织，实质上是由多家金融机构共同拥有的私营股份公司，按比利时的法律登记注册，并由董事会进行日常管理。董事会设有25个席位，每个席位每隔三年会轮换一次。美国、比利时、法国、德国、英国、瑞士各拥有两个董事席位，其他会员国最多仅有一个董事席位，大部分国家甚至没有董事席位，中国于2012年首次获得一个环球同业银行金融电讯协会董事席位。环球同业银行金融电讯协会主体国家多为美国盟友，再加之美国超级大国地位，美国在环球同业银行金融电讯协会体系举足轻重。

目前，美国的美元大额清算系统是环球同业银行金融电讯协会的最重要组成部分。美元大额清算系统由21家美国银行持股的清算支付公司运营，日处理交易28.5万笔，金额1.5万亿美元，平均每笔金额500万美元。美元大额清算系统是美国两个核心支付系统之一，是一种美元大额清算系统，其结算通过另一个核心支付系统，美联储的RTGS系统Fedwire完成。

清算业务是指银行间的资金结算业务，一般为联行业务。

结算是指银行对自己所有账户（对公和个人）进行的核算业务，包括现金存取、转账收付、汇兑业务、中间业务、代理业务，存款、贷款、票据业务等。

关于清算与结算的区别，按一句以前的话来体会，可能会较直观：地主老财欠下的累累血债，总有一天要清算。清算带有清偿的意思，开批斗会是清算，分家产是结算。

美元是环球同业银行金融电讯协会中的主要支付结算货币，而不是唯一结算货币。参与结算的还包括加元、英镑、人民币、港元，日元等一共18种世界主要货币。美元在环球同业银行金融电讯协会的绝对主流地位，是由美元的国际地位决定的。美元在国际储备货币中占比超过六成。在2001年的巅峰时期，美元曾占全球储备的72.7%。美元作为国际货币，承担了交易媒介、价值储藏和计价单位三大职能，现在全球大宗商品贸易基本采用美元作为结算货币。目前，全球95%左右美元跨境支付都是由美元大额清算系统完成，美国可以通过CHIPS直连环球同业银行金融电讯协会对全球美元交易进行监控追踪，进而视美国利益决定是否采取长臂管辖。

国际贸易中交易主体弃用美元，诉求往往是为了规避美元霸权下的美国长臂管辖。

新石油金权
欧佩克式微与后石油时代

最早的通过环球同业银行金融电讯协会系统实施制裁，是在"9·11"事件发生后。小布什总统根据《国际紧急经济权利法案》，授权财政部海外资产控制办公室可以从环球同业银行金融电讯协会调取"与恐怖活动有关的"金融交易和资金流通信息。目的是美国可以使用环球同业银行金融电讯协会数据来了解和打击恐怖组织的资金往来。让恐怖组织很难成功汇出或接受汇款。这一举措使得美国在2001年之后再没发生过大规模的恐怖袭击。

因为环球同业银行金融电讯协会的制裁可以限制被制裁对象通过国际清算通道进行国际支付。相较于其他形式的经济制裁，它可以更加直接、快速的切断目标对象的国际金融通道，使其被国际金融体系抛弃，面对极大的经济压力，环球同业银行金融电讯协会制裁堪称美国金融制裁王炸。朝鲜、伊拉克、伊朗、利比亚、俄罗斯等国家以及一些组织或个人都曾被实施制裁。

美国长臂管辖已经成为美国经济制裁和贸易战的重要武器，经过数十年的发展已经日臻成熟，打击的手段、法律和情报监控等形成了固有的模式，对于竞争对手随时可以采取非市场行为进行管制，将国内法大肆应用到国际贸易、跨国公司和全球化市场，其危害性饱受诟病，连同美国的重要同盟都难逃其"魔掌"，长臂管辖的实施已经演变为美国的"霸权"行径和强迫行为。

2019年10月25日清晨，市场传出消息美国财政部已经在本周四对中资航运企业做了延缓至12月20号的制裁撤销令，此消息进一步抑制了此前疯涨的油轮运价。由于伊朗问题，美国财政部在9月下旬对中资航运企业进行制裁，全球数十条油轮运力被抽空，市场反应激烈，叠加一系列油轮被炸事件，运费创下历史新高。

前期市场反应过度下油轮运费市场高价位难以持续，中美达成协议后市场运费也在积极回应中美贸易摩擦平复，代表波斯湾去往远东的30万吨超大型油轮TD3油轮运价从10月11日伊朗油轮红海被炸时的313.33点已经跌到了10月24日的97.75点。

报道称是撤销令，仔细参阅美国财政部声明，该声明是提供一个过渡窗口期的《临时许可令》，允许该中资航运企业从授权日起至2019年12月20日期间，可以维持并逐渐退出其原先被完全禁止从事的和伊朗之间的海上运输合同。同时该《临时许可令》声明仅仅对该特定的中资航运企业有效即限定了其中一个有大量国际业务往来的主体拥有豁免权,其他主体企业依然无法被豁免。根据北京德和衡(上海)律师事务所合伙人刘一民律师(中国及美国执业律师,英国皇家御准仲裁协会会员)解读,该许可令将让该中资航运企业有两个月窗口期处理与全球客户正常商务往来赢得转机,并进一步向美国财政部申辩以最终从制裁名单被移除。该中资航运企业正面、积极地处理其与美国财政部的关系的做法值得其他中资航运企业借鉴。

2019年以来油轮运费市场在年初延续数年来的不温不火,但是中东地缘事件不断并频频直接危及国际能源通道安全,5月12日,4艘商船在阿联酋领海附近的阿曼湾、富查伊拉港口以东也遭遇"破坏行动",其中2艘为沙特油轮;6月13日,紧邻伊朗的霍尔木兹海峡附近,一艘前往新加坡的日本油轮及另一艘前往中国台湾地区的油轮在阿曼湾遭遇袭击,两艘油轮发生爆炸;7月中上旬,英国和伊朗互相在英属直布罗陀与霍尔木兹海峡扣押对方油轮;不断升级的油轮被袭事件在最初推了波斯湾战争险溢价后开始稳步推升波斯湾油轮运价;中美贸易摩擦不断升级下美国行使长臂管辖并在9月下旬以涉伊朗问题为由针对中资航运企业进行了制裁,该中资航运企业是全球最大油轮船东之一并迅速引爆了市场行情;10月11日,伊朗油轮在红海爆炸,据称被导弹袭击,伊朗油轮承担了目前被美国极限施压下要降为零出口的伊朗原油全球送货上门服务,因此市场迎来了终极疯狂,创下了300多点的TD3价位,30万吨超大型油轮日租金收益达到了30多万美元的历史最高位,而2008年金融风暴来临之前的航运盛世这一收益也只是20万美元(图9-2、图9-3)。

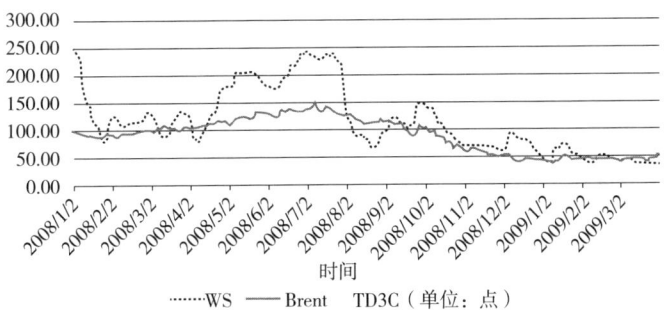

图9-2 2008年1月1日至2009年3月31日TD3和Brent油价(单位:美元/桶)
数据来源:TD3: Clarksons Brent: Wind。

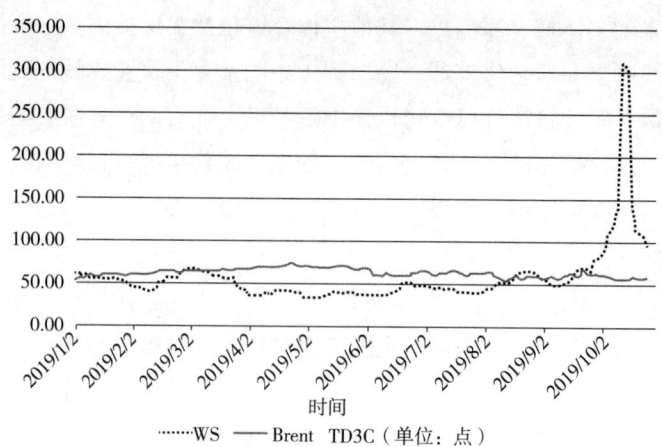

图9-3　2019年1月1日至2019年10月24日TD3和Brent油价（单位：美元/桶）
数据来源：TD3: Clarksons　Brent: Wind。

如果我们对2008年1月1日—2009年3月31日及2019年1月1日—2019年10月24日这两个时间段的TD3和布伦特油价进行对比，就可以发现2008—2009年两者线性关系明显，油价涨跌基本正向主导了运费走势；2019年则离散度极高，运费走势已背离了油价运行。

国际油轮运费市场在不到半年时间内反复蓄能不断冲高并在中美博弈目前趋于缓和大局面下又在不到几个星期内回归理性，反观同一时期国际油价虽然地缘事件有脉冲性应激反应，但是原油市场是全球资金高度密集的大宗商品市场，金融属性强，受制于全球经济下行压力以及中美博弈不确定性与复杂性一直难有持续强势表现。

国际油轮市场盘子小，突然施加的禁运打乱商家合约和原有计划非常容易导致市场短期供需关系失衡并刺激运价，黑天鹅事件反应激烈，一旦缺失市场影响力则很容易为国际玩家所左右。

中国从2000年开始进入国际原油进口快车道，当时全球市场基本没有中国30万吨超大型油轮，作为最活跃中国原油买家的联合石化最早提出国油国运并推动付诸实施与中资航运企业共渡难关，由于航运经济强周期性，多家中资航运企业为了实践国油国运走了很多弯路但是总体看达到了预期效果，2019年发生的一系列事件已充分说明了掌握自有运力的重要性与必要性。在中国原油对外依存度已达到70%以上的今天，美国依然主导全球经济体系且长臂管辖愈发成为中资企业达摩克利斯之剑，中国应当积极思考并实践在战略层级的中资企业合作抱团与破局之策。

我们应该积极认识到该中资航运企业早已完全国际化并与全球合作伙伴建立了深度合作，美国的制裁导致运费脉冲式上涨，抑制了全球实货商品不限于油品买家和卖家的成交意愿，推高了成本，美国人也不受益，不排除国际商家是背后出具短期豁免的推手，美国制裁对全球商业利益伤害更大。

短期豁免之后，2020年1月16日，中美第一阶段经贸协议签署，2020年1月31日，美国财政部在其官方网站发布消息称，已解除对中资航运企业的制裁。

国际石油贸易以美元为主要结算货币，环球同业银行金融电讯协会体系以美国为领头羊，这是中短期内难以改变的事实，更是美国在石油金权中制霸全球底气的基础。

中国新石油发展模式，人民币国际化是战略目标，任重道远。

美国长臂管辖下，中国国际石油贸易参与企业及机构一定要注意经营中的合规性风险和检查，构筑防火墙，有备无患，切实保护自身利益。

第十章

石油价格成价历史及现行机制回顾

在国际原油市场150多年的发展历程中，原油定价主要可分为三种模式：跨国石油公司定价（1900—1973年）、欧佩克定价（1973—1986年）和期货定价（1986年至今）。现行国际原油定价机制随着1986年原油期货交易的成熟而逐步进入期货定价时代。期货交易所和第三方评估机构从功能定位上是不同的，一个是场内市场，一个是场外市场。他们共同构成了复杂的石油定价体系，高度标准化的金融衍生品市场是当今石油市场一大特点。

石油是大宗商品之王，全球金融市场交易产品主要就是股票市场、债券市场、大宗商品、贵金属、外汇市场以及黄金。全球资金是自由流通的，且资金都是趋利避害的，这几类市场之间存在资金跷跷板效应，一个市场的收益率走高，资金会流向该市场，并会对其他市场资金造成虹吸效应，压低其他市场表现。

美元是世界货币，大宗商品、贵金属以及黄金均以美元计价，其和美元是负相关，通常美元走强会导致金价、大宗商品诸如原油等、贵金属的价格走低，反之亦然。

高度标准化的金融衍生品市场是当今石油市场一大特点，参与者既有石油生产商，贸易商，炼厂，航空公司等实体企业，又有各种对冲基金、养老基金、投资银行等金融机构，原油市场金融属性越来越明显。

2020年4月21日，5月WTI期货极端负价格的出现，正是被大量和不稳定的金融投资所扭曲的结果，这也引发了人们对金融市场及金融投资者行为的担忧。

原油是一个复杂的品种，不仅具备商品属性、金融属性，还兼备政治属性。从商品属性上讲，原油是一种原材料，通过炼化和加工生产出成品油和各种化工品，与原油相关的产品几乎遍布在生活各处，对现代经济活动来说具有极其重要的影响，被誉为"现代工业的血液"和"大宗商品之王"。然而原油并不是同质商品，国际上原油的种类繁多，质量和特征各异，影响着炼油产量和经济效益，因此不同品质的原油价格也不相同。在现行制度下，这些原油的价格通常是根据其品质和相对供求情况，在基准价或参考价的基础上打折或溢价确定的。然而，这引发了一系列问题。这些价差是如何设定的？更重要的是，基准原油或参考原油的价格是如何确定的？

在金融属性方面，原油金融产品和其他金融产品类似，对未来市场基本面的

新石油金权
欧佩克式微与后石油时代

预期越来越成为原油定价的重要因素。

然而，与纯金融产品不同，原油市场具有商品的属性，而商品属性受产量、消费量、库存情况、供需关系等基本面因素，天气和季节变换等外部因素和地缘关系及军事战争等政治因素的影响。

基本面因素及政治因素都较好理解，天气和季节变化又是如何影响石油商品属性的呢，这是因为石油需求有很强的季节性表现，春季，春耕带动柴油需求，中间馏分表现强势，但春季又往往是炼厂检修季节，原油需求弱；夏季，旅行等出门需求带动汽油消费，同时空调大量使用，燃料油作为发电调峰燃料，需求大增；秋季，农业秋收，休渔结束，天气晴好，基建工地施工旺盛，柴油需求大，"金九银十"；冬季，天气寒冷，取暖油需求旺盛，煤油的典型旺季。如果天气出现较大波动，如厄尔尼诺现象，则会扰动预期供需计划，影响价格。

大多数原油期货都以实物交割（布伦特除外），而实物交割是追随于现货交易价格，现货交易价格又反映了当前的供求状况。因此原则上，通过套利的过程，期货市场价格将最终收敛于现货市场价格。

虽然，期货价格最终会收敛于现货价格，但收敛过程是怎么样的？金融市场和现货市场要经过什么样的相互作用？因此，要全面了解原油市场，不仅要分析现货市场和金融市场的相互作用、还要分析因果关系和过程，例如不同类型金融参与者的投资和贸易战略；支持这些战略的融资机制和杠杆程度；以及石油衍生品市场；最重要的是连接金融市场和现货市场的机制。

一宗成功的石油贸易的基本要求是：买方和卖方可以达成一个协议价格或至少一个确定的价格商定机制。然而，即使是使用最简单的固定价格成交，也并不意味着是简单地出售一个价格为X的货物，至少在合同签订前，双方还需要明确所使用的货币和计量单位（体积或质量）。

在过去的30年间，随着石油贸易新技术的发展，石油定价的基础已经发生了显著的改变。在过去，国际贸易的石油大部分在固定价格的基础上以长期合同的形式出售。长期合同通常为期一年或以上，双方定期重新协商合同的价格和数量。当油价保持合理的平稳状态的时候，这的确是一个高效的方法。但随着西方发达资本主义国家逐渐丧失对中东主要产油国的直接控制权，三次石油危机所引发的供应中断使西方世界吃尽了苦头。石油行业的买方和卖方都逐渐发现，一个在交货前已确定的固定的价格很难做到与实际交货时的市场价格一致,这就意味着传统的固定价格或是使买方亏损卖方获利,或是使卖方亏损买方获利。因此,市场开发出了更加灵活的"浮动"定价机制。

浮动价格通常与某种公开发布的报价挂钩,或是以货物装运或卸载的时点为基准,以此时点前后一个时间段内某种公开报价的平均值再加减一定系数(升贴水)来确定。长期合同也可采用浮动价格成交,所不同的是长期合同项下每个批次货物的计价期会因为装卸货物的时间不同而不同。

浮动定价机制的优点不言而喻,因为这个机制对交易双方都较为公平。即使货物交割时的市场价格与合同签订时的市场价格大相径庭,也不会有不当得利和显失公平的情况发生。相比固定价格成交的方式,交易双方都大为降低了受利益驱动而主动毁约的动机,从而从机制上保障了贸易合同的履约率。

在20世纪70年代末,随着中东的产油国陆续将跨国石油巨头请出国门,先前占据市场主流的长期合同逐渐退出历史舞台,越来越多的石油开始采用现货交易的方式成交。然而即使是现货交易,也同样会面临交货时点迟于合同签订时点的问题,也会面临两个时点间的价格波动风险。于是越来越多的交易商开始热衷于使用价格公式,也就是浮动定价机制订立合同。

国际原油定价机制的历史演变

各类原油价格的形成与运用背后,是主要国际原油定价体系内行为主体的博弈,这些行为主体具体包括国际石油公司、欧佩克成员国、非欧佩克成员国政府和自由市场力量(商业和非商业交易者)。事实上,由于博弈各方在国际石油定价体系内的权力此消彼长,不同时期的市场主导价格也有所不同。概括来说,在国际原油市场150多年的发展历程中,原油定价主要可分为三种模式:跨国石油公司定价(1900—1973年)、欧佩克定价(1973—1986年)和期货定价(1986年至今)。现行国际原油定价机制随着1986年原油期货交易的成熟而逐步进入期货定价时代。

1. 跨国石油公司定价阶段

新石油金权
欧佩克式微与后石油时代

这一阶段为1900—1973年。该阶段欧美等主要石油消费国在国际原油定价中占据主导地位，这些国家的利益代表——跨国石油巨头，典型如石油"七姐妹"凭借母国的政治经济实力，与产油国签订不平等的租让协议，霸占了世界主要原油生产基地。跨国石油巨头在石油资源国开采的石油绝大部分用于本公司的产业下游经营渠道，经营高度垂直一体化。这种自产自销的模式使得石油价格完全内部制定，一般不需要第三方参与协议价格。其主要定价模式是固定价格，采用长期供货合同的方式，占据西方跨国石油公司之间95%以上的贸易额。相比较而言，公开的现货交易在世界石油贸易中占比不足5%。

这一阶段定价机制的存在有其深刻的历史背景。20世纪50年代，一方面，国际石油供给几乎全部来自现在的欧佩克地区，另一方面，少数大型国际石油公司代表欧美主要石油消费国利益，供需双方的利益划分明确，石油资源国政府征收石油资源开采的特许权租金，而石油消费国政府获得稳定低价的石油资源，以保证本国工业发展需要。可以说，此时的跨国石油巨头在各行为主体博弈中占据上风，究其原因有三点：其一是中东产油国处于弱势地位，许多中东产油国刚从西方列强的殖民地或半殖民地中获得独立，在国际石油贸易中难以获得平等的谈判地位；其二是欧美消费国较为强势，通过特许权租金的巧妙制度安排，降低用油成本，以提高国家整体福利；其三是产油国技术不足，因而国际石油公司将定价权过多垄断在自身手中。产油国的权益不受重视，注定了这种单方定价状态难以长久维系，各主体博弈更加激烈。

2. 定价体系

该体系内的主导价格为原油牌价，合约价格在少数情况下作为辅助性价格。原油牌价诞生之初就作为特许权租金的收取标准，因此，该价格被国际石油公司人为控制在较低水平。合约价格则是在几大国际石油公司之间协商确定，这一价格因涉及商业机密而不被外界所了解，因此，合约价格的市场适用性并不大，对定价体系的影响较小。

随着中东产油国在政治、经济与生产技术方面综合实力的不断提升，为扩大产油国在石油定价上的话语权，与跨国石油巨头相对抗的卡特尔组织——欧佩克于1960年正式成立，这就是产油国集体联合反对西方石油公司故意降低石油标价的产物。此后，欧佩克逐渐发展成为一个在国际石油市场颇具影响力的国际组织机构，就石油定价权开始与西方石油公司展开激烈争夺。

3. 欧佩克定价阶段

这一阶段为1973—1986年。20世纪60年代末，随着中东地区民族、民主意识的觉醒，欧佩克成员国致力于扩大本国的石油资源收益。主要措施有：要求55%的石油收益税率，与国际石油公司协商推高原油牌价，参股国际石油公司，以及开展石油资源国有化运动等。欧佩克定价策略的成功改变有赖于宽松的外部环境。此时，欧佩克成员国转变得更为强势，通过调控石油供给量来保障国家石油收益，在与欧美等发达消费国的谈判中占据相对优势。例如，当美元贬值时，欧佩克国家立即要求国际石油公司提高原油价格，以此来弥补美元贬值所造成的石油出口收入损失。

这一阶段定价基准的形成主要在于地缘政治因素的影响。其一，美国放松了对国际石油定价权的控制。1970年美国石油产量达到峰值。此前的40年间，得克萨斯州铁路委员会一直对东得克萨斯州油田产量进行人为控制。美国石油产量的大幅增加削弱了人们对石油供给安全的担忧，间接导致美国放松了对国际石油定价权的控制；其二，20世纪70年代末，英国军队从海湾地区撤退，在此地区留下一个权力真空，给该地区政府和反对派壮大的机会。由此可见，这一时期的国际石油价格越来越多地体现欧佩克成员国的利益诉求，原油牌价多是由国际石油公司与欧佩克成员国协商制定。

1973—1981年，欧佩克采取的是"提价保值"战略。

20世纪70年代初以来，欧佩克成员国开始尝试独立公布标准原油价格，这一价格即为官方售价。随后，非欧佩克成员国政府也开始独立发布油价，该价格一般参照欧佩克油价体系，同时结合本国实际情况和自由市场的供需情况制定。

1973年中东石油危机大举推高了国际油价，引发了全球经济衰退，1974—1978年油价在名义上上涨了，但因为通货膨胀的关系，按照不变的原价计算，这段时间的真实油价下跌了21.8%。所以提高名义油价，避免产油国因为国际通胀的关系而遭受损失，成为这个时期的政策重点。

这一阶段欧佩克曾出现过两次双重定价现象。第一次双重定价在1976年12月，当时各成员国对于提价意见不一致，最终出现了两种定价模式。一种是沙特阿拉伯和阿拉伯联合酋长国把价格提升了5%，其他国家提升了10%。此次双重定

新石油金权
欧佩克式微与后石油时代

价持续了半年多后重新合二为一。第二次是在1979年6月，伊朗伊斯兰革命爆发引发了第二次石油危机，国际油价快速上涨，欧佩克大部分成员国都提高了对外出口的石油标价，但沙特阿拉伯和阿拉伯联合酋长国没有提升，出现了第二次双重定价的局面。此次双重定价一直持续到1982年才结束，才回归了统一价格。

1981—1985年，欧佩克采取的是"限产保价"战略。

20世纪80年代，受到非欧佩克成员国政府售价的影响，欧佩克开始改成七种原油一篮子价格确定官方售价（阿拉伯轻质原油、阿尔及利亚撒哈拉混合油、印度尼西亚米纳斯、尼日利亚邦尼轻油、阿拉伯联合酋长国迪拜原油、委内瑞拉蒂朱纳轻油、墨西哥依斯莫斯轻油），按照形成的加权平均价作为参考基准价，欧佩克成员国各自的原油价格只需按原油的质量和运费进行调整。

此时期是欧佩克的高光时期，很多国家为了维护国际油价的相对坚挺，都在产量上做出了巨大的牺牲。像沙特阿拉伯、利比亚等国家，产能利用率只有50%，1981~1985年期间减产了50%。此时期主要是采用固定价格的策略，各自产油国按各自固定的价格出口原油，目的是想影响国际油价的短期波动。但各品种石油（轻质、重质、中质原油）的市场是不一样的，市场的冲击及需求不同，导致各个产油国都在暗中偷偷地调整自己的销售价格，出现了一种价格的极度扭曲，从而促使欧佩克的配额制的产生。

欧佩克从1982年形成并逐步建立了配额制。在开始阶段，配额制虽然规定了各成员国的产量，但还是以价格为重心。当时的沙特阿拉伯作为机动产油国没有配额要求，根据供给需求调整生产配额。1986年的价格战之后，欧佩克才真正根据产量调整来间接影响油价政策，推出了一揽子油价的制度，按照六种欧佩克原油加一种非欧佩克原油形成了综合价格，由此欧佩克放弃了价格卡特尔转变为了产量卡特尔。

随着非欧佩克成员国石油资源的发掘和开采量的增加，其在石油定价领域拥有了更大话语权，其中特别突出的是英国和墨西哥。政府售价就是由非欧佩克成员国政府参照欧佩克的官方售价，并结合本国石油供给和世界石油供需条件制定的。最为关键的是，这些价格的制定虽然也参照了欧佩克的官方售价，但在一定程度上反映了市场基本面要素。一些非欧佩克成员国如英国政府，明确引入将政府售价与市场价格相关联的定价机制。虽然这仍然不是真正的市场定价，而且经常在某时点持续多月被锁定在一个特定价位上，但是该价格至少会在某些时候发生变动。欧佩克成员国和非欧佩克成员国的过度竞争，导致欧佩克定价权削弱，1985年沙特阿拉伯采用净回值价格来争夺失去的市场份额。净回值价格是以消费市场上成品油的现货价乘以各自的税率为基数，扣除运费、炼油厂的加工费及炼油商的利润后计算出的原油离岸价，其实质是把价格下降风险全部转移到原油销售一边。该交易价格的运用表明，以沙特阿拉伯为主导的强势产油国为保障市场份额，不得不放弃部分定价利益，相关定价体系开始动摇。

4. 期货定价阶段

这一阶段为1986年至今。

随着国际石油现货市场进入高速发展阶段，现货市场参与主体更加多元化，包括生产商、贸易商、出口商，甚至出现没有下游配套设施的石油行业上游经营者，而且他们的数量也在增多，良好的现货市场基础为期货市场的诞生创造了条件。

20世纪80年代，纽约商业交易所和伦敦国际石油交易所分别推出原油期货产品——WTI原油期货及布伦特原油期货。发达国家想通过期货交易进一步活跃国际石油市场，扩大交易量，使国际油价更能反映市场真实供需情况，同时降低价格冲击对企业的影响。

进入21世纪之后，石油期货市场开始活跃起来，国际石油定价开始逐步由现货定价向期货定价转变。美国开始建立石油期货市场，完善石油定价机制，从而掌握石油定价话语权。需要强调的是，与欧佩克定价时代不同的是，此时"话语权"不再是指某一国或某一集团对于原油价格、产量的决定，而是通过完善的期货市场、健全的期货交易制度，使得期货价格水平能够客观、准确、高效地反映本国原油供需状况，进一步影响世界原油价格。此时原油的商品性质有所减弱，金融产品性质大大加强。

美国WTI的现货市场是美国最发达的原油现货市场，该市场也是纽约商业交易所WTI期货合约最主要的现货交割市场。虽然该现货市场以管道传输为基础，但由于俄克拉荷马州库欣地区有足够的储油能力来支持市场的运作，所以该市场不同货量的批次交易具有高度灵活性。WTI现货交易不以固定的价格为基础，大多数情况下与纽约商业交易所的原油期货进行差价交易。

期货市场的发展给原油市场带来了两大改变：其一是提高了交易效率，按照现货贸易流，一般油轮运输需要3~4周时间，交易商们通过期货市场提前买入合约交易；其二是期货市场的套期保值与价格发现两大功能，使得石油期货交易所成立并推出石油期货合约后，期货价格逐渐成为国际石油定价体系内的主导者。

国际石油市场历经上百年的发展，形成了西北欧、地中海、美国、加勒比海及新加坡等五个主要的石油现货市场，以及芝加哥商业交易所集团旗下的美国纽约商业交易所、由伦敦国际石油交易所演变而来的伦敦洲际交易所、迪拜商品交易所及上海国际能源交易中心等四大主要原油期货交易所。从近年来原油价格波动情况看，期货市场已经在很大程度上发挥了价格发现功能，期货价格已经成为国际原油价格变化的预先指标。原油期货交易所的公开竞价交易方式形成了市场对未来供需关系的信号，交易所向世界各地实时公布交易行情，原油贸易商可以随时得到价格资料，这些因素促使原油期货价格成为原油市场的基准价格。

当前，以上述三大期货市场与五大现货市场为主的国际原油市场格局，决定了其定价机制，通过期货价格决定现货价格的"间接定价方式"，即选用一种或几种参照原油的价格为基础，再加上升贴水，例如WTI原油和布伦特原油，以基准油在交货或提单日前后某一段时间的现货交易或期货交易价格加上升贴水作为原油贸易的最终结算价格。由于不同贸易地区所选用的基准油不同，且不同的基准油之间由于品质的差异、不同地区之间运费和供需关系的不同而存在一定的价差，原油定价方式又可细分为北美地区定价方式、中东地区定价方式、欧洲地区定价方式和亚太地区定价方式等。

全球两大交易所与石油价格评估机构

期货交易所和第三方评估机构从功能定位上是不同的，一个是场内市场，一个是场外市场。

目前，世界很多国家都有自己的期货市场并形成了相应的期货交易所，但对于石油这种全球性的大宗商品来说，其中最重要的原油期货合约是：WTI期货合约、布伦特原油期货合约、迪拜原油期货合约以及上海原油期货合约。石油期货

第十章　石油价格成价历史及现行机制回顾

运作较为成功的期货交易所主要有：芝加哥商业交易所集团旗下的美国纽约商业交易所、由英国伦敦国际石油交易所演变而来的伦敦洲际交易所、迪拜商品交易所、新加坡交易所、东京商品交易所和上海的国际能源交易中心。

WTI和布伦特有三十多年历史，交易活跃度、持仓量及基准价引用度等综合指标遥遥领先，因此深入了解运营两大原油期货的交易所有助于我们理解场内石油定价。

1. 芝加哥商业交易所集团

1848年全球第一个期货交易所——芝加哥期货交易所成立。1872年纽约黄油及奶酪交易所成立，并于1882年成为纽约商业交易所，1994年纽约商业交易所与纽约商品交易所合并成为新的纽约商业交易所。1898年芝加哥黄油和鸡蛋交易所成立，并于1919年成为芝加哥商业交易所。2007年芝加哥商业交易所与芝加哥期货交易所合并成立CME Group。2008年纽约商业交易所并入CME Group。

目前CME Group旗下有四大交易所：芝加哥商品交易所、芝加哥期货交易所、纽约商业交易所和纽约商品交易所，涵盖了农产品、股指、外汇、能源和金属等各个领域的金融衍生品（图10-1）。

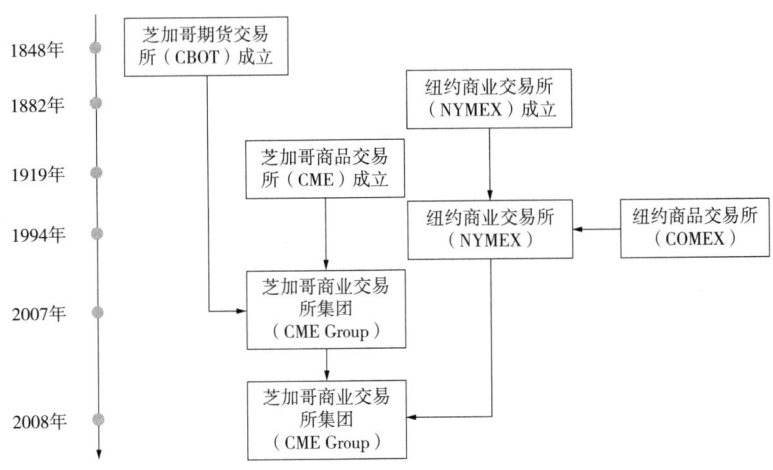

图10-1　CME集团发展历程

数据来源：CME Group。

新石油金权
欧佩克式微与后石油时代

纽约商业交易所是目前世界上最大的商品期货交易所之一,其期货交易分为纽约商业交易所及纽约商品交易所两大分部,交易主要涉及能源和稀有金属两大类产品,但能源产品交易大大超过其他产品的交易。交易所的交易方式主要是期货和期权的交易,但期货交易量远远超过期权交易量。

2. 美国洲际交易所

美国洲际交易所成立于2000年5月,发展至今已有近20年,总部位于美国佐治亚州亚特兰大市,最初是由7家商品批发商创建的,之后6家天然气及电力公司收购了该公司的股权。2001年6月该公司又成功收购了伦敦的国际石油交易所,成为其欧洲交易所。2005年11月ICE挂牌上市,同年ICE的欧洲公司率先推出能源电子交易平台,2006年又将此平台延伸至WTI原油合约。2007年ICE又收购了温伯尼商品交易所成为其加拿大公司。2008年ICE为场外能源期权市场推出了期权谈判系统YellowJacket。2010年7月,该公司又成功收购了一直致力于全球碳交易的芝加哥气候交易所。2013年,ICE收购纽约证券交易所,进入金融市场领域。2015年收购标普证券评级。2018年获得MERSCorp全部股权,同年,建立Bakkt,一个全球数字资产生态系统。

洲际交易所的电子平台,提供原油及相关提炼品、天然气、电力、可可、咖啡、棉花、乙醇、柳橙汁、纸浆、糖和碳排放量等期货合约交易。此外,汇率和指数期货及期权也都在业务范围内。美国洲际交易所是一个交易市场,更是一个资产管理的信息和数据提供商。美国洲际交易所凭借领先的技术,为全球市场参与者提供一系列交易场所,风险管理工具,资本筹集能力以及关键数据的分析。

美国洲际交易所关于石油相关的期货交易主要是在伦敦的国际石油交易所完成,国际石油交易所既是欧洲最重要的能源期货和期权的交易场所,也是世界石油交易中心之一,这里的原油价格可以说是国际市场油价走向的晴雨表。2000年4月,伦敦的国际石油交易所完成了改制,成为一家营利性公司。2001年6月,国际石油交易所被美国洲际交易所收购,成为美国洲际交易所的全资子公司。基于这次收购,美国洲际交易所建立了从WTI到布伦特的全球原油交易体系,健全了能源相关的产品(图10-2)。

第十章　石油价格成价历史及现行机制回顾

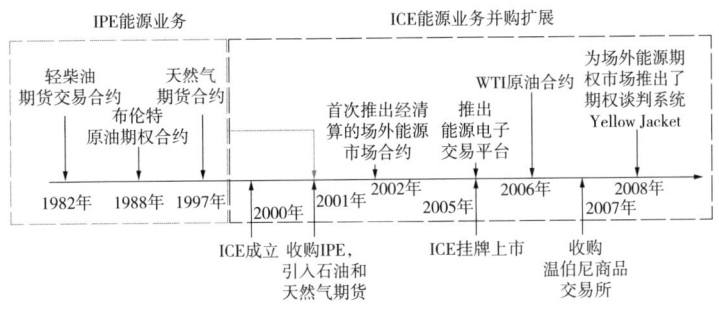

图10-2　ICE能源业务并购扩展历程

布伦特指数由IPE负责编制，并于每天的中午12点（当地时间）对外公布，该指数是前一交易日相关交割月份的21天BFO合同的所有得到确认交易的加权平均价。BFO中的B指布伦特原油（BRENT），F指福地斯原油（FORTIES）和O指奥斯博格原油（OSEBERG），三种原油的日产量分别大约为40万桶/日、40万桶/日和90万桶/日。指数的具体计算公式是以下三项的算术平均：当前月份的BFO市场的加权平均价；次月的BFO市场的加权平均价，加减当前月份和次月的套利交易价差的算术平均；相关媒体公布价格的算术平均。

美国洲际交易所在美国，英国，欧盟，加拿大和新加坡经营12个受监管的交易所和6个清算所，这些交易所在战略上位于世界各主要市场的中心。通过这些交易所，美国洲际交易所集团为交易者和投资者提供交易和风险管理服务，其包括：商品，利率，信贷，外汇，股票和抵押贷款相关产品。2018年，交易及结算占年度综合收益的49%，即24亿美元。在交易及结算业务中，能源期货及期权占40%，既9.65亿美元，金融期货及期权占15%，即3.54亿美元，货币衍生品占13%，即3.27亿美元（图10-3）。

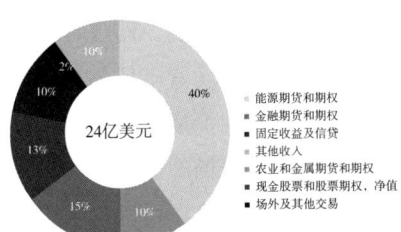

图10-3　ICE交易和结算业务份额

新石油金权
欧佩克式微与后石油时代

在能源交易领域，美国洲际交易所集团是全球原油和成品油的主要交易场所。美国洲际交易所集团提供一系列全球基准合约的交易和清算服务，包括：布伦特原油，WTI，普氏迪拜，柴油，取暖油等。布伦特原油定价体系，包括美国洲际交易所集团布伦特原油期货合约，是美国洲际交易所集团交易量最大的合约，是全球原油贸易的基准，用于对一系列石油产品的交易进行定价，涵盖世界国际交易原油的约三分之二。美国洲际交易所集团低硫瓦斯油期货合约是欧洲柴油合约，在欧洲和亚洲是作为成品油产品的中间馏分油定价基准。按交易合约量计算，美国洲际交易所集团还经营全球第二大的WTI原油期货交易。WTI原油定价体系是美国原油的定价基准。

美国洲际交易所集团同时经营6个结算所，每个结算所都作为中央对手方，完成会员的清算。通过这个中央对手方功能，美国洲际交易所集团的清算所通过限制交易对手信用风险为持仓期间的每笔交易提供财务担保。

同时，美国洲际交易所集团已经建立了担保基金的机制，以便在清算会员违约时提供部分保护。除ICE NGX Canada Inc（ICE NGX）外，每个ICE清算所都要求清算会员存入由相关ICE清算所维护的担保基金。

3. 石油价格评估机构

石油价格评估机构是国际石油定价体系的重要组成部分，其评估的价格被大多数原油现货贸易作为基准价所采用，同时也对期货及其衍生品交易有着极其重要的影响。石油价格评估机构发展至今，其影响力并不仅仅是反映当前原油价格水平，更多的是每天有数亿美元基于石油价格评估机构评估报告所达成的原油交易，其报告本身也会对交易者策略产生影响，反过来又会影响石油价格评估机构的价格评估。

石油价格评估机构发布的价格主要是对现货价格的评估，这和期货市场有本质的区别，期货市场的价格可以实时追踪到，而现货市场并不会像期货市场那样透明，因为市场参与者无法直接观察到现货市场各方达成的交易，同时当事人也没有义务公布他们的交易。这需要石油价格评估机构在市场中搜集可靠的交易信息，并对其信息进行评估，得出现货市场的价格。在这个过程中，就会涉及石油价格评估机构获得的信息质量、石油价格评估机构采用的内部程序以及价格评估中使用的方法。因此，就算是对于同一组样本价格信息，不同的石油价格评估机构因为其内部控制程序和价格评估方法的不同，也会评估出不同的价格。然而，原油贸易涉及大额的资金往来，即使很小的偏差，也会对贸易双方产生严重的影响，因此石油价格评估机构发布的价格，能否准确地反映出现货价格情况，将变得极其重要。国际证监会组织（IOSCO）早在2010年的11月发布的报告中也指出，"与价格报告机构有关的核心问题是报告数据在多大程度上准确反映了有关的现金市场"。

目前，原油市场石油价格评估机构很多，其中影响力最大的是阿格斯（Argus）和普氏两家企业。全天价格是一个可靠的实物市场价值指标，因为它包含了尽可能广泛的现货市场流动性，并得到了业界的认可。因此，阿格斯发布的评估价格是基于现货交易评估出的，反映的是整个交易日的实际市场成交量的加权平均值。阿格斯的价格评估是根据从广泛的市场参与者（包括生产者、消费者和中介机构）收到的信息进行的。阿格斯联系并接受来自所有可靠市场来源的市场数据，包括市场参与者和经纪人的前台和后台并从电子交易平台和市场参与者的后台直接接收市场数据。同时阿格斯的记者也会和市场从业者积极接触，通过电话、即时通信、电子邮件或其他方式接受市场数据。数据搜集的时间为美国时间7：00—15：00。在价格搜集过程中，阿格斯会对获取的数据进行仔细的审核，包括交易标的、报价、交易量、规格、交易对手等信息。如果数据未通过审核，那么该价格样本将不能纳入价格评估中。为了保证评估价格的精准性，阿格斯有时会在价格发布后对价格评估的更正。但更正的目的主要是为了防止书写错误、计算错误或采用的评估出现的错误，一般不会根据评估报告发布后获取的信息来追溯更改报告结果。同时，为了保证评估价格的精准，阿格斯会根据现货市场交易情况，来灵活的变动不同市场的权重。例如阿格斯的ASCI价格是以SGC、Mars、Poseidon三种原油为基准，但三种原油交易市场赋予的权重并不是固定不变的，而是动态调整的。

普氏和阿格斯相比，在评估方法上有较大的区别，普氏价格评估的基础是普氏收市价机制技术，反映的是在最后窗口时间交易时间结束时形成的价格。在这个系统中，普氏设置了一个时间窗口，称为普氏窗口，只有在这个时间窗口内进行的交易才用于价格评估。如果窗口交易中没有成交价格，则是根据客户的报价来评估。同时，价格评估时还会使用金融市场中的基差和衍生品的信息，来完善其价格评估。在某程度上，普氏收市价机制类似于期货交易所，交易者在这里进行出价和交易。但两者的主要区别在于参与报价和交易的客户是已知的。在窗口交易中，如果价格编辑认为价格变化过大，或者一个有问题价格的交易达成（例如，询价方接受了一个更高的报价，而不是现有更低的价格），普氏的价格编辑可以干预。普氏在价格评估过程中，非常强调其评估价格的时间敏感性，这些价格每天都有"清晰的时间戳"。时间戳不仅可以准确反映特定时间点的价格水平，还可以准确评估时间差价和原油间差价。

不论是阿格斯还是普氏，石油价格评估机构在价格评估过程中保持其独立性至关重要，所有法规和合规程序都应该在内部设计和执行的，不受政府法规或监督的制约。如果存在设计错误、欺诈、使用内幕信息或市场认为石油价格评估机构由一方监管而造成的任何声誉损害，都有可能使市场对其丧失信心，并最终导致其消亡。如果石油价格评估机构发布的价格经常偏离市场，那么市场将不会再以此作为定价基准，转而寻找其他更合适的价格作为基准价。

全球石油现货定价基石——布伦特

国际油价进入期货定价时代后，石油的商品属性有所弱化，金融属性不断强化，当前的国际油价可以说是51%金融，49%商品。

全球原油贸易目前普遍采用公式定价的模式，即买卖双方以国际市场广为接受的某个基准原油或基准价格为基础，根据原油品质、供需等具体情况协定一个升贴水，以此（基准价格升贴水）确定交易的价格。

基准价格可谓当今世界原油贸易的基础，哪种原油能够被国际市场接受作为基准原油以及该基准原油的定价机制如何，在很大程度上决定了定价权的归属。

美国的WTI市场以及北海的布伦特市场中产生的价格被用作最主要的基准，成为全球原油基准市场。以地域划分，在北美生产或销往北美的原油多以WTI的价格作为基准来作价；从苏联地区、非洲以及中东销往欧洲的原油则以布伦特作为基准；中东产油国销往亚洲的原油多以迪拜或阿曼原油为基准油作价；远东市场有时也参照马来西亚塔皮斯轻质原油和印度尼西亚的米纳斯原油作价。不过迪拜或阿曼原油在相当程度上也依赖于布伦特基准原油市场，而远东的原油基准影响力非常有限。亚洲地区目前还缺乏真正权威的全球性原油基准市场。

WTI原油受到库欣管道或储油设备实物交割限制，更多反映的是北美地区的供需关系，对于国际石油贸易的定价影响在弱化。

布伦特原油是一种海洋原油，由北海地区5种原油组成（包括Brent、Forties、Oseberg、Ekofisk、Troll也称为"BFOE"或"BFOET"）。布伦特原油作为海洋原油，通过油轮运输到欧洲炼厂，甚至在套利允许的情况下，运输到全球各地。正因为如此，布伦特原油反映了全球石油市场的基本面，使得布伦特原油市场在当前的国际石油定价体系中处于中心位置，约有70%的国际石油贸易直接或者间接的采用布伦特原油综合价格作为定价基准。目前，布伦特市场已经形成了一个包含：远期布伦特、布伦特期货、布伦特期货转现货交易、布伦特差价合约，带船期的布伦特以及布伦特场外交易市场等在内多层次的复杂市场体系，各个市场间高度关联，相互推动，形成了当前布伦特原油市场定价体系。

1. 布伦特现货市场基础

北海地区原油种类繁多，其中包括Brent、Gullfakes、Fiotta、Forties、Ekofisk、Oseberg、Troll、Statfjord等十余种原油。在现行石油体系构建的早期阶段，布伦特作为北海原油代表，石油价格评估机构依据布伦特市场交易活动来评估基准价格。从1986年开始布伦特原油产量开始下降（1986—1990年间产量从88.5万桶/日下降到36.6万桶/日），其市场被操纵的风险增加，导致布伦特原油价格更易于与北海其他油种的价格脱节。在2002年7月份，普氏将Forties和Osberg纳入带船期的布伦特评估范围，并作为远期布伦特的可交割品种，形成了"BFO"市场。从2004年开始"BFO"产量开始衰减，到2007年产量衰减到每日不足百万桶。为了应对这一局面，2007年，把Ekofisk原油也纳入布伦特基准原油体系，形成了现在人们所熟知的"BFOE"市场。为了维持布伦特市场在国际原油市场的核心定价地位，2018年，普氏将Troll原油纳入布伦特一篮子基准原油中来，形成新的"BFOE"或者称为"BFOET"。所以，如果后期新"BFOE"产量进一步下降，不排除普氏对基准价格进一步做出修订。

由于不同油种的原油品质并不相同，布伦特基准原油范围的扩大对基准价格评估必然产生影响。在BFOE市场形成早期，由于Brent、Forties、Oseberg、

Ekofisk四种原油均可用于交割,交易商到期更倾向于交割更便宜的油种,导致更高价格的油种在交易市场的占比较少,造成基准价格评估与真实市场有所偏离。为了解决这一问题,2007年普氏推出了一种不同基准原油的升贴水机制,以0.6%的硫含量为基准,硫含量每增加0.1%,卖家需要每桶让利给买家20美分。普氏最新升贴水标准如表10-1所示。

表10-1　Platts最新升贴水标准

含硫量(%)	卖家让利给买家
0.6	不让利
0.625	5美分/桶
0.65	10美分/桶
0.7	20美分/桶
0.8	40美分/桶
0.9	60美分/桶

2. 远期布伦特市场

远期布伦特场也称为21日布伦特、21日BFOE,或者布伦特纸货,是布伦特原油市场最早形成的交易机制,也是当前布伦特价格体系的基石。远期布伦特是一种只规定价格、数量和交货月份,而不规定具体装货日期的远期合约。远期布伦特价格通常在未来三个月内报价。例如,5月25日,远期布伦特的报价6月、7月和8月的价格。根据BFOE合同规定,卖方至少提前21天通知买方何时装船。例如,5月10日,生产商签订了一份为期21天的BFOE合同,将于7月交货。在远期布伦特成交时,卖方不知道其原油何时能交货。交货前一个月,即6月,装货时间表公布。卖方在7月22日至24日之间有一个3天的窗口期,在这个窗口期内卖方把油装进油轮。根据买方的所需的提货时间,卖方必须最迟在7月1日前指定买方。如果买方不想接货,那么买方可以提前卖出一份BFOE合同,并提前21天告知新的买方提货。这样,BFOE合同就可以在市场中进行流转,直到有新买方准备接货或者期限到期。在指定的时间,卖家装载原油并做好分类,待到特定的日期作为布伦特原油进行交易。在远期布伦特市场,由于涉及的交易量较大,门槛较高,其参与者多为英国石油公司、雪佛龙石油、荷兰皇家壳牌集团等国际石油公司，交易远不如期货市场活跃，同时，在远期布伦特市场上仅有一小部分交易实现现货交割，大多数都采用现金结算。

3. 布伦特期货市场

美国洲际交易所集团布伦特期货合约最初于1988年6月在伦敦国际石油交易所（IPE，目前已演变为伦敦洲际交易所）推出是一种基于实物期货交易期货转现货交易，可选择根据ICE布伦特指数进行现金结算的高度标准化的合约。这意味着市场参与者可以选择但没有使用EFP机制进行实物交割的义务。合约到期时，ICE布伦特期货价格通过ICE布伦特指数收敛于现货布伦特市场。ICE布伦特指数代表经行业媒体报道和确认的相关交割月份BFOE（Brent-Forties-Oseberg-Ekofisk-Troll）现货或远期（"BFOE Cash"）市场的平均交易价格。在计算中只考虑公布的交易规模为60万桶的交易和评估。EFP机制和ICE布伦特指数确保期货市场与布伦特现货市场保持联动，以推动期货合约到期价格向现货市场收敛。换言之，如果市场参与者在到期时持有多头或空头期货头寸，ICE布伦特指数确保现金结算合约的到期价格是实物布伦特原油交易的价格。目前，ICE布伦特合约的日均交易量超过40万手，是全球石油产量的5倍多。由于其具有良好的流动性，除了大量的产业客户参与外，也吸引了大量的掉期交易商、养老基金、对冲基金、指数投资者、技术交易员以及中小型投机商参与进来。布伦特期货合约文本如表10-2所示。

表10-2　ICE Brent 原油期货

交易品种	Brent-Forties-Oseberg-Ekofisk-Troll
交易单位	1000桶/手
交易时间	伦敦时间1：00—23：00
最小变动价位	0.01美元/桶
最低交易保证金	2700~3700美元/手
最后交易日	合约月份前第二个月的最后一个工作日（例：3月合约将在1月的最后一个工作日到期）
每日结算价	伦敦时间19：28：00起两分钟结算期内交易的加权平均价格

	续表
限仓管理	Brent原油期货是以现金结算的合约。交易所的每日头寸管理制度要求，任何合约月份的所有头寸必须每天向交易所报告。交易所有权防止出现过度持仓。无端投机或任何其他不良情况。并可采取任何必要措施解决此类情况。包括授权会员限制此类头寸的规模或酌情减少头寸
合约月份	96个连续月份
交货/结算条款	ICE Brent原油期货合约是一种基于EFP交割的可交割合约。可根据期货合约最后一个交易日的ICE Brent指数价格进行现金结算。交易所应当在合约月份最后一个交易日后的下一个交易日公布现金结算价格（ICE Brent指数价格）
交割方法	提供电子期货、实物期货交易（EFP）、掉期期货交易（EFS）和大宗交易

4.布伦特期货转现货交易

尽管布伦特期货合约没有实物结算，但期货转现货交易业务允许参与者将期货头寸与实物头寸互换。具体来说，通过执行期货转现货交易，一方可以将期货头寸转换为布伦特远期或21天BFOE货物。期货转现货交易在交易所外进行，价格由双方商定。期货转现货交易的工作方式很简单。持有期货头寸的甲方出售期货合约，购买实物商品。其交易对手B从A买入期货头寸，并将实物商品出售给A。通过这一过程，A能够获得标的商品的实物敞口，而B则将其实物敞口换成了金融敞口。这类交易可以以甲、乙双方商定的任何价格进行，而且通常与期货市场的现行价格不同。期货转现货交易通常被作为布伦特期货价格的差额报价，但通常不会超过几美分。双方需要将协议通知交易所，以便交易所可以关闭A的头寸，打开B的头寸。因此，期货转现货交易的重要性在于它提供了期货市场和布伦特现货市场之间的联动。

5.带船期的布伦特

带船期的布伦特反映的是北海原油（BFOE）市场未来10日至一个月内的交货价格，是当前原油现货市场交易主要的定价基准。带船期的布伦特和远期布伦特不同，带船期的布伦特为评估的近期原油现货市场价格，且有具体的交货时间段，更贴近现货市场。例如，5月25日带船期的布伦特反映的是6月4日至6月15日期间的交货价格。带船期的布伦特虽然更贴近现货价格，但在提货前仍存在一个时间差，同样存在价格风险。通常现货贸易商在采用公式定价法进行定价时，采用交付日前后几天的价格作为基准价来减轻部分风险。

6. 布伦特差价合约

布伦特差价合约一种短期掉期交易，代表的是带船期的布伦特同远期布伦特之间的价差交易。布伦特差价合约提供了布伦特远期市场与带船期的布伦特之间的联动，是布伦特市场不可分割的一部分。布伦特差价合约既可以在普氏窗口进行交易，也可以在场外达成交易。由于带船期的布伦特和远期布伦特之间的价差的高波动性增加了油品贸易企业风险敞口，促使他们采用差价合约交易进行对冲，同时反过来也为做市商创造了一个重要的利基市场。目前，差价合约市场相对活跃，除了BP、壳牌、雪佛龙等国际石油公司参与外，摩根士丹利以及维多、摩科瑞也有参与。

7. 场外交易市场

场外交易市场属于场外衍生品市场，交易也更加灵活，可以为客户定制交易合同，解决客户多样化的交易需求。比如布伦特市场各层级间的价差交易、迪拜原油和带船期的布伦特之间的价差交易、WTI和布伦特期货价差交易等。随着场外交易的使用越来越广泛，场外交易合同变得越来越标准化，部分场外交易活动已转向电子场外交易，同时引入清算机构，对提高透明度，做好场外监管具有一定的积极作用。目前，场外交易市场已成为布伦特市场体系中的重要组成部分，通过这些定制合同，交易员不仅可以在布伦特市场的不同层面之间，而且可以在布伦特和不同基准之间建立一系列相互联系，在保持各基准价之间的联动以及发现价格的过程中起到了积极的推动作用。

8. 布伦特市场价格发现的过程

原油价格的发现主要是通过普氏和阿格斯等石油价格评估机构利用布伦特原油市场各层级的联系和市场信息，评估出的价格水平。在这一过程中首先要确定的是远期布伦特价格，该价格将代表在合同规定的月份内实际交货的价格。普氏主要是基于收盘市价指令交易窗口获取布伦特远期价格，阿格斯主要通过其记者从市场获取交易信息。在评估过程中，石油价格评估机构，有时也会考虑期货市场的走势以及差价合约，特别是在期货市场流动性不足、交易量很少的情况下，通常依赖期货市场的信息来推导出远期布伦特价格。差价合约是连接布伦特期货和现货联动的主要通道，石油价格评估机构越来越依赖差价合约来推导远期布伦特价格，该价格往往和布伦特期货价格并不一致。一般情况下，某月的远期布伦特价格等于该月的期货价格加上该月的差价合约报价。以7月份的远期布伦特的价格评估为例：

远期布伦特（7月）=布伦特期货（7月）+EFP（7月）

而对于远期带船期的布伦特的价格则依赖CFD来实现，例如，鉴于CFD报告提前8周，由于每周带船期的布伦特掉期价格都会公布，未来8周内可得出远期布伦特原油，这给了我们"远期布伦特曲线"。根据导出的布伦特远期曲线，可以计算第10天至第21天的布伦特远期平均值，进而评估实物交付日的平均价格。

带船期的布伦特=CFD+远期布伦特（第二个月）

在过去30年中，布伦特原油市场已演变成一个复杂的结构，由一系列相互关联的市场组成，这些市场是国际石油定价体系的核心。布伦特原油市场是多层次的，各层之间通过套利过程紧密相连。这些层和链接是价格发现过程的核心，因为确定油价在很大程度上依赖于从金融层获得的信息。

解析全球四大原油期货，试析穆尔班原油期货未来之路

2019年年底，饱受2014年以来低油价困扰的中东产油国动作不断，前有沙特阿拉伯自2016年提出的全球最大石油公司沙特阿美的IPO在沙特证券交易所启动；后有阿联酋阿布扎比最高石油委员会对阿布扎比国家石油公司推行穆尔班原油期货合约的计划予以批准，希望将其确定为中东地区的石油定价基准，在最大限度地提高原油收入的基础上，提升阿联酋在中东乃至全球原油市场的影响力。

中东产油国一系列主动求变动作的背后折射的是国际能源格局的深刻变化，欧佩克面临美国页岩油革命愈发力不从心，全球经济下行巨大压力下低油价时代中东产油国主动寻求角色转变。

沙特阿拉伯选择了将最优质的国有公司IPO以筹集国内外资金积极转型，阿曼步其后尘，也在积极推进阿曼国家石油公司IPO。阿拉伯联合酋长国选择了追逐定价权，利用穆尔班原油期货的推出积极推动转方式、调结构、稳增长。

作为大宗商品之王的石油历来以战略意义及金融属性被全球政商界高度关注，目前全球四大原油期货如下表所示已成新格局，穆尔班原油期货的未来之路

又在何处呢。

1. 解析全球四大原油期货

（1）四大原油期货的纵向对比（表10-3）

表10-3 四大原油期货的纵向对比

合约名称	西得克萨斯轻质原油期货合约（WTI）	布伦特原油期货合约（Brent）	阿曼原油期货合约（OQD）	上海原油期货合约（INE SC）
交易所	纽约商业交易所（NYMEX），美国芝加哥商品交易所（CME）旗下	伦敦洲际交易所（ICE），前伦敦国际石油交易所（IPE），美国洲际交易所（ICE）收购后更名	迪拜商品交易所（DME），美国芝加哥商品交易所（CME）参股合资企业	上海国际能源交易中心（INE），上海期货交易所旗下
交易品种	轻质低硫原油，API在37～42之间，硫含量不高于0.2%	轻质低硫原油，基准品质API：38，硫含量：0.2%	中质含硫原油；基准品质API：31，硫含量：1.5%	中质含硫原油，基准品质API：32，硫含量：1.5%
交割方式	可实物交割	无实物交割，现金结算	可实物交割，且实物交割占比高	可实物交割
交割油种	六种美国本土原油和六种进口原油	欧洲北海五种原油	单一品种，阿曼原油	一种中国本土原油和六种中东原油
交割地点	美国俄克拉荷马洲的库欣地区	无	阿曼费赫勒港（Mina Al Fahal），位于波斯湾外	中国沿海从大连到湛江的6大港口
上市时间	1986年	1988年6月	2007年6月1日	2018年3月26日
行业地位	以WTI为基准油的原油期货交易是全球商品期货品种中成交量的龙头	目前全球65%～70%的国际原油现货价格都由布伦特原油决定	中东产油国在定价权与金融市场结合方面先锋产品，全球最大的实物交割原油期货合约	INE SC原油期货是日成交量仅次于WTI和布伦特交易量，跻身全球原油期货交易量前三

（2）四大原油期货SWOT解析

1）优势方面

WTI期货：①美国长期居于世界第一原油消费国地位；

②美国是全球原油产油国前三名；

③美国公开透明的市场信息发布体制；

④NYMEX国际影响力及美国全球金融霸主地位。

布伦特期货：①欧洲成熟发达的原油消费市场；

②北欧、俄罗斯、西非及北非原油产地支撑布伦特价格；

③财务方式结算，多年来发展形成了现货市场、远期市场、期货市场和掉期市场的多层次价格体系，为产业、金融等行业及个人玩家提供了广泛灵活的金融工具；

④伦敦全球金融与欧洲美元市场双中心地位。

阿曼原油期货：①在卡塔尔2018年退出欧佩克之前，阿曼是中东产油国中唯一的非欧佩克成员国，原油产量及销售目的港均无限制；

②交割港位于波斯湾以外远离战争风险；

③迪拜打造全球金融中心的雄心以及迪拜作为中东北非区域金融中心的实力。

上海原油期货：①中国第一个接受境外投资者参与的期货品种；

②制度设计模式突出国际平台、净价交易、保税交割、人民币计价；

③中国作为全球第二大经济体以及最大原油进口国，对原油市场影响与日俱增；

④上海打造全球金融中心的规划以及上海作为中国金融中心的聚集效应。

2）劣势方面

WTI期货：区域性过强，更多反映美国本土供需关系变化。

布伦特期货：欧洲炼油能力处于下降通道。

阿曼原油期货：期货交易不活跃，流动性差，实物交割比重过大，不足以支撑发展衍生品市场。

上海原油期货：①实物交割便利性有待提高；

②个人交易者居多，产业客户参与度提升空间大。

3）机遇方面

WTI期货：美国页岩油革命推动美国成为原油出口国，在供给侧杠杆作用明显。

布伦特期货：美国支持并重视欧洲美元市场发展，布伦特原油期货作为石油美元的海外交易载体作用明显，美国财团利用布伦特原油期货绕开美国监管和稽查。

阿曼原油期货：得到中东产油国支持，2018年10月起沙特阿拉伯官价开始采用。

上海原油期货：① 中国高度重视人民币国际化；

② 中国金融与石油市场进一步开放和透明的空间巨大；

③ 独特的到岸价格和人民币计价赋予INE SC运费和汇率避险工具功能。

4）挑战方面

WTI期货：① 受制于WTI区域性，在全球原油现货贸易地位近年呈下降趋势；

② 美国金融监管和稽查日趋加强。

布伦特期货：① 俄罗斯努力去美元化及追逐定价权；

② 英国脱欧的不确定性。

阿曼原油期货：中东地缘政治复杂，金融开放性、稳定性与持续性存疑。

上海原油期货：现货运用场景有待提升与丰富，个人投资者比例大，亟需市场与金融进一步开放，发展价格体系。

（3）四大原油期货与现货市场的关联

四大原油期货在地理区域上分别是对全球原油供需关系影响最大的北美、欧洲、中东及亚太地区的标杆期货。

全球原油现货市场一般以苏伊士运河作为划分，苏伊士运河以西是WTI和布伦特原油期货主导的价格体系；苏伊士运河以东是以中东产油国官价主导的价格体系，普氏迪拜和普氏阿曼是沿用多年的OSP价格基准，普氏迪拜和普氏阿曼又通过掉期期货交易与布伦特原油期货进行联动，从而构成布伦特原油期货支撑全球65%～70%原油现货的价格体系。

WTI原油期货影响北美原油现货市场并与布伦特原油期货双雄共同构筑全球原油现货价格体系。

WTI和布伦特原油期货在金融与现货市场的巨大成功固然得益于美国金融霸主地位，石油美元体系，原油生产地和消费地高度重合以及伦敦和纽约发达的金融市场；但也得益于纽约商业交易所和伦敦国际石油交易所在产油国定价体系式微及格林斯潘放开商业银行进入大宗商品流通领域管制的关键历史时期主动出击，抓住窗口期，顺势而为，同时不断改进打磨产品，平衡各方利益。

作为后来者的阿曼原油期货和上海原油期货，面临的挑战是巨大的，期货产品的国际化与全球流动性，取决于国际社会对期货产品所在地市场和金融体系自由、开放、透明、公开的认可程度；期货、中远期及现货价格体系的建立与发展需要各方凝聚共识，多管齐下。

（4）四大原油期货的交易量与持仓量

图10-4中我们采集了2018年3月上海原油期货上市以来到2019年11月四大原油期货的交易量与持仓量数据。

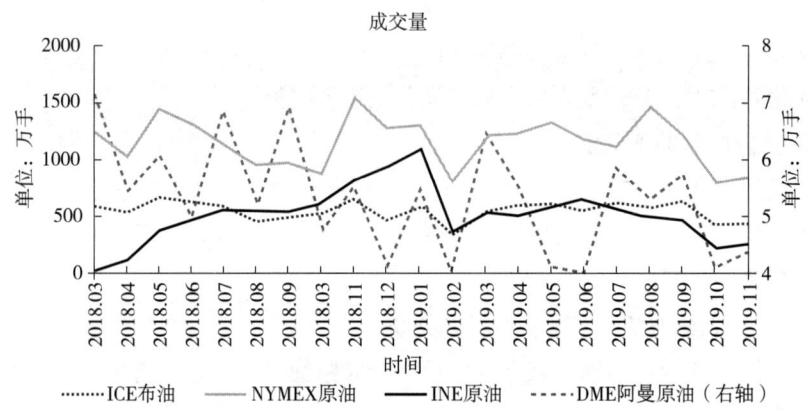

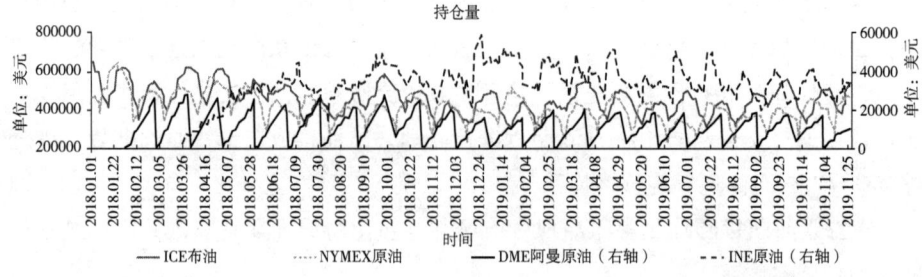

图10-4　2018年3月INE SC上市以来四大原油期货的持仓量

数据来源：Wind。

图10-4中可以看出,阿曼原油期货流动性堪忧。

2.试析穆尔班原油期货未来之路

同处中东地区的穆尔班原油期货,与阿曼原油期货具有高度竞争性,手上的牌又该怎么打呢。

(1)中东原油期货的纵向对比(表10-4)

表10-4　中东原油期货的纵向对比

	阿曼原油期货	穆尔班原油期货
交易所	迪拜商品交易所(DME),美国芝加哥商品交易所(CME)参股合资企业	阿布扎比期货交易所(ICE Futures Abu Dhabi),美国洲际交易所(ICE)参股合资企业
交易所股东	迪拜控股,阿曼投资基金,CME集团,高盛,摩根大通,摩根士丹利,壳牌,维多和协和能源 除前三位为核心股东,其余股东均为全球知名金融机构与产业巨头	阿布扎比国家石油公司,ICE集团,BP、荷兰皇家壳牌集团、道达尔集团、维多石油集团、中国石油国际事业公司、日本JXTG能源株式会社和国际石油开发株式会社等 除前两位为核心股东,其余股东既有来自穆尔班原油区块权益所有者,也有壳牌、维多与日本JXTG这些贸易商与消费商
交易标的	中质含硫原油,API:31,硫含量:1.5%	轻质含硫原油,API:41,硫含量:0.7%
交割方式	可实物交割,交割港为位于波斯湾以外的费赫勒港(Mina al Fahal)	可实物交割,交割港为位于波斯湾以外的富查伊拉(Fujairah)港
交割油种及生产商,生产能力	单一品种,阿曼原油 生产商为阿曼石油开发公司(PDO),四大股东,股比为阿曼政府60%,壳牌石油34%,道达尔4%和Partex2% 原油产量近100万桶/日,出口量为80万桶/日	单一品种,穆尔班原油 生产商为阿布扎比陆上石油公司(Abu Dhabi National Oil Company),七大股东,股比为阿布扎比国家石油公司60%、BP10%,道达尔10%,中国石油8%,日本国际石油开发株式会社5%,中国振华石油4%和韩国GS能源3% 原油产量约170万桶/日,以出口为主
上市时间	2007年6月1日	预计2020年二季度,疫情原因被延迟

(2)中东原油期货SWOT解析

1)优势方面

阿曼原油期货:① 品质贴近中东原油酸油特性(根据原油硫含量进行的分

类，低硫的是甜油或甜原油，反之是酸油或酸原油），更适合为中东原油定价；

② 阿曼是非欧佩克成员国，原油产量及销售目的港均无限制；

③ 阿曼原油深受远东客户欢迎，普氏阿曼价格连同普氏迪拜价格是中东产油国官价沿用多年的基准价格。普氏阿曼价格与布伦特期货价格通过EFS进行转换，普氏阿曼价格再影响阿曼原油期货价格，共同构成布伦特原油期货价格体系。

穆尔班原油期货：① 品质贴近WTI和布伦特甜油特性，轻质组分高，与美国出口到亚太地区的轻质甜油是竞争关系，与中东原油对标性不高；

② 阿布扎比拥有阿拉伯联合酋长国95%以上的原油储量，财力雄厚；

③ 富查伊拉港是阿拉伯联合酋长国重金打造的仓储物流基地，配套的哈布善——富查伊拉管道项目能保证阿拉伯联合酋长国约70%的原油无需经过霍尔木兹海峡，而直接通过富查伊拉港，经阿曼湾向外输出；富查伊拉港拥有中东最大最集中的石油仓储园区。

2）劣势方面

阿曼原油期货：① 迪拜是阿拉伯联合酋长国的窗口酋长国，依托金融、旅游及房地产行业发展，财力及地位上无法与首都阿布扎比比肩；

② 阿曼原油产量有限，最高产能为100万桶/日，阿拉伯联合酋长国原油产能在350万桶/日且可以随时增产；

③ 阿曼国家产业能力及规划落后于阿拉伯联合酋长国，缺乏金融属性延伸发展能力。借力迪拜又面临阿布扎比强势竞争。

穆尔班原油期货：① 阿拉伯联合酋长国为欧佩克成员国，原油产量受到欧佩克配额限制同时目的港也被严格管制且严格采取回溯定价的官价，据悉为了推行穆尔班原油期货，阿布扎比国家石油公司将取消所有出口原油目的港限制，同时所有出口原油均采用穆尔班原油期货作为基准价；

② 阿布扎比多年来是阿拉伯联合酋长国低调的老财主酋长国，但是金融环境缺乏，金融聚集效应难以短期内实现。此次阿拉伯联合酋长国推行穆尔班原油期货也彰显阿布扎比建设金融中心的决心；

③ 阿拉伯联合酋长国在地区事务中与沙特阿拉伯联系紧密，地缘政治存在隐忧。

3）机遇方面

阿曼原油期货：① 阿曼作为中东地区最平和最中立的国家，在地区事务中秉持老大哥风范，不偏不倚，与沙特阿拉伯及伊朗两大阵营均保持友好关系并成为双方沟通渠道，沙特阿拉伯在官价上主动支持阿曼原油期货已是珠玉在前，科威特、卡塔尔、伊朗等中东产油国目前持观望态度但也会伺机而动；

② 阿曼原油期货交割油种品质与INE SC契合度高，同时约一半的阿曼原油被出口到中国，可通过与中国进行合作，实现向全球最大进口国市场的延伸从而避免被边缘化。

穆尔班原油期货：① 国际海事组织于2020年1月1日起在全球实行船舶硫排放0.5%限制，相对之前3.5%硫排放限制大幅下降，而全球船舶燃料油市场为3亿吨每年，使用甜油加工低硫燃料油是工艺最简单的实现路径，甜油较酸油高出6~7美元每桶溢价预期常态化，穆尔班原油期货给了中东甜油一个摆脱过去官价体系的机会；

② 阿拉伯联合酋长国积极推进富查伊拉成为中东地区的库欣，富查伊拉拥有1000万立方米以上油品仓储能力，中东地区炼油能力正在快速提升，阿拉伯联合酋长国规划富查伊拉成为油品集散地，我们研判阿拉伯联合酋长国规划阿布扎比成为金融中心并借助穆尔班原油期货推出再发展成品油期货，建设中东独立的油品定价体系。

4）挑战方面

阿曼原油期货：中东地区原油期货流动性不高，出现穆尔班原油期货，分流有限的期货合约客户与渠道。

穆尔班原油期货：穆尔班原油主力客户为日本、泰国和印度炼厂，产业客户参与期货热情不高。

（3）推出穆尔班原油期货的考量

原油期货的成功需要漫长的过程，众多因素将影响中东原油期货的博弈，全球范围内，不同区域都只有一个原油期货能赢者通吃，中东复杂的地缘政治让中东同时出现两个成功的原油期货困难度极大。

对于阿拉伯联合酋长国来说，身处中东酸油的"红海"，面临2020年全球船舶硫排放0.5%限制历史机遇，通过穆尔班原油期货为自己的甜油找到"蓝海"，实现可观的利润是肉眼可见的好处。

低油价困扰下阿拉伯联合酋长国积极转变过去单纯产油国定位，致力于在上游油田、中游炼厂及下游成品油仓储与销售环节进行石油全产业链进行布局，金融属性的延伸成为必然，因此建设类似于纽约商业交易所及伦敦ICE覆盖原油与成品油期货的交易所，争夺石油定价中心与金融中心，这些都成为阿拉伯联合酋长国首都阿布扎比的现实需求与远期目标。

（4）穆尔班原油期货未来之路

回看石油美元历史，纽约商业交易所与伦敦ICE是构筑美元霸权体系下金融资本驱动全球原油价格的双引擎；西方国家通过近四十年的发展已拥有了发达完备的期货、中远期及现货价格体系，同时强大的金融衍生品市场发挥杠杆作用，共同影响全球原油定价。

中东原油期货的成功需要获得消费地支持，而中国作为中东原油最大出口国也有着现实与战略需求。

中国当前大力推进人民币国际化进程，石油作为大宗商品之王是至关重要的棋子，进一步放开市场，利用好中国这一全球原油最大进口地及第二大消费地优势发展多层次价格体系并进行金融创新是当务之急。

随着美国和欧洲等传统炼油强国进入炼化能力下降通道，全球石油加工和消费的重心在加速向东方转移，中国、印度等新兴市场是最引人关注的增长点。同时据美国能源信息署称，预计2021年美国原油产量将同比增加93万桶/日至1318万桶/日；此外，美国能源信息署预计，2020年美国将首次成为石油净出口国，石油净出口量将达到57万桶/日；美国在全球石油行业中的角色历史巨变将给中东产油国持续施压并促进其图变求存。

中东原油期货面临有限的流动性困扰、投资者信心建立及缺乏消费地支持的巨大挑战，同时INE SC也面临实物交割有待简化，现货支撑不足的挑战，两者具有很强互补性，如中东原油期货发展能与中国人民币国际化进程相向而行，穆尔班原油期货及阿曼原油期货可考虑和INE SC及上海石油天然气交易中心这些中国现货平台进行合作，实现中东这一原油最大产地，与中国这一原油最大进口地及第二大消费地的结合，建设完善发达的原油衍生品市场，有望走出一条新的全球原油价格基准未来之路。

第四部分

中国策

新石油发展模式的构建与疫情变局

面对严峻复杂的国际疫情和世界政治经济形势，我们要充分估计中国石油行业在本轮石油危机中面临的困难、风险和不确定性，善于化危为机，下好先手棋、把握主动权，有效化解风险挑战。

第十一章

中国新石油发展模式构建之道

　　作为全球最大原油进口国,中国将受到各资源出口国的追捧,中国油气产业链聚集地将迎来历史性机遇。站在新的起点,中国新石油发展模式未来可期。新石油发展模式的构建需要中国在石油期货、采购合力、战略储备、国家管网建设以及国际能源交易中心建设多层次全方位发力,新石油发展模式的构建不是一蹴而就的,必须从持久战的角度加以认识。不产一滴油的舟山从物流仓储行业出发到三个一亿吨,体现的是新石油发展模式博弈之道,择高处立,就平处坐,向宽处行。

近年来中国油气能源需求快速增长，2018年，中国石油消费量为6.25亿吨，其中进口4.62亿吨，对外依存度超过70%；天然气消费量达到2808亿立方米，其中进口天然气超过9000万吨，对外依存度达到43%，已成为全球最大的石油和天然气进口国。目前中国已经成为全球油气消费增长的主要来源，2018年中国石油消费量同比增加了57万桶/日，占全球新增消费量的40.71%；2018年中国新增天然气消费量430亿立方米，占全球总增量的21%。2014年至2018年中国石油和天然气消费量年均增长率分别达到4.91%和10.88%，而全球同时期的年均增长率仅为1.65%和3.4%。预计未来几年内，中国油气的对外依存度还将继续增加，以满足快速增加的国内消费需求。

消费量快速增长的同时，由于国内石油和天然气产量增长有限，导致中国石油与天然气对外依存度不断提高。2018年，中国石油和天然气对外依存度分别超过70%和43%，与中国持续增加的石油和天然气消费量以及不断提高的对外依存度形成鲜明对比的是，中国在国际油气市场缺乏与消费量相匹配的市场影响力。要改变这一被动局面，中国应当积极构建新石油发展模式，尽快形成公平开放、竞争有序、参与全球定价的油气市场体系以及国家能源安全保障体系；采购方面要提升需求侧话语权；同时集中资源重点建设一家具备国际影响力的能源交易中心，形成"中国价格"，发出"中国声音"，提升中国的新石油发展模式。

人民币国际化是中国新石油发展模式的战略目标，根据国际货币基金组织公布最新资料显示，2020年一季度，全球主要外汇储备货币中，美元比重仍然稳居第一，从2019年第四季的60.8%，上升至今年第一季的61.99%。人民币同样也从2019年第四季的1.9%，提升至第一季的2.02%，创下新高。从全球范围来看，人民币占各国外汇储备的比例稍微比澳元的1.55%和加元的1.78%高一些。

新石油金权
欧佩克式微与后石油时代

中国经济体量全球第二，已经接近美国的2/3，也是全球第二大贸易国，第一大货物出口国，但是人民币国际化与美元的差距非常巨大，第一，中国对人民币严格管制，人民币并不像美元一样可以在国际自由流通，目前人民币离岸结算只可以在香港、多伦多、悉尼、伦敦、新加坡、巴黎、卢森堡、法兰克福和首尔等少数城市开展；第二，人民币的国际认可程度需要以时间换空间，徐行致远，行稳致远。

1991年2月18日，邓小平同志到浦东视察。在听取时任上海市委书记朱镕基同志汇报时，邓小平指出："金融很重要，是现代经济的核心，金融搞好了，一着棋活，全盘皆活。上海过去是金融中心，是货币自由兑换的地方，今后也要这样搞。中国在金融方面取得国际地位，首先要靠上海。这个要好多年以后，但是现在就要做起。"

按照小平同志的理论，中国的金融在世界真正有地位，就是中国的人民币能在世界上自由兑换的时候，这是金融强国实现的标志。党的十九大报告提出2050年中国成为世界经济强国，人民币国际化的终极目标也就是全球自由兑换的目标届时一定能实现。

新石油发展模式的构建需要中国在石油期货、采购合作、战略储备、国家管网建设以及国际能源交易中心建设多层次全方位发力，新石油发展模式的构建不是一蹴而就的，必须从持久战的角度加以认识。不产一滴油的舟山从物流仓储行业出发到三个一亿吨，体现的是新石油发展模式博弈之道，择高处立，就平处坐，向宽处行。

中国石油期货的实践

2020年，是中国期货市场诞生30周年。

1990年10月12日，郑州粮食批发市场作为中国首家期货交易试点市场开业，标志着中国期货市场建设从1988年开始的筹建正式走向落地运营。

中国是从计划经济体制向社会主义市场经济演进的，国家一直高度关注价格放开后产生的系列问题，并将价格改革作为中国经济体制改革成败的关键。双轨制、价格闯关都是20世纪80年代中国的特殊记忆。

期货市场的价格发现功能被国家高度重视，因此中国期货市场是价格改革背景下，政府强力推动建立起来的，但是当时没有健全的现货市场配套，属于条件不成熟的"早产儿"。

20世纪90年代，中国曾开办过八家石油期货交易所，相继推出过多个石油期货合约，覆盖了原油、汽柴油及液化石油气等。其中，原上海石油交易所因为有中国石油天然气总公司及中国石油化工总公司两大集团作为股东，交易量最大，运作相对规范，占全国石油期货交易份额的70%左右。1994年年初，原上海石油交易所的日平均交易量已超过世界第三大能源期货市场——新加坡交易所。

当时国内石油市场管理相对松散，大庆油田生产的原油有三个渠道，一个是计划内划拨，一个是计划外流转，还有一个是进入上海石油交易所的期货交割，这个量占比10%，但已经足以撼动市场。

中国对石油战略地位高度高度重视，同时对放开石油价格在国民经济中的影响持保留态度，1994年4月，国发〔1994〕21号文《国务院批转国家计委、国家经贸委关于改革原油、成品油流通体制意见的通知》明确了"统一价格、统一配置、统一流向"的石油政策，石油定价由原国家计委按照新加坡、鹿特丹等国际石油市场价格加权平均确定，各石油企业在基准价的基础上进行不超过8%的浮动。

石油价格定价权全面上收后，各个交易所失去了生存空间，1995年中国的期货业务进入整顿期，在此期间，包括原上海石油交易所在内的石油期货交易所均停业或关停并转。

2004年1月底，国务院发布了《国务院关于推进资本市场改革开放和稳定发展的若干意见》（简称"国九条"），提出了"稳步发展期货市场。在严格控制风险的前提下，逐步推出为大宗商品生产者和消费者提供发现价格和套期保值功能的商品期货品种"，"把证券、期货公司建设成为具有竞争力的现代金融企业"，首次明确将期货市场正式纳入整个资本市场体系。

油品行业中，汽柴油直接关系民生，影响面大；航空煤油，专项管制；燃料油，消费群体小众，又通过大量进口与境外市场高度联动，成为中国石油期货市场建设经历了10年沉寂之后的突破口。

新石油金权
欧佩克式微与后石油时代

2004年年初，国务院提出"先从燃料油期货起步，积累经验，创造条件，逐步挂牌多品种的石油期货"。

2004年8月25日，180燃料油期货在上海期货交易所上市交易，上市后运行稳健，充分发挥了套期保值、价格发现的功能，是国内外燃料油现货市场的重要参考标的，由此重新拉开了中国加快建立石油报价体系和石油期货市场的序幕。

180燃料油期货于2008年、2009年到达顶峰状态，从2004年到2015年，国家对消费税进行了六次的上调，导致燃料油中的消费税超过总价的50%，消费税成为影响价格和需求的决定性因素，现货市场消费结构发生巨大变化，为顺应行业发展趋势，2011年燃料油期货合约交割标的由工业用180燃料油调整为180内贸船用燃料油。

燃料油的税费结构调整，再加之燃料油消费结构深刻变化，不管是作为地炼原料还是船用燃油，180燃料油在中国燃料油市场上所占的份额已极小，180燃料油期货合约失去了有效的现货市场支撑，交易持续萎缩，成交量与持仓量持续低迷。

针对国内燃料油消费去向已成为保税船加油这一新特点，2018年6月26日，上海期货交易所正式发布通知，180燃料油终止交易，燃料油期货合约交割品种由180燃料油调整为保税380燃料油。2018年7月16日，采用"净价交易，保税交割"交易模式的保税380燃料油期货合约，在上海期货交易所（简称"上期所"）正式上市交易。填补了国内保税燃料油定价机制缺失的空白。合约修改以来，交易活跃，功能发挥良好，受到市场各方参与者的广泛支持与肯定。

2020年1月1日起，国际海事组织在全球范围内执行船舶0.5%硫排放限制，这一从3.5%到0.5%的限硫令给全球船用油市场带来巨大变革，从根本上改善港口、海洋和全球环境，同时也给炼油企业带来机遇和挑战。

炼油工艺中，硫往往向末端产品富集，因此炼厂产出的油浆、油渣等往往硫含量比原油高出不少。而原油中，低硫原油含硫量小于0.5%，中硫原油含硫量介于0.5%与2.0%之间，高硫原油含硫量大于2.0%。3.5%高硫燃料油技术要求不高，附加值低，主要来源是油浆、油渣等混调；0.5%低硫燃料油难以通过简单混调实现生产，能充分发挥中国炼厂加氢能力世界领先的优势，改善中国成品油结构性过剩问题，按照计划，2023年中国石化低硫重质船用燃料油产能将达到1500万吨，而3.5%高硫时代中国保税船加油市场规模为1000万吨且基本依赖进口。目前高硫燃料油定价以普氏新加坡380CST（3.5%）报价为基准，参考上期所燃料油期货价格。

国际上低硫燃料油定价基准并未明确，主要由于国际海事组织全球限硫令对生产企业中间馏分的产量和需求都影响较大。在形成活跃和有效的低硫燃料油评估价格之前，市场以10ppm柴油作为主要参考基准价，同时也参考低硫燃料油报价。当前现货市场亟须形成国际公认的低硫燃料油定价中心。中国作为低硫燃料油潜在的最大生产国，可以充分发挥期货市场的定价功能，及时推出国际化低硫燃料油期货，打造本土定价中心，顺应行业发展趋势，大幅提升中国在全球保税船燃市场的影响力和话语权，并可能改变过去新加坡作为苏伊士运河以东燃料油定价中心的地位，中国境内低硫燃料油市场规模有望进一步扩大，但市场仍处于早期发展阶段，为打造成为东北亚船加油的中心，流动性充足的期货市场提供的定价平台支持尤为重要。

为顺应市场变化，助力行业发展，国际化低硫燃料油期货合约直接参照了2018年3月上市的上海原油期货"国际平台、净价交易、保税交割、人民币计价"的基本思路，全面引入境外交易者参与，于上海期货交易所旗下的国际平台上海国际能源交易中心上市，这将有利于促进低硫燃料油行业形成合理的定价机制，增强中国保税船用油行业议价能力，提升国际竞争力，促进行业高质量发展。

2020年6月22日，低硫燃料油期货在上海期货交易所子公司上海国际能源交易中心正式挂牌交易。这是继原油、20号胶之后在上海国际能源交易中心上市的第三个国际化期货品种。

低硫燃料油期货作为中国继原油期货、铁矿石期货、PTA期货、20号胶期货之后的第五个境内特定品种，将适用原油期货、20号胶期货相关政策，包括财政部、国家税务总局、中国人民银行、国家外汇管理局、海关总署等相关部委关于境外投资者参与境内特定品种相应的增值税、外汇管理、跨境结算业务、企业所得税和个人所得税、期货保税交割业务海关监管等政策。在高硫燃料油期货成功推出的基础上，低硫燃料油期货总结了相关经验。首先，针对低硫燃料油的品质安全问题，设置了期货标准仓单滚动注销制度，较高硫期货合约而言，缩短了标

新石油金权
欧佩克式微与后石油时代

准仓单的有效期限，有效保证油品质量。其次，低硫燃料油国内具备生产基础，油品来源更为多元化，增强了低硫燃料油期货的定价话语权。最后，低硫燃料油期货力争拓展期货交割后的延伸服务环节，满足市场的多元化需求。

低硫燃料油期货从2004年的180燃料油期货一路走来，今天低硫燃料油在国内有生产基础，又有欣欣向荣的消费市场，供需两旺，未来中国在低硫燃料油方面的话语权和影响力可期。

2018年3月26日，上海原油期货在上海期货交易所子公司上海国际能源交易中心正式上市交易，开启了中国期货市场国际化的元年。作为17年磨一剑的国之重器，原油期货经受住国内外各种地缘政治风险和极端事件考验，市场运行更稳，市场规模更大，市场结构更优，总体呈现良好发展态势。截至2020年4月，上海原油期货开户数量突破12万户，境外客户开户突破200户，涵盖5大洲和19个国家和地区，持仓量突破12万手，日盘交易量突破20万手，在境内交易时段交易规模与WTI和布伦特原油期货相当。总体上看，上海原油期货作为中国第一个对外开放的商品期货，全业务流程已经经受了市场的全面检验，为商品期货市场国际化探索出了一条可复制可推广的道路，为上海国际金融中心建设、长三角一体化发展、完善国际能源定价体系都作出了重要贡献。

上海原油期货运行平稳，经受住了极端市场的考验，为中国商品期货市场走出了一条国际化的路径。

原油期货作为中国首个国际化的期货品种，为期货市场的全面国际化奠定了一套完整的政策基础，同时也为中国期货市场的全面国际化积累了宝贵的监管经验。上市两年以来运行平稳，经受住了各种极端市场和政治事件的考验，原油期货已完成了成功上市、平稳运行的第一阶段。

一是市场运行更稳，市场有效性进一步提升。2020年春节以来，受全球新冠肺炎疫情暴发、欧佩克+减产谈判失败等多重因素影响，原油需求疲软，一季度价格累计最大跌幅超过60%，现货企业面临巨大的保值压力。2020年3月7日价格战爆发后的首个交易日，WTI、布伦特原油期货盘中最大跌幅均超过35%，创1991年以来最高单日跌幅。上海原油期货面临同样的市场极端行情考验，但上海原油期货并未如预期的连续三日跌停，市场风险有效释放。与此同时，产业上下游企业积极利用上海原油期货套保，并通过期货交割拓宽购销渠道，有效平抑了价格下跌对企业生产经营带来的风险。期间，上海原油期货持仓规模快速放大、屡创新高。2020年3月12日，持仓量首次突破10万手，其中一般法人客户持仓占比从春节前的23%上升至44%。上海原油期货各项制度和风险控制能力经受住了市场考验，较好地满足了企业风险管理的需要，为实体企业安全生产经营保驾护航。

二是市场规模更大，部分交易日亚洲时段交易量超过布伦特。2019年上海原油期货累计成交量3464万手，在美国期货业协会公布的全球能源类商品期货期权交易量排名中居14位，在原油期货品种中的市场规模仅次于WTI和布伦特原油期货。2020年春节后，受到新冠肺炎疫情的影响，上海原油期货在关闭夜盘交易的情况下，日均成交量达到15万手，部分交易日在亚洲交易时段流动性超过布伦特原油期货。

三是市场结构更优，机构投资者和境外交易者参与度大幅上升。截至2020年4月，上海原油期货总开户数超过12万户，境外客户开户突破200户。2019年，原油期货法人客户成交量成交占比从23%上升至35%，法人客户持仓量占比从47%增长至63%；境外客户成交量同比增长106.5%，占比从7%增加至15%。；境外客户持仓量同比增长122.1%，占比从14%增加至22%。交易和持仓数据反映出机构和境外投资者参与度大幅上升，市场运行逐步走向成熟，同时国际化程度也不断提升。

四是功能进一步发挥，服务实体经济能力有效提升。继联合石化与壳牌、京博石化签署以上海原油期货合约计价的现货贸易合同后，更多的产业客户在贸易中使用上海原油期货价格作为基准价。2019年8月，中国海油首次使用上海原油期货价格作为向下游炼厂销售原油的基准价。2020年7月，BP向上海原油期货的7月合同中交付了300万桶巴斯拉轻质原油，并计划向8月合同中再交付100万桶上扎库姆原油，这是西方主要石油公司首次参与上海原油期货的实物交割。此外，相关产业也开始使用原油期货进行套保。由于航空煤油价格与原油价格高度相关，华夏航空通过上海原油期货进行买入套保，规避航空煤油价格上涨带来的风险。

上海原油期货有效反映亚太市场供需，进一步完善了国际能源定价体系。

亚太地区的原油消费超过全球的三分之一，但亚太地区缺少反映区域供需关

新石油金权
欧佩克式微与后石油时代

系的基准价格。上海原油期货的价格代表的是中东地区中质含硫原油的中国沿海价格，反映的就是亚太地区市场的供求关系。与境外市场相比，上海原油期货合约设计的特点，使得上海原油价格天然地包含原油、运费和汇率价格波动。上海原油期货在与国际油价保持高度联动的同时，能够及时反映亚洲市场自身特点。自2019年下半年起，上海原油期货较布伦特原油价格由贴水转为升水，客观反映了美国轻质低硫原油产量增长对中重质含硫原油的价格影响，以及欧佩克成员国限产、国际运费价格大幅上涨等市场因素。此外，在10月伊朗油轮遇袭等亚洲交易时段突发性事件中，上海原油往往率先启动行情，带动海外夜盘波动，在与境外市场保持高度联动的同时，与WTI和布伦特形成良好互补，更加高效的反应亚洲市场特点。在当前汇率和运费避险工具缺乏的条件下，上海原油期货有效地为境内实体企业参与期货市场套期保值时避免了汇率和运费波动的风险。

上海原油期货与境外市场相比，反映的价格和市场供需都不相同。WTI反映的是美国内陆库欣地区的市场价格，布伦特反映的是欧洲北海的原油供需，但各个市场之间价格并不是相互割裂，而是相互关联的。WTI和布伦特之间可以用库欣至墨西哥湾以及墨西哥湾至欧洲运费反映两个市场的价差；布伦特和阿曼原油之间可以通过互换和掉期互相转换；上海原油期货也自然可以通过加减运费保险反映两地的价差。各个原油期货市场之间的价格形成有效联动，可以更有效地发挥市场资源配置的功能。数据显示，2019年境外原油期货分别在亚洲时段的早盘（9∶00）、午盘（13∶30）和夜盘（21∶00）开盘后30分钟内成交量大幅增加，WTI较开盘前30分钟日均成交分别增加110%、71%和88%，布伦特日均成交分别增加1299%、164%和64%。这既反映出国内原油期货的开盘在一定程度上对国际原油市场的活跃起到了积极的影响，同时也是境内外市场联动性增强的表现。实践证明，上海原油期货的推出填补了亚太原油市场价格的空白，进一步完善了国际能源定价体系。

上海原油期货期现联动，助力长三角一体化发展和上海国际金融中心建设。

2019年，上海原油期货交割总量1761.8万桶，交割金额合计78.56亿元，实际交割油种涉及阿曼、巴士拉、上扎库姆和卡塔尔海洋原油4种。参与实物交割的买卖主体包括石油公司、一般贸易公司、期货公司风险子公司等多种类型，其中石化企业交割占比约七成，境外企业交割占比过半。国有大型石油公司、地方独立炼厂等多家涉油企业通过参与交割，卖出不适合其加工装置的油种、买入短缺的油种，调剂现货油种余缺，优化现货资源配置，提升炼油效益。为了防范风险，2020年4月以来，上海原油期货的交割仓库库容五次扩充，在原有355万立方米的基础上，累计扩充库容415万立方米，增幅逾117%。上海原油期货交割仓库8家合计14个存放点，辐射范围遍布辽宁、河北、山东、上海、浙江、广东和海南等沿海地区。

发展中国原油乃至将来的成品油、天然气期货市场，需要一个现货市场发达、期现一体化的国际油气市场体系来支持。现阶段中国的原油现货市场发育程度较低，上海原油期货的交割制度设计打通了保税原油的进口、转关和出口的全流程，运行模式经历了实践检验。2019年累计971.5万桶原油通过报关进口、转关及复运处境的方式出库。其中约360万桶原油通过大连、舟山、湛江报关进口；约450万桶原油出口至韩国和缅甸；约160万桶原油分别从湛江和舟山转关至洋山。全流程的走通为下一步以原油期货保税仓单为基础的现货市场贸易奠定了一个良好的基础。

中国保税原油期货、保税高硫燃料油期货以及保税低硫燃料油期货共同构成了中国保税油品期货三剑客，中国期货市场不缺乏流动性，江浙游资往往都热衷于期货炒作且个人客户占比高，但是产业应用场景的支持还需要进一步提升。

完整的多层次、国际化油气市场体系对于打造中国油气商品市场的国际定价中心和全球资源配置中心具有决定性意义，上海有建设国际金融中心的定位、浙江有建设油品贸易中心的定位，相关各方充分发挥各自优势，可以形成伦敦—鹿特丹的互动关系，上海石油天然气交易中心可以在现货及中远期市场建设上发力，全面提升期货市场服务区域经济发展的能力，更好地促进上海国际金融中心建设，更好地服务于"长三角一体化发展"国家战略。

随着中国期货市场的不断发展及对外开放程度不断提高，上海期货交易所将加快研究推出成品油、天然气等能源品种，着力构建中国能源价格体系，为市场提供更完善、更丰富的定价和避险工具的同时，为保障国家能源安全、提升价格影响力贡献一份力量，上海期货交易所是证监会旗下，上海石油天然气交易中心是国家发展改革委能源局背景，两者都肩负有提升中国能源话语权的历史使命，两者可以相互配合，大有可期，大有可为。

新石油金权
欧佩克式微与后石油时代

提升需求侧话语权

中国新石油发展模式的核心支撑是中国庞大的市场。面对供给侧的强势与合纵，需求方往往会利用市场去提升话语权和主导权。

日本是典型的资源消费国，石油对外依存度极高，但是日本在多年的发展中，充分利用自身市场及综合实力与供给侧进行了多层次、广领域的合作及博弈，成为了需求侧不容忽视的力量。

采购方在面对供应方时，往往希望能有更大的话语权，商业谈判往往是利益的平衡与再平衡，采购方可以利用更大量、更长期的采购需求提升影响力，但是单体采购方往往很难短期改变自身需求，在商业规则下进行横向合作，寻求话语权就成为一种备选方案。

日本利用采购联盟谋求主导权有成功案例。在中国出口原油换外汇的年代，日本是中国的原油出口第一大国，日本青睐中国原油，既有大庆原油低硫石蜡基特性符合环保以及高附加值产品产出、海运距离短等商业考量，又有利用大庆、胜利原油压同在亚太区的印尼米纳斯以及辛塔原油价格的战略想法。

1971年，在周总理关怀下，为了发展经济，出口创汇，中国从有限的原油产量中挤出部分，第一次向日本出口原油。当时日本是九大商社及九大炼厂的采购格局，商社是贸易商身份，炼厂是制造商身份，而中国的出口商是此前提到的中国化工进出口总公司也就是中化独家代理，第一年的谈判中，中化一对多，明显占了上风。

第二年，日本调整策略，日本通产省出面协调，由日本石油输入协会和日本国际石油会社出面组成了两个窗口来面对中化。两个窗口后面分别是日本石油公司阵营，以及日本出光兴产株式会社阵营，前者成立于1888年，是当时日本第一大石油公司，旗下炼厂最多，加油站排名第一，和日本石油输入协会组成采购联盟；后者成立于1940年，是日本第二大石油公司，和日本国际石油会社组成采购联盟，简单类比就是日本两桶油和两大行业协会分别组合，形成了两大阵营，其他商社和炼厂纷纷投入两大阵营，再无分号，天平开始转向日本。

相较于中国行业协会相对弱势的地位，日本行业协会对行业不管是在国内，还是面对外商都有着非常重要的影响力。许多重要的协会都是由三井、三菱等巨头组建的，历史悠久。

善于总结的日本人继续调整谈判策略，当时的谈判机制是价格一季度一议，最早，两个窗口分别和中化议价并分别形成价格分别执行，后来，两个窗口轮流坐庄谈判，谈判形成的价格就是最终执行价格，一个出口、一个声音和一个价格的采购联盟一直是日本努力的目标。

中国高度重视石油行业内部整合，20世纪90年代，两桶油整合系统资源及渠道，过去炼厂自行采购的多头局面发生改变。1993年到2015年，国内打破了过去中化独家负责进出口的局面，逐步形成了以联合石化、联合石油、中化石油、中国海油、珠海振戎、振华石油和中国化工多家企业对外进口原油的局面，作为全球第一大原油进口商的联合石化在业界影响力巨大。遗憾的是，不管是前期的联合石化、联合石油及中化石油的三分天下，还是后期的"战国七雄"，横向的强强合作没有达成预期效果。

2015年，原油进口配额进一步放开，同时国内原油进口权和原油进口使用权双权向地炼放开，地炼主体大量进入国际市场采购，中国原油采购渠道万箭齐发。业内有识之士采取了行动，2016年2月29日，由山东省炼油化工协会和山东东明石化集团有限公司倡议，国内16家地方炼油企业联合成立中国（独立炼厂）石油采购联盟。旨在组织有进口原油配额的地炼企业建立集中采购进口原油平台，实现集中采购、一致谈判、统一价格、集中结算、集中贷款、并按各自配额分量使用。理想很美满，现实很骨感，由于企业间利益诉求不同，外部环境变化过快，地炼采购联盟并没有达成预期效果。

在普氏窗口中，多头和空头会互相竞价，试图引导市场，这有利于价格的形成和流动性，但华人企业为了各自利益捉对厮杀的场面屡见不鲜。

中国石油行业协会总体影响力有待提高，向日本学习，用好行业协会，形成合力是值得思考的。

多年来，中国石油对外贸易利用需求侧影响力博取话语权的努力没有达到预期效果，低层次的谈判联盟雷声大雨点小，这里面既有采购方主观因素，包括不同主体考核导向、利益诉求与需求层次千差万别，又有市场客观条件，供应商左

新石油金权
欧佩克式微与后石油时代

右逢源,顶层设计及体制机制原因,不一而足,但是日本在石油金权方面的成功有目共睹,而日本采购联盟发挥的作用不容小觑。

当前国际石油市场供给侧磨刀霍霍,需求侧声音偏小,后石油时代,新增石油需求看中国和印度,综合多个信息渠道,2024年,印度将超过中国,成为全球最大的石油需求增长源。中国石油需求侧影响力窗口期在收紧,中国应积极学习日本经验,利用需求侧影响力提升话语权。

2020年3月以来,价格战叠加新冠肺炎疫情,国际油价暴跌出现罕见低价,中国企业买买买,监管部门也提早放出配额助力,中国原油补库的过程中,中国企业竞争激烈,导致原油采购贴水较高,但由于原油绝对价格较低,因此中国买家并没有太吃亏,未来油价回升,中国企业互相竞价导致卖方坐地起价的教训可能重演,行业协会可以发挥更积极的作用,共同提升新石油发展模式内涵,但是诸多细节问题可能会形成较大制约,需要中国相关部门和企业予以重视,顺势而为,因势利导,在商业规则与框架下有所作为。

中国战略石油储备与国家管网独立

1973年第一次石油危机爆发,西方认识到了石油断供的巨大风险。1974年,经合组织国家联手成立了国际能源署,要求成员国至少要储备60天进口量的石油,以应对石油危机,被称为应急石油储备。石油储备包括政府储备和企业储备两种形式,在必要的时候成员国之间应该互相提供储备支持。其中的政府储备也被称为是战略石油储备。

1979年伊朗伊斯兰革命诱发的第二次石油危机期间,国际油价再次暴走,西方工业国家损失惨重,国际能源署进一步要求成员国必须把石油储备增加到90天净进口量以上。石油储备制度逐步完善,规模进一步扩大,并成为国际石油供应的蓄水池与减压阀。典型如美国政府在1991年海湾战争期间以直接销售的方式向市场投放了3300万桶储备原油。

2000年,如何建立战略石油储备的问题被放在重要议事日程上。当时,中国原油净进口量为6000万吨,对外依存度尚不到30%。单从进口比例上看,问题似乎并不严重,但当时进口原油十分集中,80%来自中东地区,依赖单一而漫长的海路运输。基于规避原油供应不足或中断风险的考虑,国家发展改革委、交通部、海运公司、石油公司等多方面组成讨论小组,开始探讨油源的多元化和扩大石油储备问题。

1993年,是中国能源供需变化的重大分水岭。由于经济的快速发展,原油进口急剧增加,这一年中国由原油净出口国转变为原油净进口国,结束了大庆油田发现以来,中国实现石油自给并略有盈余出口的30年历史。此后,原油进口量不断跨上新台阶。2004年首次突破1亿吨大关,2009年突破2亿吨,2014年突破3亿吨。中国石油对外依存度更是节节攀升,目前已超过70%。急剧变化的能源发展格局下,建立中国战略石油储备的必要性和迫切性日益凸显,研究界和决策层统一了思想并付诸行动。

自2006—2008年中国建设完成第一批国家石油储备基地以来,到2016年年中,中国已建成舟山、舟山扩建、镇海、大连、黄岛、独山子、兰州、天津及黄岛国家石油储备洞库共9个,共储备原油3325万吨,约占2015年原油进口量约1/10,这还不包括商业储备,考虑商业储备,截至2016年中,原油储备累计库存超过6000万吨,约占当年进口总量的16%,中国原油储备已经成为影响原油进口的重要力量。

2008年第一批国家石油储备基地投产,正好遇上2008年金融危机爆发,国际油价从150美元/桶下跌到50美元/桶,大批收储了廉价原油,并于2009年上半年注油完毕,平均收储成本仅约56美元/桶。收储能力的上升让中国有能力在油价低位时持有期货多头仓位,在油价下跌时机,通过购买期货锁定部分廉价原油,这也是利用油价与中国经济脱轨,实现原油贸易对冲的手段之一。

2008年以来,随着中国战略石油储备与商业储备能力增强,储备调节机制成为应对油价波动的重要手段,而储备调节的逆周期性,让经济增速与油价表明呈现出不一致的趋势。

原油价格波动对中国的机会。

中国在2007—2008年及2014—2016年期间,分别建成两批战略石油储备,算上社会商业储备,目前的储备量约占进口原油总量15%~20%,应该说初步具备了一定应急能力,但与发达国家相比还有很大差距。除了在2008年及16年油价下跌期间，国家吸收了一批廉价原油之外，对于中国来讲，合理高效利用原油商业库存，才能够更好应对油价波动。

中国一方面可以利用集中优势，在油价波动时灵活调用储备机制，也可以应用期货期权等金融工具灵活对冲价格风险——中国是全球最大的原油买家，只要有库存，低价对中国来说反正要买，可以用期货工具锁定价格，用库存变动来应对价格波动。

另外，中国可以调整与扩大进口来源，通过"一带一路"扩大及深化对外合作，积极发挥中国影响力，应用人民币国际化的机会，加强"人民币—石油"回流机制，进一步深化改革，深化人民币境内投资机会。

同时，我们也注意到，沙特阿拉伯可能通过调整原油贸易流向，降低对美出口来降低美国商业原油库存，从而影响WTI油价走高，Brent-WTI价差缩窄。实际上，随着美国页岩油革命后原油的自足，正在降低对沙特阿拉伯原油进口，而同时沙特阿拉伯也在2014年后增加对中国的原油出口，并于2019年出口量及增速再次超越俄罗斯，成为中国原油第一大进口国。

不论是沙特阿拉伯还是美国，通过贸易流向的改变来改变美国原油商业库存，从而改变金融市场对WTI期货价格的预期，这一点对受价方中国来讲是不利的。中国应该利用好自身商业库存储备，深化与上海原油期货价格联动，扩大上海原油期货价格的公开透明及影响力，从金融软实力上来抗衡布伦特和WTI的价格波动，这需要解决好资本账户的逐渐开放、信息公开透明、交易市场化等问题。

2019年12月9日，国家石油天然气管网集团有限公司（简称国家管网公司）挂牌成立，受到社会关注。

石油和天然气是关系国民经济持续、稳定、健康发展和人民生活的命脉。组建独立运营的管网公司，推动形成上游油气资源多主体多渠道供应、中间统一管网高效集输、下游销售市场充分竞争的"X+1+X"油气市场体系，是深化油气体制改革的重要一环，也是十分基础性、关键性的举措，能够更好地保障国家能源安全，促进油气行业高质量发展和满足人民美好生活需要。

国家管网公司是中国深化油气体制改革的产物，经过了深入的研究酝酿，借鉴了相关国家和地区管网产业发展的先进经验，充分结合中国国情，为业界所期盼。

2017年5月，油气管网运营机制改革的目标和方向基本确立。

2019年3月19日，中央全面深化改革委员会第七次会议审议通过了《石油天然气管网运营机制改革实施意见》，提出组建石油天然气管网公司。国家管网公司组建开始进入筹备阶段。

2019年5月24日，国家发展改革委、国家能源局、住房城乡建设部、市场监管总局联合印发《油气管网设施公平开放监管办法》，从监管角度为国家管网公司成立做好了准备。

国家管网公司主要职责是负责全国油气干线管道、部分储气调峰设施的投资建设，负责干线管道互联互通及与社会管道联通，形成"全国一张网"，负责原油、成品油、天然气的管道输送，并统一负责全国油气干线管网运行调度，定期向社会公开剩余管输和储存能力，实现基础设施向所有符合条件的用户公平开放等。

对于油气尤其是天然气产业来说，管网起着非常重要的作用，可以说"管网决定市场范围、管网决定发展空间"。组建国家管网公司是近年来天然气体制改革中最为重大和根本性的改革措施之一，势必对中国天然气市场带来深远的影响。

油气体制改革是对上中下游全产业链的改革，深化改革的总体思路是通过深化油气勘探开发、进出口管理、管网运营、生产加工、产品定价体制改革和国有油气企业改革，释放竞争性环节市场活力和骨干油气企业活力，从而进一步提升油气资源保障、集约输送及公平服务、市场风险防范等能力，促进油气行业持续健康发展。改革的一个重要抓手就是"管住中间，放开两头"，即管住产业链中间的管网输送环节，放开可以竞争的上游勘探开发和下游销售服务环节，通过公平竞争释放市场活力。成立国家管网公司，有利于更好地管住中间管网输送环节，实现"全国一张网"和公平开放，为更多市场主体参与竞争性业务创造良好条件。实现管网运输与销售分离，既符合改革要求，也是国际通行的做法。

此前，油气领域基础设施建设与运营工作主要由国内三大石油公司承担，上中下游一体化运营模式在行业发展初期发挥了集成协调优势。伴随市场的逐步开放以及终端需求的日益旺盛，以往的运营模式面临挑战，国家管网公司的成立，将进一步提高油气行业市场化程度、有助于推动市场多元主体的加入，提高基础设施建设能力。按照有关改革部署，通过整合油气干线管道资产、业务和相关股权，组建成立国家管网公司，实现油气干线管道独立，推动形成"全国一张网"，将释放诸多改革红利。

第一，有利于提高天然气供应，促进终端需求增长。成立国家管网公司，实行运销分离，公平开放，不仅能够让现有国有油气企业的资本支出更集中在勘探及提升产量上，还能够让更多的市场主体进入上游勘探开发，或者利用现有管网、接收站等进口液化天然气甚至管道气，使得国内供应主体更加多元化，提升天然气供应能力。终端需求方面，成立国家管网公司后，其他供气商进入终端消费市场的障碍被消除，可以根据自身气源情况扩大销售范围，终端用户也将有更多选择机会，竞争将更加充分。

第二，有利于促进管网建设，改善管网投资建设效益。长期以来，中国天然气管网建设滞后于产业发展速度，不足以支撑天然气作为主体能源的地位。横向看，中国建成运行的长输天然气干线管道密度只有7.3米/平方千米，与天然气管线发达国家相比还存在较大差距。纵向看，2015—2018年间中国天然气管网里程年均增速为5.9%，与"十三五"规划年均增速10.2%的目标尚有一定差距。成立国家管网公司，可以消除由于管道投资建设不足带来的天然气供应瓶颈，拓宽管网建设的资金来源，未来通过资本化、证券化的渠道，上市募资广泛引入社会资本，从而释放管网投资建设的巨大潜力，改善管网投资建设的效益。

第三，有利于推动中国天然气市场化改革。成立国家管网公司，实现管网独立，管输和销售业务分开，使得其他主体通过管网的公平开放进入市场的概率大增，市场供给方、用户以及中介服务机构的数量增加，性质多元化，从而提升了市场主体公平竞争的能力，为更多市场主体参与竞争性业务创造了良好的条件。

第四，有利于实现管网的全面互联互通，消除资源浪费。由于之前企业各自为政，油气领域存在着管网互联互通程度不够、协同难度大、重复建设、运行效率未发挥最优潜力等问题，最终导致输配环节层级多，进而影响终端价格。国家管网公司的成立，将形成"全国一张网"，实现管道资源的共享，既可避免重复建设造成的投资、资源等浪费，又可提高能源运输效率并降低运输成本。

未来中国天然气管网模式及市场枢纽的布局建议

天然气行业主体在完成了交易后,就需要通过市场枢纽来完成货物的交割输送。从目前披露的信息看,2019年挂牌成立的国家管网公司组建初期主要考虑剥离由三大石油公司运营的长输主干网。对于未来中国天然气管网和市场枢纽的布局,参照国内外的行业改革经验,会有至少三种不同的可能性:

1. 英国模式:一家公司一张管网

借鉴英国由BG公司统一管理的模式,将大部分的天然气主干管线及省级管网都纳入国家管网公司,形成一张网,由国家管网公司统一运营管理,保证管网平衡(图11-1)。

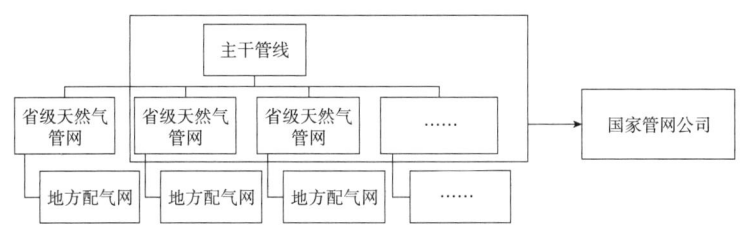

图11-1 借鉴英国的管网运营模式图

2. 美国模式:N家公司N张管网

借鉴美国众多独立管网公司的模式,每条主干网由国家管网成立的子公司,省网、城燃网各自成立的独立管网公司,分别负责运营管理各自所拥有的管线,保证管网平衡(图11-2)。

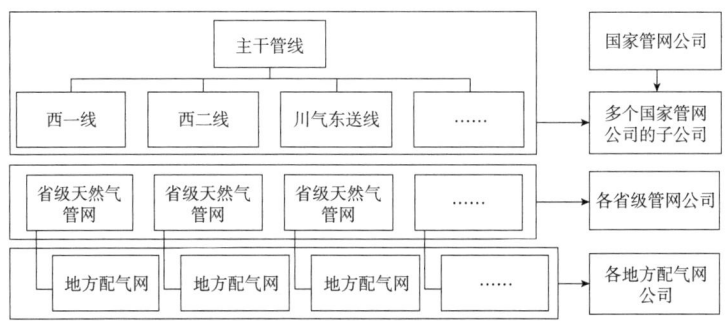

图11-2 借鉴美国的管网运营模式图

3. 电网模式：一家公司N张管网

参考中国电网管理经验，全国管网组成国家管网公司。长输干线归属国家管网母公司，在各省组建省网子公司负责运营管理省级管网，保证管网平衡（图11-3）。

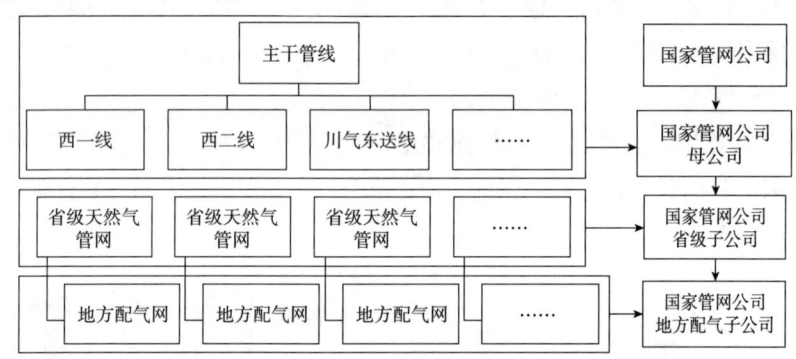

图11-3 参考电网的管网运营模式图

4. 中国的选择："英国+美国"模式

目前天然气行业正处于快速发展阶段，基础设施建设相对落后，从资源优化配置的要求出发，组建类似英国的全国性管网公司更有利于集中资源进行统一规划，优质高效地建设。由于各省复杂纷繁的省网公司股权背景，将省网公司都并入国家管网是一件十分困难的事，所以电网模式的实现也有相当难度。但不同于英国，中国地理面积辽阔，区域天然气供需差异大。所以从中国国情出发，未来管网的格局可以采取"英国+美国"的模式，即国家管网公司负责运营基干管道、支干线，全国"一家公司、一张管网"的英国模式；而省级干线和大多数支线主要由不同省份的省级管网公司运营，部分支线、城镇配气网由独立的小管道公司运营，即N家公司N张管网的美国模式。同时借鉴英国改革经验，分为华北、华东、华南、华中、西南、西北、东北等区域，设立类似NBP的虚拟平衡区，区域内管网实现同网同价、进出平衡（图11-4），各区域之间可以参考美国的物理管网，彼此之间的价差可以根据距离设置升贴水。在各大区域内根据是否邻近生产地、是否能形成多气源交汇、是否拥有完善的管网、接收站、储气库等基础设施等多个标准设立生产枢纽和储存枢纽。由上海和重庆两大交易中心在各区域分别设立交易专场，形成各区域的基准价格。

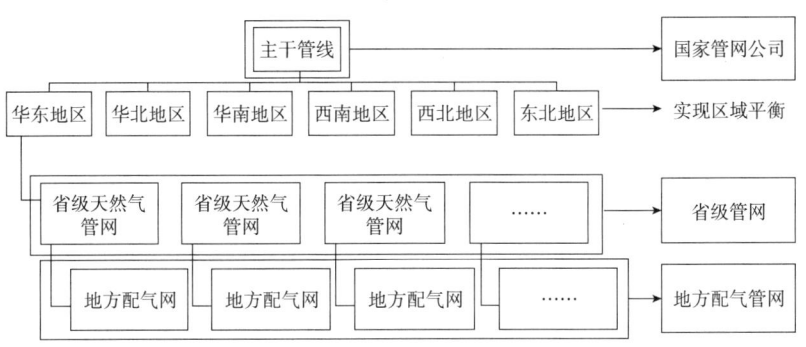

图11-4　区域平衡管网运营模式图

未来中国天然气枢纽的布局建议

前几年中国部分地方政府批复成立了上百家大宗商品现货、贵金属、农产品、文化艺术品等各类地方交易场所，但是由于审批机构不一、批复程序各异，加上部分地方只批不管，导致很多交易所在批文的掩护下大肆开展各类违规交易，令参与者遭受了严重的经济损失，对行业发展和社会稳定造成了极其不利的影响。由于石油和天然气具有十分特殊的商品属性和极其重要的战略意义，对于中国的重要程度不亚于黄金等战略物资。石油和天然气应当有别于一般的大宗商品，其现货、衍生品和期货交易规则的指定、交易场所的设立应当受到国家的专门指导和严格监管。建议国家参考黄金市场，上收地方政府批准建立石油天然气交易中心的权力，统一归口到国家发展改革委或能源局进行专门管理，避免因交易场所乱批滥设对石油和天然气行业造成不必要的价格干扰、对油气市场化改革带来负面的影响。

目前全球交易所之间的整合并购乃大势所趋，随着中国资本市场对外开放程度的不断提高，中国境内的交易所终将直面境外全球性交易所的竞争。如果中国

新石油金权
欧佩克式微与后石油时代

天然气行业同质化的交易中心数量过多，将无法形成合力发挥规模效应发出统一的声音，在与国际全球性交易所竞争的过程中将处于劣势。中国目前还处在天然气市场化改革进程中，市场化的交易量较为有限，主要集中在上海和重庆两家石油天然气交易中心，两家交易中心2018年市场化的交易量合计仅占全国消费量的13.3%，其中仅有很小的一部分是真正的市场化交易量。在此环境下，各地设立油气交易中心后的发展空间狭小，同时过多功能相同的交易中心也会导致天然气交易量过于分散，难以形成规模扩大影响力，不利于形成中国声音、提升在国际市场的地位。在目前的市场条件下，全面铺开交易中心的建设并不可取。基于国外市场的先进经验和国内其他行业的惨痛教训，交易中心的数量宜少不宜多，宜精不宜杂，我们应当充分借鉴其他国家交易所整合并购的经验，根据交易中心的功能进行划分，每一个大区（如东北、华北、华东、华南、西南、西北等六大区域）根据当地的生产、运输、储存、需求、交易等各方面的基础条件和实际情况，针对性地建立功能不同的交易中心，同时为了适当地引入市场竞争，功能相同的交易所全国可以不止一家，但是也应当严格控制数量，并且确保每一个大区内一种功能的市场枢纽只有一家，而且也并非每一个大区内每种交易中心都要有，需要将地方的基础条件和全国整体的需求相结合，统筹考虑合理布局。而且如果没有公平开放的市场环境作为生长土壤，缺少严格到位的监督体系作为安全保障，全面铺开交易中心建设不利于市场化改革的推进。

对于已经成立的和未来计划成立的石油天然气交易中心，建议采取"1+2+N"的模式，即1个期货交易所和2个现货交易中心以及N个地方性的生产和储存市场枢纽。天然气期货尚未上市，未来花落谁家还有待观望，目前看来上海国际能源交易中心成为这"1个期货交易所"的可能性较大，"2个现货交易中心"就是上海和重庆两大石油天然气交易中心，以类似于国家电网与南方电网的关系共存，组织开展形成价格的交易业务，并由上海石油天然气交易中心承担汇总价格、形成指数的职能，将所有交易的数量和价格信息汇总到上海石油天然气交易中心，经计算加工后形成各地区乃至全国的天然气价格指数。其他N个地方性的市场枢纽则在生产、运输、储存等各个环节发挥各自的作用。

目前完成了天然气市场化改革的国家仅有美国和英国，英国面积较小，建立一个虚拟平衡点即可满足市场的需求，与中国局部地区的区域性市场比较相似。

美国与中国的国土面积相当，也存在各个区域性的价格，所以可以参考美国对于天然气市场枢纽的分类和整体布局，并在中国各大区域市场形成类似英国的虚拟平衡点。

由于翻译的原因，许多人将"交易中心"与"交易所"的概念互相混淆，对交易中心的认识存在一定的偏差。其实"交易中心"对应的英文是Hub或者Market Center，翻译成"枢纽/市场中心"更为贴切，而"交易所"对应的是英文中的Exchange。按照国际定义，"交易中心"是实现天然气物理交换的交割地，最重要的作用是在一个地理范围内将管网等基础设施向第三方开放，为天然气买卖双方提供天然气接收和运送服务，使交易更加流通便捷。这样的交割地可以是物理枢纽，由多条天然气管道汇聚形成，例如美国的亨利枢纽；也可以是包括一定地理范围的管网在内的虚拟枢纽，典型的代表是英国的国家平衡点和荷兰的天然气所有权转让设施等。天然气的买卖交易、价格形成则主要通过长期双边协议、交易所和场外交易市场完成，而非市场枢纽。

以美国为例，天然气交易主要在美国芝加哥商品交易所和美国洲际交易所集团两家交易所和场外市场完成，并通过各大天然气市场枢纽完成货物的交付。1988年美国成立了第一个天然气市场中心Henry Hub。1993年至1998年，随着天然气市场的发展，一批天然气市场枢纽相继出现。美国天然气市场最多曾存在37个天然气市场枢纽，但是到目前为止，已经有13个枢纽由于交易基础条件不够完备、规模太小不具备竞争能力而被关闭。根据美国能源信息署公布的数据，美国现有24个天然气市场枢纽，分为四大类型：10个市场中心、1个市场枢纽、9个生产枢纽和4个储存枢纽，分别实现交割（所有权转移）、运输、生产和储存功能，详细信息如表11-1所示。

表11-1 美国现有市场枢纽一览表

序号	类型	中心/枢纽名称	成立时间
1	市场中心	美国亨利中心	1988年
2		芝加哥枢纽	1993年
3		自治中心	1994年

新石油金权
欧佩克式微与后石油时代

续表

序号	类型	中心/枢纽名称	成立时间
4	市场中心	GTNW市场中心	1994年
5	市场中心	加利福尼亚能源中心	1994年
6	市场中心	佩里维尔枢纽	1994年
7	市场中心	中部大陆中心	1995年
8	市场中心	易洛魁中心	1996年
9	市场中心	全门中心	1996年
10	市场中心	ANR Joliet枢纽	2003年
11	市场枢纽	夏延枢纽	2000年
12	生产枢纽	杜尔塞枢纽	1990年
13	生产枢纽	迦太基枢纽	1990年
14	生产枢纽	布兰科枢纽	1993年
15	生产枢纽	瓦哈（DCP/Atmos）枢纽	1995年
16	生产枢纽	瓦哈（EPGT）得克萨斯枢纽	1995年
17	生产枢纽	凯蒂（DCP）中心	1995年
18	生产枢纽	蛋白石枢纽	1999年
19	生产枢纽	鹦鹉螺枢纽	2000年
20	生产枢纽	怀特河枢纽	2008年
21	储存枢纽	凯蒂仓储中心	1993年
22	储存枢纽	莫斯断崖枢纽	1994年
23	储存枢纽	伊某枢纽	1995年
24	储存枢纽	杰斐逊岛仓库	1998年

资料来源：美国能源信息署。

由于美国的天然气枢纽成立时间较早，大部分成立于20世纪90年代初，当时的互联网通信技术尚不发达，市场中心兼具一部分形成价格的交易功能。但是随着芝加哥商业交易所和洲际交易所两家交易所天然气期货和场外现货交易规模的不断扩大，这些市场中心目前已经成为单纯的市场枢纽，提供天然气的物理交割及运输服务。

目前美国现有的24家市场枢纽均匀分布在美国的各个区域,覆盖了整个美国市场。如果结合美国的管网分布来看,可以看到这些市场枢纽基本都位于管网发达的区域。生产枢纽、市场中心、市场枢纽和储存枢纽在生产、交割、运输和储存等产业环节发挥各自的作用。未来中国在进行天然气市场枢纽的布局规划时,也可以借鉴美国的发展经验,将天然气市场枢纽分为以下三类:

1. 交易中心:组织交易、发现价格

交易中心的主要作用就是为天然气交易提供平台,组织行业上下游主体开展规范有序的市场化交易,从而形成价格、发现价格。目前中国的原油期货在上海国际能源交易中心挂牌交易,天然气期货还在研究筹备中。现货方面,中国没有权威成熟的原油现货交易平台,天然气现货目前仅有上海和重庆两家由国家发展改革委和能源局指导、经地方政府批准成立的交易中心。现阶段上海和重庆两家交易中心已经足够满足中国天然气现货的市场化交易需求,今后中国的交易中心将包括上市天然气期货的期货交易所以及上海和重庆两家石油天然气交易中心,由前者负责开展期货交易业务,后者则组织进行现货及场外衍生品的交易。上海石油天然气交易中心还承担信息发布的职能,包括价格信息和管容信息,价格信息由上海石油天然气交易中心通过采集、汇总、编制、形成天然气价格指数,力争打造亚太地区的天然气基准价格,管容信息则由国家能源局市场监管司委托上海石油天然气交易中心开发建设的"油气管网设施公平开放信息报送服务系统",向市场发布管容库容等信息,为交易提供便利。目前看来,期货交易所最终落户上海国际能源交易中心的可能性较大,所以未来中国的交易中心将以上海和重庆为主。这样一方面可以集中有限的交易量,迅速形成规模扩大影响力,形成"中国价格";另一方面三家交易中心也便于政府和市场进行监管,管网公司成立后和上海石油天然气交易中心对接,也能够提高资源调配的效率。未来中国应视交易中心的实际发展情况,侧重于对其中条件最优越、发展最成熟、功能最齐全的一家交易中心进行重点扶持,在最短的时间内建设出一家国际化的天然气交易中心,参与亚太地区天然气市场的竞争。

通过对目前上海和重庆两家交易中心进行比较分析,可以发现上海石油天然气交易中心存在以下三方面的优势:

新石油金权
欧佩克式微与后石油时代

（1）区位优势

上海正着力打造国际经济、金融、贸易、航运和科创等五个中心。具有得天独厚的区位优势，主要表现为五个方面：上海作为全球第一大港口，具有得天独厚的国际交通位置，对外可以通过航运辐射全球各大液化天然气市场，对内可以通过长江进入中国内陆，推进"气化长江"战略；上海所处的长三角地区未来将成为国内少有的实现国产气、中亚气、缅甸气、进口液化天然气和俄罗斯气等五大气源交汇的区域，能够充分形成"气—气"竞争的格局，便于比价；上海是中国的经济金融中心，是长江经济带、长三角一体化发展的龙头，金融环境成熟稳定，金融市场要素齐全，金融人才资源和管理经验丰富，有助于上市天然气期货，形成天然气期货交易所与现货及场外衍生品交易中心联动的市场。如果天然气期货最终落户上海国际能源交易中心，那么上海就将同时拥有天然气的期货和现货交易平台。由于天然气并非付款的同时即可提气的产品，其特殊的商品属性注定了其没有明确的现货和期货之分，目前全球主要的天然气交易所都是集期货现货于一体，未来中国的天然气交易中心也应当成为一个同时具备期货和现货的全功能交易平台，至少应位于同一地区，以便于期现联动；上海天然气基础设施完备，管网形成了"南北贯通、东西互补、两环相连"的格局，拥有两座液化天然气接收站，洋山接收站便于国际交割，五号沟接收站便于国内交割；上海的天然气市场环境良好，消费集中，所处的长三角地区是中国主要的天然气消费市场，邻近的江苏省是中国天然气消费量最大的省份。华东地区拥有上海的区位优势为构建国际化交易中心创造了良好的条件。

（2）股东优势

上海石油天然气交易中心的股东优势主要体现在两方面：一是独立性：新华社作为交易中心最大的股东，能够有效地确保交易中心的独立性。同时新华社作为世界四大国家通讯社之一，具备无可比拟的信息传播能力和国际影响力，能够在天然气基准价格的宣传方面发挥巨大的作用；二是全面性：上海石油天然气交易中心的股东全面地涵盖了中国石油、中国石化和中国海油这三家国内油气行业巨头。中国海油在中国液化天然气行业拥有较高的市场份额、完善的接收站设施和丰富的行业资源。作为股东能够在交易中心未来推动中国油气市场化改革、参与亚太地区液化天然气价格竞争的过程中提供充分的支持。

（3）先发优势

截至2019年年底，上海石油天然气交易中心的会员数量接近2600家，其中包括埃克森美孚、壳牌和喜威等多家国际大型油气企业。2019年全年，交易中心天然气双边交易量再创新高，稳居亚太天然气第一现货交易中心地位。截至12月31日，交易中心天然气全年双边交易量达806.43亿立方米，较2018年全年增长33%。其中，PNG成交712.96亿立方米，较2018年全年增幅28.37%；液化天然气成交633.23万吨，较2018年全年增幅90.22%。2019年6月，交易中心与海关总署全球贸易监测分析中心达成战略合作，双方在中国特色能源价格指数体系构建、价格形势研判、价格信息共享、国家能源安全战略研究等方面加强合作。随后，双方于10月、12月先后发布中国液化天然气综合进口到岸价格、中国原油综合进口到岸价格和中国液化石油气综合进口到岸价格，三种价格指数均为各自领域中国首次发布周度进口价格指数，为行业提供系统且权威的价格参考，进一步完善国家价格数据库，提升中国在国际能源市场上的话语权。交易中心定期发布管道天然气、液化天然气、成品油和海油市场基准价格四大价格数据以及中国液化天然气出厂价格全国指数、中国液化天然气出厂价格区域指数、中国华东液化天然气出站价格和中国汽柴油批发价格四大指数。

2018年重庆石油天然气交易中心的会员数量为1400多家，全年管道天然气累计总成交量为356亿立方米（双边），液化天然气累计总成交量7.72万吨，公布国内西部省份的液化天然气出厂价格。通过对比两家交易中心，可以看到上海石油天然气交易中心有着十分明显的先发优势，无论是天然气交易量、会员单位数量还是价格指数开发方面都处于国内领先地位，具备了一定的国际知名度和影响力。

2. 市场中心：生产运输、完成交割

市场中心在天然气的产业链中发挥着至关重要的作用，一方面负责将天然气从产地或液化天然气接收站运往下游消费地，另一方面还负责根据市场的交易行为进行相应的资源交割。

（1）国产天然气

中国的天然气资源主要分布在中国的西北部和西南部地区，陆上气田主要为四川盆地、鄂尔多斯盆地、塔里木盆地和柴达木盆地等，海上气田则主要为东海气田和南海气田。2018年中国天然气产量为1610.2亿立方米，其中产量排名前五

的省份分别为陕西、四川、新疆、广东和青海，这五个省的产量总和占全国国产天然气总量的82.94%。未来中国的国产天然气枢纽可以考虑在这几个区域布局（图11-5）。

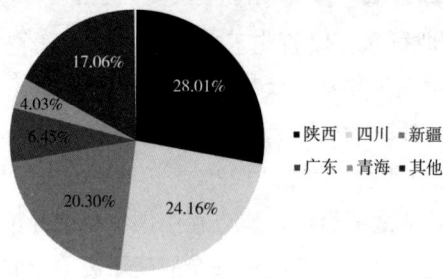

图11-5　2018年中国各省天然气产量占比

资料来源：中商产业研究院。

（2）进口液化天然气

根据海关总署的数据，2018年中国共进口天然气9039万吨，其中液化天然气进口量为5373万吨，约占总进口量的59.44%，总消费量的24.9%。截至2019年年初中国沿海共建有21座液化天然气接收站，其接收能力及分布如表11-2所示。

表11-2　中国21座液化天然气接收站一览

序号	大区	接收站	接收能力（万吨/年）		罐容（万立方米）		投产时间
1	华北	大连	600	1770	48	198	2011
2		唐山	650		64		2013
3		海油天津	220		22		2013
4		石化天津	300		64		2018
5	华东	青岛	300	3095	64	414	2014
6		如东	1000		68		2011
7		启东	115		26		2017
8		五号沟	150		32		2008
9		洋山港	300		48		2009
10		舟山	300		32		2018
11		宁波	300		48		2012
12		莆田	630		96		2009

续表

序号	大区	接收站	接收能力（万吨/年）		罐容（万立方米）		投产时间
13	华南	粤东	200	2460	48	298	2017
14		大鹏	680		48		2006
15		迭福	400		48		2018
16		九丰	150		16		2013
17		珠海	350		48		2013
18		北海	300		48		2016
19		防城港	60		6		2019
20		深南	20		4		2014
21		洋浦	300		32		2014

资料来源：Energy Comments。

综合考虑各大区的接收站数量以及接收能力，可以发现华东地区（8个接收站，总接收能力3095万吨/年）以及华南地区（9个接收站，2460万吨/年）是中国液化天然气进口最多的大区，其中以广东（5个接收站，1780万吨）、江苏（2个接收站，1115万吨/年）分别是两个大区接收站数量最多、接受能力最大的省份。

（3）进口管道气

目前中国进口的天然气主要来自三条管道：中亚管道、中缅管道以及中俄东线管道，其中以中亚管道最为重要，根据霍尔果斯海关的统计数据，2018年中亚天然气管道向中国输气474.93亿立方米，约占进口管道气总量的90%，占中国消费量的16.91%。其中新疆克拉玛依、宁夏中卫、陕西靖边、四川成都、辽宁沈阳等地将成为进口管道汇聚的集散地。

综合考虑上述国产气、进口液化天然气、进口管道气的资源所在地和基础设施分布情况，建议中国未来可以考虑在下列多气源交汇的地区，利用成熟的管网和接收站设施成立区域性的生产枢纽：东北地区的辽宁（国产气、中俄东线及液化天然气接收站）、华东地区的江苏（液化天然气接收站）、华南地区的广东（液化天然气接收站）、西南地区的四川（国产气及中缅管道）、华北地区的陕西宁夏地区（国产气及中亚管道）以及西北地区的新疆（国产气及中亚管道）。

3. 储存中心：调峰保供，稳定安全

储存中心是由储气库组成的市场枢纽之一，是天然气产供储销环节中的重要组成部分，由于天然气消费存在明显的季节性特征，需要储气库进行调峰，平抑量价波动，维护市场稳定。同时天然气作为重要的能源物资，也需要使用储气库进行一定的战略储备，确保国家能源供应的安全。储气库是完善的供气系统必须具备的设施，在资源和市场不断变化的情况下，要实现管网和接收站的供气平稳和安全，必须由储气库进行调峰，因此储气库在保障供气稳定安全方面具有不可替代的作用。根据历年用气波动情况和四大下游行业（城市燃气、发电、工业、化工）的用气特点，中国石油规划总院预测到2020年，中国调峰需求占年消费量的比例将为11%左右。从各区的调峰需求来看，中国北方地区调峰的需求普遍较高，尤其以环渤海地区最为突出，调峰需求居全国之首。

截至2018年7月，中国已投产的储气库共计14座，总气量达121.22亿立方米（表11-3）。目前，国内已投运的储气库主要分布在新疆、津冀地区、辽宁、江苏、河南、黑龙江等地，主要集中在新疆呼图壁、天津及河北霸州地区、辽宁盘锦三地，这三个地区的工作气量占全国总和的91.7%。

表11-3 中国储气库列表（截至2018年7月）

序号	储气库名称	所处位置		设计工作气量（亿立方米）	
1	呼图壁	西北	新疆呼图壁县	45.1	46.53
2	永21		新疆克拉玛依市	1.43	
3	板808	华北	天津市	6.74	48.63
4	大张坨		天津市	6	
5	板中南		天津市	4.7	
6	板中北		天津市	4.3	
7	板828		天津市	2.57	
8	板876		天津市	1	
9	苏桥		河北省霸州市	23.32	
10	双6	东北	辽宁省盘锦市	16	16.38
11	萨尔图		黑龙江省大庆市	0.38	
12	中国石油刘庄	华东	江苏淮安市	4.55	9.68
13	港华刘庄		江苏淮安市	2.175	
14	文96		河南省濮阳市	2.95	

资料来源：金联创《中国（大陆）天然气地图册2018版》。

就目前的调峰需求以及储气库分布来看，中国的新疆、天津以及辽宁有望成为中国的三大储存枢纽，分别满足西北、华北以及东北的天然气调峰需求。但是中国的储气能力仍处于较低水平，目前14座储气库的设计工作气量仅占消费量的4.32%，实际工作气量仅为消费量的3.5%左右，远低于12%~15%的国际平均水平，各地方基本不具备日均3天用气量的储气能力。根据2018年4月27日国家发展改革委、国家能源局印发的《关于加快储气设施建设和完善储气调峰辅助服务市场机制的意见》中的要求——"到2020年，供气企业要拥有不低于其合同年销售量10%的储气能力，城镇燃气企业要形成不低于其年用气量5%的储气能力，县级以上地方人民政府至少形成不低于保障本行政区域日均3天需求量的储气能力"。未来中国仍需进一步强化储气设施的建设。

综上所述，未来中国可能形成三种类型的市场枢纽：交易中心、生产枢纽、储存枢纽。

建设国际能源交易中心的积极意义

2014年6月13日，习近平总书记在中央财经领导小组第六次会议上提出"四个革命、一个合作"能源安全新战略，这一重大战略是我们党历史上关于能源安全战略最为系统完整的论述，引领中国能源行业发展进入了新时代。能源安全是关系到国家经济和社会发展的全局性、战略性问题，对国家繁荣发展、人民生活改善、社会和谐稳定至关重要。虽然经过几十年的发展，中国能源发展取得了巨大的成就，但目前也面临着需求压力巨大、供给制约较多、生产和消费对生态环境损害严重、技术水平总体落后等方面的问题，这与中国油气行业现有的体制有着紧密的联系，需要通过市场化改革来改善并最终解决上述的这些问题。

目前上期所旗下的上海国际能源交易中心已经在期货交易上初具规模，积极贯彻执行了国家战略，同时国际贸易实货领域建立符合国际规则、与国际接轨的、政府信赖、市场依靠的国际能源交易中心，成为落实国家能源战略、推进油气市场化改革的重要抓手。建设国际能源交易中心不仅仅以提高市场活跃度为目标，而是通过建立现代化市场化多元化的市场体系，引入公平公开公正的竞争机

新石油金权
欧佩克式微与后石油时代

制,增加资源供应和市场竞争,在确保国家能源安全稳定的同时有效地降低资源成本,缓解供求矛盾和价格矛盾,让社会各界享受到价格合理、能够承受的油气资源。通过交易中心开展市场化交易,形成国际公允的油气价格,进而提升中国在国际油气市场的影响力。这是国际能源交易中心肩负的国家战略和历史使命,也是建设国际能源交易中心的目的与意义所在。

首先,建设国际能源交易中心是提升国际市场影响力的重要手段。

当今世界,油气资源的定价主导权主要掌握在欧美国家手中。欧美国家早在20世纪中期就率先在全球构建国际油气市场规则和贸易体系,主导了全球油气的定价权,并依靠市场、资讯、科技、金融和军事等优势,维持着对包括石油和天然气在内的国际能源的绝对控制力。而中国作为全球第二大石油消费国、第三大天然气消费国、第一大石油和天然气进口国,却在石油与天然气进口方面缺乏与市场份额相匹配的影响力,大部分情况下只能被动地接受西方国家提供的贸易规则和商品价格。通过研究发达国家的发展经验还可以发现,建设与国际接轨的本地大宗商品交易中心,进而引导进出口贸易采用本地交易中心的价格作为合同基准价是增强价格影响力的常用手段。同时,欧美国家也利用本国交易中心国际化、多对多交易的特性,在资源供应紧张时拥有更多的资源渠道和更大的灵活性。

目前全球原油市场经过几十年的发展,已经形成了以WTI、布伦特和阿曼原油为主的三大基准价格,上海原油期货的地区价格基准作用潜力巨大。天然气方面,北美市场以美国的亨利枢纽为基准价格,而欧洲则以英国的国家平衡点价格和荷兰的所有权转让设施价格为主。亚太地区作为全球天然气未来消费增长潜力最大的区域,目前尚未形成市场一致公认的天然气定价中心和基准价格。然而包括美国、英国、新加坡和日本在内的多个国家近几年纷纷利用各自的交易所推出天然气期货、互换与远期等衍生品价格指数以及与原油挂钩的天然气现货价格指数,试图抢占亚太地区天然气市场定价权的先机。如芝加哥商业交易所集团的亨利枢纽价格、伦敦洲际交易所的NBP价格、新加坡交易所的SLInG指数、日韩指数和日本进口原油加权平均价格指数等。

中国是世界最大的原油和天然气进口国,但市场化改革相对滞后,没有建立基于中国自身供需情况、与国际接轨的能源交易中心,没有形成权威的中国价格，缺乏议价能力，导致进口成本与国内市场的价格脱节。目前中国进口的原油和天然气由于缺乏被双方共同认可的国内基准价格，往往与国外的价格指数——如布伦特价格或日本进口原油加权平均价格挂钩。原油的"亚洲溢价"存在已久，而天然气作为一个独立的能源品种逐渐成熟，与原油挂钩的传统定价方式已日趋脱离天然气的基本面，而且原油价格的波动幅度也比较大。为了减少因油价变化造成的价格波动，未来中国应当尽快将进口价格的定价方式从"气—油"挂钩转变为"气—气"挂钩。

布伦特及WTI原油期货已有三十余年历史，且均具有供给市场与消费市场为同一市场的特点，中国上海原油期货打造国际性的原油基准价格前途光明，但要有长期性、复杂性与艰巨性的准备。

同时，中国形成亚太地区天然气基准价格的机会仍然存在。中国作为同时拥有国产气、进口管道气和进口液化天然气等多个气源的天然气生产和消费大国，拥有较为完善的管网和接收站等基础设施，具备成为亚太地区天然气定价中心的先天优势。因此在当前亚太天然气市场格局尚未定型、全球天然气市场定价权尚未完全被垄断的战略机遇下，建设国际能源交易中心，以天然气（特别是液化天然气）为切入点，制定符合国际规则的交易制度，并在此基础上开展广泛参与、交投活跃的交易，通过公平、开放、透明的市场竞争，形成一个真实反映国内供需状况、被贸易双方共同接受的公允价格，就能够成为中国乃至亚太地区油气贸易的重要参考依据，从而增强中国在全球国际石油和天然气市场的价格影响力，同时对于中国推进"一带一路"倡议和人民币国际化进程也具有十分积极的作用和意义。

其次，建设国际能源交易中心是推进油气市场化改革的重要支撑。

党的十八届三中全会提出了"经济体制改革是全面深化改革的重点，核心问题是处理好政府和市场的关系，使市场在资源配置中起决定性作用，更好地发挥政府的作用"，要求全面深化经济体制改革，加快完善主要由市场决定价格的机制。随后，习总书记在第六次、第九次、第十一次财经领导小组会议上，又多次要求推进能源生产和消费革命、还原能源商品属性、放开竞争性业务和竞争性环节价格，推进能源价格、石油天然气体制等改革。中共中央、国务院印发的《关于深化石油天然气体制改革的若干意见》也曾明确指出"推进非居民用气价格市

新石油金权
欧佩克式微与后石油时代

场化,进一步完善居民用气定价机制。依法合规加快油气交易平台建设,鼓励符合资质的市场主体参与交易,通过市场竞争形成价格"。

从国外市场发展经验来看,要形成区域性的基准价格,首先要有自由开放的市场,而交易中心正是自由市场的核心要素。国际化的能源交易中心,是中国石油天然气市场化改革的必然产物、也是油气市场化改革的重要支撑。尤其是在中国油气资源生产垄断、消费分散的格局下,通过交易中心将分散的、一对一的交易集中起来,转变为公开透明的、多对多的市场交易,一方面有利于促进竞争、打破垄断、暴露供需矛盾,另一方面有利于倒逼体制改革和价格改革,逐步建立健全市场体系,从而提高市场效率,推进中国的油气市场化改革进程。

最后,建设国际能源交易中心是确保能源供应稳定安全的重要途径。

随着中国天然气消费量的快速增加,对上游资源供应的稳定性和安全性提出了很高的要求。中国进口的原油中近70%来源于中东、非洲和南美等地缘政治环境较为动荡的地区,海上运输需要经过霍尔木兹海峡和马六甲海峡,中国80%以上的进口原油要经过马六甲海峡,一旦霍尔木兹海峡发生局势动荡或者马六甲海峡遭到别国封锁,将对中国的原油供应造成重大影响。同时中国陆上跨境的油气管道也因来源国或途经地区的不确定因素存在少供甚至断供的风险。例如2017年中亚管道减少天然气供应直接导致中国北方出现长达数月的大面积"气荒"。缺乏具有相当国际影响力的能源交易中心,将导致在遇到极端情况时,中国缺乏足够的、灵活的手段予以应对,在经济全球化的大背景下,国际能源合作是大势所趋,也是提高国家能源安全的重要保障。通过建设国际化的能源交易中心,一方面可以为国外企业来华交易提供直达快车,增加资源供应,降低交易费用,建立共赢的合作关系;另一方面也能够为国内企业利用好国际、国内两个市场的资源创造条件,及时分享国际能源价格变化带来的机遇。

交易中心除了能够增加天然气供应的稳定性,还可以在确保交易的安全性方面发挥积极作用。由于在拓展海外资源时,行业上下游企业在合作初期缺乏对彼此的了解和信任,通过国际能源交易中心这一权威平台开展交易可以有效地降低企业的贸易风险。目前国内主体开展境外交易时,中国企业通过境外的交易所或者投行进行油气领域的投资时,我们的信息安全依赖于境外金融中介机构的客户信息保密承诺，美国频繁动用长臂管辖下，相关信息安全存在隐患。如果相关交易放在国内的交易中心平台完成，可以有效地规避此类风险。

建设与国际接轨的国际能源交易中心，形成"中国定价规则""中国价格指数"，积极参与全球油气市场，既是匹配中国经济实力和能源供需形势的迫切要求，也是国际政治经济大变局下的应对之策，势在必行。

欧美国家天然气市场化改革及交易中心发展经验

目前全球仅有美国和英国真正完成了天然气行业的市场化改革并形成了具备全球影响力的交易所和基准价格。通过研究这两个国家行业的改革过程，可以为打造中国国际能源交易中心提供借鉴，其改革历程主要分为监管体系建立、定价机制改革和实现第三方准入三个方面。

国际天然气市场化改革经验

1. 美国天然气市场化改革历程

美国天然气市场从最开始的单一垄断型市场到现在的开放竞争型市场，经历了半个多世纪的改革，可以分为部分管制阶段（1938—1953年）、全面管制阶段（1954—1977年）、半市场化阶段（1978—1984年）和全面市场化阶段（1985—1992年），基本分为由"无序"到"管制"，再由"管制"到"有序"两大阶段。1978年成立了联邦能源管理委员会。价格管制的介入促进了天然气产业监管机制的发展与完善，而公开准入一方面打破了管道公司的捆绑式服务，另一方面又使地方配送公司和直供大用户可直接与上游供气商谈包括价格在内的购气合同，从而形成了天然气供气方之间争夺用户、消费方根据诉求选取供应商的良性竞争模式。至此，美国通过一系列调整井口价格、公开准入的措施，完成了对天然气产业结构的调整与重构，实现了天然气市场化改革的目标。从1938年到1992年，美国的天然气市场化改革用了54年的时间（图11-6）。

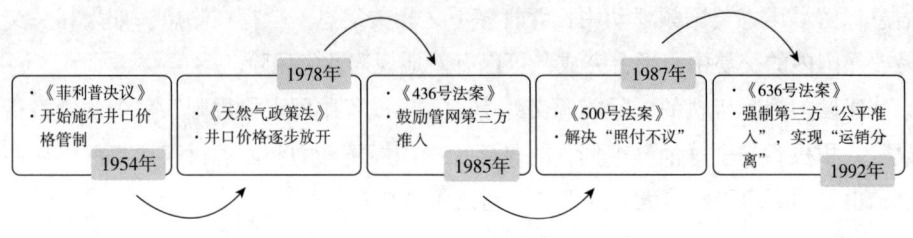

图11-6　美国天然气市场化改革过程

2. 英国天然气市场化改革历程

英国天然气市场化进程中的关键是打破只有BG一家独大的市场格局，从而提高市场竞争度。在改革前，BG公司从上游生产商购买天然气，并通过纵向一体化的运输配送网络销售给终端用户。

为了促进市场竞争，1982年政府颁布油气企业法案，率先剥夺了BG向生产商购买天然气的优先权，允许新进入的贸易商和独立的供气商作为第三方进入天然气市场。下游大用户有权与上游生产商直接签订供应合同，也可以自由选择BG、其他独立的供应商或贸易商为其供货。下游中小用户仍由BG负责供气，但需定期公布供应价格。

1986年，英国政府颁布了《天然气法案》，对BG进行股份制改革，股改后的BG公司不再由政府直接控制，而是接受市场的监督。为此英国政府建立了天然气行业监管机构——天然气供应办公室对整个行业进行独立监管，以保障供气安全、维护用户权益、规范行业竞争、有效利用资源。

1989年，英国政府出台了著名的"90∶10"规定，要求BG公司购进的天然气不得超过各气田产量的90%。这条强制性规定出台后，天然气生产商便与独立的供气商签订短期售气合同，独立供气商能够在现货市场上开始与BG公司就另外10%的市场份额展开竞争。

1991年，天然气供应办公室强制要求BG公司向其市场竞争者转移部分天然气供应量，进一步增强市场竞争。通过这一系列方式，BG公司在天然气上游环节的垄断地位被打破，市场占有率从1990年的97%迅速下降至1996年的29%，各个独立供气商得到了长足发展，为此后天然气现货市场规模的壮大奠定了基础（表11-4）。

表11-4 BG1990—1996年市场占有率变化

用户类型	1990年	1991年	1992年	1993年	1994年	1995年	1996年
中小用户（%）	100	100	100	77	52	45	43
大用户（%）	93	80	57	32	9	10	19
可中断用户（%）	100	100	100	100	93	57	34
电力用户（%）	0	9	26	12	17	32	24
综合市场占有率（%）	97	91	81	77	47	35	29

资料来源：Patrick Heather. 2010. The Evolution and Functioning of the Traded Gas Market in Britain。

英国政府在推进改革和完善监管制度的同时，始终关注市场对法律和政策的反馈情况。在天然气产业改革的主要措施和法律颁布之后，有时并不能起到预期的效果，所以需要不断地针对性地出台新的法律法规，增加市场竞争和开放程度的同时加强监管。国际上普遍认为英国的天然气市场化改革是从1986年的《天然气法案》颁布开始，到2001年基本完成，历时15年（表11-5）。

表11-5 英国天然气产业改革政策梳理

时间	法律/政策/措施	结果及影响
1982年	《石油与天然气企业法案》，取消了BG向油气生产商购买天然气的第一选择权，允许第三方进入市场	BG的管输和销售业务尚未分离，使用BG管道时有诸多阻碍，第三方准入实行十分困难
1986年	《天然气法案》，推动了BG私有化、建立独立的天然气监管机构以及放开大用户市场	私有化并未能改变BG陆上天然气业务的垄断性，其他供应商实际上难以进入BG公司拥有的管道
1988年	成立监管机构：天然气供给办公室；之后与电力供给办公室合并为天然气与电力办公室	天然气合约市场和天然气传输的价格歧视显著，垄断仍然存在
1989年	强制BG公开天然气合约和天然气传输价格表	
1991年	强制BG放开天然气合约市场和传输业务	天然气市场仍未出现有效竞争
1993年	垄断和并购委员会建议将BG拆分，政府宣布了更迅速地推进竞争计划	
1996年	国家平衡点建立	
1997年	BG拆分	天然气批发市场初步的竞争格局形成

续表

时间	法律/政策/措施	结果及影响
1998年	放开天然气零售市场	
2001年	取消零售价格管控	37%家庭转换供应商,零售价格下降,零售市场已形成良好的竞争局面

资料来源：Legislation UK、Ofgem、National Grid。

3. 中国天然气市场化改革进展

随着中国近几年清洁能源应用的持续推广，天然气的战略地位不断提高，消费量迅速增长，然而由于天然气行业市场化程度不高，存在着资源供应紧张、价格受到管制、基础设施不发达、行业监管体系不完善等诸多问题，中国与欧美成熟的天然气行业相比，仍然处在早期发展阶段。天然气行业市场化改革迫在眉睫。2013年1月1日，国务院正式印发《能源发展"十二五"规划》，提出"加强油气管网监管，稳步推动天然气管网独立运营和公平开放"的核心任务，拉开了中国天然气行业市场化改革的序幕。国务院、国家发展改革委、国家能源局陆续颁布多项法规政策，规定上游垄断企业管网信息公开透明，向第三方市场主体平等开放管网设施，打破区域分割和行业垄断，推进主要干线管道独立，实现运销分离，完善油气管网公平接入机制，建设互联互通的一体式储运网络等，从产供储销等各个环节入手，旨在建立公平、公正的天然气市场体系。

截至目前，相比数千家的下游企业，上游主体数量仍然较少，几乎所有的天然气资源都由三大石油公司负责供应。中游运输环节虽然已有一些面向第三方开放的实例，如中国石化开放陕京管道代输天然气，支持天津、山西等华北市场天然气供应，中海石油气电集团开放部分液化天然气窗口期等，但总体而言，管网和接收站等基础设施面向第三方开放的程度较低，市场化改革依旧任重道远。

4. 各国市场化改革阶段的对比

由于美国、英国和中国天然气市场化改革开始的时间不同、背景不同、市场条件不同、采取的改革措施先后顺序也不一样，所以很难简单地进行类比，说明中国目前正处于美国、英国过去天然气市场化改革的哪个相似阶段，需要通过研究美国和英国油气市场化改革的进程，从监管体系、价格、基础设施建设、第三方准入等多个方面进行综合比较，从而看出哪些阶段是我们可以凭借后发优势少走弯路、齐头并进实现跨越式发展,并在此基础上对中国的天然气市场化改革所需要的时间进行预测(图11-7)。

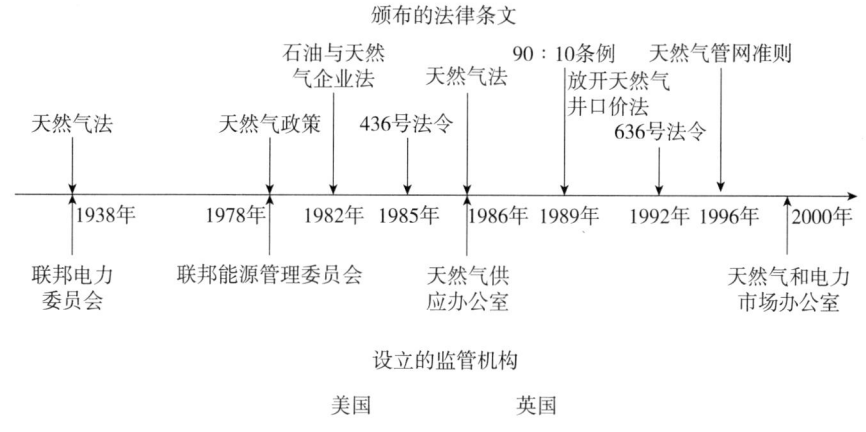

图11-7 美国、英国天然气法律条文颁布和监管机构设立时间

(1)监管体系

美国和英国是全球天然气市场化程度最高的国家,在建立国际能源交易中心前都已经通过颁布一系列改革政策,基本完成了国内天然气的市场化改革,拥有了健全成熟的市场制度,科学严格的监管体系,经验丰富的市场主体,公开透明的行业信息以及公平开放的准入竞争,从而推进天然气市场稳步发展,确保市场竞争规范有序。这两个国家的天然气市场化改革都是以出台专门的天然气法案、成立专门的监管机构作为改革开始的标志。

但是现阶段中国尚未出台专门的天然气法律,市场监管权力也分散在不同的政府部门和机构之间,并未形成专门的天然气监管机构。目前中国的天然气行业正处于市场化改革的关键阶段,在改革的推进过程中迫切需要配套一系列的法律法规、成立专门的监管机构来加强监管、规范市场、促进发展。

(2)定价机制

美国最早开始对天然气价格进行改革,建立专门的机构对州际井口价格进行监管。但在二十多年的价格改革过程中,针对井口价格的管制进行了多番尝试,

新石油金权
欧佩克式微与后石油时代

比如从个案定价到区域定价,从设定价格到设定上限等,都以失败告终,最终在1978年开始尝试按类分阶段放开对价格的管控,才使得其市场化进程得以继续推进,最终到1992年彻底解除管制,花费了14年。英国的天然气价格在市场化改革完成之前,一直由BG公司主导定价,从1986年改革开始到2001年最终取消了BG公司对零售价格的影响、通过市场化交易形成价格,这一过程也花了15年(图11-8)。

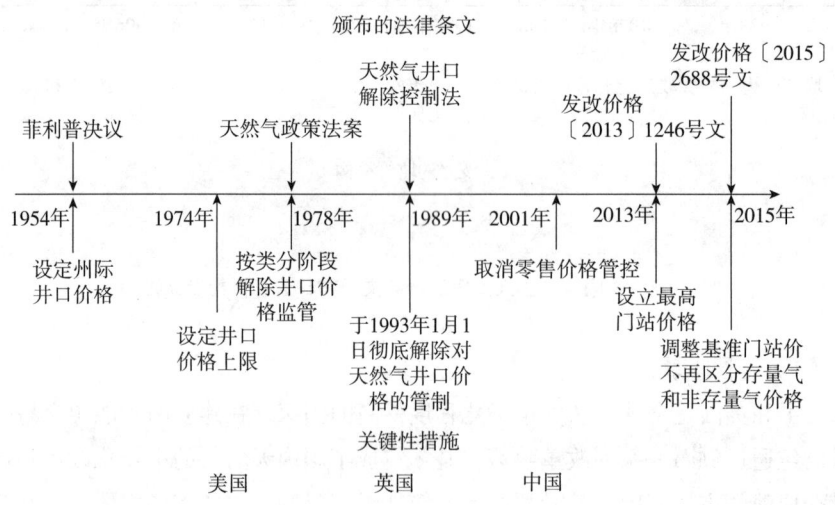

图11-8 美国、英国和中国天然气价格改革时间

中国天然气行业市场化改革进程起步较晚,但是对于定价机制的改革从天然气市场化改革伊始就已经着手同步进行,已经取得了一定的成果:页岩气、煤层气、煤制气等非常规天然气气源价格以及液化天然气价格已经放开,由市场定价。随着对门站价格的不断调整,对居民、非居民气价并轨地不断推进,政府逐步从原先的"管价格"转变为"管市场",在规范市场的同时逐步放松价格管制,从而实现天然气市场化定价。但目前中国天然气价格还没有完全实现真正的市场化。

第十一章　中国新石油发展模式构建之道

（3）第三方准入

要说第三方准入，就不得不先说作为前提条件的基础设施。截止到2018年，美国拥有超过210条天然气管道，约50万千米的长输高压管道，超过1400个压缩站，超过11000个交割点，5000个接收站和1400个管道枢纽，400多个地下储气库，49个天然气进出口终端，8个液化天然气进口设备和100个液化天然气调峰设备。英国高压长输管道长度达7660千米，地方输配送管道总长28.2万千米，天然气压缩站24个。中国天然气长输管道总里程近7.6万千米，已经投产液化天然气接收站22座，累计建成26座地下储气库（图11-9）。

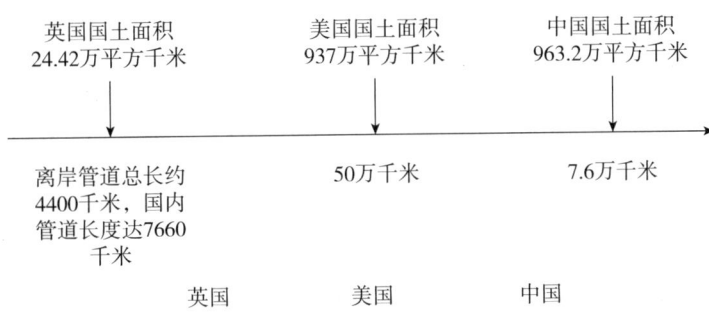

图11-9　美国、英国和中国市场化基础设施对比

中国天然气基础设施近年来有了较快发展，但与欧美发达国家相比，中国在天然气管道、地下储气库与液化天然气接收站建设投运方面仍存在较大差距，未来仍需较长的时间进行基础设施建设。目前，中国天然气管道仍处于发展阶段，管道之间联通较差、天然气主线管道覆盖面积不足。管网密度大约为81千米/万平方千米，仅为美国的15%（表11-6）。

表11-6　《中长期油气管网规划》中油气供需预测和管道发展预期目标

指标	2015年	2025年	年均增速（%）
原油管道总里程（万千米）	2.7	3.7	3.2
成品油管道总里程（万千米）	2.1	4.0	6.7
天然气管网总里程（万千米）	6.4	16.3	9.8

新石油金权
欧佩克式微与后石油时代

续表

指标	2015年	2025年	年均增速（%）
原油管道进口能力（亿吨）	0.72	1.07	4.0
原油海运进口能力（亿吨）	6.0	6.6	1.0
天然气管道进口能力（亿立方米）	720	1500	7.6
液化天然气接卸能力（万吨）	4380	10000	8.6
天然气（含液化天然气）储存能力（亿立方米）	83	400	17
城镇天然气用气人口（亿）	2.9	5.5	6.6

资料来源：国家发展和改革委员会、能源局。

但是近十几年来中国管网的建设成就显著：2004年中国油气管道总里程尚不足6万千米，到2016年，已建成的油气管道总里程以达到了11.64万千米，其中天然气主干管道6.8万千米。2018年年底，中国天然气主干管道总里程近7.6万千米，基本形成了"西气东输、海气登陆、就近外供"的全国天然气管道互联互通格局（中国石油经济技术研究院，2019）。2017年7月12日，国家发展改革委、国家能源局发布的《中长期油气管网规划》指出，"到2020年，全国油气管网规模达到16.9万千米，其中原油、成品油、天然气管道里程分别为3.2万千米、3.3万千米、10.4万千米，储运能力明显增强。到2025年，全国油气管网规模达到24万千米，原油、成品油、天然气管网里程分别达到3.7万千米、4.0万千米和16.3万千米。"可见中国的天然气管网未来几年内仍将保持高速增长。

19世纪前半期，美国和英国的天然气市场都处于高度垄断的状态，管网也没有实现第三方准入。直到19世纪80年代，美国在理顺了价格改革思路的情况下，通过《天然气政策法》和《436号法案》拉开了市场化改革的序幕，其后又通过《500号方案》解决了管道公司的"照付不议"问题，在1992年《636号法案》拆分了管道和销售业务之后，美国管网的第三方准入改革基本完成，前后共用了7年。英国打破垄断的重要改革举措是1997年对BG的拆分，其后再通过放开天然气零售市场，到2004年制定管网准则等措施来保障市场化的进程，也是花了7年的时间（图11-10）。

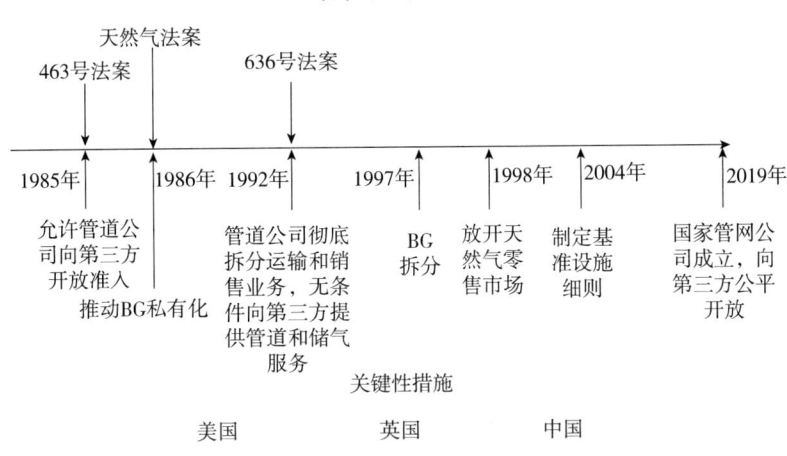

图11-10 美国、英国和中国管网第三方准入改革进程时间

2013年1月的《能源发展"十二五"规划》中提出"加强油气管网监管，稳步推动天然气管网独立运营和公平开放"，中国国家管网公司在2019年12月正式挂牌成立，其对于中国天然气市场化改革将产生巨大的推动作用。但是目前管网公司的相关细则还未公布，未来纳入管网公司的管网范围也有待明确。综合考虑美国和英国的改革经历、中国巨大的管网规模和后发优势，未来中国要实现管网等基础设施的第三方准入开放，改革可能需要4~5年的时间。

5. 关于中国天然气行业市场化改革进程的展望

在分析完了美国和英国的天然气行业改革历程及经验，并结合中国的天然气行业改革进行了比较分析后，可以发现中国的天然气市场化改革依然处于初级阶段，目前中国在基础设施建设和第三方准入、定价机制改革等方面齐头并进，已经取得了显著成果，节约了大量的时间，但是中国需要尽快在天然气立法和监管机构的设立方面实现改革突破。

纵观美国、英国的市场化发展历程，两国都是在改革初期建立了专门的监督机构对市场进行监管，然后分别推进价格改革和基础设施第三方开放，期间不断尝试、探索，投入了大量时间和资金。美国从1938年成立专门的监管机构开始到1992年市场化落地总共用了54年时间。期间价格改革经历了1954年到1978年的

新石油金权
欧佩克式微与后石油时代

"管制"阶段（24年）和1978年到1992年的"放开"阶段（14年）；管网基础设施公平开放也经历了从1985年《436号法案》提出向第三方公平准入到1992年实现，共花费7年时间。英国的市场化改革始于1986年提出将BG公司私有化、引入竞争，1993年提出拆分BG公司是第三方准入开放的起点，到1997年成功拆分。监管方面，1988年英国在上下游成立了专门的监管机构，最终到2001年取消了零售价格的管控，完成了天然气行业的市场化改革（图11-11）。

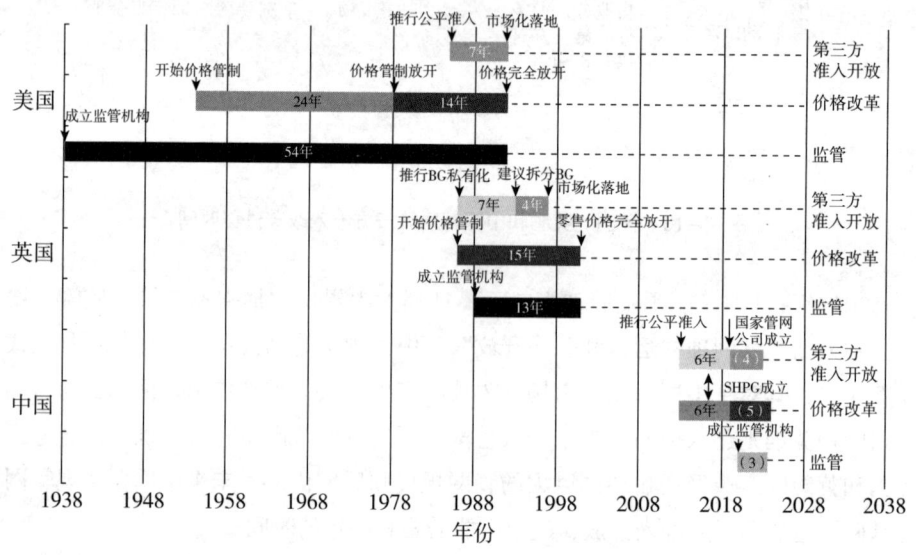

图11-11　美国、英国、中国天然气市场化进程及时间对比

中国的天然气市场化改革始于2013年，国家出台的《能源发展"十二五"规划》中提出"加强油气管网监管，稳步推动天然气管网独立运营和公平开放"，油气体制市场化改革全面展开。"十二五"规划出台以来，中国在天然气市场化改革上大跨步发展，多项重点任务齐头并进，管网基础设施公平准入和天然气价格改革同步持续推进。

第三方准入方面，2019年12月国家管网公司正式成立，标志着中国天然气市场化改革将进入新的加速阶段。从改革开始到提出管网向第三方实行公平准入，美国用了47年，英国用了11年，中国仅用了6年，相对于英美来说是一大跨越。

随着中国天然气消费的增长和资源供应紧张的加剧，天然气行业的改革进程将进一步加快，随着管网设施的不断完善和对第三方的公平开放，相信会有越来越多的境外供应主体进入中国市场，预计天然气产业将在2～3年内实现"上游多主体、多渠道供应，中游统一高效集输，下游充分竞争"的市场化格局。

定价机制方面，中国从2005年开始就针对国家主线管道周边部分区域进行了一定程度的价格扶持，培育天然气市场。目前国家和地方政府在天然气价格方面已经出台多个文件，持续推进市场化进程。2017年《关于降低非居民用天然气基准门站价格的通知》提出"鼓励天然气生产经营企业和用户积极进入天然气交易平台交易，所有进入上海、重庆石油天然气交易中心等交易平台公开交易的天然气价格由市场形成"；2018年《国家发展改革委关于理顺居民用气门站价格的通知》提出"鼓励供需双方通过上海、重庆石油天然气交易中心等平台进行公开透明交易，充分发挥市场机制作用，形成市场交易价格"等。可以预见在国家管网公司正式成立后，上下游主体将不断增加，随着不断完善的市场体系和日益扩大的交易规模，预计3～5年时间里，可以逐渐形成由上下游企业自主决定、反映真实供需情况的市场化价格。

另一方面，中国在监管和基础设施建设方面也急需加快步伐。相比于英美在改革初期就成立了监管机构出台政策、制定规则以推动市场化进程，中国在监管主体方面目前尚未形成明晰的机构和抓手，不利于改革的落实和推动。国家部委应尽快形成统一意见，在一年内明确监管机构或主体，高效、稳步、快速推动市场化进程，并在此基础上用2～3年的时间制定、完善行业市场准则及监管办法，规范市场行为。

中国的天然气市场相对年轻，只有十余年的发展历史。英国于1986年对其天然气市场进行自由化改革且于20世纪90年代初进一步推进其发展，20世纪70年代初才开始发展的英国天然气市场在改革开始时也仅有约十多年的历史，英国在天然气市场发展早期便开始市场化改革这一点与中国十分相似。但即使是美国和英国这样的成功案例，他们的市场自由化也经历了将近几十年的时间才走向完全成熟，学习他们改革经验有望加速完成市场改革，但是我们预测这一过程依然要耗费至少5年时间才能完成。

中国建设天然气交易中心的背景及目前面临的问题

1. 行业改革需求

为了满足中国天然气快速增长的消费需求，形成天然气基准价格、持续推进天然气市场化改革，早日实现前文中提到的监管体系、定价机制、第三方准入等方面的改革目标。通过改革增加资源供应、建立规范的市场化交易体系，把天然气的价格降下来，让百姓能够以可承受的价格享受清洁能源，改善长久以来天然气资源的供需矛盾和价格问题。目前中国天然气行业发展到了要集中力量推进交易中心建设的关键阶段，行业要通过市场化交易来形成市场化的价格，同时倒逼体制改革，交易中心是一个很重要的抓手。交易中心是市场化改革的必然产物，也是改革的重要支撑，没有交易中心就无法开展市场化的交易，中国的天然气市场化改革目标也就很难实现。

2. 国家政策支持

国家相关政府部门也认识到了交易中心在油气市场化改革过程中起到的重要作用，先后成立了上海和重庆两家石油天然气交易中心，并陆续出台了数条法规政策，支持交易中心的发展（表11-7）。

表11-7　中国支持交易中心发展的天然气市场化改革政策梳理

发布时间	政策名称	相关内容
2015年11月18日	《国家发展改革委关于降低非居民用天然气门站价格并进一步推进价格市场化改革的通知》	非居民用气应加快进入上海石油天然气交易中心，力争用2～3年时间全面实现非居民用气的公开透明交易。交易中心要规范管理、专业运作、透明交易，尽早发现并确立公允的天然气价格，定期向社会发布，为推进价格全面市场化奠定坚实基础
2016年10月15日	《关于明确储气设施相关价格政策的通知》	鼓励储气设施对外销售气量进入上海石油天然气交易中心等交易市场挂牌交易，实现价格公开透明
2016年10月20日	《国家发改委关于做好2016年天然气迎峰度冬工作的通知》	天津、河北等地主管部门要引导非居民用户，自主、委托或利用上海石油天然气交易平台等途径采购液化天然气，通过市场化手段增加资源

续表

发布时间	政策名称	相关内容
2016年12月24日	《天然气发展"十三五"规划》	加快油气体制改革进程，不断创新体制机制，推动市场体系建设，勘探开发有序准入，基础设施公平开放，打破地域分割和行业垄断，全面放开竞争性环节政府定价。加强行业监管和市场监管，明确监管职责，完善监管体系。加快推进油气体制改革进程，完善价格形成机制，发挥市场对资源配置的决定性作用，推动天然气交易中心建设，提高国际定价话语权
2017年5月	《关于深化石油天然气体制改革的若干意见》	要求分步推进国有大型油气企业干线管道独立，实现管输和销售分离；完善油气管网公平接入机制，油气干线管道、省内和省际管网均向第三方市场主体公平开放。依法合规加快油气交易平台建设，鼓励符合资质的市场主体参与交易，通过市场竞争形成价格
2017年7月4日	《加快推进天然气利用的意见》	支持天然气交易中心有序建设和运营，鼓励天然气市场化交易
2017年8月29日	《关于降低非居民用天然气基准门站价格的通知》	鼓励天然气生产经营企业和用户积极进入天然气交易平台交易，所有进入上海、重庆石油天然气交易中心等交易平台公开交易的天然气价格由市场形成。交易平台要秉持公开、公平、公正的原则，规范运作，严格管理，不断创新，及时发布交易数量和价格信息，形成公允的天然气市场价格，为推进价格市场化奠定基础
2018年4月26日	《关于加快储气设施建设和完善储气调峰辅助服务市场机制的意见》	鼓励储气服务、储气设施购销气量进入上海、重庆天然气交易中心挂牌交易
2018年5月25日	《国家发展改革委关于理顺居民用气门站价格的通知》	鼓励供需双方通过上海、重庆石油天然气交易中心等平台进行公开透明交易，充分发挥市场机制作用，形成市场交易价格
2017年3月15日	《上海市人民政府关于印发〈上海市能源发展"十三五"规划〉的通知》	推进油气交易市场建设。支持上海石油天然气交易中心现货交易平台建设，支持国际能源交易中心开展原油期货业务，打造面向亚太地区的天然气交易和定价中心
2019年1月19日	《安徽省人民政府关于促进天然气协调稳定发展的实施意见》	加强与上海石油天然气交易中心联系合作，积极参与管道天然气、液化天然气、接收站窗口期、管输能力和储气库库容等品种交易，助推省内天然气产业结构和价格机制市场化改革，以市场化方式强化资源保障，优化资源配置

数据来源：国家发展和改革委员会。

3. 面临的问题

2015年3月4日在上海自贸区注册成立，2016年11月26日正式运行。经过五年的发展，2019年上海石油天然气交易中心天然气双边交易量再创新高，稳居亚太天然气第一现货交易中心地位。截至12月31日，交易中心天然气全年双边交易量达806.43亿立方米，较2018年全年增长33%。其中，管道天然气成交712.96亿立方米，较2018年全年增幅28.37%；液化天然气成交633.23万吨，较2018年全年增幅90.22%。但是交易中心在发展的过程中，依然面临着诸多挑战。与欧美发达国家拥有几十年甚至上百年发展历史的交易所相比，中国的油气交易中心处于上市品种较为单一、交易形式不够丰富，服务体系有待完善的初期阶段。为了进一步加快交易中心的发展，打造国际能源交易中心，尽快形成中国价格、推进行业市场化改革，必须妥善解决以下五个问题：

（1）上游主体较少，竞争不足

活跃的市场需要多元化的上下游市场主体参与交易，但目前中国天然气行业上下游主体的数量相差十分悬殊。中国上游的交易主体十分有限，仅限于以三大石油公司为代表的少数能源企业；而下游的多元化已经初步见效，全国有超过三千家城燃企业，以及数量繁多的工业类大用户。由于买卖双方数量的严重失衡，形成了卖方市场的局面——卖方如果通过挂单交易的方式进行销售，买方无任何的议价权力，在竞价的交易模式下买家只能不断竞争、推高价格以获得所需要的气量。卖方主体数量有限不仅造成了中国天然气资源的紧缺局面，同时也增加了下游企业的购气成本，下游企业长期受上游气量和价格的制约。另一方面，由于国内绝大多数的天然气资源集中在三大石油公司手中，意味着他们承担着保供的重任，为了确保满足国内的天然气需求，三大石油公司不得不签订了大量价格高昂的长期协议，并承担了由此产生的经济负担。行业上下游都亟需增加上游主体，增加资源供应的同时降低成本。

（2）基础设施第三方准入较难

目前有许多境外的天然气供应商有意参与中国市场，但是由于接收站设施的限制而无法进入。中国的管网和接收站设施基本都掌握在三大石油公司手中，未来随着国家管网公司的成立，油气基础设施从三大石油公司剥离并实现第三方公平准入，有望解决行业的上游主体较少、资源供应紧张的问题。但由于目前国家管网公司尚在筹备过程中，短期内还无法真正实现基础设施的第三方公平开放。

（3）市场化交易比例过低

在无法通过引入境外供应商，增加上游主体数量，提高行业竞争和市场化程度的情况下，只能要求三大石油公司增加市场化的交易比例。而目前中国天然气市场化交易量的比例过低。无论是上海还是重庆石油天然气交易中心，都无法形成足够的市场化交易规模。2019年上海石油天然气交易中心天然气交易量达到800.55亿立方米（双边），占中国总消费量的13.76%，重庆交易中心全年天然气累计总成交量为356.00亿立方米（双边），占中国总消费量的6.11%，两家交易所的交易量之和也仅占总消费量的19.87%。而且上海石油天然气交易中心的交易量中，只有不到20%通过市场化的方式完成交易。

（4）市场枢纽布局缺少统一规划

目前中国多个地方政府都有成立天然气交易中心的冲动，但是目前中国天然气行业的市场化程度不高，无法为过多同质化的交易中心提供生存的土壤和发展的空间。而且过多功能相同的交易中心会进一步分散本就不多的市场化交易量，不利于形成规模。为了保障中国现有交易中心的健康发展，为建设国际能源交易中心打下基础，有必要对中国天然气市场枢纽的布局进行统一规划。

（5）缺乏专门的监管机构和法律法规

一直以来中国天然气行业缺乏专门的法律法规和监管部门。美国和英国在天然气市场化改革伊始便出台了天然气法案，并分别成立了FPC和Ofgas作为监管机构。中国天然气行业应该参考美国、英国的先进经验以及电力行业成立电力监管委员会开展监管活动的做法，由能源局牵头成立专门的天然气行业监管委员会，负责全国天然气监察，建立统一的天然气监管体系，对天然气行业的上下游企业、管网公司、交易中心、价格形成、市场行为等各个方面进行监管，规范天然气市场秩序，维护公平竞争，监督天然气行业政策的实施。

在监管委员会成立后，还需要研究制定《天然气法》作为监管准则和依据，确定监管主体的权责、监管对象、监管办法以及基础设施准入的监管框架，为天然气产业上下游参与者创造一个合理的公平竞争环境，进一步落实油气市场化改革改革，优化市场资源配置等。出台《天然气法》不仅能够促进建立公平高效的管道准入机制，规范市场行为，还可以改善当前天然气行业监管责任分散，主体不明确的问题。通过明确政府监管的权责范围，可以有效地减少政府对油气行业不必要的干预，加快实现政府从"管价格"到"管市场"的转变。

4. ICE的发展历程及经验借鉴

（1）ICE发展历程

美国天然气市场从20世纪初的单一垄断型市场到最终实现开放竞争型市场经历了半个多世纪的时间。其后，在美国活跃的天然气市场的基础上，天然气交易所得到了极大的发展。美国洲际交易所从天然气现货开始，逐步成为具有丰富的交易品种、健全的服务体系和强大的市场影响力的交易所，并形成了具有全球影响力的石油和天然气基准价格。对于目前同样以天然气现货交易为基础、志在成为具有国际影响力的能源交易中心的上海石油天然气交易中心而言，洲际交易所有着十分重要的借鉴意义，我们以美国洲际交易所作为研究对象，探讨其发展的历程和经验，为中国交易中心的发展提供参考。

美国洲际交易所成立于2000年5月，发展至今已有近20年的历程，总部位于美国佐治亚州亚特兰大市，最初是由7家商品批发商创建的。2001年6月该公司又成功收购了伦敦的国际石油交易所，ICE关于石油和天然气相关的期货交易主要是在伦敦的国际石油交易所完成。IPE既是欧洲最重要的能源期货和期权的交易场所，也是世界石油交易中心之一，这里的原油价格是国际市场油价走向的晴雨表。基于这次收购，ICE建立了从WTI到布伦特的全球原油交易体系，健全了能源相关的交易产品（图11-12）。

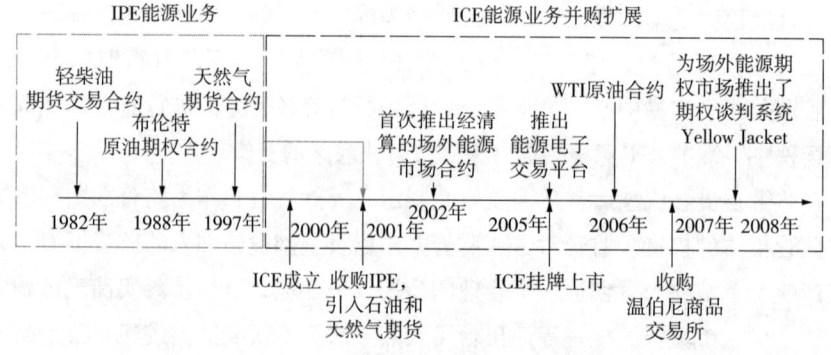

图11-12　ICE能源业务并购扩展历程

（2）ICE的业务范围及经验借鉴

上海石油天然气交易中心始终不忘初心，牢记自身服务国家能源战略、服务实体经济的历史使命，立志成为具有一定国际影响力的国际能源交易中心。上海石油天然气交易中心的发展目标是先以天然气为重点，分两个阶段，每个阶段约为三年，第一阶段先成为国内领先的天然气交易中心，对标上海黄金交易所；第二阶段争取成为亚太地区有一定国际影响力的交易中心，与国内上市天然气期货的期货交易所一起，对标美国的洲际交易所，分别提供期货和现货交易、场外衍生品清算以及信息发布服务。上海石油天然气交易中心未来主要提供：形成价格的油气现货场内集中交易；关于场外衍生品，交易中心不直接提供形成价格的交易服务，而是针对已经形成的合约提供清算服务；利用"国家能源局油气管网设施公平开放信息报送服务系统"与国家管网公司对接，实时发布管容及库容的信息，未来还将进一步与管网公司的调度系统对接，交易中心将全国的交易结果汇总后发送给管网公司，管网公司根据交易的数量和时间进行相应的资源调度，实现运销分离。创新的交易模式和与国家管网公司的对接将成为上海石油天然气交易中的两大核心竞争力。

重点扶持上海石油天然气交易中心，加快建设国际能源交易中心

分两个阶段，成为先国内后国际的三个中心

1. 油气交易中心

（1）第一阶段：丰富交易形式增加品种，扩大交易规模

目前上海石油天然气交易中心主要开展挂牌、竞价、招标、团购等四种形式的交易，以及"进口液化天然气窗口一站通"和"保供预售"等预售服务，但是目前在交易中心进行的天然气线上交易主要是三大石油公司卖给下游企业，而且不少交易都是按照政府规定的门站价格进行的挂牌交易，大量活跃的线上交易没有形成，对市场的供需状况反映不足。

新石油金权
欧佩克式微与后石油时代

中国人民银行于2011年4月11日发布了《上海黄金交易所业务监督管理规则》（银发〔2011〕93号），允许上海黄金交易所开展黄金、其他贵金属现货、延期及其衍生品交易服务，以及提供集中竞价交易、询价交易及其他交易方式。

国务院曾于2011年和2012年分别颁布了《国务院关于清理整顿各类交易场所切实防范金融风险的决定》（国发〔2011〕38号）和《关于清理整顿各类交易场所的实施意见》（国办发〔2012〕37号）中规定"除依法经国务院或国务院期货监管机构批准设立从事期货交易的交易场所外，任何单位一律不得以集中竞价、电子撮合、匿名交易、做市商等集中交易方式进行标准化合约交易。"以及"其他标准化合约，包括以有价证券、利率、汇率、指数、碳排放权、排污权等为标的物的标准化合约。"但是2019年4月3日生态环境部发布的《碳排放权交易管理暂行条例》（征求意见稿）中明确提出"碳排放权交易可以采取集中竞价、协议等方式进行"，包括深圳碳排放权交易所在内的多个交易所也已经在开展集中竞价的交易，在存在法规限制的领域取得了突破。天然气作为与黄金一样，具有重要战略意义的特殊大宗商品，同时在替代煤炭、减少碳排放等方面也发挥着重要作用，因此希望天然气能够参照黄金行业与碳排放行业，进一步丰富交易形式，在上海石油天然气交易中心先行试点，开展集中竞价的场内交易。

截至2020年年中，上海石油天然气交易中心开展线上交易的品种只有管道天然气和液化天然气，2019年全年成交量突破800亿立方米（双边），占中国总消费量的13%。未来交易中心将不断丰富交易品种，计划于2020年年内上线成品油交易，早日形成中国的成品油价格指数。

（2）第二阶段：提供清算实现期现联动，上市原油现货

目前在上海石油天然气交易中心完成交易的客户可以选择自主交收或组织交收。自主交收即买卖双方根据交易合同的约定，自行完成款项的收付以及货物的交收，组织交收则是由上海石油天然气交易中心根据双方的交易合同，协调组织进行贷款和货物的清算交割工作。交易中心按电子交易合同的约定为买卖双方提供交收服务，并根据买卖双方提供的交收确认证明进行资金划转和结算。目前由于受到基础设施的限制，下游客户往往与三大石油公司自主完成天然气的交收。今后随着国家管网公司的成立并实现运销分离，管网和接收站设施实现第三方准入公平开放，中国天然气上游主体的增加，上海石油天然气交易中心将通过于国

家管网公司的密切合作，逐渐增加组织交收的比例，增强交易中心在交易过程中的信用中介作用，降低双方的违约风险，更好地服务行业上下游用户。在提供场内现货交易、组织交收的基础上，交易中心将与国家管网公司一起，针对已经形成场外合约提供清算交割服务。与上市天然气期货的期货交易所实现期现联动，为市场参与者提供完备的金融工具。

交易中心还计划开展原油及成品油的现货交易，2020年7月3日，商务部发文指出为贯彻落实《优化营商环境条例》和国务院有关石油成品油流通管理"放管服"改革工作的要求，对相关规章进行了清理，决定废止《成品油市场管理办法》（商务部令2006年第23号，经商务部令2015年第2号、商务部令2019年第1号修订）以及《原油市场管理办法》（商务部令2006年第24号，经商务部令2015年第2号修订）。

两项规章的废止意味着市场主体如果想从事石油成品油批发、仓储经营活动，只要符合企业登记注册、国土资源、规划建设、油品质量、安全、环保、消防、税务、交通、气象、计量等方面法律法规，达到相关标准，取得相关资质或通过相关验收，就可以依法依规开展经营，无需向商务主管部门申请经营许可。废止这两项政策进一步降低了油气流通行业准入门槛，再次为能源行业改革目标去除了政策壁垒，有助于促进原油、成品油批发零售市场化，能够继续提升市场竞争程度，加快现代能源体系的构建。

上海石油天然气交易中心作为国家级能源交易平台，将积极响应国家要求，构建功能完善的原油和成品油流通交易平台，配合国家开展规范有序的原油和成品油现货交易，填补中国原油行业只有期货没有现货交易的空白。未来上海石油天然气交易中心将成为提供天然气、成品油、原油等资源类产品现货交易，以及管容、库容、液化天然气接收站窗口期、船舶车辆运力、权益等相关衍生品交易的交易平台。

2. 数据信息中心

为了更好地实现管网设施的第三方公平准入，需要及时地公开发布管网、接收站和储气库等相关基础设施的使用情况及富裕能力等信息。上海石油天然气交易中心于2018年受国家能源局委托，负责开发运营"国家能源局油气管网设施公平开放信息报送服务系统"，目前由中国石油、中国石化、中国海油三大石油公司、各省网公司和地方城燃公司自行登录该系统进行次月管容富裕能力的登记，并上报能源局市场监管司。未来国家管网公司成立后，将由管网公司负责录入，由"国家能源局油气管网设施公平开放信息报送服务系统"对外公开发布。

（1）第一阶段：发布管容库容和信用信息，交易调度联动

积极配合国家发展改革委市场监管司，按时优质地完成"国家能源局油气管网设施公平开放信息报送服务系统"的建设，与即将成立的国家管网公司对接，和国家管网信息中心共同完成信息报送系统的建设，定期发布管容库容信息（目前的信息报送频率是每月一次）。上海石油天然气交易中心将自身的交易系统与国家管网公司的调度系统对接，同时汇总重庆石油天然气交易中心等全国各交易平台的交易数据，一并发送给国家管网公司，由其根据交易结果进行资源调度，保证买气的同时即可锁定管容。

交易中心还将与新华社的"新华信用"、中国人民银行的"征信中心"以及中国海油电商平台等多个政府及企业信用系统对接，推出以油气交易涉及的行业企业、金融机构以及其他相关企业为主体的信用评估、信用查询、信用发布以及信用监督等功能，打造油气行业的信用中心。随着未来油气行业上下游主体的增加，在多对多交易的过程中，买卖双方均存在一定的信用风险。通常一旦有一方出现违约，且无法通过协议达成和解，就不得不通过司法程序进行处理。在此过程中，由于油气资源特殊的商品属性，会对油气产业链中货物的持续流转造成不利影响，同时也会增加买卖双方的交易成本，不利于行业的正常运行和健康发展。为此，建议参考中国信托登记和应收账款质押登记的登记转让制度，由上海石油天然气交易中心推出权益登记服务。油气资源交易的各相关主体可以在交易过程中就基于天然气、管容、库容、资金等标的产生的包括货权、债权在内的各项权益在交易中心进行登记。权益登记作为权益流转的前提和基础，企业一旦完成了权益登记，如果遇到交易违约的情况，就可以立即通过权益流转进行处理，保证货物流转的持续性，从而维护油气交易的稳定安全，保护交易相关主体的权益，规范行业发展。对于已完成登记的各项油气权益，可以通过交易中心平台进行公平公开的权益转让。

交易中心已经与国家发展改革委价格监测中心、海关总署等多个政府部门签署了战略合作协议，未来将充分发挥交易中心连接政府与市场的桥梁作用，向市

场发布进出口数据，向政府汇报市场价格数据。

（2）第二阶段：增加信息更新频率及内容，优化运输方案

到了第二阶段，管网公司将不断提高管容库容信息的更新频率，最终实现每小时更新一次的实时信息发布系统。随着管网基础设施建设的推进，以及越来越多的省级和地方管网纳入系统平台，用户在登录上海石油天然气交易中心的交易系统时就可以根据管容信息进行交易决策，最终将实现为用户提供多条A地到B地之间管网路径的容量及价格信息，进行时间和费用的测算并为客户优化管输方案。

在发布管容、库容、液化天然气接收站能力等基础设施信息的同时还可以发布亚太地区的境外的管道、储气库、液化天然气接收站的富裕能力以及船运信息。与周边国家联动。还可以与船运公司合作，发布船期、船舶定位等航运相关的信息。

3.价格指数中心

第一阶段要求各个区域中心将最终交易的价格汇总到上海交易中心，经过计算加工后成为中国的油气价格指数。第二阶段可以引入海外的交易者，形成周边市场的价格指数。

（1）第一阶段：形成中国的天然气和成品油价格指数

汇总并发布中国各地的管道天然气和液化天然气价格，并从市场化程度最高的液化天然气入手，编制并发布中国的液化天然气价格指数。

在天然气的基础上增加发布成品油的市场化交易价格，编制并发布天然气和成品油的价格指数。充分借鉴"上海金"的价格形成机制，发布"上海气""上海油"等价格指数。

（2）第二阶段：形成亚太地区天然气和原油价格指数

采集周边国家，如韩国、日本、新加坡、印度尼西亚等国家的油气产品的价格，编制亚太地区的油气价格指数。

开展原油现货交易，发布原油现货价格指数，形成类似于新加坡普氏公司在亚太地区原油市场价格采集、编制和发布的地位。

新石油金权
欧佩克式微与后石油时代

中国建设国际能源交易中心需要配套的改革和政策

需配套的改革举措：

①加快基础设施建设，推进公平开放

相比于上游勘探领域市场化改革，进口气市场的多元化发展已经取得了良好的成效。天然气进出口领域比勘探的门槛更低，机制也更灵活，当前液化天然气接收站已经在全国多点开花，全国已建成21个液化天然气接收站，其中包括中国海油、中国石油、中国石化等国企，也有九丰、广汇、新奥等民企，合同、价格方面已经跟国际市场接轨。目前发展液化天然气进口的多元主体并不存在进口配额的限制，但最大的障碍在于液化天然气接收站、储气库、天然气管网等油气基础设施仍被少数企业垄断，没有形成对第三方使用公平开放的市场模式。

为增加市场化交易中上游资源供应方的数量，应保证在上海石油天然气交易中心开展的市场化交易的气量能够公平地接入油气基础设施。建议2020年10月前，管道及液化天然气接收站等基础设施运营企业应保证10%以上的使用能力通过上海石油天然气交易中心进行交易，以保障油气交易的物流环节顺利开展，在2年过渡期内基础设施通过上海石油天然气交易中心对社会开放的比重提升至20%以上。对于增量部分，50%的基础设施使用能力应该用来保障上海石油天然气交易中心开展的市场化交易。此外，优化进口天然气在报关、仓储、保税交割等跨境贸易手续的便利性。同时，应鼓励中国石油天然气集团、中国石油化工集团、中国海洋石油集团对跨境天然气贸易予以扶持，将每年跨境采购量的10%通过上海石油天然气交易中心跨境油气采购平台开展招标采购。多种方式并举，打造进口贸易的"一站式"服务平台，开创多元化的供给格局。

②有序放开价格，逐步取消门站价

由于中国天然气价格机制市场化定价与政府定价并存，在产业链的各环节中两者互相交织、尚未理顺，存在价格倒挂、交叉补贴等问题，不利于行业的良性健康发展。三大石油公司签署的进口长协有"照付不议"条款限制，高价购入的长协成为沉重的负担；但是其在国内终端销售价格却受到"民生优先"政策管制，无法将上游进口成本传导至终端用户，随着进口管道气和液化石油气的价格同比大幅上涨，进口气价和销售价的倒挂加剧；非居民用气的政府弹性定价及居民用气不可浮动的政府定价并存，居民与非居民用气价格之间存在交叉补贴，双轨制导致气源紧张情况下居民供气积极性受挫，且天然气上下游价格缺乏畅通的疏导；虽已成立上海石油天然气交易中心及重庆石油天然气交易中心，但线上交易量十分有限，天然气交易价格不够透明，无法形成有效反映供需情况的价格。

从北美、英国、欧洲大陆等成熟天然气市场的发展经验看，不同气源间的充分竞争形成基准定价点已经成为成熟市场价格机制共同的发展方向。北美、英国、欧洲大陆实行不同气源之间的竞争定价。这3个区域以往都曾在一定水平上对井口价格进行干预，但随着天然气市场与监管政策的发展，供应端出现了充足并富有竞争力的多元供应，用户能够在众多供应商中自由选择，管输系统四通八达并实现了非歧视性的"第三方准入"。在此基础上，天然气作为商品的短期贸易在很大程度上替代了长期合同。

参照国外天然气定价机制，为解决中国天然气价格存在的市场化与非市场化两部分价格互相纠缠无法理顺的问题，使各气源通过交易中心充分竞争形成市场价格基准，需要继续推进将价格机制中的"计划"部分逐渐转向完全的"市场"部分。首先，应进一步放松管制，采取措施逐步减少并最终消除交叉补贴，建立上下游价格传导机制。鼓励各地尝试建立上下游价格联动机制，实现居民用气价格随气源价格变动而相应调整。其次，加快推进配套基础设施公平开放和价格改革市场化进程。引入更多的市场竞争，鼓励更多的社会主体参与天然气的生产与进口，加快管道、液化天然气接收站、储气库等基础设施公平开放，实现各环节的市场化竞争，推动公允价格的形成。最后，引导已放开价格的天然气进入交易中心交易，加快市场化建设。鼓励非居民用气、储气服务、储气设施购销气量进入交易中心挂牌交易。同时，推进天然气交易的公开透明，鼓励交易中心不断探索发现价格的新模式、新方法、新手段，尽早发现并确立公允的天然气基准价格，并形成中国及亚太地区具有影响力的价格指数，为中国进口管道天然气及液化天然气提供价格参考依据。

③建立健全监管体系，管住中间环节

监管对于管道分拆后推动油气体制改革、实现油气市场化意义重大。管网独立后，公平的第三方准入机制可以确保生产商能够向客户销售其天然气，客户能够选择其供应商，并使天然气管道基础设施得到有效利用。同时，为了使竞争发

新石油金权
欧佩克式微与后石油时代

挥作用，管网接入必须是无差别的、透明和公平定价的。现阶段，中国没有独立的天然气监管机构，中央和地方有一定的权利，同时监管权力分散在不同的政府部门和机构之间。其中，天然气资源勘探与开采由国土资源部（现自然资源部）负责管理并实施生产许可证制度；国家发展改革委负责制定天然气中长期发展规划，制定、实施行业政策和法规，制定天然气价格及调整机制，对天然气门站销售价格、长输管道管输价格进行监管；同时，国家发展改革委还负责审批相应限额的管道建设工程，各级发展改革委在审批各地区天然气长输管道建设工程过程中，将考虑相关环保部门、国土资源部门以及城市规划等部门的意见；国家建设主管部门（住房和城乡建设部）负责对城市燃气管网领域的管理；城镇燃气销售价格的确定和调整，由经营企业提出，经地区发展改革委或物价部门审核、批准后组织实施；市政公用事业主管部门根据本级政府的授权负责本行政区域内的市政公用事业特许经营的具体实施。目前对天然气上下游环节监管分散，尚未建立对天然气行业的独立统一的管理机构。

美国、英国和欧盟作为世界上先进的地区，天然气行业在经过长期的改革后已经通过培育竞争增强了市场的流动性，使天然气上下游能高效运行，这些成果离不开监管主体在改革过程中起到的推动作用。美国的主要监管机构是联邦政府下的联邦能源监管委员会，基于《天然气法》，对天然气管道运输、新设施认证和现有设施废弃的费率和服务和费率进行明确规定，并且也对设施的合格发放认证和许可。英国主要的监管机构是天然气和电力市场办公室，对能源输送、分配和供应公司都通过这些许可证进行监管，天然气和电力市场办公室为下游运营商颁发、修改、执行和撤销许可证，英国的所有能源输送、分配和供应公司都通过这些许可证进行监管，Ofgem有权对涉嫌从事反竞争行为的公司进行调查。

随着中国天然气行业市场化程度提高，对监管能力的要求同时提高。一方面，天然气、石油作为重要的能源品种，对保障国家安全、促进经济发展具有战略意义，对天然气、石油行业的监管要与其他普通大宗商品区分；另一方面，未来的中国天然气行业，市场主体进一步多元化，基础设施第三方准入在执行过程中将面临众多技术性挑战，交易中心交易品种增加（管输能力、液化天然气接收站窗口期的交易及二级市场的建立）、现货市场进一步完善升级、期货市场建立。为更好地应对这些复杂的新形势，保障国家能源安全，促进行业的健康发展,组建一支专业的监管队伍势在必行。

根据国际天然气市场发达地区的改革历程和监管经验,在管网公司即将成立之际,以电力监管委员会为参考,由国家能源局牵头尽快成立天然气行业监管委员会(简称监管委员会),负责全国天然气监察,建立统一的天然气监管体系,对天然气行业的上下游企业、管网公司、交易中心、价格形成、市场行为等各个方面进行监管,规范天然气市场秩序,维护公平竞争,监督天然气行业政策的实施。在监管委员会成立后,还需要研究制定《天然气法》确定监管主体的权责、监管对象、监管办法以及基础设施准入的监管框架,作为监管准则和依据,为天然气产业上下游参与者创造一个合理的公平竞争环境,进一步落实油气市场化改革,优化市场资源配置等。出台《天然气法》不仅能够促进建立公平高效的管道准入机制,规范市场行为,还可以改善当前天然气行业监管责任分散,不明确的情况。

在改革过程中,监管委员会将确保制度能培育更多主体、引入竞争,包括通过基础设施运营和销售的分离确保第三方的公平准入,以及对由此产生的批发价格解除管制,由此前的直接制定政策并参与市场转变为通过对市场进行监测。在此基础上,监管委员会还需要对市场结构进行管理,避免一体化、垂直化现象出现。在建立了管网的无歧视性第三方准入后,监管委员会还需要确保市场上存在足够的容量从而保证交易的流动性和发展,因此,监管委员会在出台管网使用条例后,建立市场化的容量分配机制,明确参与资格,可以通过对交易中心进行监管和指导,在交易中心形成容量市场,可以促进天然气交易市场化形成、打破垄断、避免管网独立后"分而不独""运销不分离"等现象。

舟山何以"无中生油"

2020年3月31日,浙江自贸区油气全产业链开放发展若干措施获国务院批复。

浙江自贸区,是中国在浙江舟山群岛新区设立的区域性自由贸易园区,油气产业是浙江自贸区的定位与特色。

新石油金权
欧佩克式微与后石油时代

当前国际油价处于21世纪以来低点，中国原油对外依赖程度超过70%时，这一批复对于一直致力于布局油气产业链，谋求新石油发展模式的舟山是重大利好。

如果论条件，山东无疑在软硬件方面具有更多优势，上游方面，山东境内有胜利油田；中游方面，山东坐拥全国最大炼化能力；下游方面，山东境内贸易商群雄并起、加油站品牌繁杂。

不产一滴油的舟山弯道超车，无中生油；坐拥产业链的山东亦步亦趋，油中生无。

这其中，舟山敢为天下先的锐意进取精神与战略机遇把握能力值得深思。

1. 单引擎时代

舟山号称千岛之市，以佛国圣地著称，旅游业与渔业是舟山市传统经济支柱。

舟山是离岛城市，人口基数相对小，江浙蓬勃兴起的制造业一直以来与舟山无缘。

靠海吃海的舟山一直有着航运业基因。

21世纪以来，中国对外贸易极大繁荣，航运业迎来黄金时代，运费屡创新高，波罗的海干散货指数更是在2008年创下了一万多点的历史最高值。

航运大发展、全球产业转移及人口红利背景下，2000年以来，人力密集型的船舶修造行业在中国迎来历史性发展机遇。

舟山地处长三角，是中国南北航道交汇处，地理位置得天独厚。同时舟山政府高度重视船舶修造行业发展，舟山金海湾船厂等一大批当地企业蓬勃兴起，成为舟山当地明星企业。

航运是全球化市场，具有长周期特点，2008年金融风暴袭来之后，BDI当年急剧下行，跌至百位数。

航运业的萧条迅速向船舶修造行业传导，资金密集型企业对现金流的极度依赖使得舟山当地船舶修造企业举步维艰。

虽然此后航运业有所复苏，但是船舶修造行业所能产生的边际消费有限，始终难以支撑舟山的梦想。

2. 基建发力，末端着手

中国岛屿资源集中分布在长江口以南海域，舟山尽享地利，坐拥优异的岸线资源与吃水条件。长三角是中国经济最富庶区域，而长江口吃水有限，舟山一直是江海联运的首选之地。

20世纪90年代以来，中化集团开始在舟山兴建油库，不少民企也纷纷进入石油仓储行业。

2000年以来，中国原油对外依存度不断攀升，国家战略石油储备愈发成为焦点并投入实践。凭借优势地理位置及此前的仓储物流基础设施，舟山成功跻身首批国家石油储备基地。这一基建东风大幅提升了舟山的石油仓储设施能力。

石油仓储是油气产业链末端行业，需要规模与聚集效应的支持，同时也是重资产低回报行业，需要强有力的贸易、消费及生产需求支撑。

如果没有产业链支撑，舟山石油仓储将彻底沦为任人宰割的底层。舟山开始主动寻找出路，保税船加油进入了舟山视野。

保税船加油是指为国际航行船舶进行油品加注服务的行业。保税船加油行业面向终端，海上作业艰苦，单笔经营量不大但是风险不小。行业聚集和规模效应明显，全球三大保税船加油中心经营量占据了全球经营量的30%以上。

单纯从传统意义的地方财税贡献方面来说，由于保税船加油业务根据国际惯例，企业进口和销售油品环节减免关税、增值税和消费税，对地方财税几无贡献，并有潜在的海关监管、安全环保等多环节风险。

中国长期以来只是把保税船加油业务作为港口服务行业，但是，处于战略要地的新加坡高度重视保税船加油业务，长期霸占全球第一大保税船加油港口位置。

2015年数据显示，按照货物吞吐量转化为保税油船加油量计算，新加坡是中国的三十倍。

依托保税船加油供应带来的淡水供应、生活补给、船员置换、设备维修、物流备件等航运辅助服务，新加坡推动海运金融、船舶经纪、海事保险、法律服务等相关服务业发展进而成为全球海事中心。

舟山石油仓储设施极大富裕、背靠杭州湾石化基地产能旺盛、辐射长三角地区物流便利及地处中国南北交通要道等有利因素，舟山在国内单体港口排行中也并不以货物吞吐量取胜，这些都与新加坡有着太多相似之处。舟山对保税船加油

新石油金权
欧佩克式微与后石油时代

最早的认识来自渔船加油，新加坡的巨大成功显然让舟山明白了未来之路。

2006年年底，中国首次打破保税船加油独家垄断，授予了四家公司保税船加油经营牌照。

2009年，中国石化浙江舟山石油有限公司（以下简称舟山有限）作为获得保税牌照的舟山本地企业，启动保税船加油业务并获得成功。次年，中国石化燃料油销售有限公司成立，舟山有限作为公司保税船加油业务牌照持有者，开始从舟山向全国铺开网点。

由于保税船加油业务是油品与海事服务交叉行业，涉及海关、海事等多个政府监管部门，舟山成为政策突破口试验田，多项经验从舟山走向全国。舟山有限与舟山当地形成了良好互动并不断推动当地保税船加油经营量上升。

2017年，舟山在全国率先开放保税船加油经营牌照。舟山举全市之力大力支持保税船加油发展，并不断采取各种优惠政策吸引经营企业落地舟山。

2019年，舟山跻身全球十大船加油港口，规模效应和聚集效应开始凸显，单次加注量显著提升，海事服务、船舶补给开始发力。

全球知名能源报价机构阿格斯和普氏能源先后发布舟山保税船用燃料油价格指数和估价，初步形成保税船用燃料油"舟山价格"。

2020年1月1日起，国际海事组织开始执行全球船舶0.5%硫排放限制，这一标准较之前的3.5%下降了86%，航运业进入低硫时代。

高硫时代，由于高硫重质船燃附加值低多为调和产品，中国保税船加油资源都从新加坡进口；低硫时代，低硫船燃附加值高多为炼厂生产，中国炼厂自产自销优势明显；这也意味着中国保税船加油经营量有望借助资源优势扩大规模。

在推动国产低硫船燃资源落地上，舟山不遗余力，舟山研究推动低硫船燃出口退税政策落地，区内企业成功生产低硫船燃，落地全国首票全流程低硫船燃出口退税业务，政策红利得到了充分释放。

舟山已经牢牢占据了国内保税油船加油头把交椅，资源优势助力下有望在国际上获得更高排位。

舟山从石油仓储和保税船加油这两个切入点进入，着眼全局，不断提高战略站位，获得了油气产业链的入场券并登堂入室。

3. 聚人气，接地气

长期以来，中国油气行业的热点地区向生产地和消费地聚集。

舟山此前既没有炼厂，又因为是离岛，消费市场小，舟山积极寻找国内油气企业痛点，在企业准入资质、税收优惠、相关证照办理方面积极发挥地方主动性，吸引大批油气企业进驻，形成了聚集效应。

在国际市场招商上，舟山充分发挥历经千辛万苦，说尽千言万语，走遍千山万水，想尽千方百计的"四千精神"，积极主动地利用各种机会和渠道去接触国际油气企业。笔者在海外工作期间就曾接待舟山来访人员，对他们务实扎实的工作作风留下深刻印象。

国际油气行业非常看重人际交互，东区市场中心新加坡有亚太石油周（APPEC Week，Asia Pacific Petroleum Conference Week），而西区市场中心伦敦有石油协会周，舟山在吸引全球行业目光方面积极对标，形成了国际油商大会这一主场活动。

2018年和2019年，杭州和舟山分别承办了第一和第二届国际油商大会，成功吸引了大批海外投资者及从业者，聚人气，接地气，舟山已成为全国油气企业最集聚的地区，形成了国有、民营、外资充分竞争的多元市场格局，在行业内形成了舟山口碑。

4. 产业发力，寄望金融

舟山从船舶修造行业单引擎向油气全产业链转型必然需要炼厂实体支撑。

2015年以来，国内化纤行业的四小龙恒力、荣盛、桐昆、恒逸因为产业升级，向上游炼化生产企业转型需求迫切，各地都争相迎娶。

前期进行了大量油气产业培育后，舟山终于迎来了产业支撑。荣盛和桐昆参股的浙石化4000万吨/年炼化一体化项目落户舟山，这一民营项目是全球规模最大单体工业投资项目。

浙石化目标是三期后达到6000万吨/年。可以参考的数据是，全球最大的炼油厂是印度诚信集团旗下，位于西印度海岸的贾姆纳格尔炼油厂，炼油能力为6200万吨/年。

多年来，中国稳居全球钢铁行业第一大国，占据了全球产量一半，中国的过度竞争使得国内钢铁在出口端长期遭遇反倾销困局。也因此，尽管面临炼油能力结构性过剩，中国对成品油出口一直实行严格配额管理。

新石油金权
欧佩克式微与后石油时代

舟山在本次批复中争取到非国有企业的成品油出口配额，显然舟山做足了功课，为区内企业做好了销售通道。同时，舟山促成浙石化引入战略投资者沙特阿美，全球最大石油公司沙特阿美的加入具有标志意义，当年沙特阿美也竞相入股美国本土炼厂成为战略投资者。中国这一全球最大原油进口国和沙特这一全球最大原油出口国在舟山的联姻具有多重意义和想象空间。

油气产业是资金密集型行业，中国每年需要动用3000亿美元的外汇采购能源。油气产业链的布局让舟山得以打造大宗商品跨境贸易人民币国际化示范区，打通省内企业跨境融资结算通道，年跨境人民币结算量一路逆袭，跃居浙江第二位。

产融结合方面，舟山走出了示范案例。随着中国燃料油逐渐从陆上需求转向船用需求，中国传统燃料油期货180品种交易曾一度陷入困境，舟山在保税船加油的成功带动了燃料油180品种在2018年7月替换为保税380品种。产业繁荣下，上海期货交易所的燃料油期货涅槃重生，成为最活跃的交易品种之一，舟山多个油库成为指定交割库，成功开展了全国首单燃料油期货交割业务。

原油是大宗商品之王，国际原油市场是全球宏观金融指标之一。国际原油两大标杆纽约商业交易所的WTI原油期货，伦敦洲际交易所的布伦特原油期货，都是上市近四十年才有今天成就。而这两大期货品种取得的地位分别依靠全球两大炼化中心休斯敦与鹿特丹。

上海能源交易中心的上海原油期货上市两年以来，在金融领域已经发挥了重大作用。上海明确提出了建设国际金融、贸易中心的愿景并在努力实践；但是相较于浙江举全省之力，争国策东风，在舟山配置全球资源，抢夺国际与国内两个市场的能源贸易高地，上海在能源贸易方面较为缺失。

由于历史及体制原因，中国并没有形成欧美市场现货、中远期、掉期等场外衍生品及期货的交易市场体系。也因此，未来交易市场体系的建设想象空间巨大，如何做好期现联动，布局未来，形成与上海的良好互动显然是舟山最为看重的。

舟山的发展并不是一开始就拥有完美起点及规划，但舟山总能适应不断变化与发展的历史进程及产业变迁，这也是舟山始终积极融入全球化进程，站在国际立场不断实践所获得的积极回馈。

舟山以外，2020年7月28日，上海期货交易所与青岛市人民政府、青岛海关、山东省港口集团有限公司，在青岛全球石油贸易大会上，共同签署了共建"期货与现货""场内与场外""境内与境外""线下与线上"互联互通的多层次大宗商品交易市场体系的战略合作备忘录，多方以期货和现货市场结合为纽带，依托青岛区位优势、自贸试验区政策优势、山东港口集群发展效应，进一步加大服务实体经济力度，积极赋能地方经济发展，服务"一带一路"国家战略。

过去，中国经济发展顺风顺水，大出口大外贸下，沿海地方经济蓬勃发展；当前，中国及全球经济发展进入新周期，沿海地方需要转变思路，精耕细作，在不同领域的细分市场发掘潜力，做好服务，突出特点，一定能找到新的增长点与突破点，既有利于实施国家战略，又有利于发展地方经济。舟山的成功突围与青岛的奋起直追都说明了这一点。

当前美国依托页岩油气革命实现能源独立，全球最大产油国、最大消费国的美国成为原油净出口国将极大改变全球能源格局。作为全球最大原油进口国的中国将受到各资源出口国的追捧，中国油气产业链聚集地将迎来历史性机遇。

站在新起点，中国新石油发展模式未来可期。

第十二章

新冠肺炎疫情冲击下的全球石油格局

新冠肺炎疫情在全球的蔓延使得本轮石油周期出现了新的变化,那就是石油需求峰值平台期可能缩短,同时疫情抑制下国际油价难以有效复苏,全球石油投资被抑制,可能导致国际油价最早在2022年高位运行。政治属性、金融属性与商品属性相交织的石油及相关行业在疫情冲击以来走过的路更值得我们复盘、探究与思索,知来路,明去处。我们要善于在危机中育新机、于变局中开新局,抓住机遇,应对挑战,趋利避害,整体性推进新石油发展模式的构建。

新冠肺炎是2020年最热门的话题之一，我们曾以为人类无所不能，我们曾以为所有的一切都是理所当然，但是新冠肺炎仿佛一夜之间改变了我们固有的思维方式，我们的生活慢下来了，口罩成为生活必需品，社交距离成为新礼仪。

中国在本次全球抗击疫情中，本着对人民高度负责任的态度交出了满意答卷，但是全球范围内，疫情大面积蔓延，美国成为疫情第一大国。据美国约翰·霍普金斯大学疫情实时监测系统显示，2020年7月，美国新增病毒感染病例187万，增加了近70%，使疫情期间的总病例数达到450多万，同时美国7月份报告的与新型冠状病毒相关的死亡人数超过2.5万人，平均每天死亡超过830人。

新冠肺炎疫情对全球化供应链的切断与阻隔使得各国突然意识到，极端情况下，过于依赖外部，本国将会面临断供风险，叫花子也要有打狗棒，本地生产的力度将被加大，这意味着过去全球布局、全球配置资源及全球供应链与物流管理下的石油需求受到冲击。

新冠肺炎疫情在全球没有得到有效管控，2020年7月数据显示，美国在疫情防控摆烂的道路上狂奔，印度仅次于巴西，位列全球第三大确诊感染国，而美国和印度是全球第一大及第三大石油消费国，金砖五国除了中国以外的四国全部位列全球五大确诊感染国。全球疫情严峻下，居家办公成为风尚，通勤用油需求减少，石油需求受到抑制。

视频商务会议高效率、低成本且通过本次疫情深入人心，成为企业管控成本的利器，商务出行减少，同时跨国旅游成为记忆，使得航空用油需求一降再将。而过去十年中，航空旅行一直是石油需求增长最快的来源之一。

新冠肺炎疫情在全球的蔓延使得本轮石油周期出现了新的变化，那就是石油需求峰值平台期可能缩短，但2019年很难成为石油需求峰值年，由于周期被人为

新石油金权
欧佩克式微与后石油时代

打破，石油需求峰值年可能延后数年出现。疫情抑制下国际油价难以有效复苏，全球石油投资被抑制，将会导致石油未来产出受到打压，国际油价可能最早在2022年才会出现高位运行。

当前石油行业进入新周期，应对新冠肺炎疫情的封城封国仅仅是割裂了需求，并没有消灭需求，但是广泛的影响造成了非V型、"耐克勾"型恢复，估计1～2年全球会回到原来的发展曲线。疫情以2年估算，对能源转型2015—2030年来说只是个片段，并不会改变趋势。但如果按照巴黎协定，2030年各国预设目标没达到，2030—2050年及之后的挑战和压力就会更大，石油需求峰值平台期的时长将面临被干预而缩短的可能。这不仅仅是政治的事，而是涉及整个商业社会的运行，现在欧盟的碳排放交易已经高度发达，2020年7月，欧盟碳价突破30欧元飙升至2006年以来最高点，突显了欧盟碳市场参与者对未来气候政策的乐观预期。

新冠肺炎疫情引发的一系列问题，兼具了1918年大流感、1929年大萧条和2008年国际金融危机的部分特征，应对难度前所未有。面对这一重要关口，我们有必要从历次危机当中吸取经验教训，深化对危机形成、演变和应对的规律性认识。其中至少有以下两点启示。

首先，深化国际合作是有效应对全球经济金融危机的必然选择。危机爆发以后，决策者总是面临民粹主义、民族主义、经济问题和政治意识形态化的挑战。在大萧条时期，以斯姆特–霍利关税法案出台为标志的保护主义政策，不仅不能解决问题反而导致全球贸易急剧萎缩，金融市场急剧动荡，成为诱发深度危机的重要诱因之一。

2008年国际金融危机发生以后，主要经济体以G20多边协作为纽带，设立了金融稳定委员会，加强了宏观审慎监管，有力推动了危机化解和世界经济复苏。实践证明，全球性危机需要全球共同解决方案。各国唯有本着命运与共的情怀，团结协作才能避免大萧条的危机重演。

其次，专业高效的政策协同是阻止危机扩散、经济陷入恶性循环的关键所在。历史表明，迅速恢复市场信心，避免恐慌情绪蔓延而导致多米诺骨牌效应，是危机救助措施的首要目标和政策着力点。凡是危机中应对比较有效的国家政府都能果断出手，通过财政、货币、金融稳定政策的组合拳，及时纾困止血，稳定市场预期。这是经济金融体系能够尽快走出危机泥潭、恢复生机和活力的重要推手。这些宝贵的历史经验为科学应对当前疫情引发的全球经济衰退和金融市场震荡提供了有益借鉴,也是我们应该长期坚持下去的。

当前各国宏观政策的趋势引发高度关注,例如宏观经济政策力度之大、财政政策突破了过去财政赤字、货币政策从常规到非常规、价格手段从零利率到负利率。需要关注这些政策的后续影响性,比如对于全球金融市场资产价格的影响,包括杠杆率的问题。

经济没有走出V型反转,但是美国从2020年年初到7月份,特别是从3月份到7月份,股市和经济基本面开始分化,股市走出了深V型反转。美国这一轮股市V型的反转实际上是靠货币政策来支撑的,即所谓的"大水漫灌"。同时,股市结构也开始出现分化,纳斯达克股指上涨的幅度高于道琼斯,也高于标准普尔500,这说明在疫情下,宏观政策的改变使得整个股市走势和经济本身的结构出现了一些变化。

靠货币政策支撑股市,会使得其基本关系出现变异。资本是最聪明的,会对赌央行、对赌美联储。本来市场和市场主体之间的对赌或者博弈变成了整个市场和美联储政策的一种博弈。美元霸权地位使得美国可以轻松割韭菜,但中国人民币国际化任重道远,同时中国经济进入新常态,宏观政策既要积极,又要特别稳健,"瞻前顾后"是必要的,既要应对当前困难,又要考虑对后续发展带来积极影响。

新冠肺炎疫情冲击下,政治属性、金融属性与商品属性相交织的石油及相关行业走过的路程更值得我们复盘、探究与思索,从而知来路,明去处。我们要善于在危机中育新机、于变局中开新局,抓住机遇,应对挑战,趋利避害,整体性推进新石油金权的构建。

欧佩克+会议缘何不欢而散?

自从2016年结盟以来,欧佩克+于2020年3月6日首次在维也纳结束谈判而没有达成任何协议,市场对此做出强烈反应,当天布伦特油价重挫10%。

新石油金权
欧佩克式微与后石油时代

新冠肺炎疫情公共卫生事件是2020年全球最受关注的热门话题之一，欧佩克+会议背后的博弈值得关注。

新冠肺炎疫情在经历了2020年年初中国暴发阶段后，随着中国政府强力管制，中国境内已可防可控，开始转向严防境外输入型病例。中国境外疫情进入了暴发阶段，3月6日世卫组织数据显示，全球新冠肺炎病例数比前一日增加2873例，中国境外病例较前一日增加2727例，中国境外报告的病例数几乎是中国境内的19倍。

新冠肺炎疫情公共卫生事件对全球原油市场造成了极为严重的冲击，直接左右了原油走势，欧佩克+谈崩前，国际油价分别经历了受中国国内疫情及全球疫情影响的两个阶段。

第一阶段，中国是当前全球原油需求的龙头，特别是近年陆续建成投产的大炼化项目更是全球原油需求增量的核心构成，中国经济景气程度决定了国际原油价格所能达到的高度；新冠肺炎疫情公共卫生事件下，中国严防死守，最大程度切断了传播途径，但也造成了国内油品消费严重萎缩。中国抗疫所取得的成果给予了全球市场足够的信心，全球金融市场在经历了最初恐慌阶段后稳中有升，特别是大宗商品之王原油在2020年2月初下探底部后，在2月20日之前走出的七连阳行情更凸显了市场对中国快速走出疫情影响及其后V型反弹的期许。

图12-1即是国内疫情冲击下国际油价的走势图。

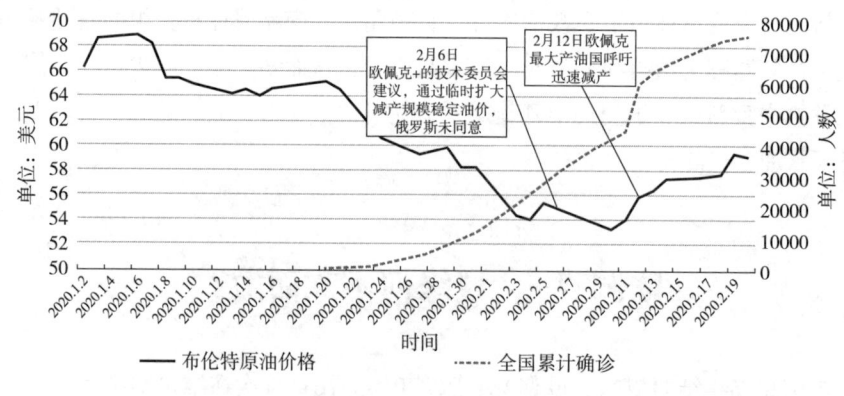

图12-1　布伦特原油价格及境内感染人数趋势图

第十二章 新冠肺炎疫情冲击下的全球石油格局

新冠肺炎疫情冲击下原油需求端损失是不可避免的。中国石油经研院预计，需求侧一季度国内成品油需求同比下降35.7%，供应侧一季度国内成品油资源供应同比下降17.3%。美国能源信息署、国际能源署与欧佩克在2月份月报中分别将全球原油增长预期下调103万桶/日、90万桶/日和99万桶/日。全球新冠肺炎疫情蔓延背景下，3月份数据进一步下调。

疫情时期，信心比黄金更宝贵。中国为世界赢得了时间，但是2月下旬起，中国境外新冠肺炎疫情的蔓延让市场恐慌情绪再度燃起并被不断引爆，走出多年大牛市行情的美股开启下跌模式，美联储紧急降息但影响有限。全球金融市场恐慌情绪蔓延，资金涌向避险资产。

图12-2反映了疫情开始在中国境外蔓延后国际原油价格一路下行。

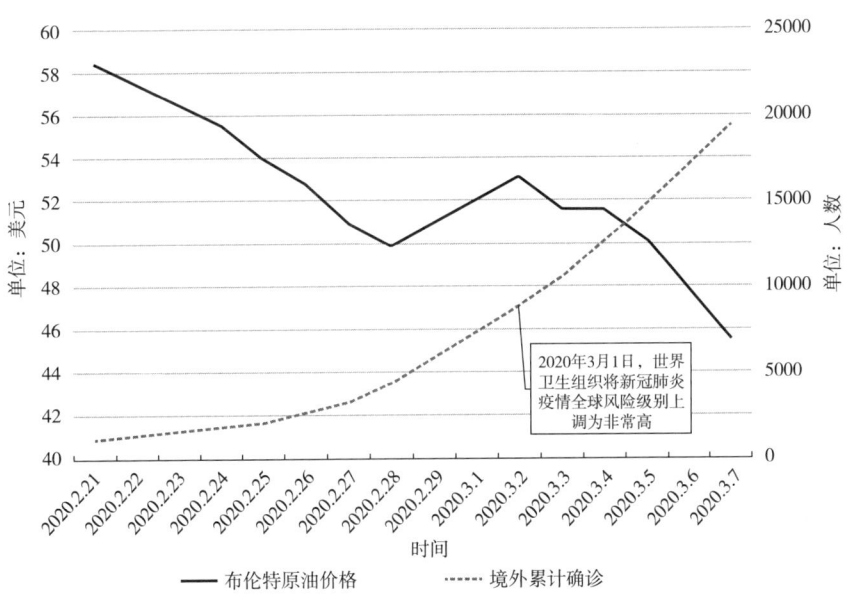

图12-2　布伦特原油价格及境外感染人数趋势图

油价跌跌撞撞下，市场对欧佩克+作为托底油价的定海神针作用无比期待。图12-3反映了欧佩克数次减产救市对市场的提振作用。

新石油金权
欧佩克式微与后石油时代

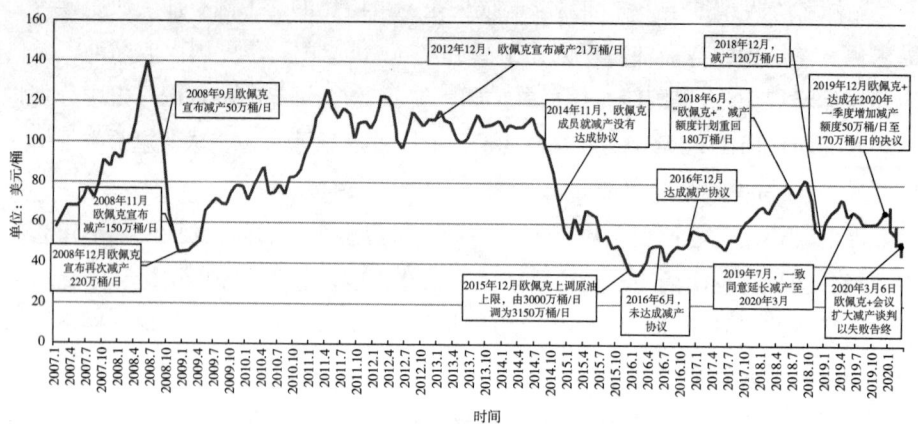

图12-3 布伦特原油价格走势图

自从俄罗斯在沙特阿拉伯推动下组成欧佩克+以来，俄罗斯一直被视为欧佩克+减产既得利益者，俄罗斯既享受了欧佩克+减产维系的油价，又在减产中口惠而实不至，悄然夺取了欧佩克原有份额。

2020年3月，欧佩克+会议没有达成任何协议出乎市场意料，油价加速滑向深渊，其背后折射的沙特阿拉伯、俄罗斯及美国这三大原油产油国深度博弈不可不察。

全球三大千万桶每日原油生产国俱乐部成员为美国、俄罗斯与沙特阿拉伯。三国中，2018年美国能源产品出口占美国出口总量的10.5%，俄罗斯为56.7%，沙特阿拉伯则达到了惊人的86%。

深度依赖石油的沙特阿拉伯无疑是最大输家。自从2014年10月国际油价开启暴跌以来，沙特阿拉伯已连续七年财政赤字。由于高度依赖石油销售收入，国际社会普遍认为沙特阿拉伯需要70美元每桶以上的原油价格才能实现预算平衡。2016年以来，沙特阿拉伯一方面力推与俄罗斯结盟组成欧佩克+减产稳油价，另一方面力推国家石油公司沙特阿美首次公开募股。2019年年底，沙特阿美在国内成功IPO后，海外上市需要高油价支撑才能获得2万亿美元的估值愿景。

沙特阿拉伯在历次减产中，主动承担额外减产任务，就是为了维系脆弱的平衡。本次欧佩克+会议上，沙特阿拉伯更是提出了减产120万桶/日的计划，如此次如沙特阿拉伯所愿再次削减产量，则欧佩克成员国的产量将滑落至2003年水平。

自2003年以来，国际原油需求由7800万桶/日增至如今的1亿桶/日，产量回落至2003年水平，意味着欧佩克在过去17年时间里不断丢失市场份额。

低油价困局中，沙特阿拉伯不得不接受不断被侵蚀的市场份额与勉强维持的油价。不容忽视的是，沙特阿拉伯是全球最大常规储备国，沙特阿拉伯原油生产成本是全球公认最低，有能力有底气打价格战。20世纪80年代，石油危机后的苏联坐享高油价红利，沙特阿拉伯主动出击，大打价格战，最终加速了苏联解体。也无怪乎市场会有沙特阿拉伯不愿与俄罗斯再结盟的传闻。

俄罗斯不合作是本次欧佩克+会议不欢而散的核心原因。出于对美国不断挤占欧佩克+减产所流失的市场份额的担心，俄油总裁谢钦此前曾多次公开表示希望终止与欧佩克的减产协议。俄罗斯在减产中的摇摆得益于俄罗斯经济结构的多元化，公开数据显示2020财年预算中俄罗斯设定的布伦特原油平均价格为每桶42.40美元。俄罗斯与沙特阿拉伯合作有战略考量，即在经济层面的全球原油供需平衡，以及政治层面的俄罗斯中东战略。新冠肺炎疫情冲击下，俄罗斯一直比较理性，倾向于认为疫情对需求冲击有限。2月初时欧佩克技术委员会提出减产动议，在俄罗斯坚持下该动议未能通过，2月中旬油价出现七连阳也侧面印证了中国境内疫情对油价的冲击相对有限。面对中国境外的疫情蔓延，我们研判俄罗斯拒绝减产可能出于如下考量。

第一，全球新冠肺炎疫情冲击波及范围广，作用时间长，不确定性巨大，过早动用减产不利于最坏局面出现时欧佩克+的应对能力。此外，伊朗、委内瑞拉被美国极限施压难以进入国际市场流通，这两大产油国已经变相减产；同时利比亚内乱造成的100万桶/日供应能力中断也在压制供给侧；原油供给侧实际已经被压制，新冠肺炎疫情下欧佩克+此时的深度减产类似于添油战术，可能既丢掉了市场份额，又未能挽救油价，倒不如静观其变，适时出手。

第二，俄气此前因为"北溪2号"被美国制裁，俄油此前因为委内瑞拉被美国制裁，俄罗斯有反击美国强势挤占其市场份额的需求，同时俄罗斯希望借机测试国际油价底部空间，存在利用低油价挤掉美国高成本页岩油的想法。

第三，俄罗斯深知沙特阿拉伯对减产的迫切需求，同时也较为反感沙特阿拉伯本次欧佩克+会议上对减产目标的一提再提，俄罗斯希望利用与沙特阿拉伯进一步谈判获取更大利益。

新石油金权
欧佩克式微与后石油时代

但是俄罗斯也无法一直稳坐钓鱼台，国际油价大幅跌落下，俄罗斯国债和企业债券被大量抛售，外资纷纷撤离。再加上叙利亚战场俄罗斯和土耳其的摩擦对峙，地区不确定性上升，3月份卢布进一步贬值压力巨大。俄罗斯经济界预计，短期内卢布升值无望，除非疫苗研制成功或者欧佩克+达成减产协议，新冠肺炎将对俄罗斯货币将造成五年来最大挑战。

得益于页岩油革命，美国近年来实现能源独立，同时美国也在全球积极推销原油出口，抢夺市场份额。对于美国而言，能源产品是美国出口总量的增量构成，页岩油的高度市场化决定了美国企业的灵活性。市场份额可由美国企业根据作业成本与销售价位自主决定。市场倾向于认为美国页岩油平均成本在40~45美元每桶，欧佩克+谈崩前，国际油价水平接近美国页岩油成本，谈崩后，美国页岩油面临重大考验。

沙特阿拉伯、俄罗斯与美国的原油三国杀中，能源产品作为沙特阿拉伯与俄罗斯两国出口总量的压舱石，全球市场份额及销售价位尤为重要并关系国运，与两国实现国际收支平衡、经济景气与国内政治稳定高度相关。处于大选之年的美国则更希望拥抱低油价时代，对于当前油价冷眼旁观。

新冠肺炎疫情下，全球央行有望采取积极财政政策，当前中国已经率先走出疫情阴影，中国需求的复苏与反弹可能成为市场下一阶段的利好。但是，我们必须清醒认识到人类命运共同体下全球经济高度合作与分工，中国难以独善其身。新冠肺炎疫情对全球经济的破坏性与杀伤力目前尚难以预期，市场存在反复拉锯甚至单边向下直到形成新的供需再平衡点的可能。

对于欧佩克+前途，我们并不悲观，我们认为俄罗斯会在与沙特阿拉伯的深度博弈中争取本国利益最大化，实现经济与政治双赢，俄罗斯会与沙特阿拉伯继续深度接触，不排除双方再度联手挽救市场的可能。

美国原油困局

1. 当下美国石油企业困局

2020年3月至4月，疫情是最大宏观背景，而原油价格就是宏观指标。在疫情防控要求下,经济活动显著放缓,需求侧利空不断。在供给侧,欧佩克+在3月6日不欢而散,此后国际原油价格大幅下行,3月至4月运行区间已大幅低于美国页岩油的平均成本价,若油价长期在低水平运行,全球第一大产油国美国的页岩油企业将面临巨额亏损,破产潮在所难免,而美国页岩油是美国石油产量的主力构成。这也是为何2020年3月上旬国际原油价格进入下行通道后,美股的石油企业特别是上游从事石油开发勘探的企业大幅领跌。

2008年金融风暴后,美股已走出10年长牛,美国作为全球金融霸主,资产泡沫越吹越大。美国持续10年的历史低利率让企业向投资者出售了创纪录数量的债券,将美国企业债务总额推高至近10万亿美元,占整体经济的47%。美国能源行业企业债存量规模达8043亿美元,其中97%以上与原油相关。美国能源企业债中,高收益债(BB及以下)占比达31.2%,高于整体企业债市场的21.5%,美国能源企业信用资质普遍偏差。2020年开始美国能源企业债大规模到期,其中低评级占比较大。

由于石油生产行业初始投资巨大、回收周期长及对油价的天然依赖,历次油价暴跌后,能源企业债往往出现大规模违约。2015—2016年,共有211.3亿美元的能源企业债券发生违约,占能源行业高收益债的比重接近10%。

2015—2016年,国家政策上,美国原油四十多年来首次放开出口;基础设施上,美国国内管道建设打通页岩油区块原油出口通道,大幅降低运输成本。此前,以页岩油为主力构成的美国国产轻质原油在美国国内结构性过剩严重,这两大利好彻底扭转了这一被动局面,美国轻质原油通过出口在国际市场获得较好溢价。当前美国轻质原油已形成大幅出口亚太局面,沙特发动价格战后国际油轮运价高涨,高昂的运价成本及低廉的石油价格下,美国轻质原油出口竞争力被挤压。

2015—2016年,国际油价虽也在低位运行,但是总体下行速度较慢,页岩油企业有较多时间应对。本次沙特价格战叠加新冠肺炎疫情,国际油价急速下行,页岩油企业反应时间短,财务风险骤然增加。

2015—2016年,成熟页岩油企业前期已在2010—2014年享受了高油价所带来的充沛现金流;而2017年以来,国际油价虽有回升但总体一直处于60~70美元/桶区间,页岩油企业普遍盈利不佳,为了提升产量近期又有不少新的活跃钻机持续投入造成企业现金流高度紧张，违约风险一触即发。

2020年4月，美国非金融企业债务压力已达历史最高水平，同时受新冠肺炎疫情冲击，债务压力仍将进一步加剧。2020年3月以来，美股持续暴跌，不到十天时间内四次熔断，市场流动性显著恶化，美元LIBOR-OIS利差升至2008年金融风暴以来最高点。

危机之下，现金为王，美元指数持续攀升，流动性紧张愈演愈烈。

由于国际油价大跌，美国页岩油企业尤其是近年新进入的投机级企业财务灵活度不佳，难以承受收入下滑和融资成本上升的冲击，可能面临数个级别的评级下调，这些企业可能更倾向于采取债务折让置换或债务重组，而这也将构成国际评级规则下的违约从而出现至暗时刻。一旦美国能源行业爆发大规模违约，可能成为新一轮美国企业债危机的导火索。

2. 未来可能走势

本次国际油价大跌后，叠加新冠肺炎疫情这一最大宏观因素的持续重磅利空，短短十天内美股四次熔断，美联储采取了激进的货币政策，连续降息，向市场释放流动性，美联储也是希望能帮助能源企业渡过难关，防止能源企业债务危机的传导。

低油价下，美国页岩油企业的困境在疫情中可能被无限放大。今年是美国大选之年，特朗普面临当前疫情大考，特朗普的初期答卷显然并不让人满意，美股的四次熔断也反映了美联储货币政策已不足以支撑市场期望。

当前，新冠肺炎疫情对石油需求端进行了无情的绞杀，国际航班纷纷停飞重挫航空用油需求，居家隔离削减了日常出行用油需求，各国纷纷闭关锁国又限制了海运用油需求，国际油价短期内难有起色。

疫情持续的时间目前难以预测，市场普遍认为美国经济已经处于扩张晚期，同时中国经济也在进入新周期，新冠肺炎疫情诱发全球经济进入新周期的风险正在快速放大。

新冠肺炎疫情对全球经济的巨大杀伤力与破坏性已开始突显，美国已宣布进入紧急状态，我们预期美国的公共卫生政策以及财政政策将更加积极，以防范系统性风险及可能出现的经济危机，同时美国也将准备介入全球原油市场份额之争。美国页岩油企业可能有望迎来更多利好政策，但是美国页岩油企业的洗牌在所难免。

在需求侧难有起色，金融市场危机重重下，供给侧的美国、沙特阿拉伯与俄罗斯的博弈将成为未来一段时间最大看点。2018年全球原油产量46亿吨，美国为6.7亿吨，俄罗斯为5.6亿吨，沙特阿拉伯为5.2亿吨，三国原油产量达到全球原油产量的38%。全球原油市场的美国、俄罗斯、沙特阿拉伯三国杀时代将充满更多变数。

面临全球经济衰退增大的风险，作为全球最大原油出口国的沙特阿拉伯和第二大产油国俄罗斯短期对市场份额的争夺可能会更为看重，同时沙特阿拉伯和俄罗斯拥有整装大油田的突出优势，作业成本远远低于美国页岩油，国际油价快速走出低谷的希望不大。

但是石油作为大宗商品之王，从来不是单纯的商业考量，而是金融、地缘及政治等多方角逐的战场。

沙特阿拉伯、俄罗斯与美国的原油三国杀中，能源产品作为沙特阿拉伯与俄罗斯两国出口总量的压舱石，全球市场份额及销售价位尤为重要并关系国运，与两国实现国际收支平衡、经济景气与国内政治稳定高度相关。油价闪电战是沙特阿拉伯与俄罗斯可以承受的，但中长期的低油价对沙特阿拉伯、俄罗斯冲击极大。

同时，沙特阿拉伯有新老交替以及政权稳定的需求，俄罗斯有中东战略与反击美国制裁俄气、俄油的需求，而美国也不会轻易放弃能源独立。

中长期三国都需要合适价位的油价与市场份额。

美国作为全球唯一超级大国，能源产品只是出口的一成左右，美国可以根据自身全球战略需求动用金融、产业政策、外交及军事等多方面的综合手段来干预国际油价。

但是新冠肺炎疫情的演化可能成为最大变量。

如果新冠肺炎疫情在全球愈演愈烈并触发经济危机，当前世界经济不能走出V型反转，而是进入L型底部区间，出现经济衰退，国际低油价可能持续数年，美国可能会被迫战略性放弃页岩油，全球第一大产油国地位难保。

中长期低油价局面下，随着页岩油不断撤出市场及市场供需再平衡，以及全球经济走出衰退，我们预计最早在2022年一个为期数年的高油价周期又将出现。同时，其他中东产油国可能面临国家经济崩溃与疫情蔓延的双杀，中东地缘风险进一步加剧，世界的不确定性与复杂性将前所未见。

3. 让历史告诉未来

过去呼风唤雨的欧佩克影响力山河日下，新崛起的世界第一大产油美国已成为供给侧最强大变量，探析理解美国能源行业的历史，会帮我们更好理解全球经济可能的变化。

（1）常规油气时代

美国是全球石油工业的发源地，2018年数据显示美国是全球排名第九的石油储备国（图12-4）。

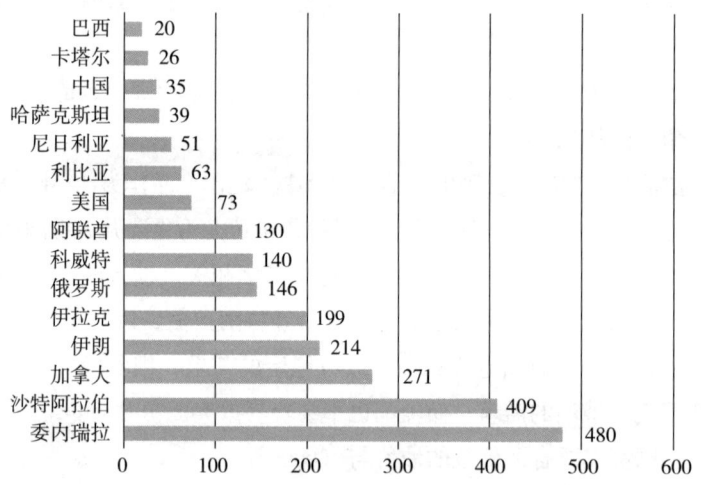

图12-4　2018年全球主要国家石油探明储量（单位：亿吨）

由于技术所限，人类最早发现并进行工业化开采的石油都是整装油田，由于整装油田开采具有无法逾越的峰值，最早进行工业化开采的美国最早遭遇瓶颈。

美国石油产量的第一个峰值出现在20世纪70年代中期，之后美国原油产量一路走低，在2008年达到了历史最低值。其中的一大背景是20世纪80年代中期全球经济进入大衰退，原油价格在2000年之前一直都处于低位运行态势，美国战略上倾向于采购海外低廉石油。

（2）页岩油气革命崛起

2000年，得克萨斯州石油商背景的小布什上台出任美国总统，小布什任上发动的伊拉克战争让美国愈发重视能源独立，2001年加入WTO的中国给全球原油市场带来了高增长预期，美国产业政策扶持以及环保政策不断松绑，同时科技进步让之前的难采储量转变为经济可采储量，高油价刺激下形成的勘探开发热潮持续助力美国天然气和原油产量年年攀升。

21世纪最先爆发的是美国页岩气革命，下图显示了美国页岩气从2007年起的高速增长（图12-5）。

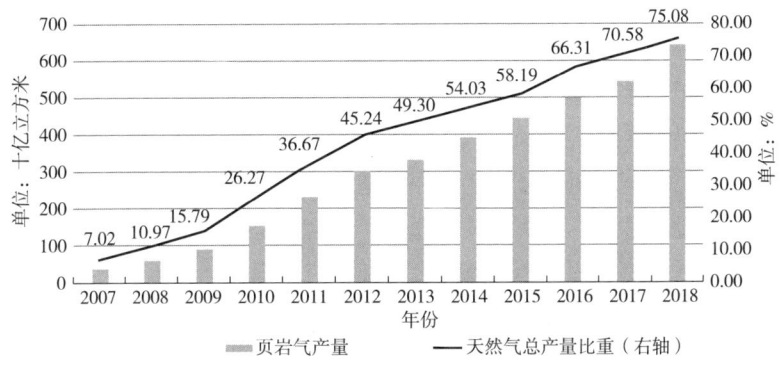

图12-5 美国页岩气占天然气产量比重趋势图

页岩气革命运用的水平井分段压裂技术又引发了页岩油革命，页岩油成为美国原油新增产量的核心构成，从而助推美国原油产量节节攀升。

2018年美国原油产量达到6.7亿吨，而2008年美国原油产量为3.0亿吨（图12-6）。

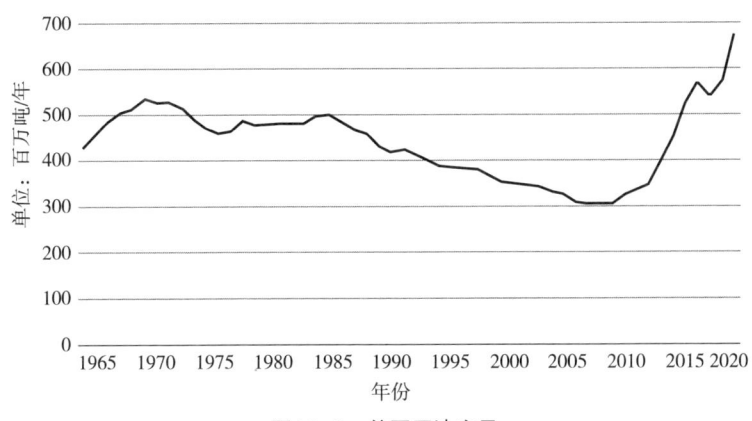

图12-6 美国原油产量

新石油金权
欧佩克式微与后石油时代

页岩气革命和页岩油革命这两个名字都很浪漫，既符合美国科技创新锐意进取的形象，又在金融上高大上，吸引了全球投资者接踵而至，同时也让美国大幅减少对中东石油的依赖，特朗普也一直津津乐道于美国能源独立。

从石油技术来看，自20世纪50年代开始，石油技术在三个方面取得巨大的进步，从而带动石油开采的一个又一个高峰。第一个是20世纪60年代发展起来石油物探技术伴随的信息革命大爆发，使得石油勘探储量取得巨大的增长；第二个是钻井技术发展使得人们可以开采更广区域的石油，比如海洋，大陆架的石油；第三个就是20世纪90年代逐渐发展起来的水力压裂酸化技术对储层的改造，扩展了石油开发的储层的界限。

但从专业上看，所谓页岩油气，并不是纯粹页岩的油气，它包含三种储层，分别是页岩、致密砂岩、致密的碳酸盐岩。相对于常规开采的油气储层，他们被称为非常规油气储层，这些油气以前有发现，只是当时油价也低，没有更好的技术，没有经济开发价值，因此这类储层里油气储量被称为难采储量。

2000年以后国际油价一路上涨，彻底告别了20世纪90年代国际油价持续多年的萎靡不振，国际油价在2008年7月达到147美元/桶的历史顶峰，这一波长牛行情刺激非常规储层改造技术发展和开采井规模化。

石油上涨并不单纯是市场供需导致，国际原油期货是一种金融衍生品，投资者以机构投资者为主，国际资金对大宗商品的控制不容忽视。

2008年金融风暴后，国际油价一路暴跌至2009年3月的26美元/桶，此后V型反转，油价在2014年10月前仍保持在80～100美元/桶的桶高位，这也是美国所谓页岩油气最辉煌的时刻。

（3）2015—2016年，大考之年

2014年沙特发动的价格战，目标就是打击欧佩克以外的产油国。

油砂及海洋石油由于尚未进入规模开采期，同时生产工艺复杂、边际成本高昂，被成功挤出市场。

美国页岩油此时已完成前期投资，成熟生产商部署了较多钻机并已达产，规模效应明显，因此扩大生产降低边际成本成为唯一出路，这也是美国页岩油产量在2014—2016年继续保持增长的核心原因（图12-7）。

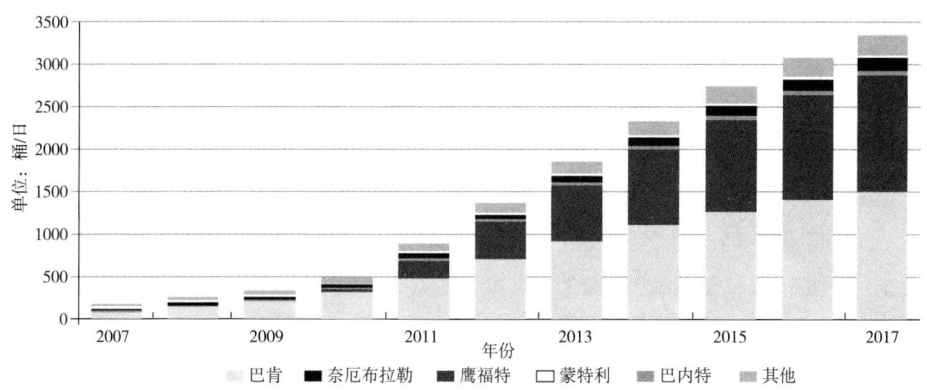

图12-7　美国页岩油产量

数据来源：Woodmac, IEA, EIA, Reuters, company reports, BotA Merrill Lynch Global Commodities Research。

2015—2016年是美国页岩油的大考之年，为了应对危机，一方面成熟区块继续高效开采上量降低边际成本，同时未完成钻机则停工。陆上开发成本可以分为钻井、完井和地面设施三大块，数据显示，钻井在二叠纪盆地油井成本中平均占17%；完井中压裂泵成本占比约为26%。钻井之后的完井，需要更高的资本支出。因此在这一时期库存井DUC（钻探但未完工的油井）滞压数量持续提升；另一方面，美国页岩油企业大规模削减成本及财务支出；同时，2015年年底，美国政府正式宣布美国国内原油出口解禁，加上美国国内石油管道物流设施瓶颈的阶段性解除，美国页岩油从国内消化转向大规模出口，销售溢价得以提升。

沙特阿拉伯2014年发起的价格战让美国页岩油在两方面竞争能力显著提升。

首先，美国单钻井产能大幅提升，巴肯活跃钻机数2014年下降后一直保持稳定，但产量却持续增长，从2014年的400桶/日上涨至2019年的1400桶/日，平均产能提高了3.5倍。鹰滩地区活跃钻机数也保持稳定，但平均产能也已提升至1300桶/日，2016年最高曾达到2000桶/日。这两个地区基本上主需要钻机数保持稳定，并不需要加大活跃钻机数，产量都能够有所提升。

其次，美国上游石油公司获得政府支持，美国原油出口禁令被解除，同时美国国内管道瓶颈突破使得页岩油运输成本大降，美国原油出口大幅提升。由于美

新石油金权
欧佩克式微与后石油时代

国页岩油均为轻质原油,而美国炼厂受制于装置配套约束,难以再提升对轻质原油的消费,页岩油革命下美国国产原油的中、重质原油比例不断降低,美国轻质原油结构性过剩下页岩油难以获得较好销售溢价。出口政策的突破和物流管道的建设让页岩油得以冲击国际市场。

(4)2017年至今,金融续命

2017年俄罗斯与沙特组成欧佩克+联合减产助力国际油价回升,美国页岩油在2015—2016年依靠大幅降低成本渡过了难关。但是美国页岩油也就是致密油具有石油工业初始投资高、长周期回收的特点,同时整装油田可以通过二次、三次采收来维持峰值延长生产周期,而页岩油往往只能一次采收,峰值难以持久。这些特点都导致美国页岩油生产成本难以一降再降,同时为了提升产量必须不断投入活跃钻机从而进一步提升企业负债率。

数据显示,美国6大页岩油产区的平均成本价为46.6美元/桶,成本最低的产区东鹰福特的成本价为32.4美元/桶。这一成本是不包括运输、仓储、管理等费用的井口价。

相较于美国页岩油气居高不下的成本,沙特阿拉伯、俄罗斯在整装大油田上具有突出优势,沙特阿拉伯的格瓦尔油田是世界油田霸主,位于利雅得以东200千米,探明储量达107.4亿吨,年产量2.8亿吨。俄罗斯的萨莫特洛尔油田则是世界第二大产量油田,位于西西伯利亚,探明储量20.6亿吨,年产量1.4亿吨。得益于整装油田的优势,沙特阿拉伯、俄罗斯的井口价均在很低的个位数水平。

石油开采有自身客观规律,页岩油气需要大量打井,大规模投资压裂并且只能一次采油,过低的采收率及经济性不佳是页岩油气的硬伤。经济周期上升时,高杠杆率、股价持续繁荣,以及高债务的持续刺激让页岩油气的泡沫被美国华尔街越吹越大,但潮水退去时才知道谁在裸泳。这场经历了几轮击鼓传花的资本游戏也许迎来了落幕时刻,而这个导火索可能就是全球大流行的新冠肺炎疫情。

高杠杆是风险之源,美国能源企业尤其是页岩油企业的股市泡沫和企业高债务危如累卵,可能成为风险策源地,严重性可能超乎想象。

第十二章 新冠肺炎疫情冲击下的全球石油格局

石油价格战为何偃旗息鼓？

2020年4月9日开始的欧佩克+会议直到4月12日晚上才尘埃落定，过程跌宕起伏，墨西哥拒不配合，同期举行的G20能源部长会议对减产只字未提，但沙特阿拉伯领衔的欧佩克成员国和俄罗斯领衔的非欧佩克成员国最终达成了历史性的减产协议，给造成严重后果的石油价格战画上了句号。

欧佩克+确认自2020年5月1日起进行为期两个月的首轮减产，减产额度为970万桶/日；自2020年7月起至12月减产800万桶/日；自2021年1月起至2022年4月减产600万桶/日。

欧佩克+将削减970万桶/日原油产出，略低于最初计划的每日1000万桶减产规模。看上去，墨西哥赢得了外交胜利，仅需减产10万桶/日，低于按比例应该削减的规模。

对石油市场而言，供给侧为稳定全球石油市场所做出的努力是史无前例的，在如此短的时间内协调如此多国家达成一份诚意满满的协议，这其中凸显的是全球原油市场全面进入沙特阿拉伯、美国、俄罗斯三国杀时代，又在疫情冲击下三国策共同治理全球供给侧，过去呼风唤雨的欧佩克日渐式微。

2020年3月价格战爆发的背后，全球三大产油国对市场份额的再争夺与再分配是重要原因。

但新冠肺炎疫情在全球特别是欧美的破坏性与冲击力，让石油需求出现坍塌，这场价格战成为错误时间发动的战争。

本次减产协议谈判的促成，全球三大原油产油国美国最强势，沙特阿拉伯最卖力，俄罗斯最淡定。

但美国、沙特阿拉伯、俄罗斯三国深层次的结构性矛盾并没有解决，三国目前的媾和是对当前极度扭曲的市场的暂时让步。

1. 供需双杀，价格战难以为继

2020年3月6日，欧佩克+在维也纳的减产谈判破裂。

当时各方的分歧在于：

新石油金权
欧佩克式微与后石油时代

以沙特阿拉伯为首的欧佩克成员国当时要求二季度额外减产150万桶/日，同时2019年年底达成并已于2020年元旦开始执行的210万桶/日减产规模维持到2020年年底。合计减产规模达到360万桶/日。额外减产的150万桶/日计划中，欧佩克承担100万桶，欧佩克以外国家承担50万桶。

2020年俄罗斯为首的非欧佩克成员国态度要求维持当前减产规模至二季度末。

2020年3月7日，沙特阿拉伯大幅调低原油官价销售贴水（实际销售价格相对于基准价格的折让）。亚太地区，阿拉伯轻质原油贴水从+2.9美元/桶降低为-3.1美元/桶，降幅为6美元/桶；西北欧地区贴水降幅为8美元/桶；地中海地区贴水降幅为7美元/桶。

如此巨大的降价幅度，加上沙特阿拉伯宣布原油产量将从今年1月份的973万桶/日提高到1200万桶/日，供给侧过剩乌云密布。

同时，新冠肺炎疫情开始在全球特别是欧美地区爆发，2020年3月11日美国宣布3月13日起美国将暂停除英国外所有欧洲国家公民前往美国的旅行，这一措施为期30天。

2018年全球GDP为85.791万亿美元，同年美国和欧盟28国的全年GDP分别是20.494万亿美元、18.74万亿美元，占比全球GDP达45.73%，欧美之间的跨大西洋交流被隔断对美元霸权体系下的金融市场无疑是重大打击，美股数次熔断。欧美各国封城封国下，需求被无情绞杀，供给侧价格战正酣，石油的商品属性让油价一跌再跌。

加拿大阿尔伯塔省能源部长表态全球原油需求减少可能为2000万～3500万桶/日，这也基本是目前市场认可的需求坍塌区间。而全球原油日需求正常状态下为1亿桶/日。现货端供过于求的巨大压力驱动市场出现深度正向市场结构，陆上以及海上原油仓储需求持续飙涨，原油运费一路飙升。

代表波斯湾去往远东的30万吨超大型油轮TD3C油轮运价走出疯狂行情，从2020年3月9日沙特阿拉伯价格战开打后第一个工作日的54.58点迅速飙涨到了3月16日的223.58点，此后虽然有所调整但又重新冲回到了3月31日的207点。

图12-8即为今年开年以来到3月底的TD3C油轮运价和布伦特行情走势。

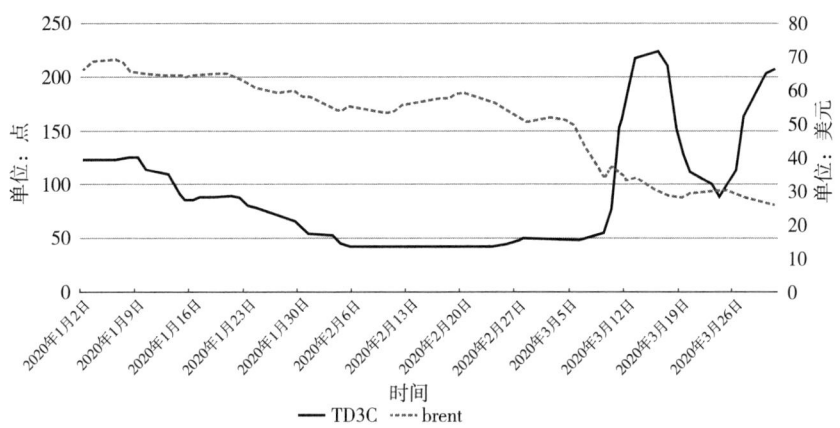

图12-8　TD3C和Brent油价2020年1月2日至2020年3月31日

2020年3月31日当天，TD3C在207点（沙特阿拉伯Ras Tanura到宁波运费基准价为21.90美元/吨，吨运费在2.07×21.90=45.33美元），墨西哥湾到中国的30万吨超大型油轮运费为2000万美元（200万桶运力，桶运费在10美元），WTI的5月原油期货报20.1美元每桶，布伦特的6月原油期货在25.92美元每桶，在此我们忽略期货与现货价格的转算，中东原油采布伦特6月原油期货价格，美国原油采5月WTI原油期货价格，吨桶比7.3及沙特阿拉伯官价贴水-3.1美元每桶做粗略计算。

我们就会发现中东回国线上运费和货值的比例为：

$$45.33 \div 7.3 \times (25.92-3.1) = 27.3\%$$

墨西哥湾回国运费和货值的比例则达到了惊人的：

$$10 \div 21.90 = 45.66\%$$

无论是中东、西非或者墨西哥湾回国，运费和货值的比例在正常情况下仅为4%。可以很形象地说，石油行业首次出现了买得起油租不起船的现象。

对于普通人来说，我们对国际油价的感觉更多是新闻中WTI及布伦特的变动，但是期货价格不是原油价格的全部。从现货运作角度来说，升贴水、运费成本及仓储物流能力都是关系盈亏的核心问题。在供大于求的情况下，远离终端消费市场的价格往往与价值高度背离，一方面是基准价格很低，另一方面是要贴运费。

美国和沙特阿拉伯原油出口都高度依赖海运，俄罗斯原油出口则高度依赖管道。海运往往是由独立第三方航运公司提供，而俄罗斯的管道则更多是国家所有，因此在极度扭曲的现货市场上，俄罗斯反而拥有了不对称竞争优势。

图12-9反映了美国原油2018年出口目的地结构，亚太地区已四分天下有其一。

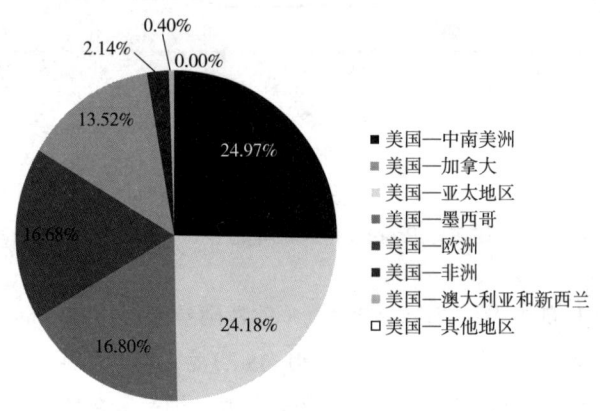

图12-9　美国原油出口2018年各国占比

鉴于关闭油井的成本较高而且会引发油企现金流中断，同时不少港口和炼油厂都已经停止接受油轮运来的原油，导致原油生产商愿意以极低价处置掉多余的原油也不愿停产，此前已有报道称美国内陆页岩油生产商倒贴钱给经销商只求运走原油。

由于需求萎缩，而欧佩克+未能在3月达成减产协议，原油供应增加，全球库存可能很快会达到最大极限。即使欧佩克+开始限制产量，但全球运输封锁造成的供应过剩仍然很大，预计到了年中原油存储容量可能会达到极限。

价格战走到这一步，源源不断抽出来的原油只会让全球大部分原油生产商一直亏钱。即使沙特阿拉伯拥有全球最低生产成本，但沙特阿拉伯也要接受微薄利润被高额运费反噬的苦果。

2. 深层次矛盾并未解决

2018年全球原油产量46亿吨，美国为6.7亿吨，俄罗斯为5.6亿吨，沙特阿拉伯为5.2亿吨，三国原油产量达到全球原油产量的38%。

2016年年底，欧佩克+正式结盟以来，俄罗斯和沙特阿拉伯一直通过牺牲市场份额来维持脆弱的油价。美国页岩油则乘机攻城略地，低硫轻质美国原油在亚太市场大受欢迎，并成为原油供给侧新增量核心构成。

依托页岩油气革命，美国实现能源独立，同时美国开始向俄罗斯能源的传统势力范围欧洲渗透。

在石油方面，如图12-10所示，自从欧佩克+于2016年结盟以来，美国向欧洲的原油出口大幅攀升，美国到岸荷兰鹿特丹的出口原油对布伦特定价影响力日趋强大。

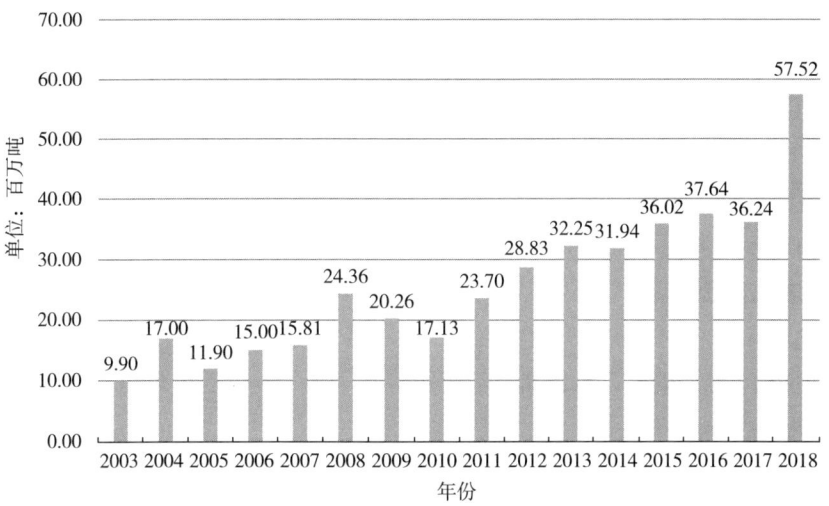

图12-10 美国原油对欧洲出口量

在天然气方面，美国页岩气也以液化天然气形式积极攻入欧洲天然气市场，抢占俄罗斯管道气市场份额。如下图所示，美国近年对欧洲液化天然气出口呈直线增长（图12-11）。

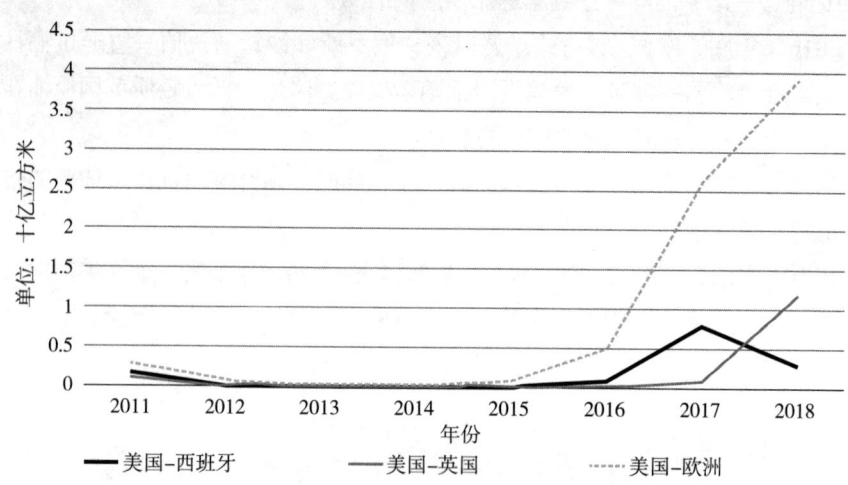

图12-11 美国出口欧洲液化气量

美国通过挑起俄罗斯和乌克兰的天然气争端，让乌克兰不依赖俄罗斯的天然气，借机打击俄罗斯。

2019年12月，美国动用长臂管辖，制裁俄罗斯从海上直通德国的"北溪2号"天然气管道线路。

"北溪2号"对俄罗斯管道气出口绕开乌克兰具有重大战略意义。

2020年2月，美国以俄罗斯石油公司贸易子公司经营委内瑞拉原油为由制裁俄罗斯石油公司。

俄罗斯天然气公司与俄罗斯石油公司是俄罗斯国有能源公司，对俄罗斯的经济具有至关重要的全局作用。

天然气在全球一次能源中占比为24%，位居煤炭和石油之后。有机构预测，未来20年天然气将超过煤炭成为第二大能源，到21世纪中叶，将超过石油成为全球第一大能源，天然气需求的增长空间巨大。

美国在水平井及分段压裂技术处于全球领先，页岩气相较页岩油更易采收，考虑到美国得天独厚的油气藏地质结构，美国页岩气比页岩油经济性更高，也因此美国制裁"北溪2号"具有战略考量。

在特朗普"让美国再次伟大"的口号下,美国能源独立给了特朗普武器,美国全球能源战略的调整是整体的,美俄之间矛盾是结构性矛盾,难以化解。

3.美国、沙特阿拉伯、俄罗斯三国博弈

俄罗斯存在利用本次价格战试探美国页岩油底线的想法,美国强势回击了这一想法。

实现能源独立的美国不会轻易放弃页岩油,此前美联储连续注入流动性,并直接购买企业债,据说美国大型银行业者准备在一个世纪以来首次参与石油与天然气田的运营,以避免他们发放的贷款随着能源企业的破产而血本无归。

得克萨斯州是共和党铁盘,大选之年的特朗普在石油大户得克萨斯州输不起,因此特朗普在经历了此前的冷眼旁观后积极介入。

美国在本次减产中非常强势,一直在动用军事及经济手段制衡沙特阿拉伯,包括从沙特阿拉伯撤出军事基地以及对沙特阿拉伯征收能源关税。

投桃报李,在沙特阿拉伯和俄罗斯诚意满满的减产协议面前,美国得克萨斯州铁路管委会将在4月14日召开限产会议。作为得克萨斯州石油行业监管机构,该机构是否会推动1973年石油危机来首次限产值得关注。

美国依然是当今唯一超级大国,但是美国也在透支自己的信誉及形象。

在沙特阿拉伯发动的价格战下,欧佩克其他成员国纷纷面临疫情暴发与国际油价暴跌的双杀,难以为继。自从1960年以来就是欧佩克带头大哥的沙特阿拉伯必须做出改变。

4月9日欧佩克+视频会议以来,具有最强机动生产能力的沙特阿拉伯一直在积极斡旋,并将沙特阿拉伯官价贴水宣布时间一推再推,从以往每次都在每月5日发布官价贴水,4月首先推到了10日,此后随着会议一波三折,沙特阿拉伯一再推迟官价贴水发布,就是不愿意破坏好不容易争取到的减产。

4月12日晚,沙特阿拉伯召集欧佩克+进行最后的努力并获得成功。

在当前现货供需双杀局面下,再不减产石油就无处可放了,沙特阿拉伯不能再任性下去了,唯有一马当先,积极斡旋并做出表率。这也符合沙特阿拉伯多年来全球石油行业稳定器的形象。

4月13日,沙特阿拉伯终于发布原油官价贴水,相较上个月,亚太地区阿拉伯轻质原油贴水降幅为4.2美元/桶;西北欧地区贴水持平;地中海地区贴水降幅为1美元/桶。原油现货市场销售的艰难让沙特阿拉伯在达成了减产协议后，第一件事就是要守住亚太特别是中国的市场份额。

面临本国疫情可能暴发的巨大压力，俄罗斯方面暂时做出妥协也是以时间换空间。

俄罗斯对于解除俄气及俄油制裁非常看重，不排除美国适当时间做出让步。

总体来说，新冠肺炎疫情催生了各国关系的变化，在短短的几天内，能协调多个国家达成一份诚意满满的减产协议，美国、俄罗斯和沙特阿拉伯都付出了巨大努力。

在欧佩克+达成史无前例的减产协议之时，新冠肺炎疫情当前在欧洲已经出现拐点，美国计划重启经济，欧美的至暗时刻可能已经过去，但新冠肺炎疫情在新兴国家的暴发还在路上，需求无法有效恢复，欧佩克+对市场预期的悲观在提醒我们新冠肺炎疫情还将继续冲击市场，要保持敬畏之心。

史诗级油轮运费行情的背后

2020年4月20日，5月美油WTI结算价出现负值，这也是石油期货历史上首次出现负值结算价，全球一片哗然。这其中金融因素固然不可忽略，彼时实货层面上石油供需关系的极度扭曲也是不争事实，也因此4月成为石油行业最艰难的一个月。

在这一个月中，石油行业产业链全线受到冲击。上游，销售价格严重低于生产成本，破产潮出现；中游，炼厂开工率受到需求打压，前期高价库存成为急剧下滑市场的大包袱；下游，欧美封城封国下，汽油消费剧减，航煤需求骤降，石油终端销售市场哀鸿遍野。

居于产业链中游的物流仓储行业成为最大赢家，石油对仓储物流的专业要求，已经通过中行"原油宝"爆仓一事给了大家深刻的科普与教育。

国际油轮行业初始投资巨大，回收周期漫长，供需关系常年稳定，运费曲线长期平滑。

疫情叠加价格战冲击下，国际石油实货供需关系极度扭曲，并将油轮运费送上了风口，随后欧佩克+精准减产政策下油轮运费大跌，高波动率成为疫情以来油轮运费的新标签。

1. 沙特阿拉伯价格战，增产抢船推高运费

3月6日，欧佩克+在维也纳的减产谈判破裂，自2016年年底，沙特阿拉伯与俄罗斯联手促成欧佩克+以来，双方首次没有达成任何协议。

3月7日，沙特阿拉伯大幅调低原油官价销售贴水（实际销售价格相对于基准价格的折让）。

3月11日，沙特阿拉伯宣布原油产量将从2020年1月份的973万桶/日提高到1300万桶/日。

沙特阿拉伯对于此次价格战早有预谋，为了确保增产产量精准投放，在运费端最大限度节省成本，3月9日到3月10日，短短两天内，沙特阿拉伯国家航运公司在现货租船市场集中发力，订走了20余条超大型油轮。

每个月波斯湾出发的超大型油轮总租约在200个，不少中东产油国国家石油公司有自有船并有包运合同，如沙特阿美是通过沙特国家航运公司完成送到货的航运物流安排，而沙特阿拉伯国家航运公司本身就有40多条超大型油轮，且沙特阿拉伯国家航运公司与国际油轮船东都签有COA，这些货就不会进入现货租船市场流通，因此现货租船市场出现的只有140~150个。以沙特国家航运公司为例，市场可见的超大型油轮现货询盘往往多的时候也就三四个/月，有的月份为零。

沙特阿拉伯国家航运公司现货租船市场的大举扫船让超大型油轮中东/远东TD3C运费指数从9日的WS54.58攀升到了10日的WS76.42，市场热情瞬间被点爆，油轮船东纷纷待价而沽，不断抬高报价，动手晚的租家只能被动接受，TD3C运费指数在3月16日攀升到了WS223.58，达到了第一个波峰。

此后，高处不胜寒的运费开始滑落，并在3月24日左右达到了第一个波谷，但4月受载期需求实在旺盛，TD3C运费再次直线拉升，并在3月31日达到了第二个波峰，此时沙特阿拉伯国家航运公司之前高价预订的几条波斯湾前往红海的超大型油轮被取消，运费再次下探。

超大型油轮一般都是长航线运营，波斯湾前往远东来回需要45天，这一特性决定了超大型油轮很难出现像短航线运费市场的高波动率。波斯湾前往红海来回

新石油金权
欧佩克式微与后石油时代

只需要25天,属于典型的短航线,以往基本不进入现货租船市场。

沙特原油从波斯湾前往红海也是为了进入西迪基里尔(Sidi Kerir)管道争夺地中海市场份额,而地中海市场是俄罗斯黑海港口输出原油的传统势力范围,价格战深入使得超大型油轮运费市场航线发生变化。

新冠肺炎疫情重压下,价格战已是强弩之末,沙特阿拉伯最终取消了该航线的现货租船需求,释放停战积极信号。

4月12日,欧佩克+最终达成了史无前例的减产协议。运费市场此后再次出现数次脉冲行情,但波峰已明显低于此前。

油轮现货租船市场受到了沙特阿拉伯价格战的强力刺激,出现了高位运行的高波动率态势,高位运行区间也得到了海上浮舱的需求支撑。

2. 深度正向市场驱动海上浮舱,支撑高运费市场

需求侧,新冠肺炎疫情大敌压境,全球石油消费坍塌;供给侧,价格战激战正酣,敞开供应一时爽。

供需两侧极度扭曲的实货市场使得市场出现了深度正向市场结构,期货市场最常见的两种期限结构分别是正向结构和反向结构,正向结构代表商品供需宽松甚至过剩,反向结构代表商品供需偏紧甚至有缺口。

深度正向结构反映了当前市场的绝对过剩,同时,市场预期在如此惨烈的过剩局面下,供需关系变化演进中,供应方将有大量清出,未来供应将出现稀缺,因此远月端价格往往会远高于近月端。深度正向结构下,囤油商在预期未来供应变动带来的高价时,也会主动将近月的供应通过仓储的方式转移到远月,进一步减轻近月的供给压力,这就是深度正向结构下的仓储套利。

新加坡位于赤道无风带,被马来西亚和印度尼西亚完美包裹,海域全年无风无浪,地处波斯湾、西非及美国前往东北亚消费地的枢纽地带,因此新加坡周边海域往往成为海上浮舱热门首选地。

海上浮舱相较于陆上储罐,费用更高,但作为原油海上浮舱最佳载体的超大型油轮安全且移动方便。

囤油商的目标是盈利,虽然玩家囤油都是锁定了固定期限的浮舱长约,但是有利可图的条件下,如果纸货能赚(月间差以及价差)、运费能赚(转租再租的价差)、实货能赚(升贴水变化),能覆盖经营成本,包括现金成本、融资成本

以及交易成本,在计算了一定利润后,玩家就会在市场月间差结构出现反转时,出现合适的交易对手与交易机会时,利用海上浮舱的全球到达性,进行交货释放囤油。租用油轮屯油,虽然费用较为昂贵,但赋予了囤油商足够灵活性,而这也会进一步挤占市场本已趋紧的运输能力。

3. 吨里程需求增加,新造船投资匮乏

沙特阿拉伯出口原油主力流向是亚太地区,价格战开战以来,沙特阿拉伯大幅降低西北欧销售贴水针对俄罗斯,但沙特阿拉伯前往西北欧往往需要绕过好望角,沙特阿拉伯往返亚太需时45天,沙特阿拉伯经好望角往返西北欧需时90天,俄罗斯通过管道出口远东的原油ESPO从俄罗斯远东港口上船,受到海运物流限制较小。

沙特阿拉伯与俄罗斯开战,海运物流能力的短板暴露无遗,同时沙特阿拉伯原油前往西北欧大幅提高了吨里程需求,提升了市场运费紧张预期。

近年来,全球海运原油贸易量维持在3800万桶/日水平,但是贸易流向一直在发生深刻变化,其中美国正崛起成为原油出口国,由于美国原油出口目的地之一为亚太,吨里程需求上升极大,对运费市场支撑明显。

与此同时,过去十年,全球油轮运费市场一直处于疲弱态势,船东投资热情不高,原油船新造船在2015年交付量仅为800万载重吨,2017年为2600万载重吨,2019年创下了2011年以来的最高值,2720万载重吨/113条新造船,2020年可能仅为1460万载重吨/61条新造船。

吨里程增加与新造船匮乏挤压下,油轮运费波动也有了较为长期的基础。

4. 高波动率现货市场助力干散货市场远期运费协议(Forward Freight Agreements),纸货市场流动性提升

国际油轮市场总盘子小,玩家有限,过去市场总体波动小。

2014年,沙特阿拉伯开打价格战,沙特阿拉伯增产下国际石油市场供需关系扰动明显;2015年,美国自1973年中东石油危机以来再次重启原油出口,亚太成为美国原油出口目标地之一,美国原油出口亚太大幅提升吨里程,挤占市场有限的吨里程能力;2017年,卡塔尔断交风波,凡是上一港及下一港挂靠卡塔尔港口的船舶均不得前往沙特阿拉伯、阿联酋,波斯湾油轮航运限制增多;2019年,波斯湾多次出现油轮遇袭事件,美国长臂管辖抽离油轮运力,国际油轮运费波动率

逐年上升，脉冲性走势让石油贸易公司愈发认可干散货市场远期运费协议保值功能。

过去较为沉寂的干散货市场远期运费协议市场流动性逐年活跃，虽然目前干散货市场远期运费协议市场的TD3C交易与油品相比，活跃性不可同日而语，但流动性已足以支撑部分实货保值需求，场内场外市场均有交易。干散货市场远期运费协议成交尚不足以影响现货租船市场走势，但是会提前发出预警信号，为市场提供方向。

在本轮运费波动中，干散货市场远期运费协议市场较好地为石油贸易商提供了实货的保值，我们预期干散货市场远期运费协议流动性未来可能还会进一步提升，并与现货租船市场形成较为良好的互动。

5. 运费货值严重倒挂，买得起油租不起船

如前所述，在3月31日当天，国际石油行业首次出现了买得起油租不起船的现象。

6. 减产收紧，绝对价格价差双反转，运费下行已成定势

5月WTI结算价出现负值，可以说是空头利用规则对多头进行的精准围猎，市场都在小心防范下一个负价格的出现。

为了避免被收割，代表散户的ETF基金都在尽量远离近月端，同时CME也不断提升保证金比例，近月端成为机构厮杀战场。

5月1日开始，欧佩克+减产协议开始正式执行，独立石油生产商也积极开始减产自救，欧美相继复工复产，无论是布伦特还是WTI期货合约的首行和次行月差在4月21日后V型反转，开始大幅走强。

近期超大型油轮现货租船市场的萎靡已反映了减产力度，据了解，波斯湾出发的6月Laycan货在现货租船市场非常有限，如按当前节奏，现货租船市场可能萎缩到同期的80%不到，沙特阿拉伯减产幅度与决心较大，国内的一些客户，不管是国有炼油厂还是民营炼油厂，需求没有得到产油国尤其是沙特阿拉伯在供应方面的满足，这也导致了5月伊拉克巴士拉原油溢价以及俄罗斯远东ESPO原油溢价一再上涨，现货运费市场预期进一步承压。

图12-12反映了2020年1月1日—5月21日国际油价月间差（首行—次行）的走势。

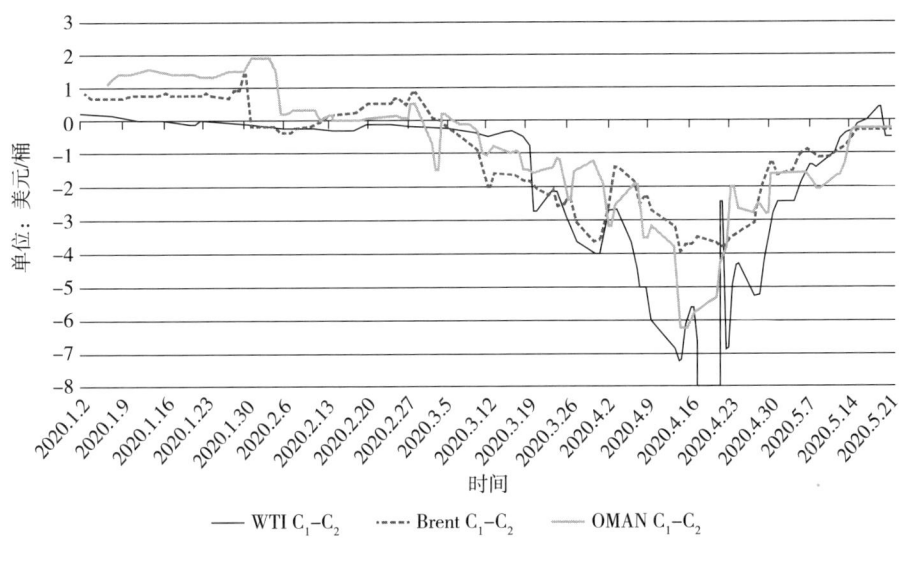

图12-12 国际原油C_1-C_2价差

与月差走强形成鲜明对比的就是国际油轮运费的一路下跌,相较于四月中旬时创纪录的墨西哥湾到中国30万吨超大型油轮运价2000万美元,5月初时已在650万美元水平。

7. 欧佩克+精准减产

2020年4月12日,沙特阿拉伯付出巨大努力,促成欧佩克+达成史上最大规模减产协议,当时的协议是逐级减产协议,将分三个阶段进行:自2020年5月1日起进行为期两个月的首轮减产,减产额度为970万桶/日;2020年7月至12月期间减产800万桶/日;2021年1月至2022年4月期间减产600万桶/日。

在实货市场最艰难的4月,原油需求萎缩35%也就是3500万桶/日需求消失,当时市场普遍认为减产协议聊胜于无。事实也是如此,国际油价在欧佩克+史上最大规模减产协议达成后继续探底并于4月21日出现负油价。

4月21日后,国际油价走出红五月,一路走高。但是全球新冠肺炎疫情依旧没有得到有效控制,出于对全球原油需求难以有效恢复的担忧,欧佩克+开始调整策略,发力精准减产。

6月6日,欧佩克+同意将日均970万桶的原油减产规模延长至7月底;5月和6

月未能百分百完成减产配额的国家，将在7月至9月额外减产作为弥补。同时，欧佩克+会议机制定为一月一次，有效改善过去长周期政策管控的弹性不足问题。

欧佩克+努力的目标并不是单纯地推高油价绝对价格，而是要扭转期限结构，从期货升水变为现货升水，逼出浮舱，欧佩克+试图推升短期，或者现货价格至远期合约价格之上，形成现货溢价，让现货原油比未来几月或者几年内交割的期货原油更受追捧，以此鼓励炼油厂和贸易商去库存。

8. 中国爆买促成运费小幅反弹

全球成品油需求恢复之路艰难，成品油裂解差持续低位运行，但由于中国40美元地板价设置，在当前绝对价格依然较低情况下，国内地炼爆买中东原油实货，销售溢价一涨再涨，甚至迪拜原油率先出现了反向市场结构。

随着期限结构从正向市场转为反向市场，海上浮舱的原油和成品油将出现去库存机会。此时，面临海上浮舱去库存竞争压力，油轮将石油从产油地运输到消费地的需求被打压，油轮运费/租金面临进一步下行风险。

在欧佩克+强力管制出口大背景下，油轮运费应声大跌，但是前期中国爆买的原油船集中到岸，国内港口大规模拥堵，船期延误，运力有所收紧，促成了邮轮运费小幅反弹，墨西哥湾到中国30万吨超大型油轮运价攀升至745万美元，但是欧佩克+减产的强力执行让刚有起色的油轮运费继续承压，难以起势。

2019年，波斯湾油轮遭遇数次遇袭及爆炸险情，中东航运通道安全存疑，美国以涉伊朗事由对油轮船队动用制裁，油轮运费市场的波动率为2008年金融风暴以来最高；最近的三个月，疫情叠加价格战冲击，及之后欧佩克+再度联手并精准减产调控下，油运行情更是在短期高波动率上登峰造极。

新冠肺炎疫情复杂性与艰巨性并存，全球需求复苏之路较为漫长，油价波动率较难稳定，油轮运费市场变数与挑战也不会小，从业者需敬畏市场，尊重规律，遵循规律，积极研判，做好每一次决策。

疫情危机下能源运输企业的变与不变

全球曾发生过三次石油危机，分别是1973年中东石油禁运危机，1979年伊朗伊斯兰革命石油断供危机，1991年海湾战争伊拉克石油断供危机，此前三次石油危机都是供给侧极短时间内发生重大变化。

本轮石油危机则是需求侧与供给侧同时剧变，全球需求跌至25年来最低点及负油价的出现是本轮石油危机最大特点。

全球新冠肺炎疫情的冲击导致需求侧急剧衰减，叠加沙特阿拉伯价格战的供给侧巨变，进而引发了油气全产业链危机。

油气全产业链面临大考，并可能重塑。上游，全面进入至暗时刻，特别是勘探开发、油田服务行业伤害极大。低油价时代，勘探开发投资被极大抑制，油田服务行业只能尽量压缩成本，转岗转型，安排富余劳动力。中游，炼化行业面临前期高价库存，高波动率市场下库存保值、产品出路通畅与否问题。下游，销售行业需要全力确保库容、销路与现金流。

石油行业哀鸿遍野中，只有仓储物流行业一枝独秀。中国银行"原油宝"穿仓事件已经给大家生动地上了一堂课，美油WTI空逼多行情的交割日时，石油仓储库容与管容的重要性、稀缺性与专业性已无须多言。

能源运输企业旗下的石油海运板块更是一飞冲天，走出史诗级行情。但越是顺风顺水时，越要敬畏市场，把握底线思维。

1. 客户经营风险增加，风控警钟长鸣

油轮船东在市场上的客户往往都是石油贸易公司，这其中既有国家石油公司，又有西方超级石油巨头，更有众多国际石油贸易公司。石油贸易公司依托自己的智力资源、行业经验、人脉渠道、独到网点与物流设施实现了实货贸易的增值。

石油贸易行业是资金密集型行业，一旦出现流动性风险，往往就会危机四伏，难以全身而退。

4月17日，新加坡传奇石油大亨林恩强旗下的兴隆贸易公司（以下简称HLT）与油轮公司海洋油船有限公司向新加坡法院申请了债务重组。汇丰银行是23家债权人中债务规模最大的银行。综合新加坡当地媒体消息，4月末，新加坡警方开始对兴隆展开调查，据报道兴隆持有的石油库存与其向银行承诺的库存之间存在巨大缺口，并隐瞒8亿美元亏损。

5月13日，新加坡联合早报报道，石油贸易商新锐崇融商品贸易上周向法院

新石油金权
欧佩克式微与后石油时代

申请破产保护，其公司负债超6亿美元。据报道，汇丰银行在较早前已申请对ZenRock实施司法接管，并指控其涉及一系列极其不诚实的交易。不排除汇丰银行在兴隆事件后进行了内部风险排查，并盯上了崇融商品贸易。

新冠肺炎疫情冲击下，兴隆及崇融商品贸易相继陷入流动性危机并不得不进入相关法律程序，银行挤兑是核心原因，银行也是被近年新加坡石油贸易行业的乱象搞怕了。

2014年10月，全球第二大船燃公司OW倒闭，提供信用额度的各大国际石油贸易公司成为接盘侠，不得不计提损失，此后信用规则被改写，银行成为最终放贷人。

2018年四季度以来，新加坡船燃公司海岸石油、创新、IPP连续暴雷，银行作为石油贸易行业的最终放贷人最后都高位接盘，苦不堪言。

本次石油危机下，兴隆、崇融商品贸易相继暴雷，银行业全面梳理潜在风险，法国兴业银行暂停向亚洲石油交易公司提供贷款，该行将在更大范围内评估大宗商品融资问题，这也是该行继2019年停掉场外交易市场以后再次收紧对石油贸易行业的融资。

不少在兴隆、崇融商品贸易资金及贸易链中的中小企业甚至大企业都可能面临现金流急剧恶化风险，新加坡石油贸易行业风险骤增。

新加坡是全球苏伊士运河以东石油市场中心，新加坡石油贸易行业是油轮船东客户云集之地，因此油轮船东的风控警钟长鸣。

2. 跨界绝非易事，慎重转型

互联网时代，国内流行跨界理念，但对于油运行业这样的重资产传统行业，跨界绝非易事。

在陷入流动性危机之前，兴隆是跨界成功的典型代表。兴隆发家于油运行业，兴隆集团旗下油轮公司海洋油船有限公司运营着130艘大型油轮，光是30万吨超大型油轮就有14条，油轮船队载重吨高达800多万吨，在世界油轮运营商中排名16位。

自20世纪80年代末，兴隆就开始积极参与国际石油贸易。1998年，兴隆通过"EllenMasek"号中东油轮购入46万吨柴油，充分利用了当时刚推出的新加坡柴油成价机制与规则在窗口中作价，一举奠定了市场霸主地位。

但是，本次石油危机中，兴隆的流动性危机恰恰来自石油贸易行业。石油贸易行业往往交易的不是绝对油价，而是升贴水及各品种价差的变化，石油贸易商往往都对市场供需关系变化有自己的趋势认识、判断与决策，这样的交易模型不会受到油价涨跌影响，在正常市场下是安全高效的。

新冠肺炎疫情冲击下，石油市场供需关系变化超出所有人预判。

以航空煤油为例，由于全球新冠肺炎疫情大爆发，国际航班大规模停飞，新加坡航空公司不少飞机都直接飞往澳洲沙漠封存。航空煤油相对于柴油的价差，是航煤和柴油的相对强弱指标，该交易品种深受石油贸易公司欢迎，流动性好，正常都在+/-3美元/桶波动，春季也是传统旺季，结果从3月开始一路暴跌到了最惨时即5月5日的-14.06美元/桶，5月22日又涨回了-3.96美元/桶，过程中如此高的波动率足以让行业老法师马失前蹄，一旦错判市场进而做了大量方向性操作，企业很容易陷入巨亏。

兴隆本来是持有两大现金牛，一是油轮船队，一是233万立方米的新加坡环宇油库，该合资油库是新加坡高度发达的石油现货及中远期市场的核心交割库。

流动性危机来临之后，兴隆被爆出旗下船队与石油贸易行业捆绑太深，在贸易环节往往HLT要求必须使用海洋油船有限公司自有船舶，在海运提单等环节存在诸多问题，也因此海洋油船有限公司也卷入了HLT债务重组。

兴隆在20世纪60年代进入油运行业，半个多世纪以来兴隆都是华人之光，但是面临错综复杂的国际形势，兴隆未能全身而退。

在有着航运传承的北欧诸国，百年传承的家族航运企业比比皆是，这些百年老店是欧洲商业文明的积淀，值得学习。

兴隆败走麦城给中资企业的警示作用是非常巨大的，谨慎跨界，慎思转型。

3. 经济周期规律下顺势而为

20世纪80年代是航运人不愿回首的萧条时代。二战以后，西方大发展，航运市场是大宗商品市场晴雨表，一直持续向好，1967年到1973年间，航运业成为银行最为放心且最有刺激的投资对象，船舶是最会升值因而是最可靠的担保物。但是经济周期律不可避免，西方经济进入扩张晚期，1973年及1979年两次中东石油危机连续冲击下，西方经济陷入了衰退，航运业需求大幅萎缩，油轮因此遭受了相当沉重的打击，二战以后逐年增长并在1970年年初达到顶峰的油轮船队开始出现了停滞。

二战后，美国主导建立了以黄金为参照、美元为中心，欧洲货币汇率紧盯美元的布雷顿森林体系，并由此确立了美元的国际贸易结算货币地位。随着欧洲经济的快速发展及欧美经济实力强弱对比的变化，20世纪70年代初"布雷顿森林体系"崩溃。随后美国建立了以石油为参照，美元为中心，亚洲货币紧盯美元的"石油美元体系"。两大体系切换之际，经济以高通胀和低利率为基本特征，对资产保值的高度渴求驱动大批资金进入航运业，全球造船业迎来春天，商船载重吨位快速攀升。

热钱在衰退周期大举进入航运业诱发了20世纪80年代航运业萧条，油运行业更是从20世纪70年代中就持续衰退，并在此后十多年饱受煎熬，大量新造船不得不在船坞上被拆解。

油运行业面临后续全球经济巨大变局，同时必须考虑资本保值增值问题，特别是天量流动性注入市场，好的资产价值在上升。

过去十年，油轮运力投放有限，未来十年，美国加大页岩气页岩油出口是趋势，原油吨里程持续上升，中国能源运输企业需要紧密跟踪变化，下好先手棋。

4. 高波动率成为过去一年来油轮运营新常态，力抓国油国运确保基本盘

长期以来，油轮市场圈子小，盘子相对稳定，市场不温不火，过去十年，原油船投资一直不高，同时船厂占用率不高，不少船东动用spillage/顺延权，主动将新造船交付期限一再延迟。

原油船新造船在2010—2020年十年间一直维持在较低交付水平，在2015年交付量仅为800万载重吨，2017年为2600万载重吨，2019年创下了2011年以来的最高值，2720万载重吨/113条新造船，2020年可能仅为1460万载重吨/61条新造船。

2019年以来，油轮运费出现了高波动率特点，由于中东地缘升级，波斯湾出现多起超大型油轮被袭击事件，油轮运费脉冲式波动，同时中美博弈下，2019年9月以来美方行使"长臂管辖权"干预油运行业，更是造成了油轮市场供需严重失衡。

叠加上2020年3月到现在的油轮史诗级行情，2019年油轮市场的波动率为2008年金融风暴以来最高。

中国能源运输企业最可依靠最可信赖的还是中资企业，过去倡导的国油国运

对于中国能源运输企业从小到大起到了关键作用,也为中国能源运输企业的国际化奠定了基础。

当前,中国面临较为复杂的国际环境,中国能源航运企业在从大到强的过程中,应立足国油国运,国气国运,在基本盘稳固的基础上,稳健开拓国际市场。

5. 立足主业,关注海员,布局未来

航运业是传统行业,但油运行业大规模发展也是二战以后,特别是20世纪50年代,石油取代煤炭成为世界第一能源之后。

全球能源结构当前正在发生深刻变化,中国石油经济技术研究院发布的2017年版《2050年世界与中国能源展望》认为中国的石油需求将在2030年达到峰值6.9亿吨,2030年以后石油需求占全球的比重,将逐渐下降到12%左右。

近年来居家办公已有萌芽,新冠肺炎疫情加速了这一进程,推特、高盛宣布部分员工可永久居家办公,石油消费复苏之路堪忧。

在经历了前期史诗级行情之后,油运市场已快速回落,如果石油需求经历了暴跌后,难以回复至疫情前水平,油运将面临较大挑战。

世界上唯一不变的,就是一切都在变。能源运输企业应当立足主业,关注海员,提质增效,布局未来。

在运输安全上,能源运输企业应当关注海员身心健康,当前疫情管控下,海员上下船问题已经成为世界难题。负责任的能源运输企业应当积极协调各级政府,动员全社会力量共同关注,帮忙解决这一问题。

在内部管理上,能源运输企业应当给予海员陆上晋升通道,石油公司国际海事论坛等国际组织都是海事经验丰富的船长、老轨牵头,中国能源运输企业剥离海员劳务并不利于一线海员进入管理层,发挥其聪明才智,应当在海员出路上做制度性安排与设计。

在石油海运上,能源运输企业应当扩大朋友圈,石油贸易行业持续洗牌,新的企业不断进入,标准化定制化服务不可或缺。

在海运提单上,能源运输企业应当和业内各界共建征信生态圈,引入区块链技术,闭环解决无单放货、信用证真实性等业界长期难题。

在船舶动力上,国际海事组织于2020年1月1日推行的全球船舶0.5%低硫排放限制意味着更多环保新规定还在制定中,能源运输企业应考虑使用液化天然气燃料，液化天然气船燃行业的难点是基础设施投资巨大专业技术要求高，能源运输企业应考虑进入液化天然气船燃行业，以创新方式解决液化天然气加注驳船启动难题。

在承载货物上，液化天然气运输船目前作为项目定制船舶已成规模，现货租船市场大有潜力，能源运输企业可以考虑将油运行业成熟经验进行嫁接；乙烷、乙烯及液化石油气运输船的大型化是未来发展趋势和方向，需提前布局、积极谋划。

在运费交易上，当前运费市场以现货租船市场、期租市场为主，2014年沙特阿拉伯价格战以来，油轮运费市场波动率逐年上升，干散货市场远期运费协议市场交易愈发活跃，能源运输企业应积极研判，有所行动。

在运能交易上，能源运输企业可考虑将相关未来运能权益化，利用专业交易平台进行认筹发售，形成共享产品，为企业发展提供多渠道投融资服务。

在投资方向上，能源运输企业应当对新能源行业有所布局，积极拥抱能源变局。

在错综复杂的国际形势下，能源运输企业通达全球，风险无处不在，决策者长线思维、打通各界、科学论证、精准施策，执行层风险意识、全局意识、敬畏市场、令行禁止，定能共克时艰，永续发展。

提速成品油价格完全市场化改革

在全球新冠肺炎疫情持续蔓延时，中国已取得抗击疫情的阶段性成效，全面复工复产加快推进，把失去的时间抢回来成为全国主基调。国际油价低位运行，油价改革的敏感度较低，加快市场化改革时机成熟，符合国家放管服施政理念和方向，有利于促内需，稳增长，保民生。

1.国家成品油价格改革持续推进

随着中国经济社会的快速发展，能源领域市场化改革稳步推进，成品油定价市场化作为其中最重要的一环，不断完善机制，总体实现了国际接轨。从1998年到2008年，成品油定价实现了从"完全计划"到"计划、市场相结合"的成功转变；而从2008年到2018年，成品油定价的市场化程度进一步提升。

2008年11月25日，国家发展改革委牵头拟定并获批的国内成品油价格形成机制改革方案首次公布，主要内容是：将成品油零售基准价格允许上下浮动的定价机制，改为实行最高零售价格，并适当缩小流通环节差价。

2013年3月26日发布的《关于进一步完善成品油价格形成机制的通知》则缩短了调价周期，将成品油计价和调价周期由22个工作日缩短至10个工作日，并取消上下4%的幅度限制。

2016年1月13日，为缓解油价大幅下跌对国内市场的影响，保障国内能源长期安全，国家发展改革委对成品油价格机制进行了完善，设置了40每桶美元/桶的调控下限和油价调控风险准备金。按照油价调控风险准备金征收管理办法的规定，油价调控风险准备金纳入一般公共预算管理，统筹用于节能减排、提升油品质量、保障石油供应安全。

改革历程表明，成品油定价是逐渐趋向于市场化的：其一，调价周期逐渐缩短；其二，挂靠油种的代表性进一步增强；其三，还有一个非常重要的特征，就是国家发展改革委不再利用行政手段干预根据国际原油价格测算出来的成品油价格，完全以测算值为准，不进行公布前的人为调整，这是一个巨大的进步。

当前国内成品油领域，市场主体多元化，原油使用权与原油进口配额全面并轨，市场化改革正加速推进。2019年11月，国家发展改革委网站发布《中央定价目录》（修订征求意见稿），公开征求社会意见。其中提到，成品油价格暂按现行价格形成机制，根据国际市场油价变化适时调整，将视体制改革进程全面放开由市场形成。

2.《成品油市场管理办法》《原油市场管理办法》废止

2020年7月3日，商务部发布消息称，为贯彻落实《优化营商环境条例》和国务院有关石油成品油流通管理"放管服"改革工作的要求，决定废止《成品油市场管理办法》和《原油市场管理办法》（简称两个《办法》），自7月1日起施行。

两个《办法》废止后，原油销售、仓储，以及成品油批发、仓储经营资格审批取消；成品油零售经营资格审批下放至地级市政府。

而在原有的审批路径中，申请原油及成品油批发、仓储经营资格的企业，需要获得商务部审批；申请从事成品油零售经营资格的企业，需获得省级主管部门审批。上述两个《办法》自2007年1月1日起已施行13年。

此举意味着更多民营、外资企业将有机会参与原油、成品油经营，国内原油及成品油流通行业持续稳步迈向市场化。特别对于原油、成品油批发和仓储经营企业来说，将不再需要申请"经营批准证书"，批发市场未来可能迎来空前活跃的时期。

近年随着市场化改革持续推进，石油产业链下游的竞争已经非常充分，商务部选择在此时废止两个《办法》，应是出于疫情后刺激中国经济回暖的考量，吸引更多的外资进入中国市场进行投资。此外，国内外油价均保持低位运行，市场相对稳定，也有助于推行改革政策。在放宽石油市场准入机制后，更多民企和外企将有机会涌入中国石油产业链，未来可能不仅是原油及成品油环节，国内整个石油产业链或将面临重新洗牌。

3. 现行成品油价格机制和税收依然存在某些问题

成品油税费改革以来，为建立规范的税费体制和完善的价格机制，促进节能减排、环境保护和结构调整等发挥了积极作用。目前，中国成品油价格中税费占比不小，其中消费税更是因为比重接近零售价格的1/3，体制设计成为非合规经营企业套利空间。

中国执行炼厂出货环节征收消费税，汽柴油消费税金额较大，同时国内消费税属于中央税，由国税部门征收，地方积极性不高，消费税往往成为偷漏税重灾区。

长期以来中国成品油内贸市场存在两个世界：一个是以"三桶油"为首的国企及合规经营企业，税收方面应缴尽缴，规范出票，利用加油站网点终端优势实现利润；另一个则是一些非合规经营企业，出厂的成品油基本不开汽柴油发票，还有的通过进口相关品类调和料规避税收，企业通过税收漏洞获得非对称竞争优势。

同时消费税是价内税，由于调价周期较长等原因，国内成品油价格调整出现个别滞后现象，容易使普通民众产生误解；成品油消费税在生产环节征收，加大了生产企业的资金占用及利息支出，增加了企业运营成本。

近期国际油价已跌破每桶40美元的调控下限，中国从2020年3月18日开始执行国内汽柴油价格地板价政策。同时，按照2016年发布的油价调控风险准备金管理办法，国内炼油企业应计提并缴纳风险准备金。

汽柴油价格地板价限制下，沿海调油料套利进口窗口打开。一方面，全球疫情暴发，需求急剧下滑，国内成品油出口出路受阻，转销国内；另一方面，海外轻循环油、混合芳烃利用税制漏洞，大举进入国内市场。

以往，国家发展改革委公布的是汽柴油的最高零售价，国内汽柴油的批发价格常常与之背离，是国内市场供求关系的晴雨表。但2016年引入的地板价原则及配套的油价调控风险准备金政策，"三桶油"不打折扣完成风险准备金缴纳，而非合规经营的地方炼厂因不开汽柴油发票，无法征收风险准备金。地板价政策一定程度上造成了市场批发的价格扭曲，"三桶油"炼厂处于竞争劣势地位，市场份额被逐渐侵蚀，下游不能反哺上游，地板价保护国内上游产能的政策初衷落空。

受新冠肺炎疫情在国内外肆虐影响，中国PMI创出历史新低并大幅波动，"六稳"压力显著增大，尤其是公路运输、柴油消费均大幅下降，而油费（燃油成本）在货车综合运营成本中占40%以上，柴油消费税综合成本在油价中占比高达40%。这既是公路物流运输成本的主要负担，对疫后恢复经济增长极为不利；也因巨大利润空间导致成品油消费税偷逃行为屡禁不止，造成国家税收大量流失；更是影响货车司机（中低收入）群体收入的重要因素。

4. 成品油价格完全市场化时机已经成熟

当前，新冠肺炎疫情冲击下，国际低油价时代持续时间可能不短，市场供需宽松，之前过分强调石油的战略属性而忽视其商品属性的论调逐渐减弱，为成品油定价市场化提供了良好的外部条件，推进改革可能产生的阻力、成本及风险会相对较小，是推进中国成品油价格机制市场化改革的好时机。

中国成品油市场具备了"三化"特征：一是价格调整常态化，成品油价格调整已经不是一个社会敏感问题，2016年1月，国家发展改革委进一步简化了成品油调价操作，不再印发调价文件，而是以信息稿形式对外发布调价信息，这个信号说明，无论是政府、媒体，还是居民，都已经逐步将成品油价格变动当作了一种正常的市场行为；二是市场主体多元化，炼油产业除了原来的中国石油、中国石化，还增加了中国海油、中国中化、中国化工等央企，以及一大批独立炼厂，而且很多独立炼厂已经获得了原油进口和使用权，主体多元化带来了成品油的油源多元化，为市场竞争打下了良好基础；三是竞争常态化，当前炼油行业产能过剩已成不争的事实，导致成品油市场竞争加剧，近几年来，中国石油和中国石化也相继打起了价格战，压低汽、柴油零售价格，甚至远低于国家发展改革委的指导价，让指导价部分地失去了存在的意义。因此，改革推进至当前，成品油定价市场化已经具备了充分条件，放开价格的时机也基本成熟，需要国家加快改革进程。

5. 国家需要推进其他配套改革措施

中国应考虑利用上海石油天然气交易中心与上期所国际能源交易中心合作建立现货、中远期以及期货相结合的成品油市场价格体系，与已上市的上海原油期货配合，共同提升中国石油定价权与话语权。

成品油定价市场化之后，现行的价格指导机制作废，但并不是说政府可以放任汽、柴油价格随意波动。理论上讲，价格放开模式有两种：其一，政府出台相关规定，在极端情况下，比如出现重大自然灾害导致市场供应紧张的时候，会实施油价干预政策，正常情况下，则不再对价格实施管制或指导；其二，政府事先设置一个合理的价格区间，只要成品油价格没有超出这个区间，便不进行干预，超出区间则要实施必要的干预。从改革的角度看，第一种模式更好一些。因为如果选择设置价格区间，这个区间如何确定，又该如何进行调整，都需要设计复杂的运作机制。

在成品油价格放开同时，建议将成品油消费税适当调整。一是把成品油消费税的征收，从生产环节调整到终端环节。即在所有加油终端增加税控装置，同时由价内税改为价外税，实现价税分离。这样做，对于市场来说，有利于打击调和油、非标油和走私油的出现，有效规范成品油市场秩序；对于消费者来说，有利于更直观地感受到消费税调节导向与约束作用，了解现行成品油定价机制的意义，强化节能意识，使消费税真正成为调控成品油消费的手段。二是把消费税改为中央地方共享税。这样做，可以提高地方对成品油市场监管和消费税征收的积极性，减少税源流失，使地方获得更多更稳定的税收。

还有一个与成品油定价市场化息息相关的改革，便是成品油进出口贸易体制改革。目前，中国对成品油实行进出口配额管理。建议成品油进口逐步完全放开管制，以拉平国内价格与国际价格。在出口方面，建议彻底放开，利用中国先进炼能争夺周边国家的成品油市场。本轮油气体制改革的重点之一是将炼厂项目的审批权限下放到省，随着原油进口配额放开，成品油的出口配额完全放开应提上议事日程。

6. 企业需要适应价格完全市场化环境

虽然改革的条件已经完全具备，但若真正实现了成品油定价市场化，很多企业可能会出现短暂的不适应。

首当其冲的是以中国石油和中国石化为代表的大型石油国企。当前，这些企业仍旧按照比较传统的计划模式组织生产，每年年初制定生产计划，原油从哪个油田运到哪座炼厂，成品油从哪座炼厂进入哪个地区的销售公司，以及每个环节的数量，都有明确的规定。虽然国家发展改革委早在2008年的改革中就取消了对成品油批发价的限制，但是在计算零售价的过程中会形成一个"原油价格+加工成本+税金"的"准批发价"，石油企业目前仍然以此价格为准，将内部炼厂的成品油卖给内部的销售公司。一旦成品油定价市场化，价格波动有可能导致销售公司售油量减少，向上游传导，便会导致炼厂成品油"憋罐儿"，进而影响到油田出油。因此，成品油定价市场化之后，这些石油巨头的整个营销模式都需要进行调整，寻找一种更具灵活性的市场运行模式。

一些民营油企也会受到影响，尤其是主营成品油批发仓储业务的企业。原因在于这些企业善于投机，按照现行的政府指导定价机制，从国际油价变化到国内成品油价格调整存在一个时间差，而且企业比较容易判断这个时间差内油价的涨跌，预判每一个调价节点的政府决策，进而决定是囤积还是抛售，进行套利。国家发展改革委将成品油价格调整周期从22个工作日缩减到10个工作日，已经对这种经营模式形成了一定的冲击，未来价格完全开放之后，价格预测难度必然大幅度增加，这种经营模式也注定会消亡。

新冠肺炎疫情冲击，中国石油行业应对建言

新冠肺炎疫情在全球的发展和破坏力超出了所有人的想象，2020年3月、4月

新石油金权
欧佩克式微与后石油时代

间欧美封城封国,全球原油需求的35%被抽离,降至25年来最低水平,这意味着全球过去25年在原油供给侧的产能和投资突然没有需求支撑了,这是任何人都想象不到的。

石油行业面临的冲击是极其巨大的,2020年4月1日,美国页岩钻探公司惠廷石油申请破产保护,成为首家在本轮油价暴跌中倒下的页岩油公司。4月26日,美国戴蒙德海上钻探公司正式提交破产保护申请。美国银行业纷纷设立持有油气资产的独立公司,准备直接参与油气企业运营,以防止贷款血本无归。

中国油气资源禀赋并不突出,业界普遍认为中国石油生产成本在50~60美元每桶区间。超低油价冲击下,"三桶油"于2020年4月纷纷召开座谈会商讨如何度过至暗时刻。

新冠肺炎疫情下,新一轮石油危机正在发生,面对错综复杂的国际形势,中国需要从战略高度考虑如何转危为机。

1. 本轮石油危机特点

此前三次石油危机都是供给侧极短时间内发生重大变化,本轮石油危机则是需求侧与供给侧同时剧变。

全球新冠肺炎疫情的冲击导致需求侧急剧衰减,叠加沙特阿拉伯价格战的供给侧巨变,进而引发了油气全产业链危机。

新冠肺炎疫情改变了世界,也改变了历史。今后很可能人们会像说"公元前"和"公元后"一样,会说"疫情前"和"疫情后"。疫情将会改变人们现有的认知,改变全球经济发展的生产关系,甚至改变国际政治关系。

新冠肺炎疫情公共卫生事件发展至2020年7月底,已经走过了四个阶段。

第一阶段,中国境内疫情作用全球。中国严防死守,最大程度切断了传播途径,但也造成了国内油品消费严重萎缩。中国抗疫所取得成果给予了全球市场足够信心,全球金融市场在经历了最初恐慌阶段后稳中有升,特别是大宗商品之王原油在2月初下探底部后,在2020年2月20日之前走出的七连阳行情更凸显了市场对中国快速走出疫情影响及其后V型反弹的期许。

第二阶段,中国境外疫情开始作用于国际油价,但欧佩克+减产预期托底国际油价。

第三阶段,早期沙特阿拉伯发动的价格战,加上由于缺乏类似中国的高效管制与早期干预体系，欧美疫情暴发，不得不封城封国，供需双杀，国际油价不断探底并在4月21日出现了震惊全球的负油价。

需求侧坍塌使得3月7日爆发的价格战难以为继，4月12日，欧佩克+减产协议达成，这场打了47天的价格战创下了闪电战纪录。

在实货市场不得不解决的产供储运等现实问题面前，全球原油库存快速累库，数据显示，如果供需继续失衡，5月中旬全球就将没有库容了，产油国纷纷被动减产。

第四阶段，欧美经济重启，需求回升；欧佩克+精准调控供给侧；供需预期好转下，国际油价走出红5月，但是疫情不确定性以及全球不稳定不确定性下，国际油价难以为继，横盘震荡。

4月中下旬，欧美纷纷复工复产，尽快重启经济，但是需求侧难以V型反转，只能缓慢回升。需求预期释放后，全球特别是美国炼厂开工率与毛利的双低迷成为压制油价的核心商品因素。

经历了4月21日负油价后，欧佩克+努力防止国际油价再次崩盘，欧佩克+对国际油价进行精准调控，会议频率提高为一月一次，通过压低产量提高近端预期，进而逼出库存，改变油价期限结构。

疫情压制下，全球政治经济形势日趋复杂，深层次问题与结构性矛盾进一步暴露，国际油价继续低位震荡。

全球需求跌至25年来最低点及负油价的出现是本轮石油危机最大特点，同时疫情冲下，国际政治经济形势不确定性与复杂性加剧，本轮石油危机前途未卜。

油气全产业链面临大考，并可能重塑。上游，全面进入至暗时刻，特别是勘探开发、油田服务行业伤害极大。低油价时代，勘探开发投资极大抑制，油田服务行业只能尽量压缩成本，转岗转型，安排富余劳动力。中游，炼化行业面临前期高价库存，产品出路通畅与否问题。下游，销售行业需要全力确保库容、销路与现金流。

过去的石油危机中，高油价触发了经济衰退。而本轮石油危机中，原油这种原本可靠的大宗商品跌成负值给全球经济增长敲响了警钟，4月国际货币基金组织预估今年全球经济将萎缩3.0%，有分析称全球经济正出现二战以来最快的萎缩。

新石油金权
欧佩克式微与后石油时代

全球经济的筑底可能成为本轮石油危机如影相随的一大特点。目前来看，美联储注入的流动性，并在此后有多项财政政策托底，但是救金融易，稳增长难。未来两三年，全球经济将面临较大通缩压力，低油价可能常态化，油气行业尤其是上游如何生存将是当务之急。

危机危机，有危也有机。在油价低迷时期，行业巨头将更加强势，弱者的生存环境将更加恶劣，部分企业将难逃被收购的命运。

2020年7月20日，美国第二大石油公司雪佛龙宣布，同意通过以50亿美元（约合349.7亿元人民币）的股权价格收购来宝能源公司。本次交易是新冠疫情导致的油价暴跌以来，国际石油领域的首笔重大并购交易。此前，天然气领域发生了一笔重大并购。7月5日，伯克希尔·哈撒韦能源公司斥资97亿美元（约合685亿元人民币），收购美国道明尼能源公司旗下几乎所有的天然气运输和储存资产。

全球油气行业内已经出现一些破产、合并和收购的案例，这种情况还将继续，并有可能加速进行。

2. 中国油气行业困境

2019年中国原油对外依存度已经超过70%，能源是国家命脉，石油是战略资源，紧迫形势下中国近年来高度重视能源安全，一直致力于提升中国本土油气勘探开发。

石油行业作为资金密集型长周期行业，单纯的上游行业往往难以抵御风险。一体化能源公司被证明是对抗行业风险的最好道路，以石油"七姐妹"为代表的跨国石油巨头都是上下游均衡企业，近年来中东产油国国家石油公司都致力于提升炼化及仓储物流能力。

上游能确保企业拥有海内外油气资源，既有利于建立稳定可靠的石油供应渠道，又可以平抑高油价带来的风险；中游能确保企业"油路"通畅，实现石油价值增值；下游能确保企业品牌形象，通过直分销网络直达客户，洞悉石油行业终端变化，更好决策。

"三桶油"承担了中国本土油气勘探开发以及油田保供重任，石油行业是长周期行业，勘探开发初始投入高回收周期长；中国油田不少已进入开采晚期，高度依靠驱油技术维持产量，作业成本高是不争的事实，在当前低油价下"三桶油"上游环节受到冲击最大。

2020年4月发布的上市公司财报显示,中国石油2020年第一季度净亏损162.3亿元,2019年同期盈利102.51亿元。中国石化2020年第一季度净亏损197.82亿元,2019年同期盈利147.63亿元。

回顾2014—2016年,石油公司连续三年资本开支减少20%,但产量还是不低,他们所做的就是降低成本。国际石油公司让成本降低了十块钱,中国油企也降本,其中,中国海油降本最多,另外"两桶油"降本较少。但是,为了提高未来的竞争力,中国石油企业咬紧牙也必须降低成本。

2018年,中国石油企业海外油气权益产量突破2亿吨,达到2.01亿吨油当量,较2017年增长3.7%,其中权益原油产量1.6亿吨,权益天然气产量500亿立方米。中国在海湾地区主要石油项目有阿联酋阿布扎比油气区块权益、伊拉克哈法亚油田项目以及伊朗南帕斯项目等,占比接近中国全球油气权益的50%。

在目前这一阶段,应对疫情不力的美国急于甩锅,鼓吹去全球化、"去中国化",中国石油企业的海外经营将会越来越困难。借"一带一路"走出去的中国石油企业,要改变以往的做法,要用新技术改善当地的环境,赢得未来。同时,企业一定要公开、透明、依规、守法,这是防止外部打击最有效的武器。

中下游补偿"三桶油"在上游的损失是中国"三桶油"作为一体化石油公司的核心优势之一,但是目前中国地板价的设置使得这一补偿难以兑现。

中国炼油能力结构性过剩趋重,2019年过剩能力达到1.2亿吨每年。炼化行业的资金密集型特点突出,对当地GDP拉动作用明显,往往各级地方政府对炼化项目落地投产热情高涨,中国陆续还有大型炼化项目上马。

中国石油化工行业大发展要以罗马尼亚为戒,罗马尼亚曾是欧洲最大产油国,20世纪70年代初,罗马尼亚大量引进外国的工业技术,发展石油化工、钢铁和机器制造工业,并且为此大量向西方银行举借外债。1971年罗马尼亚的外债为12亿美元,1981年骤增至102亿美元,其中大部分是短期贷款,有些贷款的年利率高达20%。罗马尼亚在20世纪70年代建立起了年加工3500万吨石油的石化生产能力,但是罗马尼亚的原油年产量只有1000万吨左右,也就是说石油化学工业2/3的原料需要进口,20世纪70年代中后期两次石油危机下,国际市场原油价格猛涨,罗马尼亚为此耗去了大量外汇(1980年进口1500万吨原油,导致贸易入超10

亿美元），而其石化产品又由于质量问题和西方国家经济萧条的影响难以出口。

目前中国已基本放开原油进口，但是中国又执行严格的成品油出口配额管制，国内成品油行业竞争趋于白热化，不少企业通过税收漏洞获取非对称性竞争优势，劣币驱逐良币愈演愈烈。

图12-13显示了中国近年来炼油产能增长情况。

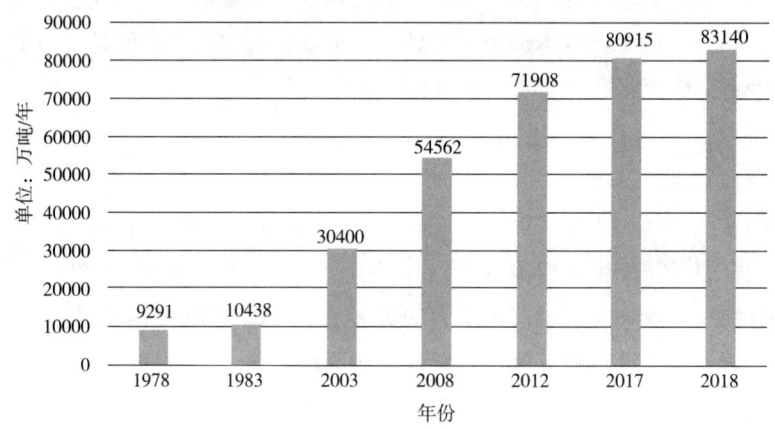

图12-13　中国炼油能力

数据来源：前瞻产业研究院。

3. 中国应对建言

过去几十年全球化成功高度依赖信用扩张，支撑信用扩张的是需求与经济的持续增长势头。

新冠肺炎疫情管控下，全球人员限制流动，消费及出行需求锐减，全球经济活动此前被摁下暂停键，现在是慢放键，信用扩张的基础面临巨大挑战，失业潮一旦到来，逆全球化成为选项，全球经济滞胀风险骤升，民粹主义可能相继在全球各国抬头。

美国出现了中美脱钩论调及相关不友好行动，外汇局数据显示，2020年上半年人民币在非银行部门跨境收付中占比为36%，为2009年跨境人民币计价结算试点以来最高，同比上升约11个百分点，如下图，美元在外币收付中占比仍高达89%。这容易受制于人（图12-14）。

图12-14 美元在外币收付中占比依然很高
资料来源:国家外汇管理局,万得,中银证券。

面临全球巨大变局,中国经济发展需要发挥定海神针作用。当前中国经济"三驾马车"——出口、内需和投资,目前出口受阻,投资需要时间。面对外部复杂环境,中国需要深度挖潜,充分释放内部需求,刺激需求鼓励消费,普惠民众,让钱流动起来。

对于油气产业链而言,中国原油对外依存度高,炼化产能结构性过剩严重,新石油发展模式建设任重道远。

疫情冲击下,中国迎来变动中的战略机遇期,对于中国油气产业而言,我们应远近结合、长期协调、长期均衡,既要有攻坚克难的一时一地之策,又要有管长远的思路和方法。

①上游环节,重视科技投入与资源储备,国内适当关停高成本油田区块,寻求在非常规油气资源的重大突破;国外适时购入优质资产与企业。

当前低油价下,上游往往都面临无米下锅的窘境。但是,石油行业的周期性决定了,此时不做好科技投入与资源储备,未来高油价时就被动挨打。

国内,中国在上游的投入应有所侧重,勘探不能停,可以不开发,但需要发现并储备可用油气资源区块,留待未来不时之需。不少高成本油田区块,可以适当关停。

非常规油气革命重塑了世界油气版图,助力美国重返能源独立,没有枯竭的能源,只有枯竭的思想,中国在非常规油气资源开发利用上,陆相页岩油突破及煤炭地下气化一旦成功商业化应用，同样具有破局作用。

国外，中国石油企业要密切跟踪全球油气资产及相关企业运营状况，国际油价低迷下，长线投资，适时买入好的资产是为明天布局。

②中游储运环节，大力提升中国原油储备能力，优化储备地理摆布，中国原油储备建设应与国家管网建设结合规划统筹发展。

中国应鼓励加大加强境内战略储备和商业储备能力，充分发挥仓储优势。中国应考虑效仿美国90天战略储备能力，大幅提升当前中国战略储备能力。

建设在中国的战略储备符合拉动内需的新基建思路，既可以安排"三桶油"富余劳动力，又能够确保手里有粮心中不慌，同时也可以吸引外资及民间资本参与到中国战略储备库建设中来，各取所需，形成利益共同体。

中国可以在国际油价暴涨暴跌中运用战略储备扭转不利局面，干预油价。

中国原油储备目前主要集中在沿海地区，这是充分考虑中国炼厂沿海摆布特点所安排设置的，从中国西部大开发及疫情下内循环经济角度考虑，需要适当提升中西部储备库容。

在国家管网公司成立的大背景下，中国原油储备建设与国家管网建设规划的统筹、协调和协同成为未来中国油气行业高质量发展的关键。

③中游炼化环节，坚决淘汰落后低端产能，推动产品与产能双升级，放开成品油出口，产业金融双驱动。

中国当前石油市场已形成橄榄型结构，国内上游产出不高，对外依存度高，炼油能力结构性过剩严重，内贸市场增长空间相对有限。

由于当前大量炼化基地已投产或上马在即，中国成品油出路矛盾愈发尖锐。如果落后低端产能继续存在，市场将出现无序竞争，劣币驱逐良币现象将被放大；同时中国原油对外依存度将进一步攀升，不利于国家能源安全，必须坚决关停。

中国炼化产业，产品与产能双升级潜力较大，降低单位能耗、提高单位产出的提升空间不小，值得投入与投资。

在淘汰落后低端产能并确保国家能源安全的基础上，放开成品油出口，相信中国届时已建成系统完备的现货、中远期以及期货相结合的成品油市场价格体系，此时全面放开成品油出口既可以释放国内过剩产能，又可以发挥中国金融要素市场对周边国家的杠杆作用。

④下游环节,彻底放开成品油价格,鼓励市场充分竞争,形成金融要素市场。

中国一直执行的地板价实际不利于刺激需求,如果取消将有利于释放消费预期。同时地板价变相鼓励劣币驱逐良币,清出合法合规经营的央企,当前央企由于上游承压难以实现盈利,如果下游被变相打压,将导致中国石油企业在未来油价上扬时无法有效确保上游能源安全。

中国成品油行业已高度市场化并充分竞争,彻底放开成品油价格是打通改革最后一千米,充分形成全要素、全环节与全链条的竞争。

在利好产业的同时,中国应做好金融要素市场建设,当前市场已有炼厂按锁定价格预售未来产能。中国应考虑利用上海石油天然气交易中心与上期所国际能源交易中心合作建立现货、中远期以及期货相结合的成品油市场价格体系,与已上市的上海原油期货配合,共同提升中国石油定价权与话语权。

⑤完善税收配套,改革现有税制,确保合法合规竞争。

改革消费税分配机制,提高地方征管积极性,尽快将成品油消费税改为中央和地方共享税,同时建立科学规范的绩效考核和问责机制,调动基层税务部门征管的积极性、主动性和能动性。

考虑到油价的周期性,为了平衡税收与平抑输入型通胀,中国可以考虑在不同油价周期设定不同税率,直接调控成品油价格。

对于成品油税收制度,当前数字经济高度发达,可考虑通过技术手段实现产品与税收全环节溯源,改变粗放式管理办法。

⑥加强国际化经营,中国石油企业海外经营要做好世界公民,公开透明;密切关注美国制裁名单和制裁内容,在日常业务中进一步加大风控与合规性检查力度。

中国石油企业在海外要注意形象塑造,形象比赚钱更重要,尽量避免被误解,为此要特别重视公开、透明,而事实上,越公开越透明,风险和不确定性越小,企业价值越大,企业无论是跟当地政府的关系和媒体的关系都要公开、透明。

在中美两国冲突日益加剧背景下,美国寻找借口制裁中资企业可能性放大,

新石油金权
欧佩克式微与后石油时代

中国石油企业必须高度重视涉外业务的风控与合规性检查，密切关注美国个体制裁名单和制裁内容，严格遵守客户身份识别，完善合规管理体系，避免为美国留下口实。

⑦加强金融安全意识，要减少对美元计价结算的过度依赖，熟悉并更多采用非美元币种进行计价结算。

中国石油企业要树立地缘政治风险意识，加强对非美市场研究，增强市场风险管理能力。

⑧加大天然气投资，做好规划，拥抱天然气时代；从全局性及战略高度认识新能源。

天然气是化石能源中"最干净最清洁的能源"，全球普遍看好天然气产业发展，天然气产业正向更具市场活力和更高成熟度的2.0时代进发，当前全球天然气市场很有可能将走上一条20世纪90年代石油市场曾经走过的市场化之路。

中国应积极规划，做好统筹发展，积极参与全球天然气全产业全要素市场的重塑与构建，拥抱天然气时代。

能源安全并不是单纯的石油安全，新能源制高点的争夺对大国博弈具有极大影响。新能源应用的核心是经济效应，前期投入也是巨大的，氢能、核聚变、储能新材料可能是新能源领域的"灰犀牛"，率先取得突破的国家将获得极其巨大的先发优势。

⑨坚定不移全面深化改革开放，以开放心态迎接外资。

疫情冲击下，政治博弈愈来愈吸引眼球，但未来支配世界的仍然是资本的力量，一个是金融资本，一个是实业资本。金融资本以欧美为主，实业资本则以跨国公司为主。他们追求的目标是利润，哪里能赚钱他们就会流向哪里。

中国是一个成长的市场，只要能让资本赚到钱，资本就一定会来，境外资本与中国利益结合越密切，对外联系交流越频繁，去全球化、"去中国化"越容易失败。进攻是最好的防守，保障能源安全需要更大程度的开放合作。

经过改革开放四十年风雨洗礼，中国石油行业应自信拥抱外资，全要素全环节全链条对外放开产业，提升效率，保障安全，以开放求发展，以合作谋共赢。

⑩把上海建设成为纽约、伦敦及新加坡之外的全球第四大国际能源交易中心，助力人民币国际化，以战略思维、系统思维、长效思维应对疫情变局下的持

久战，于变局中开新局。

纽约是西半球国际能源交易中心，伦敦是苏伊士以西国际能源交易中心，新加坡是苏伊士以东国际能源交易中心，这三大交易中心共同构成了当前石油金权的金融和贸易核心版图。

上海正在建设国际经济、金融、贸易、航运和科技创新"五个中心"，石油作为大宗商品之王，是建设"五个中心"的重要抓手。定价话语权和影响力一直是能源消费和生产大国的核心利益诉求。中国在国际油气市场上没有与自身体量相匹配的定价权，常年受制于外，亟需建设面向亚太的油气交易市场，形成能够反映中国乃至亚太地区油气供需关系的基准价格。

中国油气市场化提升空间大，人民币国际化运用场景丰富，如果上海作为长三角和长江经济带发展龙头，能够充分联动周边已有资源，于变局中开新局，对中国新石油金权构建将具有破局意义。

面对严峻复杂的国际疫情和世界政治经济形势，我们要充分估计中国石油行业在本轮石油危机中面临的困难、风险和不确定性，善于化危为机，下好先手棋，把握主动权，有效化解风险挑战。

后 记

感谢石油工业出版社邀约，让我们能将从业十余年来的心得体会、学习研究成果做了一次系统整理。

本书从动笔到交稿，耗时一年有余，数易其稿，在此过程中，得到了多位业界前辈的精心指导，特别感谢盛虹石化新加坡王伟总经理多次指点迷津。感谢上海石油天然气交易中心领导和同仁的大力支持。感谢家人的理解、支持与付出。

新冠肺炎疫情冲击下，国际政治经济形势更趋复杂，不确定性增加，希望本书能为读者提供从专业视角出发的多维度思索与参考。

本书所有观点均为作者个人观点，不代表所在机构观点，不妥之处敬请指正。

缩写与简称

Ahmed Zaki Yamani	艾哈迈德·扎基·亚马尼 1962.3.9—1986.10.5（时任沙特阿拉伯石油和矿产资源大臣）
Ali al-Naimi	阿里·纳伊米 1995.8.2—2016.5.7（时任沙特阿拉伯石油和矿产资源大臣）
ANR Joliet Hub	ANR Joliet 枢纽
APEC	亚太经济合作组织（Asia-Pacific Economic Cooperation）
ADNOC	阿布扎比国家石油公司（Abu Dhabi National Oil Company）
ADCO	阿布扎比陆上石油公司（Abu Dhabi Company for Onshore Petroleum Operations Ltd.）
APPEC	亚太石油会议（Asia Pacific Petroleum Conference）
APPEC Week	亚太石油周（Asia Pacific Petroleum Conference Week）
API°	美国石油协会（American Petroleum Institute）（美国石油工业最大的非官方行业组织，每周公布 API 会员单位原油和原油产品库存）
	美国石油学会（简称 API）制订的用以表示石油及石油产品密度的一种量度。国际上把 API° 作为决定原油价格的主要标准之一。它的数值愈大，表示原油愈轻，价格愈高
Aqua Dulce Hub	杜尔塞枢纽
Argus	阿格斯

新石油金权
欧佩克式微与后石油时代

BDI	波罗的海干散货指数（Baltic Dry Index）
BFO	BFO 中的 B 指布伦特原（BRENT），F 指福地斯原油（FORTIES）和 O 指奥斯博格原油（OSEBERG）
BFOE	北海区域四种原油 Brent、Forties、Oseberg 和 Ekofisk 在 25 天周期的现货价格
BG	英国天然气公司（British Gas）
blncf	十亿立方英尺
BP	英国石油公司（British Petroleum）
Blanco Hub	布兰科枢纽
Carthage Hub	迦太基枢纽
Cheyenne Hub	夏延枢纽
Chicago Hub	芝加哥枢纽
CHIPS	纽约清算所银行间支付系统（clearing house interbank payment system）
CEO	首席执行官（Chief Executive Officer）
CFD	差价合约（Contracts For Differences）
CIA	美国中央情报局（Central Intelligence Agency）
CME	芝加哥商业交易所（Chicago Mercantile Exchange）
CIF	成本加保险费加运费（到岸价格）（Cost, Insurance and Freight）
COA	包运租船所签订的合同（Contract of Affreightment）
CST	厘斯托克斯（Centistokes），运动粘度
DME	迪拜商品交易所（Dubai Mercantile Exchange Limited）

Dominion Hub	自治中心
DUC	钻探却未完工的油井（Drilled but unfinished well）
DNV GL	挪威船级社（DET NORSKE VERITAS）
Egan Hub	伊甘枢纽
EFS	期货转掉期（Exchange of Future for SWAP）
ETF	交易型开放式指数基金（Exchange Traded Fund）
ESPO	俄罗斯远东混合原油（以东西伯利亚—太平洋输油管道名称（Eastern Siberian Pacific Ocean pipeline）缩写来命名的混合原油，产自俄罗斯不同的油田）
FERC	联邦能源管理委员会（Federal Energy Regulatory Commission）
FFA	干散货市场远期运费协议（Forward Freight Agreements）
FOB	离岸价（Free On Board）
FPC	美国联邦动力委员会(Federal Power Commission)
FIP	管道交货（Free-in-Pipe）
Franklin Delano Roosevelt	富兰克林·德拉诺·罗斯福
Gazprom Neft	俄罗斯天然气工业石油公司，简称"俄油"
Gazprom	俄罗斯天然气工业股份公司，简称"俄气"
Golden Gate Center	金门中心
GDP	国内生产总值（Gross Domestic Product）
GTL	天然气合成油（Gas to Liquid Base oil）
GTNW Market Center	GTNW 市场中心

Henry Hub	美国的亨利枢纽
HLT	兴隆贸易公司（Hin Leong Trading）
ICE	美国洲际交易所集团（Intercontinental Exchange Inc.）
IEA	国际能源署（International Energy Agency）
IMO	国际海事组织（International Maritime Organization）
IOSCO	国际证监会组织（International Organization of Securities Commissions）
IPO	首次公开募股（Initial Public Offering）
IPE	伦敦国际石油交易所（The International Petroleum Exchange）
ISO	国际标准化组织（International Organization for Standardization）
INE	上海国际能源交易中心（the Shanghai International Energy Exchange Co., Ltd.）
JCC	日本原油综合指数 JCC（Japan Crude Cocktail）
Jefferson Island Storage	杰斐逊岛枢纽
JKM	日韩指标（Japan Korea Maker）
Katy（DCP）Hub	凯蒂（DCP）中心
Katy Storage Center	凯蒂仓储中心
LIBOR-OIS 息差	LIBOR-OIS 息差是指伦敦银行同业拆息 (London Interbank Offered Rate, LIBOR，通常指的是 3 个月期美元 LIBOR) 与隔夜指数掉期 (Overnight Indexed Swaps, OIS) 利率之间

	的息差
LPG	液化石油气（Liquefied Petroleum Gas）
LNG	液化天然气（Liquefied Natural Gas）
Lukoil	俄罗斯卢克公司
Laycan	受载期（layday and canceling date）
MMBtu	百万英热单位（million British Thermal Units）
MBS	抵押支持债券或者抵押贷款证券化（Mortgage-Backed Security）
MMC	垄断和兼并委员（Monopolies and Mergers Commission）
Mid-Continent Center	中部大陆中心
Moss Bluff Hub	莫斯断崖枢纽
Nautilus Hub	鹦鹉螺枢纽
NBP	国家平衡点（National Balancing Point）
NGL	天然气凝析液（Natural Gas Liquids）
NICO Naftiran Intertrade Co Ltd Novatek	俄罗斯诺瓦泰克公司
Novatek	俄罗斯诺瓦泰克公司
NYMEX	纽约商业交易所（the New York Mercantile Exchange）
Ofgas	天然气供应办公室（Office of Gas Supply）
Ofgem	英国燃气与电力办公室(The Office of Gas and Electricity Markets)
Opal Hub	蛋白石枢纽
OPEC	石油输出国组织（Organization of Petroleum Export Countries）,

新石油金权
欧佩克式微与后石油时代

	简称欧佩克
OECD	经济合作与发展组织（Organization for Economic Cooperation and Develop），简称经合组织
OQD	阿曼原油期货合约（Oman Crude Oil Futures Contract）
OTC	场外交易市场（Over-the-Counter）
OW Bunker	丹麦宝运石油有限公司
OSP	官方售价（Official Selling Price）
PADD	石油管理局防卫区（Petroleum Administration for Defense Districts）
PAO	烯烃（Polyalphaolefin）
PDO	阿曼石油开发公司（Petroleum Development Oman）
Perryville Hub	佩里维尔枢纽
Platts	普氏价格指数
PMB	大摩拉岛（Pulau Muara Besar），位于文莱达鲁萨兰国（Brunei Darussalam）
PMI	采购经理指数（Purchasing Managers' Index）
PNG	管道天然气（Pipeline Natural Gas）
PX	对二甲苯（Paraxylene）
PTA	精对苯二甲酸（Pure Terephthalic Acid）
SC	上海原油期货（SHANGHAI CRUDE 或 SOUR CRUDE）
SEC	沙特阿拉伯电力公司（Saudi Electricity Company）
SGX	新加坡交易所（Singapore Exchange）
SABIC	沙特阿拉伯基础工业公司（Saudi Basic Industries Corporation）
SLInG	新加坡交易所液化天然气指数

SWIFT	环球同业银行金融电讯协会（Society for Worldwide Interbank Financial Telecommunications）
WS	世界油船费率表（Worldwide Tanker Nominal Freight Scale，简称 Worldscale 或 WS）
SWOT	分析法 态势分析法（Strengths, Weaknesses,Opportunities,Threats）优势、劣势、机会、威胁
Tatneft	俄罗斯鞑靼石油公司
Tcf	兆立方英尺（Trillion Cubic Feet）
TD3C VLCC	船型中东—中国（TD3C）航线平均日收益
VLCC	超大型油轮（Very Large Crude Carrier）载重吨 20~30 万吨，装货量为 200 万桶
WCE	温伯尼商品交易所（Winnipeg Commodity Exchange）
Waha（DCP/Atmos）Hub	瓦哈（DCP/Atmos）枢纽
Waha（EPGT）Texas Hub	瓦哈（EPGT）得克萨斯枢纽
White River Hub	怀特河枢纽
WTI	西得克萨斯中间基原油（West Texas Intermediate Crude Oil）
WTO	世界贸易组织（World Trade Organization）

参考文献

阿里·纳伊米. 石油先生[M]. 北京：中信出版社，2018.

安时宜. 国外主要天然气交易中心综述及经验借鉴[J]. 中外交流，2016（19）：38，33.

白俊. 油价持续暴跌背后的变与不变[J]. 财经，2020.

车明，于小迪，单维平等. 英国天然气产业的行业发展历程、现状与启示[J]. 中外能源，2017，22（11）：11-18.

陈卫东. 石油将不再是能源元帅[J]. 新世纪，2014（043）.

丹尼尔·耶金. 能源重塑世界[M]. 朱玉犇等，译. 北京：石油工业出版社，2012.

冯春萍. 日本石油工业的基本特点[J]. 地理教学，2005（04）.

郭杰，董秀成，曾叶丽等. 上海构建亚太地区天然气基准价格的思考[J]. 价格理论与实践，2014（04）：44-46.

霍斯鲁·穆塔泽德，巴赫曼·阿尔曼. 疑惧、耻辱与独立之路——伊朗人眼中的石油[J]. 三联生活周刊，2012（19）.

江红. 为石油而战：美国石油霸权的历史透视[M]. 北京：东方出版社，2002.

姜岩. 原油期货服务实体功能明显发挥[J]. 中国金融，2020（08）：17-19.

金灿荣，韩晓平. 新石油战争[M]. 北京：石油工业出版社，2017.

李北陵. 我国原油战略储备能否应付海上封锁[J]. 中国石化，2017（09）：56-59.

梁海峰，冯强. 世界石油格局重大变化下中东地缘政治研究[J]. 国际石油经济，2019，27（07）：81-94.

林益楷. 能源大抉择[M]. 北京：石油工业出版社，2019.

刘冬. 国际油价长周期波动对产油国投资环境的影响[J]. 国际石油经济，2020（01）.

刘满平. 天然气价格形成机制该如何改革[J]. 中国石化，2018（05）：50-52.

刘牧. 美国石油工业的演变[M]. 北京：石油工业出版社，2019.

刘舒考，张广本. 跨国石油公司在尼日利亚的商业贿赂案[J]. 国际石油经济，2016（04）：62-66.

柳广弟. 石油地质学[M]. 北京：石油工业出版社，2018.

罗佐县. 跨国石油公司企业文化面面观[J]. 中国石油报，2016（02）.

吕淼. 美国天然气交易中心建设浅析[J]. 能源，2017（09）：72-76.

吕淼. 英国构建天然气交易市场的经验与启示[N]. 中国能源报，2018.

塞恩·古斯塔夫森. 财富轮转[M]. 北京：石油工业出版社，2014.

上海外国语大学中东研究所. 阿拉伯世界研究[J]. 上海：上海外语出版社，2020（03）.

佘建跃. 原油阳谋论[M]. 北京：机械工业出版社，2018.

沈西林，郑小强. 中国天然气行业年度运行报告[M]. 北京：石油工业出版社，2018.

沈燕华. 西欧炼油工业衰退原因分析及启示[J]. 当代石油石化，2015，23（11）：40-46.

田文林. "资源诅咒"：论石油因素对中东的消极影响[D]. 中国现代国际关系研究院，2019.

童晓光，郑炯，方波. 对我国构建天然气交易中心的战略思考[J]. 天然气工业，2014，34（09）：1-10.

涂永善，山红红，钮根林. 炼油工艺基础知识[M]. 北京：中国石化出版社，2019.

王林，薛良清，史卜庆，马洪. 中国石油海外油气勘探"三位一体"管理模式的架构与实践[J]. 中国石油勘探，2016（02）.

王能全. 沙特的石油武器有多大威力[J]. 财经, 2018.

王佩云, 等著. 百年石油中国策[M]. 北京: 石油工业出版社, 2020.

谢茂. 美国天然气产业发展的经验与启示[J]. 国际石油经济, 2015, 23(06): 30–36.

谢治国. 推进天然气期货交易, 加快行业市场化进程[J]. 国际石油经济, 2018, 26(06): 5–9.

熊红星. 日本城市燃气价格规制制度沿革[J]. 价格月刊, 2004(7): 45–48.

徐婧, 孙泽生. 国外三种天然气交割模式比较研究[J]. 国际石油经济, 2015, 23(10): 32–38.

徐玉高, 陈卓彪, 于建军. 国际石油公司战略转型与行动[M]. 北京: 石油工业出版社, 2019.

闫建涛, 刘小丽, 姜学峰. 图解天然气[M]. 北京: 石油工业出版社, 2019.

杨雷. 能源的未来[M]. 北京: 石油工业出版社, 2020.

于宏源. 全球LNG交易中心: 上海准备好了吗? [J]. 能源, 2013(06): 56–57.

张国宝. 筚路蓝缕–世纪工程决策建设记述[M]. 人民出版社, 2018.

张卫华. 中新竞争亚洲天然气中心[J]. 能源, 2014(03): 82–85.

郑兴杨, 张彤. 国际石油贸易实用攻略[M]. 北京: 石油工业出版社, 2014.

中国矿业报. 美国"能源独立"的真正意图[N]. 中国矿业报, 2020(02).

Ellen Wald. Saudi, Inc.: The Arabian Kingdom's Pursuit of Profit and Power[M]. Pegasus Books, 2018.

Long, D. 石油贸易手册[M]. 北京: 石油工业出版社, 2011.